长三角地区

水事法律法规比较分析

陈 坤 著

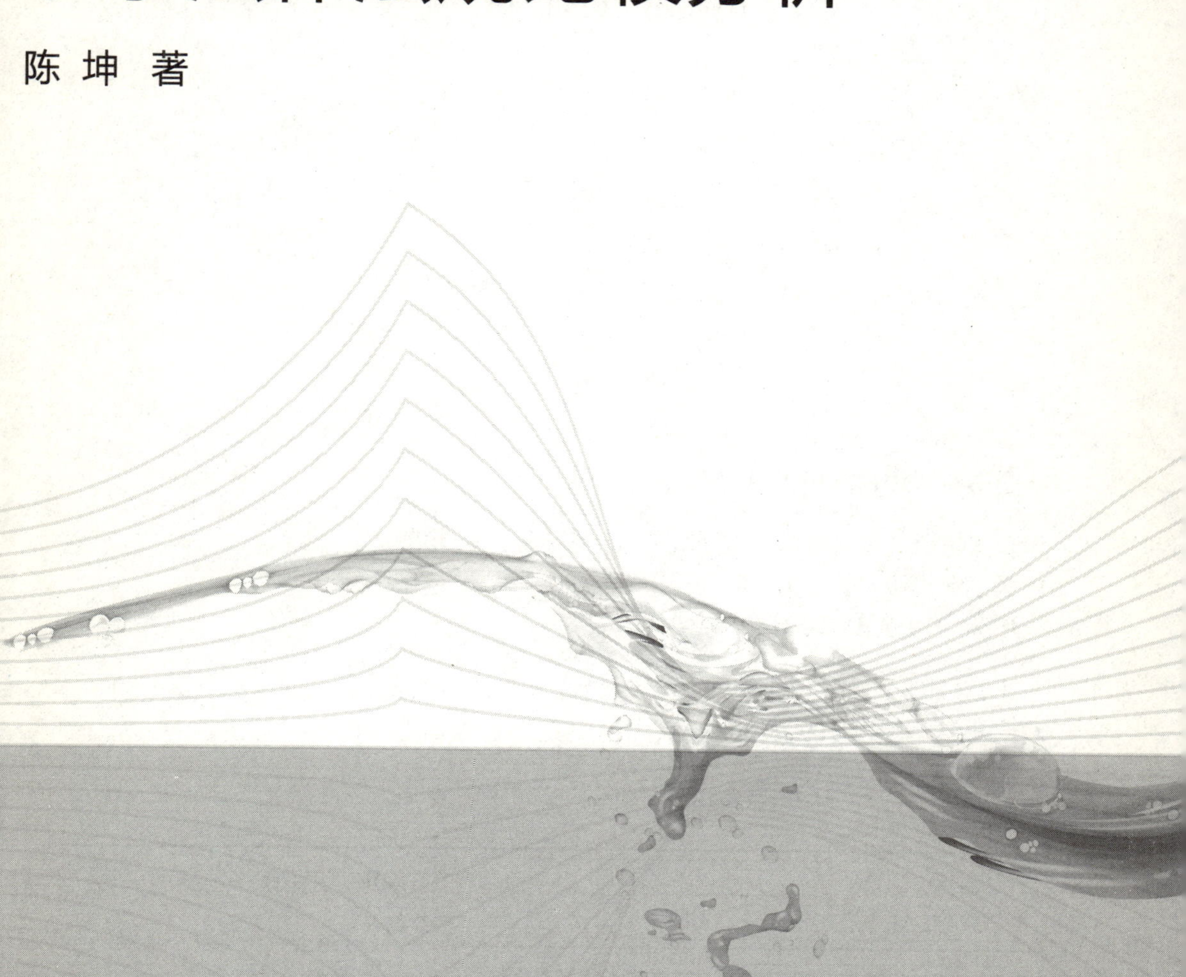

COMPARATIVE STUDIES ON WATER-RELATED LAWS AND REGULATIONS AT YANGTZE RIVER DELTA

化学工业出版社

·北 京·

长三角地区跨界水污染之态势久治不愈，原因之一是长三角地区水事法律法规之间存在较大的差异，造成了长三角地区水污染治理有法不能依和无法可依的局面。本书作者试图通过着重梳理长三角地区水事法律法规间的异同，提出协调解决长三角地区水事法律法规的相关对策；通过一系列的方案设计，推动长三角地区跨界水污染治理模式改革，为治理长三角地区跨界水污染创造一个良好的法制环境，改善长三角地区跨界水污染治理状况，实现长三角地区水资源的可持续利用。

图书在版编目（CIP）数据

长三角地区水事法律法规比较分析/陈坤著. —北京：化学工业出版社，2015.3
ISBN 978-7-122-23148-2

Ⅰ.①长… Ⅱ.①陈… Ⅲ.①长江三角洲-水法-对比研究 Ⅳ.①D927.502.664

中国版本图书馆CIP数据核字（2015）第039152号

责任编辑：刘立梅　　文字编辑：荣世芳
责任校对：陶燕华　　装帧设计：张　辉

出版发行：化学工业出版社（北京市东城区青年湖南街13号　邮政编码100011）
印　　装：三河市延风印装有限公司
710mm×1000mm　1/16　印张19　字数377千字　2016年10月北京第1版第1次印刷

购书咨询：010-64518888（传真：010-64519686）　售后服务：010-64518899
网　　址：http://www.cip.com.cn
凡购买本书，如有缺损质量问题，本社销售中心负责调换。

定　　价：75.00元

前 言

法律冲突指的是同一社会关系或解决同一问题的不同法律由于各自内容的差异和位阶的高低而导致相互在效力上的抵触。

一般来说，只要各法律对同一问题作出不同的规定，而当某种法律事实又将不同的法律规定联系在一起时，法律冲突便会发生。

法律冲突问题，不仅存在于国际私法中，而且存在于国内法和公法领域。随着我国的立法主体、形式以及效力等级等问题的复杂化，法律规范的冲突也与日俱增。与其他的法律部门相比较，从行政法律法规占有各种法律法规总量的比例看，我国的行政法律规范冲突问题尤其突出。行政法律规范冲突也应属于法律冲突的范畴。而由于行政机关作为行政法律法规的执法主体，与国家司法机关适用法律有所不同，需要对其专门研究和探讨。

水事法律法规间的冲突和不协调，体现在下位法与上位法间的不协调和冲突。中央层面的水事法律，如《中华人民共和国水污染防治法》、《中华人民共和国水法》、《中华人民共和国环境保护法》与《上海市环境保护条例》、《浙江省环境保护条例》之间存在冲突。这种冲突主要表现在：水事法律、法规与宪法的冲突；水事法律与法规间的冲突等。

同时，还体现在同位法律法规间的冲突。它主要体现在：全国人大制定的水事法律之间的冲突；行政法规之间的冲突；部门规章之间的冲突；地方性法规之间的冲突；地方性规章之间的冲突。

长三角地区跨界水污染之态势久治不愈。原因之一是长三角地区水事法律法规之间存在较大的差异，造成了长三角地区水污染治理有法不能依和无法可依的局面。

本书重点是梳理长三角地区水事法律法规间的差异，采用的方法是逐条比较。中央层面，我们主要选取了五部法律：《中华人民共和国宪法》、《中华人民共和国水法》、《中华人民共和国环境保护法》、《中华人民共和国水污染防治法》、《中华人民共和国海洋环境保护法》。长三角地区，我们分别从江苏省、上海市和浙江省选取相关的水事地方性法规。包括《上海市环境保护条例》、《江苏省环境保护条例》、《江苏省海洋环境保护条例》、《浙江省海洋环境保护条例》、《浙江省水污染防治条例》、《江苏省长江水污染防治条例》、《上海市实施〈中华人民共和国水法〉办法》、《浙江省实施〈中华人民共和国水法〉办法》8部地方性法规。

梳理长三角地区水事法律法规，其目的是为了协调长三角地区水事法律法规，为治理长三角地区跨界水污染创造一个良好的法制环境。

在此基础上，我们还分析了长三角地区水事法律法规出现差异的原因。主要是由于宏观层面的水事管理体制的碎片化。跨界水污染治理体制障碍、制度缺陷或机制缺乏，尤其是国家层面的跨界水污染治理相关法律间存在的矛盾和冲突直接影响到了长三角地区跨界水污染治理法规间的矛盾和冲突。微观层面的地方利益至上，加上长三角地区二省一市都有独立的立法权，正是这种地方利益至上、碎片化的水资源开发利用现状导致了在立法层面上的水事法规间出现矛盾和冲突。从机制层面看，地方立法缺乏协调。因制度的障碍，立法协调行为没有获得法律支持；机制缺乏，立法协调行为不可能规范，因此也不可能持续。长三角地区二省一市还无法为了立法协调而签署各类行政协议，没有行政协议，协调结果也就没有权威性和约束力。从行动层面看，由于缺乏针对长三角地区水事管理的综合全区域的试点行为，就难以在长三角地区产生覆盖全区域的水事管理法规。地方间法规制定学习动力不足，长三角地区各地方相对完善的水事法规也未能为其他地方所学习借鉴。在水事管理制度供给不足、水事立法协调机制缺乏的背景下，先试点后立法的立法步骤必然造成长三角地区水事法规间的差异，而这种差异影响到了区域水事管理的整体效率。

我们也试图提出解决长三角地区水事法律法规差异的相关对策。首先，构建中央层面和长三角地区地方层面的水污染协调治理平台。从中央协调治理平台来说，主要是协调中央各部委的水事管理活动；从长三角地区地方协调平台来看，协调中央与长三角地区各行政单位之间、中央各水事管理部门与太湖水利委员会之间、长三角地区各行政单位之间、太湖水利委员会与长三角地区各行政单位之间的水事管理活动。通过立法，授权这两个平台相关的权责。

其次，梳理国家层面和长三角地区所立的水事法律法规，通过立法协调，消除各法律法规间的矛盾与冲突；同时，通过协调立法，确保长三角地区各立法机构在立法方面进行协调，消除新立法律法规可能出现的新的矛盾与冲突，从而构建长三角地区新的水事法律法规体系。

最后，构建长三角地区水事协调平台运作机制，重点是设计协调机制。通过协调，更好地凸显整体性治理理念；更高效地治污；更平稳地实现流域管理机构由行政机构转为事业机构，进而转为企业机构，真正实现“董事会”式的治水模式。

通过以上方案设计，推动长三角地区跨界水污染治理模式改革与改善长三角地区跨界水污染治理状况，实现长三角地区水资源的可持续利用。

作　者

2014年8月

目 录

第一章
长三角地区跨界水事法律法规结构上的差异

在国家层面，我们主要选择了《中华人民共和国水法》、《中华人民共和国水污染防治法》、《中华人民共和国环境保护法》和《中华人民共和国海洋环境保护法》四部与水事管理相关的法律。

在地方层面，我们主要选择与这四部国家层面法律相对应的地方性法规。它们分别是《上海市环境保护条例》、《江苏省环境保护条例》、《江苏省海洋环境保护条例》、《浙江省海洋环境保护条例》、《浙江省水污染防治条例》、《江苏省长江水污染防治条例》、《上海市实施〈中华人民共和国水法〉办法》和《浙江省实施〈中华人民共和国水法〉办法》八部地方性法规。

第七章、第八章、第九章和第十章中，我们将通过长三角地区水事法律法规结构和内容的比较和分析，判断这些法律法规间的差异，为长三角地区跨界水污染防治法律协调奠定基础。

第一节　环境保护法律法规结构上的差异

一、各地出台环境保护法规不平衡

国家出台了《中华人民共和国环境保护法》，依此，在长三角地区，上海市出台了《上海市环境保护条例》，江苏省出台了《江苏省环境保护条例》。但浙江省没有出台相关条例，这是地区立法不平衡的反映。

二、结构设计上存在差异

通过比较《中华人民共和国环境保护法》和《上海市环境保护条例》、《江苏省环境保护条例》，它们在结构设计上存在一些差异，见表1-1。

表1-1　三部法律法规在结构设计上的差异

《中华人民共和国环境保护法》结构	《上海市环境保护条例》结构	《江苏省环境保护条例》结构
第一章　总则 第二章　监督管理 第三章　保护和改善环境 第四章　防治污染和其他公害 第五章　信息公开和公众参与 第六章　法律责任 第七章　附则	第一章　总则 第二章　规划、区划和标准 第三章　环境监督管理 第四章　环境污染防治 第五章　法律责任 第六章　附则	第一章　总则 第二章　环境监督管理 第三章　保护和改善环境 第四章　防治环境污染和其他公害 第五章　法律责任 第六章　附则

从结构上来看，《江苏省环境保护条例》与《中华人民共和国环境保护法》结构基本一样。《中华人民共和国环境保护法》增加了一章：信息公开和公众参与。但《上海市环境保护条例》与《中华人民共和国环境保护法》不一样。上海市将规划、区划和标准单独作为一章，并且，将《中华人民共和国环境保护法》中的第二章作为第三章，将《中华人民共和国环境保护法》中的第三章和第四章合并为环境污染防治一章。此外，《上海市环境保护条例》和《江苏省环境保护条例》均没有将信息公开和公众参与单列为一章。

在《中华人民共和国环境保护法》中，第一章总则有十二条；《上海市环境保护条例》第一章总则有九条；《江苏省环境保护条例》第一章总则有七条。

《中华人民共和国环境保护法》第二章有十五条；《江苏省环境保护条例》第二章有五条；《上海市环境保护条例》第三章有十四条。

《中华人民共和国环境保护法》第三章和第四章共有二十五条；《江苏省环境保护条例》第三章和第四章共有二十六条；《上海市环境保护条例》第四章有十六条。

《中华人民共和国环境保护法》第五章是信息公开和公众参与，共六条。而《上海市环境保护条例》和《江苏省环境保护条例》均无此章。

《中华人民共和国环境保护法》第六章、《上海市环境保护条例》第五章和《江苏省环境保护条例》第五章各有十条、十一条和十六条。

从这里看出，章节结构不同，每章内容安排也不同。

第二节　海洋环境保护法律法规结构上的差异

一、各地出台海洋环境保护法律法规不平衡

关于海洋环境保护法律法规，国家层面的法律是《中华人民共和国海洋环境保护法》，地方层面的法规是《江苏省海洋环境保护条例》、《浙江省海洋环境保护条例》。上海没有类似条例。

二、结构设计上存在差异

海洋环境保护法律法规在结构设计上存在比较大的差异（表1-2）。

表1-2　三部海洋保护法律法规具体章节安排

《中华人民共和国海洋环境保护法》	《浙江省海洋环境保护条例》	《江苏省海洋环境保护条例》
第一章　总则 第二章　海洋环境监督管理 第三章　海洋生态保护 第四章　防治陆源污染物对海洋环境的污染损害 第五章　防治海岸工程建设项目对海洋环境的污染损害 第六章　防治海洋工程建设项目对海洋环境的污染损害 第七章　防治倾倒废弃物对海洋环境的污染损害 第八章　防治船舶及有关作业活动对海洋环境的污染损害 第九章　法律责任 第十章　附则	第一章　总则 第二章　监督管理 第三章　海洋生态保护 第四章　防治污染物的污染损害 第五章　防治工程建设项目的污染损害 第六章　法律责任 第七章　附则	第一章　总则 第二章　监督管理 第三章　生态保护 第四章　污染防治 第五章　法律责任 第六章　附则

《中华人民共和国海洋环境保护法》共分为十章，《浙江省海洋环境保护条例》共分为七章、《江苏海洋环境保护条例》共分为六章，从章数数量上看不一样。

第一章，总则。《中华人民共和国海洋环境保护法》、《浙江省海洋环境保护条例》和《江苏省海洋环境保护条例》均一样，没有差异。

第二章，《中华人民共和国海洋环境保护法》是海洋环境监督管理，《浙江省海洋环境保护条例》是监督管理，《江苏省海洋环境保护条例》是监督管理。从字面上看，《浙江省海洋环境保护条例》与《江苏省海洋环境保护条例》一致，二者与《中华人民共和国海洋环境保护法》有一点差异。

第三章，《中华人民共和国海洋环境保护法》是海洋生态保护，《浙江省海洋环境保护条例》是海洋生态保护，《江苏省海洋环境保护条例》是生态保护。《中华人

民共和国海洋环境保护法》与《浙江省海洋环境保护条例》一致，而与《江苏省海洋环境保护条例》有一点差异。

《中华人民共和国海洋环境保护法》第四章、第五章、第六章、第七章和第八章安排了防治陆源污染物对海洋环境的污染损害、防治海岸工程建设项目对海洋环境的污染损害、防治海洋工程建设项目对海洋环境的污染损害、防治倾倒废弃物对海洋环境的污染损害和防治船舶及有关作业活动对海洋环境的污染损害；《浙江省海洋环境保护条例》安排了第四章和第五章，防治污染物的污染损害和防治工程建设项目的污染损害；《江苏省海洋环境保护条例》安排了一章，污染防治。《中华人民共和国海洋环境保护法》分得最细，《浙江省海洋环境保护条例》次之，《江苏省海洋环境保护条例》最概括。

法律责任，《中华人民共和国海洋环境保护法》安排的是第九章，《浙江省海洋环境保护条例》安排的是第六章，《江苏省海洋环境保护条例》安排的是第五章，名称一致。

附则，《中华人民共和国海洋环境保护法》安排的是第十章，《浙江省海洋环境保护条例》安排的是第七章，《江苏省海洋环境保护条例》安排的是第六章，名称也一致。

从结构上看，《江苏省海洋环境保护条例》是将所有污染防治内容归纳为第四章污染防治了，相对简单。而《浙江省海洋环境保护条例》将污染防治分为防治污染物的污染损害和防治工程建设项目的污染损害两章。《中华人民共和国海洋环境保护法》的污染防治分为成五章，即第四章防治陆源污染物对海洋环境的污染损害、第五章防治海岸工程建设项目对海洋环境的污染损害、第六章防治海洋工程建设项目对海洋环境的污染损害、第七章防治倾倒废弃物对海洋环境的污染损害、第八章防治船舶及有关作业活动对海洋环境的污染损害。

从内容编排来看，也基本上都一样。没有出现内容穿插的现象。

第三节　水污染防治法律法规结构上的差异

一、各地出台水污染防治法规不平衡

1984年5月11日，《中华人民共和国水污染防治法》经第六届全国人民代表大会常务委员会第五次会议通过。之后，1996年5月15日和2008年2月28日，先后经第八届全国人民代表大会常务委员会第十九次会议和第十届全国人民代表大会常务委员会第三十二次会议修订。可以看出，国家对水污染防治立法工作非常重视。

但是，长三角地区的上海、江苏和浙江二省一市，只有浙江专门针对《中华人民共和国水污染防治法》出台了《浙江省水污染防治条例》。上海和江苏没有专门的条例。江苏制订了《江苏省长江水污染防治条例》。从这里可以看出，各地对

《中华人民共和国水污染防治法》的重视程度是不一样的。

为了便于比较，我们仅将《中华人民共和国水污染防治法》、《浙江省水污染防治条例》、《江苏省长江水污染防治条例》的内容进行比较。

二、结构设计上存在差异

三部水事法律的结构有差异。从结构上看，这三部法律法规是有差异的。从简单的章节来看，《中华人民共和国水污染防治法》共有八个章节；《浙江省水污染防治条例》有九个章节；《江苏省长江水污染防治条例》有六个章节。

从章的编排来看也不一样，具体体现在：一是章节的安排顺序有差异；二是章节的名称有差异；三是内容不一样。《中华人民共和国水污染防治法》安排了某章节内容，《浙江省水污染防治条例》也安排了此章节内容，《江苏省长江水污染防治条例》可能没有安排此内容。也就是说，三部水事法律的结构内容是有差异的。

《中华人民共和国水污染防治法》第一章为总则，《浙江省水污染防治条例》第一章也为总则；《江苏省长江水污染防治条例》第一章也为总则。这三部法律没有差异。

《中华人民共和国水污染防治法》第二章为水污染防治的标准和规划，《浙江省水污染防治条例》第二章为规划和标准，名称有点差异，还基本相同。但《江苏省长江水污染防治条例》却没有这一章的内容。

《中华人民共和国水污染防治法》第三章为水污染防治的监督管理；《浙江省水污染防治条例》却将这一章的内容列为第七章，且名称为执法监督，名称有些差异；《江苏省长江水污染防治条例》将类似的内容列为第二章监督管理，名称也有差异。可以看出，这三部水事法律在规范相似的内容时，所用名称并不完全相同。

《中华人民共和国水污染防治法》第四章为水污染防治措施，下面列了五节，分别为：一般规定、工业水污染防治、城镇水污染防治、农业和农村水污染防治、船舶水污染防治等；《浙江省水污染防治条例》将类似的内容列为第四章生态建设和污染控制和第五章污染治理；《江苏省长江水污染防治条例》将相同的内容列为第三章污染防治。可以看出，这三部水事法律在规范相同的内容时，名称有差异。

《中华人民共和国水污染防治法》第五章为饮用水水源和其他特殊水体保护；《浙江省水污染防治条例》将类似的内容列为第三章饮用水水源保护；《江苏省长江水污染防治条例》将相似的内容列为第四章饮用水水源保护。可以看出，这三部水事法律在规范相同的内容时，使用的名称也略有差异。

《中华人民共和国水污染防治法》第六章为水污染事故处置；《浙江省水污染防治条例》将类似的内容列为第六章环境监控和应急处理；《江苏省长江水污染防治条例》没有将类似的内容专列为章。

《中华人民共和国水污染防治法》第七章为法律责任、第八章为附则；《浙江省水污染防治条例》将类似的内容列为第八章法律责任和第九章附则；《江苏省长江水污染防治条例》也将类似的内容列为第五章法律责任和第六章附则。

这三部水事法律的具体章节安排见表1-3。

表1-3 三部水事法律具体章节安排

《中华人民共和国水污染防治法》	《浙江省水污染防治条例》	《江苏省长江水污染防治条例》
第一章 总则 第二章 水污染防治的标准和规划 第三章 水污染防治的监督管理 第四章 水污染防治措施 第一节 一般规定 第二节 工业水污染防治 第三节 城镇水污染防治 第四节 农业和农村水污染防治 第五节 船舶水污染防治 第五章 饮用水水源和其他特殊水体保护 第六章 水污染事故处置 第七章 法律责任 第八章 附则	第一章 总则 第二章 规划和标准 第三章 饮用水水源保护 第四章 生态建设和污染控制 第五章 污染治理 第六章 环境监控和应急处理 第七章 执法监督 第八章 法律责任 第九章 附则	第一章 总则 第二章 监督管理 第三章 污染防治 第四章 饮用水水源保护 第五章 法律责任 第六章 附则

第四节 水法结构上的差异

一、各地出台水污染防治法规不平衡

《中华人民共和国水法》于1988年制定，并于2002年修订。上海市根据《中华人民共和国水法》制定了《上海市实施〈中华人民共和国水法〉办法》；浙江省根据《中华人民共和国水法》制定了《浙江省实施〈中华人民共和国水法〉办法》。而江苏省没有制定类似的实施办法。从这里看出，在长三角地区二省一市就水法制定实施办法是不平衡的。

二、结构设计上存在差异

《中华人民共和国水法》共分为八章；《上海市实施〈中华人民共和国水法〉办法》共分为六章；《浙江省实施〈中华人民共和国水法〉办法》共分为九章。

第一章，总则，三部法律都是一样的。

《中华人民共和国水法》第二章安排的是水资源规划；其他两部法律没有这样一章。类似的内容已并入其他章中。

《中华人民共和国水法》第三章是水资源开发利用；《上海市实施〈中华人民共和国水法〉办法》第二章是水资源开发利用；《浙江省实施〈中华人民共和国水法〉

办法》第二章是水资源的开发利用。《浙江省实施〈中华人民共和国水法〉办法》的第二章名称多了一个“的”字。

《中华人民共和国水法》第四章是水资源、水域和水工程的保护；《上海市实施〈中华人民共和国水法〉办法》第三章是水、水域和水工程的保护；《浙江省实施〈中华人民共和国水法〉办法》第三章是水、水域的管理和保护。三者用词是不一样的。且《浙江省实施〈中华人民共和国水法〉办法》没有水工程的保护。

《中华人民共和国水法》第五章是水资源配置和节约使用；《上海市实施〈中华人民共和国水法〉办法》和《浙江省实施〈中华人民共和国水法〉办法》没有专门的这一章。

《中华人民共和国水法》第六章是水事纠纷处理与执法监督检查；《上海市实施〈中华人民共和国水法〉办法》没有专门的这一章；《浙江省实施〈中华人民共和国水法〉办法》第七章是水事纠纷处理。

《中华人民共和国水法》第七章是法律责任；《上海市实施〈中华人民共和国水法〉办法》是第五章；《浙江省实施〈中华人民共和国水法〉办法》是第八章。

《上海市实施〈中华人民共和国水法〉办法》第四章是防汛与抗洪；此部分内容在浙江省实施《中华人民共和国水法》办法中是第六章，且用词是不一样的。

《浙江省实施〈中华人民共和国水法〉办法》专列一章规范用水管理。

《浙江省实施〈中华人民共和国水法〉办法》专列一章规范水工程的管理和保护。

《中华人民共和国水法》第八章是附则；此内容在《上海市实施〈中华人民共和国水法〉办法》中是第六章；在《浙江省实施〈中华人民共和国水法〉办法》中是第九章。

由此来看，三部法律结构上是不一样的，总体框架结构有差异，见表1-4。

表1-4　三部水法结构上的差异

《中华人民共和国水法》的框架结构	《上海市实施〈中华人民共和国水法〉办法》的框架结构	《浙江省实施〈中华人民共和国水法〉办法》的框架结构
第一章　总则 第二章　水资源规划 第三章　水资源开发利用 第四章　水资源、水域和水工程的保护 第五章　水资源配置和节约使用 第六章　水事纠纷处理与执法监督检查 第七章　法律责任 第八章　附则	第一章　总则 第二章　水资源开发利用 第三章　水、水域和水工程的保护 第四章　防汛与抗洪 第五章　法律责任 第六章　附则	第一章　总则 第二章　水资源的开发利用 第三章　水、水域的管理和保护 第四章　水工程的管理和保护 第五章　用水管理 第六章　防汛抗洪与防旱抗旱 第七章　水事纠纷处理 第八章　法律责任 第九章　附则

①《中华人民共和国水法》共分为八章，而《上海市实施〈中华人民共和国水

法〉办法》只有六章，《浙江省实施〈中华人民共和国水法〉办法》是九章。

②《上海市实施〈中华人民共和国水法〉办法》和《浙江省实施〈中华人民共和国水法〉办法》均有防汛抗洪一章。而《中华人民共和国水法》没有专列章节，有些内容被并入第四章中。相比较而言，《中华人民共和国水法》对防汛抗洪内容规定得不太多，该部分的内容主要在《中华人民共和国防洪法》中设置了，但《上海市实施〈中华人民共和国水法〉办法》和《浙江省实施〈中华人民共和国水法〉办法》均对防汛抗洪抗旱作了比较详细的规定。

③《中华人民共和国水法》中专门列章水资源配置和节约使用，但《上海市实施〈中华人民共和国水法〉办法》和《浙江省实施〈中华人民共和国水法〉办法》均未专列章节。水资源配置和节约使用的一些内容被列入到了上海办法中的第二章和浙江办法的第五章中去了。

④《中华人民共和国水法》和《浙江省实施〈中华人民共和国水法〉办法》均有章来规定水事纠纷处理条款。但《上海市实施〈中华人民共和国水法〉办法》没有专列章来论述。上海的相关内容被并入到第二章中去了。

第二章
对规划与预防规定的差异

环境规划是防治环境问题的重要手段，属事前控制，它包括环境政策、目标和措施。但是，学术界对此关注度非常低，属环境法学研究的空白点。环境规划是行政规划的一种，但又有其特殊的属性和法律表现形式，特殊的利益关系和特殊的法律规制。因此，需要协调和整合。

环境规划的目标一致性、环境的整体性要求通过法律规划对目前条块化、分散化的各类、各级环境规划整合并协调利益关系，实现环境规划要达到的共同目标。

一是环境规划制定主体的整合与协调。我国有环境规划制定权的主体有各级政府、一定级别的政府职能部门、职能部门的派出机构等。它们之间在规划制定上存在交叉和重叠，需要进行协调和整合，以体现环境保护的整体性和环境保护的共同性。二是环境规划之间的整合与协调。上下级环境规划之间的整合与协调。《中华人民共和国水法》规定下级规划服务上级规划，局部规划服从全整体规划。强调环境规划要服务于环境整体。同级环境规划之间要整合，防止规划间的交叉、冲突。环境规划与其他行政规划要整合，充分协调环境保护与经济发展的关系。

但是，在我国水事相关法律法规间关于规划的规定存在较大的差异。

第一节　水事相关法律法规对规划规定的差异

《中华人民共和国水污染防治法》、《中华人民共和国水法》、《中华人民共和国环境保护法》、《中华人民共和国海洋环境保护法》四部国家水事相关大法都对规划进行了规定。

但是，《中华人民共和国水污染防治法》是从水污染防治的角度谈水污染防治规划；《中华人民共和国水法》是从水资源的使用、保护的角度来谈水资源利用规划；《中华人民共和国环境保护法》是从环境保护的角度来谈规划，而且不仅是水环境保护规划，还涉及大气、固体废弃物等的环境保护规划；《中华人民共和国海洋环境保护法》是从海洋环境保护的角度来谈海洋环境保护规划。

因此，这四部大法虽都涉及水污染问题，但谈的角度不一样。同样，以这四部大法为依据而制定的地方性法律法规也是如此。

一、水污染防治法律法规对水污染防治规划的规范

（一）对“水污染防治应当按流域或者按区域进行统一规划规定”的规定

《中华人民共和国水污染防治法》、《浙江省水污染防治条例》和《江苏省长江水污染防治条例》均对此进行了规定，但规定是有差异的。

《中华人民共和国水污染防治法》第十五条第一款规定：“防治水污染应当按流域或者按区域进行统一规划。国家确定的重要江河、湖泊的流域水污染防治规划，由国务院环境保护主管部门会同国务院经济综合宏观调控、水行政等部门和有关省、自治区、直辖市人民政府编制，报国务院批准。”

《浙江省水污染防治条例》第八条第一款规定：“防治水污染应当按照流域或者区域进行统一规划。国家确定的重要江河、湖泊的流域水污染防治规划以及其他跨省江河、湖泊的流域水污染防治规划的编制、批准按照国家有关规定执行。”

《江苏省长江水污染防治条例》第六条规定：“省环境保护行政主管部门应当会同省发展与改革、水利、建设等部门和沿江地区设区的市人民政府编制长江水污染防治规划，报省人民政府批准。”

从条文本身来看，在水污染防治应当按流域或者按区域进行统一规划的规范方面，《中华人民共和国水污染防治法》和《浙江省水污染防治条例》基本是一样的。《浙江省水污染防治条例》是按照《中华人民共和国水污染防治法》的基本精神拟定的条例。《江苏省长江水污染防治条例》对此问题的规定也是按照《中华人民共和国水污染防治法》的基本精神拟定的。其特色是专门针对长江下游地区。

（二）对跨界水污染防治规划规定的差异

《中华人民共和国水污染防治法》和《浙江省水污染防治条例》均对此进行了规定，但规定有差异。

《中华人民共和国水污染防治法》第十五条第二款和第三款规定：“前款规定外的其他跨省、自治区、直辖市江河、湖泊的流域水污染防治规划，根据国家确定的重要江河、湖泊的流域水污染防治规划和本地实际情况，由有关省、自治区、直辖

市人民政府环境保护主管部门会同同级水行政等部门和有关市、县人民政府编制，经有关省、自治区、直辖市人民政府审核，报国务院批准。

“省、自治区、直辖市内跨县江河、湖泊的流域水污染防治规划，根据国家确定的重要江河、湖泊的流域水污染防治规划和本地实际情况，由省、自治区、直辖市人民政府环境保护主管部门会同同级水行政等部门编制，报省、自治区、直辖市人民政府批准，并报国务院备案。”

《中华人民共和国水污染防治法》第十五条第五款规定：“县级以上地方人民政府应当根据依法批准的江河、湖泊的流域水污染防治规划，组织制定本行政区域的水污染防治规划。”

《中华人民共和国水污染防治法》对于跨界水污染防治规划的规定是，各县级以上人民政府应该制定水污染防治规划；具体制定者是环境保护部门会同相关水事管理部门；跨界水污染防治规划由上级人民政府的环境保护部门会同相关水事管理部门制定。

《浙江省水污染防治条例》第八条第一款、第二款和第三款规定：“防治水污染应当按照流域或者区域进行统一规划。国家确定的重要江河、湖泊的流域水污染防治规划以及其他跨省江河、湖泊的流域水污染防治规划的编制、批准按照国家有关规定执行。

“本省行政区域内跨设区的市的流域水污染防治规划，由省环境保护主管部门会同省发展改革、水行政等主管部门和有关设区的市人民政府编制，报省人民政府批准后实施，并报国务院备案。

“设区的市行政区域内跨县（市、区）的流域水污染防治规划，由设区的市人民政府组织市环境保护、发展改革、水行政等主管部门和有关县（市、区）人民政府编制，报省人民政府批准后实施，并报国务院备案。”

《浙江省水污染防治条例》对于浙江省行政区内跨界水污染的规定中特别突出了发展改革委员会介入跨界水污染防治规划的编制；在跨县界水污染防治规划时又突出了由设区的市人民政府来组织相关职能部门和县人民政府来编制，而不是由市环境保护部门组织相关部门来编制。这一点与《中华人民共和国水污染防治法》的规定有差异。

但在《江苏省长江水污染防治条例》中并无对江苏省行政区内的跨界水污染防治规划进行规范。江苏省和上海市将遵照《中华人民共和国水污染防治法》的相关条款执行。这样，在长三角地区，江苏省、浙江省和上海市对跨界水污染防治的规定就存在差异。

（三）对水污染防治规划的修改规定上的差异

《中华人民共和国水污染防治法》和《浙江省水污染防治条例》均对此进行了规定。

《中华人民共和国水污染防治法》第十五条第四款规定：“经批准的水污染防治规划是防治水污染的基本依据，规划的修订须经原批准机关批准。”

《浙江省水污染防治条例》第十条作出相应规定：“依法制定的水污染防治规划是防治水污染的基本依据，规划的修订须经原批准机关批准。”

用词基本一样，但《中华人民共和国水污染防治法》使用了“经批准的”；而《浙江省水污染防治条例》使用的是“依法制定的”。虽然本质上一样，但用词上有差异。这实际上是立法技术上不统一所形成的差异。

江苏省和上海市在此条款上依照《中华人民共和国水污染防治法》执行，因此，在长三角地区，江苏省、浙江省和上海市在此条款的规定上存在差异。

（四）《江苏省长江水污染防治条例》独特的规定

如《江苏省长江水污染防治条例》对先规划、后开发，先环评、后立项的规定[1]。除《江苏省长江水污染防治条例》对此问题进行了规定外，其余均无此规定。说明了上海市、浙江省和江苏省在此问题规定上的差异。

二、环境保护法对环境保护规划的规定

（一）对“环境保护规划纳入国民经济和社会发展计划”的规定的差异

《中华人民共和国环境保护法》、《上海市环境保护条例》和《江苏省环境保护条例》均对此问题进行了规定，但规定是有差异的。

《中华人民共和国环境保护法》第十三条第一款规定：“县级以上人民政府应当将环境保护工作纳入国民经济和社会发展规划。”

《中华人民共和国环境保护法》第十三条第三款规定：“县级以上地方人民政府环境保护主管部门会同有关部门，根据国家环境保护规划的要求，编制本行政区域的环境保护规划，报同级人民政府批准并公布实施。”

《上海市环境保护条例》第十条第三款规定，“环境保护规划应当纳入市和区、县国民经济和社会发展计划、城市总体规划。”

《江苏省环境保护条例》第五条规定：“地方各级人民政府必须把环境保护规划纳入国民经济和社会发展中长期规划和年度计划……”

《江苏省环境保护条例》第八条规定：“县级以上人民政府的综合经济部门，应当根据国家和本省的环境保护规划和计划，调整影响环境质量的不合理的布局、产业结构、产品结构。

“各行业主管部门负责拟定本系统的环境保护规划和计划，管理本系统的环境保护工作，对所属单位的环境保护进行检查考核，重视和加强环境保护科学的研究，开发推广环境保护实用技术。

---

[1]《江苏省环境保护条例》第三条。

“教育行政主管部门应当把环境保护教育列入规划和计划。文化、新闻出版、广播电视等部门应当重视和加强对环境保护的宣传和舆论监督。”

内容略有差异，用词也不一样。

在内容上，江苏省规定了环境保护教育也列入规划和计划。这一点在《中华人民共和国环境保护法》和《上海市环境保护条例》中是没有规定的。按理来说，江苏省可以规定得比国家层面的法律更详细、更严格。但如果同属长三角地区的上海市没有这样的规定，那么，上海市与江苏省在此问题的协调上就会存在障碍。

在用词上，《中华人民共和国环境保护法》使用的是“环境保护工作纳入国民经济和社会发展规划”;《上海市环境保护条例》使用的是“环境保护规划应当纳入市和区、县国民经济和社会发展计划、城市总体规划”;《江苏省环境保护条例》使用的是“地方各级人民政府必须把环境保护规划纳入国民经济和社会发展中长期规划和年度计划”。浙江省没有制定地方性的环境保护条例，浙江省将遵照《中华人民共和国环境保护法》第四条和第十三条执行。

《上海市环境保护条例》增加了“城市总体规划”;《江苏省环境保护条例》使用了“中长期规划和年度计划”。至少在立法技术上存在较大差异。

（二）《江苏省环境保护条例》一些独特规定

《江苏省环境保护条例》规定了“谁污染谁治理、谁开发谁保护”的原则[1]，污染防治的资金纳入政府预算[2]。江苏省的规定与国家法律不相违背，说明江苏省重视环境保护，措施更得力，更具有操作性。但是，上海市和浙江省没有类似的规定。这样，在长三角地区二省一市对上述问题的规定就存在差异。

（三）《上海市环境保护条例》一些独特规定

《上海市环境保护条例》规定了相关部门应当编制环境保护规划，并报市政府批准[3]、环境保护规划由环境保护部门组织实施[4]。

从理论上讲，江苏省和浙江省可以根据《中华人民共和国环境保护法》第四条进行要求，在地方性法规中不再重复规定。但是，同为长三角的上海市专门对此进行规定，而江苏省不对此进行规定，同样反映了长三角地区在立法技术上的不统一。

同时，《上海市环境保护条例》规定环境保护规划者就是组织实施者，有利于规划的实施。

（四）对“公民的环境保护义务”规定的差异

《中华人民共和国环境保护法》、《上海市环境保护条例》和《江苏省环境保护

---

[1]《江苏省环境保护条例》第三条。
[2]《江苏省环境保护条例》第五条。
[3]《上海市环境保护条例》第十条。
[4]《上海市环境保护条例》第十条。

条例》均对此问题进行了规定，但规定是有差异的。

《中华人民共和国环境保护法》及相关法律法规对公民的环境保护义务作了比较明确的规定。

《中华人民共和国环境保护法》第六条规定："一切单位和个人都有保护环境的义务……"

《上海市环境保护条例》第八条第二款的规定："一切单位和个人都有保护环境的义务。"

《江苏省环境保护条例》第七条规定："一切单位和个人都有保护环境的义务，不得向社会转嫁污染，谋取自身的经济利益。……"

《中华人民共和国环境保护法》、《上海市环境保护条例》规定的内容一样；《江苏省环境保护条例》增加了"不得向社会转嫁污染，谋取自身的经济利益"内容。浙江省遵照《中华人民共和国环境保护法》相关条款执行。因此，在长三角地区，浙江省、上海市和江苏省对此问题的规定就产生了差异。

三、水法对水资源规划的规定

由于江苏省没有根据《中华人民共和国水法》制定江苏省的实施办法，因此，江苏省完全遵照《中华人民共和国水法》执行。

《上海市实施〈中华人民共和国水法〉办法》、《浙江省实施〈中华人民共和国水法〉办法》在某些问题上的规定如果与《中华人民共和国水法》有差异，就同样与江苏省的相关规定有差异。

（一）对"国家鼓励单位和个人依法开发、利用水资源，其合法权益受到保护"规定的差异

《中华人民共和国水法》、《上海市实施〈中华人民共和国水法〉办法》、《浙江省实施〈中华人民共和国水法〉办法》均对此问题进行了规定，但规定是有差异的。

用意相同，但用词不一样。

《中华人民共和国水法》第六条规定："国家鼓励单位和个人依法开发、利用水资源，并保护其合法权益。……"

《上海市实施〈中华人民共和国水法〉办法》第四条第二款规定："本市各级人民政府应当鼓励和支持合理开发利用水资源和防治水害的各项事业，保护依法开发利用水资源的单位和个人的合法权益。"

《浙江省实施〈中华人民共和国水法〉办法》第三条第三款规定："单位和个人开发利用水资源的合法权益，受法律保护。"

在《中华人民共和国水法》、《上海市实施〈中华人民共和国水法〉办法》中均使用了"鼓励"二字。但《浙江省实施〈中华人民共和国水法〉办法》中没有"鼓励"二字。

上海不仅使用了“鼓励”二字，还使用了“支持”二字。

同时,《中华人民共和国水法》、《上海市实施〈中华人民共和国水法〉办法》均强调依法开发水资源的行为才受到法律保护。而《浙江省实施〈中华人民共和国水法〉办法》没有突出强调依法开发水资源。从立法技术上看，表达存在差异。

（二）对“水资源开发全面兼顾”规定的差异

《中华人民共和国水法》、《上海市实施〈中华人民共和国水法〉办法》、《浙江省实施〈中华人民共和国水法〉办法》均对此问题进行了规定，但规定有差异。

《中华人民共和国水法》规定水资源的开发、利用、节约、保护和水害防治均应全面规划、统筹兼顾、标本兼治、综合利用、讲求效益，发挥水资源的多种功能，协调多方用水。

《上海市实施〈中华人民共和国水法〉办法》、《浙江省实施〈中华人民共和国水法〉办法》也做了类似的规定，但这两部地方性法规的用词与《中华人民共和国水法》规定的用词存在差异。

全面规划、统筹兼顾、标本兼治、综合利用、讲求效益，发挥水资源的多种功能这两层意思在《中华人民共和国水法》、《上海市实施〈中华人民共和国水法〉办法》、《浙江省实施〈中华人民共和国水法〉办法》中是一样的。但是《中华人民共和国水法》所规定的协调多方用水的含义在《上海市实施〈中华人民共和国水法〉办法》、《浙江省实施〈中华人民共和国水法〉办法》中没有。

在统筹兼顾上,《中华人民共和国水法》、《浙江省实施〈中华人民共和国水法〉办法》和《上海市实施〈中华人民共和国水法〉办法》均提到了开发利用水资源与兼顾上下游、左右岸的利益，兴利除害相结合。

《中华人民共和国水法》第四条规定：“开发、利用、节约、保护水资源和防治水害，应当全面规划、统筹兼顾、标本兼治、综合利用、讲求效益，发挥水资源的多种功能，协调好生活、生产经营和生态环境用水。”

《中华人民共和国水法》第二十条规定：“开发、利用水资源，应当坚持兴利与除害相结合，兼顾上下游、左右岸和有关地区之间的利益，充分发挥水资源的综合效益，并服从防洪的总体安排。”

《上海市实施〈中华人民共和国水法〉办法》第四条第一款规定：“开发利用水资源和防治水害，应当全面规划，统筹兼顾，综合利用，讲求效益，发挥水资源的多种功能。”

《上海市实施〈中华人民共和国水法〉办法》第九条规定：“开发利用水资源，应当首先满足全市城乡居民生活用水，统筹兼顾农业、工业用水和航运需要；必须服从全市防汛规划的总体安排，实行兴利与除害相结合的原则，兼顾上下游、左右岸和地区之间的利益，充分发挥水资源的综合效益。

“各级人民政府必须采取切实有效措施，积极改善水质和防止地面沉降。”

从这里可以看出，《上海市实施〈中华人民共和国水法〉办法》第四条第一款主要采用的是《中华人民共和国水法》第四条的规定；《上海市实施〈中华人民共和国水法〉办法》第九条主要采用的是《中华人民共和国水法》第二十条的规定。

《浙江省实施〈中华人民共和国水法〉办法》第九条规定："开发利用水资源和防治水害，应当全面规划，兼顾上下游、左右岸和地区之间的利益，综合利用，讲求效益，充分发挥水资源的多种功能。"《浙江省实施〈中华人民共和国水法〉办法》第九条的规定主要采用的是《中华人民共和国水法》第四条的规定和《中华人民共和国水法》第二十条的规定。

因此，《中华人民共和国水法》、《上海市实施〈中华人民共和国水法〉办法》、《浙江省实施〈中华人民共和国水法〉办法》在涉及水资源开发的规定上存在差异。

（三）对"用水先后和多方用水"的规定的差异

《中华人民共和国水法》、《上海市实施〈中华人民共和国水法〉办法》、《浙江省实施〈中华人民共和国水法〉办法》均对此问题进行了规定，但规定有差异。

一是协调好生活、生产经营和生态环境用水的原则。

《中华人民共和国水法》第四条已经规定了"协调好生活、生产经营和生态环境用水"。

在《上海市实施〈中华人民共和国水法〉办法》、《浙江省实施〈中华人民共和国水法〉办法》中没有出现协调二字。

二是确定用水先后原则。

《中华人民共和国水法》第二十一条规定开发利用水资源应首先满足城乡居民生活用水，兼顾农业、工业、生态用水及航运需要。

《中华人民共和国水法》第二十一条规定："开发、利用水资源，应当首先满足城乡居民生活用水，并兼顾农业、工业、生态环境用水以及航运等需要。

"在干旱和半干旱地区开发、利用水资源，应当充分考虑生态环境用水需要。"

《中华人民共和国水法》确定的是城乡居民生活用水优先，兼顾农业、工业、生态用水及航运需要。

为了实施《中华人民共和国水法》，上海也做了类似的规定。

《上海市实施〈中华人民共和国水法〉办法》第九条规定："开发利用水资源，应当首先满足全市城乡居民生活用水，统筹兼顾农业、工业用水和航运需要；必须服从全市防汛规划的总体安排，实行兴利与除害相结合的原则，兼顾上下游、左右岸和地区之间的利益，充分发挥水资源的综合效益。

"各级人民政府必须采取切实有效措施，积极改善水质和防止地面沉降。"

上海没有规定生态环境用水，同时又按上海的条件规定了"防汛规划"、"改善水质和防止地面沉降"等用水规定。

浙江省也对用水先后作了规定。

根据《中华人民共和国水法》第四条、第二十一条的规定，《浙江省实施〈中华人民共和国水法〉办法》第六十三条规定："在干旱期间，各级人民政府及有关部门应当加强用水管理，优先保证城乡生活用水和农业灌溉用水，禁止任何单位和个人抢水、霸水。"

浙江的用水先后原则主要是在干旱期间。除城乡生活用水优先外，农业灌溉用水也是优先保证的。这与《中华人民共和国水法》和《上海市实施〈中华人民共和国水法〉办法》的规定有不同。同时，没有出现兼顾其他方面的用水，但规定了禁止抢水、霸水。这说明在长三角地区，上海市、浙江省和江苏省在此问题的规定上存在差异。

（四）对"水资源综合利用应在水资源的科学考察和调查评价基础上展开"规定的差异

《中华人民共和国水法》、《上海市实施〈中华人民共和国水法〉办法》、《浙江省实施〈中华人民共和国水法〉办法》均对此问题进行了规定，但规定是有差异的。

《中华人民共和国水法》对于水资源的科学考察和调查评价做了规定。

《中华人民共和国水法》第十六条规定："制定规划，必须进行水资源综合科学考察和调查评价。水资源综合科学考察和调查评价，由县级以上人民政府水行政主管部门会同同级有关部门组织进行。

"县级以上人民政府应当加强水文、水资源信息系统建设。县级以上人民政府水行政主管部门和流域管理机构应当加强对水资源的动态监测。

"基本水文资料应当按照国家有关规定予以公开。"

《中华人民共和国水法》第二十三条第二款对水资源的规划提出了"科学论证"的要求；并要求县级以上人民政府应加强水文和水资源信息系统建设；水行政主管部门和流域管理机构应当加强水资源的动态监测。

为什么规定的是"县级以上人民政府"来加强水文和水资源信息系统建设；而对水资源动态监测规定的是"县级以上人民政府水行政主管部门和流域管理机构"呢？其实，水文和水资源信息系统建设也应该是"县级以上人民政府水行政主管部门和流域管理机构"的主要职责。因此，《中华人民共和国水法》对此条的规定值得考量。

《上海市实施〈中华人民共和国水法〉办法》第七条对此进行了规定："开发利用水资源和防治水害，应当在水资源综合科学考察和调查评价的基础上，按流域或者区域进行统一规划。

"本市水资源综合科学考察和调查评价，由市水利部门会同有关部门统一进行。"

《浙江省实施〈中华人民共和国水法〉办法》第十条规定："开发利用水资源必

须进行综合科学考察和调查评价。水资源的综合科学考察和调查评价，按规定权限，由各级水行政主管部门会同有关部门进行。”

在内容和用词上存在差异。上海市规定了“开发利用水资源和防治水害”，浙江省规定了“开发利用水资源”，上海市规定了“按流域或区域进行统一规划”，浙江省在此条中没有此一说；上海市使用的是“应当在水资源综合科学考察和调查评价的基础上”，浙江省使用的是“必须进行综合科学考察和调查评价”；浙江省规定了水资源综合科学考试和调查评价权限是由“各级水行政主管部门会同有关部门进行”，上海市的规定是由“市水利部门会同有关部门统一进行”，并没有“各种水行政主管部门”的规定。

《浙江省实施〈中华人民共和国水法〉办法》第六十五条规定，“开发利用水资源、防治水害和其他水事活动，必须从全局出发，并严格依照经批准的规划进行，妥善处理好相邻地区的关系。”

浙江省在此条中规定的“妥善处理好相邻地区的关系”，上海市没有这样的规定。

《上海市实施〈中华人民共和国水法〉办法》与《浙江省实施〈中华人民共和国水法〉办法》在规定的完整性上是有差异的。相对来说，《中华人民共和国水法》相关条文规定得最完整。而按水法制定的地方实施办法却相对简单。理论上看，不应该出现这种情况。只有国家大法相对原则，而地方实施办法相对具体和完整才有利于相关条文的执行。

（五）对“规划的修改应经原批准机关核准”规定的差异

《中华人民共和国水法》、《上海市实施〈中华人民共和国水法〉办法》、《浙江省实施〈中华人民共和国水法〉办法》均对此问题进行了规定，但规定是有差异的。

《中华人民共和国水法》第十八条规定：“规划一经批准，必须严格执行。经批准的规划需要修改时，必须按照规划编制程序经原批准机关批准。”

《上海市实施〈中华人民共和国水法〉办法》第八条第三款规定：“经批准的规划是开发利用水资源和防治水害活动的基本依据。规划的修改，必须经原批准机关核准。”

《浙江省实施〈中华人民共和国水法〉办法》第十三条规定：“经批准的规划是开发利用水资源和防治水害活动的基本依据。规划的修改，必须经原批准机关核准。”

《上海市实施〈中华人民共和国水法〉办法》与《浙江省实施〈中华人民共和国水法〉办法》在对规划的修改规定时，用词是一样的。但两者与《中华人民共和国水法》的规定用词不一样。这是符合立法原则和精神的。但是，江苏省按《中华人民共和国水法》相关条款遵照执行。这样就导致了在长三角地区，上海市、浙江省和江苏省在此条款的规定上存在差异。

（六）对“制定中长期水供求规划”规定的差异

《中华人民共和国水法》、《上海市实施〈中华人民共和国水法〉办法》、《浙江省实施〈中华人民共和国水法〉办法》均对此问题进行了规定，但规定是有差异的。

国家制定全国水资源战略规划和中长期水资源供求规划。

《中华人民共和国水法》第十四条第一款规定：“国家制定全国水资源战略规划。……”

《中华人民共和国水法》第四十四条第一款规定：“……全国的和跨省、自治区、直辖市的水中长期供求规划，由国务院水行政主管部门会同有关部门制订，经国务院发展计划主管部门审查批准后执行。地方的水中长期供求规划，由县级以上地方人民政府水行政主管部门会同同级有关部门依据上一级水中长期供求规划和本地区的实际情况制订，经本级人民政府发展计划主管部门审查批准后执行。”

《上海市实施〈中华人民共和国水法〉办法》第十条第一款规定：“本市实行计划用水……”

《上海市实施〈中华人民共和国水法〉办法》第十一条规定：“全市水的长期供求计划，由市水务行政管理部门会同有关部门编制，报市计划部门审批。各县（区）水的长期供求计划，由县（区）水务行政管理部门会同有关部门根据全市水的长期供求计划和本县（区）的实际情况编制，报本县（区）计划部门审批。

“县（区）范围内的调蓄径流和水量分配方案，由县（区）水务行政管理部门制订，报同级人民政府批准；跨县（区）范围的，由市水务行政管理部门制订，报市人民政府批准。

“城市和郊县城镇供水、计划用水和节约用水，农村改水，由公用事业管理部门负责管理。

“灌溉、排涝、农业生产的计划用水和节约用水，由水利排灌管理部门负责管理。

“城市规划区地下水的开发利用和保护及其有关的监测、统计、分析，由公用事业管理部门负责管理；地下水资源的勘查管理，监测、统计、分析及开发利用的监督管理，由地矿部门负责。”

《浙江省实施〈中华人民共和国水法〉办法》第四十四条规定：“各级水行政主管部门应当会同其他有关部门编制区域的水长期供求计划、河流径流调蓄计划和水量分配方案。水长期供求计划应当纳入同级国民经济和社会发展计划。

“区域的水长期供求计划由同级计划主管部门批准，报上一级水行政主管部门备案；径流调蓄计划和水量分配方案，由同级人民政府批准；钱塘江、瓯江和其他跨市（地）的河流径流调蓄计划和水量分配方案，由省水行政主管部门征求有关地区人民政府和有关部门意见后，报省人民政府批准。”

《中华人民共和国水法》规定了地方用水计划，由地方水行政部门会有同关部门编制，报地方发展计划部门审批。《上海市实施〈中华人民共和国水法〉办法》规定的是由水利部门会同有关部门编制，报计划部门审批。《浙江省实施〈中华人民共和国水法〉办法》规定了区域水供求计划由计划部门批准，报上一级水行主管部门备案；径流调蓄计划和水量分配方案由同级人民政府批准；钱塘江、瓯江和其他跨市河流的径流调蓄计划和水量分配方案由省人民政府批准。

因此看来，各地方法规是有差异的，有的有地方特色，有的规定得非常详细。但是，作为同处长三角地区的浙江省和上海市，应该相对统一。在特殊的河段可以有特殊的规定，但计划报批程序应该一致；批准单位应该一致；水量的分配原则应该一致；对同一问题规定的用词应该一致；不同水体的管理者应该一致等。如果这些都无法统一，长三角地区的法律协调就无从谈起。

（七）对“水资源费缴纳”规定的差异

《中华人民共和国水法》、《上海市实施〈中华人民共和国水法〉办法》、《浙江省实施〈中华人民共和国水法〉办法》均对此问题进行了规定，但规定是有差异的。

《中华人民共和国水法》第四十八条规定：“直接从江河、湖泊或者地下取用水资源的单位和个人，应当按照国家取水许可制度和水资源有偿使用制度的规定，向水行政主管部门或者流域管理机构申请领取取水许可证，并缴纳水资源费，取得取水权。但是，家庭生活和零星散养、圈养畜禽饮用等少量取水的除外。”

《浙江省实施〈中华人民共和国水法〉办法》第四十九条规定：“应当缴纳水费或水资源费，逾期不缴纳的，按规定增收滞纳金，直至停止供水或禁止取水。”

《上海市实施〈中华人民共和国水法〉办法》第十二条第一款规定：“本市对直接从江河、湖泊或者地下取水的，实行取水许可制度，并征收水资源费。但为家庭生活、畜禽饮用取水和其他少量取水的除外。”

《上海市实施〈中华人民共和国水法〉办法》第十三条第一款规定：“凡使用水利工程供应的水，应当按规定缴纳水费。”

《中华人民共和国水法》没有规定水费，只规定了水资源费，并规定了征收水资源费的机构为水行政主管部门或流域管理机构。

浙江省规定了逾期不缴水费的必须缴纳滞纳金，上海市没有这样规定；上海市界定了水费和水资源费的定义，取江河、湖泊或地下水，收水资源费，取水工程供应的水，收水费，浙江没有界定水费和水资源费；国家和上海市规定了取水许可制度，浙江没有规定；浙江省和上海市都没有明确规定收取水费的单位。这些从立法技术上看都应该统一。江苏省遵照《中华人民共和国水法》执行。

（八）《中华人民共和国水法》的一些特殊规定

《中华人民共和国水法》规定了一些特殊的条款，如对水能资源开发的规定[1]，

[1]《中华人民共和国水法》第二十六条。

对跨流域调水应全面规划和科学论证的规定[1]，对地表水与地下水统一调度开发、开源与节流相结合、节流优先和污水再利用的原则的规定[2]，对维护水体自然净化能力的规定[3]，对水行政部门实现水资源的宏观配置[4]，对以供求计划制定水量分配方案的规定[5]，对用水应当计量的规定[6]，对各级政府应改善居民饮水条例的规定[7]等。这些规定，上海市、浙江省和江苏省依水法遵照执行即可，也就是说，这些条款的规定在长三角地区是没有差异的。

（九）对“保护水资源的义务条款”规定有差异

《中华人民共和国水法》和《上海市实施〈中华人民共和国水法〉办法》均对此进行了规定，但规定有差异。

在《中华人民共和国水法》中明确规定了保护水资源的义务。

《中华人民共和国水法》第六条规定：“……开发、利用水资源的单位和个人有依法保护水资源的义务。”

《中华人民共和国水法》第九条规定：“国家保护水资源，采取有效措施，保护植被，植树种草，涵养水源，防治水土流失和水体污染，改善生态环境。”

明确规定义务条款的是《上海市实施〈中华人民共和国水法〉办法》，《浙江省实施〈中华人民共和国水法〉办法》中没有明确的义务条款。

《上海市实施〈中华人民共和国水法〉办法》第十九条第一款和第二款规定：“任何单位和个人均有保护水资源的义务。

“本市各级人民政府应当加强水资源保护和水污染防治的监督管理。各单位应当加强水污染防治工作，积极采取措施，保护和改善水质。对城乡饮用水源，应当划定保护范围并相应规定具体保护办法。”

《上海市实施〈中华人民共和国水法〉办法》第十九条第一款和第二款规定主要采用的是《中华人民共和国水法》第六条和第九条的规定。

《浙江省实施〈中华人民共和国水法〉办法》第五条规定：“各级人民政府应当加强水资源保护工作，采取有效措施，保护自然植被，植树种草，涵养水源，防治水土流失，防治水污染，改善生态环境。”《浙江省实施〈中华人民共和国水法〉办法》第五条规定主要采用的是《中华人民共和国水法》第九条规定。

从中可以看出，明确规定义务条款的只有《中华人民共和国水法》、《上海市实施〈中华人民共和国水法〉办法》。同时，《中华人民共和国水法》规定的是“开

[1]《中华人民共和国水法》第二十二条。
[2]《中华人民共和国水法》第二十三条第一款。
[3]《中华人民共和国水法》第三十条，《中华人民共和国水法》第三十二条第三款。
[4]《中华人民共和国水法》第四十四条第一款。
[5]《中华人民共和国水法》第四十五条，《中华人民共和国水法》第四十六条，《中华人民共和国水法》第四十七条。
[6]《中华人民共和国水法》第四十九条第一款。
[7]《中华人民共和国水法》第五十四条。

发、利用水资源的单位和个人”有保护水资源的义务；而《上海市实施〈中华人民共和国水法〉办法》规定的是“任何单位和个人”均有保护水资源的义务。这种规定是有差异的。

同时，《中华人民共和国水法》第九条、《上海市实施〈中华人民共和国水法〉办法》第十九条第二款和《浙江省实施〈中华人民共和国水法〉办法》第五条所规定的内容基本一样，但用词有较大的差异。这说明在立法技术上，就此条的规定是不统一的。而且，本条无地方特色可言，完全可以统一。

（十）对“水资源保护”规定的差异

《中华人民共和国水法》和《上海市实施〈中华人民共和国水法〉办法》均对此进行了规定，但规定有差异。

一是制定了水资源保护规定。

《中华人民共和国水法》第十四条第一款规定：“国家制定全国水资源战略规划。”其中包括流域综合规划和专业规划，而流域专业规划中包括水资源保护规划。

二是拟定水功能区划来进行水资源保护。

确定重要江河、湖泊的水功能区划。

《中华人民共和国水法》第三十二条第一款规定：“国务院水行政主管部门会同国务院环境保护行政主管部门、有关部门和有关省、自治区、直辖市人民政府，按照流域综合规划、水资源保护规划和经济社会发展要求，拟定国家确定的重要江河、湖泊的水功能区划，报国务院批准。……”

跨界水功能区划由流域管理机构会同相关省级人民政府相关部门确定。

《中华人民共和国水法》第三十二条第一款规定：“……跨省、自治区、直辖市的其他江河、湖泊的水功能区划，由有关流域管理机构会同江河、湖泊所在地的省、自治区、直辖市人民政府水行政主管部门、环境保护行政主管部门和其他有关部门拟定，分别经有关省、自治区、直辖市人民政府审查提出意见后，由国务院水行政主管部门会同国务院环境保护行政主管部门审核，报国务院或者其授权的部门批准。”

水功能区划由水行政部门会同环境保护部门拟定。

《中华人民共和国水法》第三十二条第二款规定：“前款规定以外的其他江河、湖泊的水功能区划，由县级以上地方人民政府水行政主管部门会同同级人民政府环境保护行政主管部门和有关部门拟定，报同级人民政府或者其授权的部门批准，并报上一级水行政主管部门和环境保护行政主管部门备案。”

三是根据水功能区对水质和水体自然净化能力，核定该水域的纳污能力和限制排污总量。

《中华人民共和国水法》第三十二条第三款规定：“县级以上人民政府水行政主管部门或者流域管理机构应当按照水功能区对水质的要求和水体的自然净化能力，

核定该水域的纳污能力，向环境保护行政主管部门提出该水域的限制排污总量意见。”

从这条的规定看，《中华人民共和国水法》也规定了水行政部门或流域管理机构具有水质管理的职责，并且水域的纳污能力的核心由水行政部门或流域管理机构负责；同时，水行政部门和流域管理机构如何负责已成了一个问题。也就是说，流域管理机构与流域内水行政机构如何协调的问题，在《中华人民共和国水法》中没有规定。

四是确定水行政部门是水质监测的机构。

《中华人民共和国水法》规定了水行政主管部门和流域管理机构应对水质状况进行监测；而《上海市实施〈中华人民共和国水法〉办法》规定环境保护部门对城乡饮用水源的保护和水污染防治进行监督管理。二者是有差异的，这也是与《中华人民共和国水污染防治法》有差异的，而《浙江省实施〈中华人民共和国水法〉办法》没有类似的规定。

《中华人民共和国水法》第三十二条第四款规定：“县级以上地方人民政府水行政主管部门和流域管理机构应当对水功能区的水质状况进行监测，发现重点污染物排放总量超过控制指标的，或者水功能区的水质未达到水域使用功能对水质的要求的，应当及时报告有关人民政府采取治理措施，并向环境保护行政主管部门通报。”

从本条来看，水行政部门具有非常强的水环境的监督管理职能，如果发现问题交由当地政府来处理，只是向环境保护部门通报。因此，《中华人民共和国水法》在此条中规定没有明确环境保护部门在此问题上的相关职责。

《上海市实施〈中华人民共和国水法〉办法》第十九条第三款规定：“本市城乡饮用水源的保护和水污染防治的监督管理工作，由环保部门负责。”

上海市明确了环境保护部门的水资源保护和监督管理职责。

此外，在《中华人民共和国水污染防治法》中对水质状况的监测主要由环境保护部门来负责。而在《中华人民共和国水法》中却规定由水行政部门负责。我国相关法律法规规定水行政部门管水量，环境保护部门管水质。在这里，我们看到了水行政部门也是管水质的，也与一些大法中的规定存在较大的差异，这些差异必然导致执法的困难。

这就是说，在长三角地区，浙江省和江苏省没有上述规定，它们将按《中华人民共和国水法》的相关条款遵照执行。这样，在长三角地区，江苏省、浙江省和上海市在此问题的规定上存在较大差异，这些差异必然导致长三角地区跨界水污染治理的不协调。

（十一）对“国民经济和社会发展规划及城市总体规划的编制、重大建设项目的布局，应当与当地水资源条件和防洪要求相适应，并进行科学论证”规定的差异

《中华人民共和国水法》和《上海市实施〈中华人民共和国水法〉办法》均对

此进行了规定，但规定有差异。

《中华人民共和国水法》和《上海市实施〈中华人民共和国水法〉办法》均规定水资源规划应与国民经济和社会发展规划相适应，并进行科学论证。

《中华人民共和国水法》第二十三条第二款规定："国民经济和社会发展规划以及城市总体规划的编制、重大建设项目的布局，应当与当地水资源条件和防洪要求相适应，并进行科学论证；在水资源不足的地区，应当对城市规模和建设耗水量大的工业、农业和服务业项目加以限制。"

《中华人民共和国水法》第十四条、第十五条、第十六条、第十七条、第十八条和第十九条作了非常详细的规定。无论是流域规划，还是区域规划，无论是综合规划，还是专业规划，无论是规划的制定，还是规划的审批都规定得非常清楚。

但《上海市实施〈中华人民共和国水法〉办法》对于规划的规定只有第八条："开发利用水资源和防治水害的综合规划，应当与全市城乡建设总体规划相适应，兼顾各地区、各行业的需要；防洪、治涝、灌溉、航运、消防、城市和工业供水、渔业、水质保护、水文测验、地下水普查勘探和动态监测等各类专业规划应当符合综合规划的要求。

"综合规划由县级以上水务行政管理部门会同有关部门编制，报同级人民政府批准，并报上一级水务行政管理部门备案。各类专业规划由县级以上人民政府有关主管部门编制，报同级人民政府批准。

"经批准的规划是开发利用水资源和防治水害活动的基本依据。规划的修改，必须经原批准机关核准。"

这是对《中华人民共和国水法》相关条款的简写。

这样一来，在长三角地区，浙江省和江苏省依照《中华人民共和国水法》相关条款执行；而上海市的相关条款规定又非常简单，是按《中华人民共和国水法》相关条款执行，还是按《上海市实施〈中华人民共和国水法〉办法》相关条款执行呢？这样，在长三角地区，必然出现差异。

（十二）对"用水实行计量收费和超额加价制度"规定的差异

《中华人民共和国水法》和《浙江省实施〈中华人民共和国水法〉办法》均对此进行了规定，但规定是有差异的。

《中华人民共和国水法》第四十九条第二款规定："用水实行计量收费和超定额累进加价制度。"

《浙江省实施〈中华人民共和国水法〉办法》第四十八条规定："对擅自超计划用水的，按累进加价增收水费或水资源费。"

《中华人民共和国水法》提出了计量收费和超定额累进加价制度；《浙江省实施〈中华人民共和国水法〉办法》使用了擅自超计划用水才按累进加价进行收费。在内容和用词上均有差异。《上海市实施〈中华人民共和国水法〉办法》没有类似的规定。

（十三）《上海市实施〈中华人民共和国水法〉办法》的特殊规定

《上海市实施〈中华人民共和国水法〉办法》有对开发利用水资源和防治水害的综合规划应与全市城乡建设总体规划相适应的特殊规定[1]。除上海市外，国家及浙江省和江苏省均无此规定。

四、海洋环境保护法对规划的规定

（一）对“海洋环境保护纳入国民经济发展规划”规定的差异

《中华人民共和国海洋环境保护法》和《江苏省海洋环境保护条例》均对此问题进行了规定，但规定有差异。

《中华人民共和国海洋环境保护法》第九条第三款规定：“沿海地方各级人民政府根据国家和地方海洋环境质量标准的规定和本行政区近岸海域环境质量状况，确定海洋环境保护的目标和任务，并纳入人民政府工作计划，按相应的海洋环境质量标准实施管理。”

《江苏省海洋环境保护条例》第四条第一款规定：“沿海县级以上地方人民政府应当将海洋环境保护工作纳入本地区国民经济和社会发展规划，坚持环保优先方针，采取有利于海洋环境保护的政策措施，加大海洋环境保护投入，加强海洋环境保护工作。”

内容基本一致，但用词差异非常大。而《浙江省海洋环境保护条例》并无此规定。因此，在长三角，上海市和浙江省依照《中华人民共和国海洋环境保护法》相关条文遵照执行。这样，在长三角地区，上海市、浙江省和江苏省对此问题的规定就存在了差异。

（二）对“编制海洋环境保护规划”规定的差异

《中华人民共和国海洋环境保护法》、《江苏省海洋环境保护条例》和《浙江省海洋环境保护条例》均对此进行了规定，但规定有差异。

《中华人民共和国海洋环境保护法》第七条第一款规定：“国家根据海洋功能区划制定全国海洋环境保护规划和重点海域区域性海洋环境保护规划。”

《浙江省海洋环境保护条例》第六条规定：“省海洋行政主管部门应当会同环境保护等有关部门，根据海洋功能区划和近岸海域环境功能区划，拟定本省海洋环境保护规划和重点海域环境整治与修复规划，经省计划行政主管部门衔接平衡，报省人民政府批准。

---

[1] 上海市实施《中华人民共和国水法》第八条。

“沿海市、县海洋行政主管部门应当会同环境保护等有关部门，根据省海洋环境保护规划和重点海域环境整治与修复规划，拟定本市、县海洋环境保护实施计划和重点海域整治与修复实施计划，经同级计划行政主管部门衔接平衡，报同级人民政府批准，并报省环境保护、海洋行政主管部门备案。”

《江苏省海洋环境保护条例》第八条规定：“省海洋行政主管部门应当会同省环境保护行政主管部门、海事管理机构和沿海设区的市人民政府，根据本省海洋功能区划，编制本省海洋环境保护规划以及重点海域海洋环境保护规划，经省发展和改革行政主管部门综合平衡后，报省人民政府批准。”

内容一样，但用词不一样，这属于立法技术问题。因此，对长三角地区来说，完全可以在立法技术上实现统一。同一个问题，内容如果相同，用词就完全可以统一。

（三）对“规划主体”的规定

三者均规定海洋行政主管部门是规划主体。

（四）对“规划依据”规定的差异

对海洋功能区的规定由国家海洋行政主管部门负责划定。

《中华人民共和国海洋环境保护法》第六条第一款规定：“国家海洋行政主管部门会同国务院有关部门和沿海省、自治区、直辖市人民政府拟定全国海洋功能区划，报国务院批准。”

海洋环境保护规划是根据海洋功能区的确定而展开的。

《中华人民共和国海洋环境保护法》第六条第二款规定：“沿海地方各级人民政府应当根据全国和地方海洋功能区划，科学合理地使用海域。”

《浙江省海洋环境保护条例》第六条规定：“省海洋行政主管部门应当会同环境保护等有关部门，根据海洋功能区划和近岸海域环境功能区划，拟定本省海洋环境保护规划和重点海域环境整治与修复规划，经省计划行政主管部门衔接平衡，报省人民政府批准。

“沿海市、县海洋行政主管部门应当会同环境保护等有关部门，根据省海洋环境保护规划和重点海域环境整治与修复规划，拟定本市、县海洋环境保护实施计划和重点海域整治与修复实施计划，经同级计划行政主管部门衔接平衡，报同级人民政府批准，并报省环境保护、海洋行政主管部门备案。”

《江苏省海洋环境保护条例》第八条规定：“省海洋行政主管部门应当会同省环境保护行政主管部门、海事管理机构和沿海设区的市人民政府，根据本省海洋功能区划，编制本省海洋环境保护规划以及重点海域海洋环境保护规划，经省发展和改革行政主管部门综合平衡后，报省人民政府批准。

“本省重点海域名录由省海洋行政主管部门会同沿海设区的市人民政府和省有

关部门拟定，报省人民政府批准并公布。”

《浙江省海洋环境保护条例》第六条和《江苏省海洋环境保护条例》第八条有一些差异。

差异体现在：

① 省海洋行政主管部门会同单位有差异。

《浙江省海洋环境保护条例》第六条第一款规定："省海洋行政主管部门应当会同环境保护等有关部门，……"

《江苏省海洋环境保护条例》第八条第一款规定："省海洋行政主管部门应当会同省环境保护行政主管部门、海事管理机构和沿海设区的市人民政府，……"

② 用词有差异。

《浙江省海洋环境保护条例》第六条第一款规定："……拟定本省海洋环境保护规划和重点海域环境整治与修复规划，……"

《江苏省海洋环境保护条例》第八条第一款规定："……编制本省海洋环境保护规划以及重点海域海洋环境保护规划，……"

《浙江省海洋环境保护条例》使用拟定；《江苏省海洋环境保护条例》使用编制；《浙江省海洋环境保护条例》使用环境整治与修复规划；《江苏省海洋环境保护条例》使用海洋环境保护规划。

③ 平衡单位不同。

《浙江省海洋环境保护条例》第六条第一款规定："……经省计划行政主管部门衔接平衡，报省人民政府批准。"

《江苏省海洋环境保护条例》第八条第一款规定："……经省发展和改革行政主管部门综合平衡后，报省人民政府批准。"

《浙江省海洋环境保护条例》由省计划部门衔接平衡；《江苏省海洋环境保护条例》由省发展和改革部门综合平衡。

④ 内容不同。

《浙江省海洋环境保护条例》第六条第二款规定："沿海市、县海洋行政主管部门应当会同环境保护等有关部门，根据省海洋环境保护规划和重点海域环境整治与修复规划，拟定本市、县海洋环境保护实施计划和重点海域整治与修复实施计划，经同级计划行政主管部门衔接平衡，报同级人民政府批准，并报省环境保护、海洋行政主管部门备案。"

《江苏省海洋环境保护条例》第八条第二款规定："本省重点海域名录由省海洋行政主管部门会同沿海设区的市人民政府和省有关部门拟定，报省人民政府批准并公布。"

《江苏省海洋环境保护条例》第十条规定："沿海设区的市、县（市、区）海洋行政主管部门应当会同环境保护等行政主管部门和相关海事管理机构，根据省海洋环境保护规划以及重点海域海洋环境保护规划，编制实施计划，报本级人民政府批准后组织实施，并报省海洋行政主管部门和环境保护行政主管部门备案。”《江苏省海洋环境保护条例》第十条与《浙江省海洋环境保护条例》第六条第二款相同。

《中华人民共和国海洋环境保护法》无此规定。说明《浙江省海洋环境保护条例》、《江苏省海洋环境保护条例》具体细化。上海市没有依据环境保护法制定地方条例，上海市完全遵照环境保护法执行。因此，浙江省、江苏省与上海市对此问题的规定同样存在差异，且差异是明显的。

（五）《江苏省海洋环境保护条例》对确定海洋环境保护规划的目标、主要任务、措施及具体安排等的规定

《江苏省海洋环境保护条例》第九条规定：“海洋环境保护规划包括海洋环境保护目标、主要任务、主要措施、对各部门和沿海各地区的要求以及海洋生态建设项目的安排等内容。

“海洋环境保护规划应当与环境保护规划、沿海开发总体规划、海域使用规划等相衔接。”

《中华人民共和国海洋环境保护法》和《浙江省海洋环境保护条例》无此规定，说明《江苏省海洋环境保护条例》具体细化，从而也造成了在长三角地区对此问题的立法差异。上海市和浙江省遵照《中华人民共和国海洋环境保护法》相关条文执行，与江苏省的规定存在差异。

（六）《中华人民共和国海洋环境保护法》的特殊规定

《中华人民共和国海洋环境保护法》对建立海洋环境保护区域合作组织实施海洋环境保护规划的规定[1]。在长三角地区，浙江省、江苏省和上海市依此遵照执行，并无差异。

（七）《浙江省海洋环境保护条例》的一些特殊规定

《浙江省海洋环境保护条例》鼓励单位和个人投资海洋生态环境的保护[2]、海洋环境开发中权责要结合[3]等，这些规定也形成了长三角地区立法上的差异。

（八）对“政府支持海洋环境保护公益活动”规定上的差异

《浙江省海洋环境保护条例》和《江苏省海洋环境保护条例》均对此进行了规定。

《浙江省海洋环境保护条例》第五条第三款规定：“鼓励与支持单位和个人开展海洋环境保护公益性活动。”

《江苏省海洋环境保护条例》第七条规定：“……鼓励、支持单位和个人开展保护海洋环境的公益性活动。……”

---

[1]《中华人民共和国海洋环境保护法》第七条第二款。
[2]《浙江省海洋环境保护条例》第三条第二款。
[3]《浙江省海洋环境保护条例》第三条第一款。

用词上有差异。《浙江省海洋环境保护条例》使用的是“鼓励与支持”；《江苏省海洋环境保护条例》使用的是“鼓励、支持”；《浙江省海洋环境保护条例》使用的是“开展海洋环境保护公益性活动”；《江苏省海洋环境保护条例》使用的是“开展保护海洋环境的公益性活动”。

《中华人民共和国海洋环境保护法》没有此类规定。因此，上海市也就没有此类规定。这样，在长三角地区，上海市、浙江省和江苏省在此问题上的规定存在差异。

（九）对“赔偿权”规定的差异

《中华人民共和国海洋环境保护法》和《浙江省海洋环境保护条例》均对此进行了规定。

一是《中华人民共和国海洋环境保护法》特殊的规定。如规定了海洋污染造成损失的，应该赔偿❶，由第三者造成的损失，第三者承担赔偿❷，给国家造成损失的，向国家赔偿❸，建立船舶油污损害民事赔偿责任制度❹，建立船舶油污损害赔偿基金制度❺。

这些规定，在长三角地区，浙江省、江苏省和上海市将遵照这些条款执行，没有差异。

二是《浙江省海洋环境保护条例》特殊的规定。

《浙江省海洋环境保护条例》规定了造成海洋污染的由海洋行政主管部门代表国家向责任人提出赔偿，并且所得赔偿用于海洋生态修复。《浙江省海洋环境保护条例》第四十七条第二款规定：“违反《海洋环境保护法》和本条例规定进行工程建设、排放污染物、倾倒废弃物以及污染事故对渔业资源、海洋生态造成破坏，给国家造成重大损失的，由海洋、渔业行政主管部门代表国家向责任人提出损害赔偿要求，所得赔偿应当全部用于海洋生态保护与修复。”

浙江省的这个特殊规定，形成了在长三角地区立法上的差异。

第二节　水事相关法律法规对水功能区划规定上的差异

《中华人民共和国水法》、《中华人民共和国环境保护法》、《中华人民共和国海洋环境保护法》、《中华人民共和国水污染防治法》四部国家水事法律及长三角二省一市的地方性水事法规对水功能区划所作的规定是不一样的。

---

❶《中华人民共和国海洋环境保护法》第九十条第一款。
❷《中华人民共和国海洋环境保护法》第九十条第一款。
❸《中华人民共和国海洋环境保护法》第九十条第二款。
❹《中华人民共和国海洋环境保护法》第六十六条第一款。
❺《中华人民共和国海洋环境保护法》第六十六条第一款。

一、《中华人民共和国水污染防治法》未对水功能区划进行规定

虽然《中华人民共和国水污染防治法》未对水功能区划作出规定，但《浙江省水污染防治条例》却对此进行了规定，反映在《浙江省水污染防治条例》第七条、第十一条、第二十一条中。

《浙江省水污染防治条例》第七条对水功能区划分的依据、报批程序等做了明确的规定，并规定经批准的功能区划分方案是制定水污染防治规划的基本依据："省环境保护、水行政主管部门应当会同省有关主管部门根据生态环境功能区规划和水资源禀赋、环境容量等情况，编制《浙江省水功能区、水环境功能区划分方案》（以下简称功能区划分方案），报省人民政府批准后实施。经批准的功能区划分方案是制定水污染防治规划的基本依据。"

《浙江省水污染防治条例》第十一条规定应根据生态环境功能区划来安排产业布局、调整经济结构和规范开发建设："县级以上人民政府应当根据生态环境功能区规划和流域、区域水污染防治规划，安排产业布局、调整经济结构、规范开发建设，协调推进区域经济社会发展和水环境保护工作。"

《浙江省水污染防治条例》第二十一条规定了水环境功能确定为一类、二类水质水体的流域上游（含支流）禁止或限制建设的项目，已建成的污染项目应限期治理或关闭："水环境功能确定为一类、二类水质水体的流域上游（含支流），县级以上人民政府应当根据经济社会发展水平和水环境保护的需要，规定禁止或者限制建设的项目。已建成的造成水环境污染的项目，应当限期治理；逾期未完成治理任务的，由县级以上人民政府责令关闭。"

《浙江省水污染防治条例》对水功能区划做了非常详细的规定；上海没有制定水污染防治条例；《江苏省长江水污染防治条例》没有对此进行规定。

《江苏省长江水污染防治条例》第七条规定："省人民政府和沿江地区各级人民政府应当认真组织实施长江水污染防治规划，合理布局生产力，优化产业结构，推行清洁生产，发展循环经济。"根据水污染防治规划来布局生产力这一点与《浙江省水污染防治条例》第十一条规定类似，但它没有突出水污染防治规划的重点应该是水功能区划。

《浙江省水污染防治条例》对水功能区划的规定与《中华人民共和国水法》对水功能区划的规定也存在差异。上海市和江苏省遵照《中华人民共和国水法》相关条文执行。这样，在水功能区划上，长三角地区的上海市、浙江省和江苏省存在差异。这种差异也影响到了长三角地区法律的协调问题。

二、《上海市环境保护条例》对水域功能区划的特殊规定

《上海市环境保护条例》对水功能区划进行规定[1]。在长三角地区，对于水功能

---

[1]《上海市环境保护条例》第十一条、第十二条。

区划上也存在较大的差异。一是用词上的差异。上海使用了水域功能区划，而不是水功能区划；在内容上，浙江省和江苏省的环境保护条例中没有此类规定。更重要的是《上海市环境保护条例》对于水域功能区划的规定与《中华人民共和国水法》对水功能区划的规定有差异。上海市是按《中华人民共和国水法》相关条文执行，还是按《上海市环境保护条例》相关条文执行，这里肯定会出现混乱。

三、《中华人民共和国水法》对水功能区划进行了详细的规定

（一）《中华人民共和国水法》一些特殊的规定

如制定水资源保护规划[1]，拟定重要江河、湖泊的水功能区划，跨界水功能区划，由水行政部门会同环境保护部门拟定水功能区划，根据水功能区划对水质和水体的自然净化能力核定该水域的纳污能力和限制排污总量，对违反规划造成水功能下降或地下水超采等造成损害的应赔偿[2]等。这些规定，浙江省、江苏省和上海市将遵照执行。如果是遵照《中华人民共和国水法》相关条文执行，那么，长三角地区二省一市对此问题的规定没有差异。但是，长三角地区二省一市所制定的其他地方性法规对水功能区划的规定是与《中华人民共和国水法》的相关条文有差异的，这必然带来混乱。

（二）水资源保护义务规定上的差异

《中华人民共和国水法》、《上海市实施〈中华人民共和国水法〉办法》和《浙江省实施〈中华人民共和国水法〉办法》均对水资源保护义务条款进行了规定。但三者规定中的用词表述等方面存在差异。

对任何单位和个人均有保护水资源的义务这一条款，《中华人民共和国水法》第九条是这样规定的："国家保护水资源，采取有效措施，保护植被，植树种草，涵养水源，防治水土流失和水体污染，改善生态环境。"

上海市实施《中华人民共和国水法》办法第十九条第一款和第二款对此问题的规定是："任何单位和个人均有保护水资源的义务。

"本市各级人民政府应当加强水资源保护和水污染防治的监督管理。各单位应当加强水污染防治工作，积极采取措施，保护和改善水质。对城乡饮用水源，应当划定保护范围并相应规定具体保护办法。"

浙江省实施《中华人民共和国水法》办法第五条规定又不一样："各级人民政府应当加强水资源保护工作，采取有效措施，保护自然植被，植树种草，涵养水源，防治水土流失，防治水污染，改善生态环境。"

《中华人民共和国水法》、《上海市实施〈中华人民共和国水法〉办法》和《浙

---

[1]《中华人民共和国水法》第十四条第一款。

[2]《中华人民共和国水法》第三十二条。

江省实施〈中华人民共和国水法〉办法》对此问题的规定显然是有差异的。

《中华人民共和国水法》使用了“国家保护水资源”;《上海市实施〈中华人民共和国水法〉办法》使用了“任何单位和个人均有保护水资源的义务”;《浙江省实施〈中华人民共和国水法〉办法》使用了“各级人民政府应当加强水资源保护工作”。

《中华人民共和国水法》使用了“采取有效措施，保护植被，植树种草，涵养水源，防治水土流失和水体污染，改善生态环境。”

《浙江省实施〈中华人民共和国水法〉办法》使用了“采取有效措施，保护自然植被，植树种草，涵养水源，防治水土流失，防治水污染，改善生态环境。”其内容与《中华人民共和国水法》基本一样，但在用词和表述上有差异。

《上海市实施〈中华人民共和国水法〉办法》使用了“本市各级人民政府应当加强水资源保护和水污染防治的监督管理。各单位应当加强水污染防治工作，积极采取措施，保护和改善水质。对城乡饮用水源，应当划定保护范围并相应规定具体保护办法。”

其表述与《中华人民共和国水法》和《浙江省实施〈中华人民共和国水法〉办法》有较大的差异。而江苏省遵照《中华人民共和国水法》相关条款执行。

因此，在长三角地区，浙江省、江苏省和上海市对此问题的规定存在较大的差异，这将影响到长三角地区跨界水污染防治的法律协调。

四、海洋环境保护法律法规对海洋功能进行规划

《中华人民共和国海洋环境保护法》主要是从海洋水资源的保护角度对海水功能区划进行规定。

（一）《中华人民共和国海洋环境保护法》、《浙江省海洋环境保护条例》和《江苏省海洋环境保护条例》三者相同的规定

1.国家海洋行政主管部门负责划定

《中华人民共和国海洋环境保护法》第六条第一款规定：“国家海洋行政主管部门会同国务院有关部门和沿海省、自治区、直辖市人民政府拟定全国海洋功能区划，报国务院批准。”

2.海洋环境保护规划

（1）规划主体为海洋行政主管部门。

（2）规划依据为海洋功能区划分。

（二）对于“海洋功能规划使用”规定的差异

《中华人民共和国海洋环境保护法》第六条第二款对此问题的规定最原则：“沿海地方各级人民政府应当根据全国和地方海洋功能区划，科学合理地使用海域。”

《浙江省海洋环境保护条例》和《江苏省海洋环境保护条例》规定得最具体。

因此，二者就有了较为明显的差异。

《浙江省海洋环境保护条例》第六条规定："省海洋行政主管部门应当会同环境保护等有关部门，根据海洋功能区划和近岸海域环境功能区划，拟定本省海洋环境保护规划和重点海域环境整治与修复规划，经省计划行政主管部门衔接平衡，报省人民政府批准。

"沿海市、县海洋行政主管部门应当会同环境保护等有关部门，根据省海洋环境保护规划和重点海域环境整治与修复规划，拟定本市、县海洋环境保护实施计划和重点海域整治与修复实施计划，经同级计划行政主管部门衔接平衡，报同级人民政府批准，并报省环境保护、海洋行政主管部门备案。"

《江苏省海洋环境保护条例》第八条规定，"省海洋行政主管部门应当会同省环境保护行政主管部门、海事管理机构和沿海设区的市人民政府，根据本省海洋功能区划，编制本省海洋环境保护规划以及重点海域海洋环境保护规划，经省发展和改革行政主管部门综合平衡后，报省人民政府批准。

"本省重点海域名录由省海洋行政主管部门会同沿海设区的市人民政府和省有关部门拟定，报省人民政府批准并公布。"

这里看来，二者的用词和表述差异是非常明显的。

而江苏省和上海市将遵照《中华人民共和国海洋环境保护法》相关条款执行。在长三角地区，上海市、江苏省和浙江省在此问题的规定上存在差异。

第三节　城市建设中的生态环境保护规划规定的差异

在城市建设中如何保护生态环境，只有《中华人民共和国环境保护法》对此进行了规定。

一、环境保护法律法规对城市建设与生态保护的相关规定

（一）环境保护法律法规对城市应当保护生态环境的规定

《中华人民共和国环境保护法》和《江苏省环境保护条例》对此进行了规定。《浙江省环境保护条例》没有对此进行规定。而上海没有出台环境保护条例，上海的规定可以依照《中华人民共和国环境保护法》来执行。

但《中华人民共和国环境保护法》和《江苏省环境保护条例》对城市应当保护生态环境的规定是有差异的。

《中华人民共和国环境保护法》没有出现城市规划的字眼，只在第三十五条规定："城乡建设应当结合当地自然环境的特点，保护植被、水域和自然景观，加强城市园林、绿地和风景名胜区的建设与管理。"

《江苏省环境保护条例》第二十五条规定："在城市规划中应当包括有关环境保

护的规划、目标和任务的内容；……”

二者虽然内容是相近的，但用词不一样。从立法技术上看，这些差异完全可能通过立法技术的改善加以消除。

（二）在城乡建设中应当保护生态环境

《中华人民共和国环境保护法》第三十五条规定：“城乡建设应当结合当地自然环境的特点，保护植被、水域和自然景观，加强城市园林、绿地和风景名胜区的建设与管理。”

《江苏省环境保护条例》第二十五条规定：“在城市规划中应当包括有关环境保护的规划、目标和任务的内容；在城乡建设中必须加强园林、绿化和风景区的建设。”

二者也是有差异的。

从内容上看，《中华人民共和国环境保护法》规定的是“城乡建设应当……加强城市园林、绿地和风景名胜区的建设与管理”；《江苏省环境保护条例》规定的是“在城乡建设中必须加强园林、绿化和风景区的建设”。

《中华人民共和国环境保护法》对此问题的规定不同。强调的是“城乡建设”，而后又强调“加强城市园林、绿化和风景区的建设与管理”，似乎将乡村排在了一边。而《江苏省环境保护条例》并没有强调城市园林。言下之间，乡村建设也需要建设园林、绿地和风景名胜区。

同时，《中华人民共和国环境保护法》规定了“结合当地自然环境的特点，保护植被、水域和自然景观”；《江苏省环境保护条例》规定了“在城市规划中应当包括有关环境保护的规划、目标和任务的内容。”

此外，《中华人民共和国环境保护法》和《江苏省环境保护条例》在用词上是有差异的。《中华人民共和国环境保护法》使用了“应当加强”；《江苏省环境保护条例》使用了“必须加强”。

上海市和浙江省无此规定。因此，上海市和浙江省将遵照《中华人民共和国环境保护法》执行。因此，在长三角地区，上海市、江苏省和浙江省对此问题的规定存在差异。

二、《浙江省水污染防治条例》的特殊规定

《浙江省水污染防治条例》对城市环境综合整治，提高水环境质量进行了特殊的规定[1]。这个规定在上海市和江苏省没有出现。因此，从协调的角度出发，长三角二省一市在此问题的规定上需要进行统一和协调。

[1]《浙江省水污染防治条例》第二十七条。

第三章
对水资源保护规定的差异

什么是水资源？从广义上说是指所有的可以被人类利用的水；从狭义上说是指淡水资源，即在一定经济条件下可以被人类利用的淡水资源的总称。

水是自然界重要的物质，是人类赖以生存的基本元素。水并不是取之不尽用之不竭的自然资源，由于人们的超量开采、过度浪费和肆意污染，大部分地区水量骤减。

为了保护水资源，我们出台了一系的法律和法规，如《宪法》、《中华人民共和国水法》、《中华人民共和国水污染防治法》、《中华人民共和国环境保护法》等，构成了一个水资源保护法律体系。

但是，我国的水资源保护立法主要是部门立法，造成了我国水事法律法规体系间出现了许多的冲突和不协调，长三角地区也是如此，从而造成了我国水资源保护出现了有法不能依的局面。

第一节　对水质管理的差异

一、对断面水质管理的规定

（一）水污染防治法对“断面水质”规定的差异

《浙江省水污染防治条例》和《江苏省长江水污染防治条例》均对此进行了规定，但规定是有差异的。

在《中华人民共和国水污染防治法》中并无对断面水质的规定。《浙江省水污染防治条例》和《江苏省长江水污染防治条例》有此规定。

《浙江省水污染防治条例》第九条第二款规定："县级以上人民政府应当保证本行政区域水体和出境水水质符合规定的水环境质量标准。跨行政区域河流交接断面水质监测和保护办法由省人民政府规定。"

《江苏省长江水污染防治条例》第八条规定："沿江地区实行地表水（环境）功能区水质达标责任制以及行政区界上下游水体断面水质交接责任制，并纳入政府环境保护任期责任目标。"

《江苏省长江水污染防治条例》第五十三条第一款规定："沿江地区县级以上人民政府违反本条例规定，未完成地表水（环境）功能区水质达标责任制以及行政区界上下游水体断面水质交接责任制所规定的目标的，由上级人民政府通报批评，对造成环境污染或者水（环境）功能退化的，依法对有关责任人给予行政处分。"

《浙江省水污染防治条例》和《江苏省长江水污染防治条例》对此问题的规定是有差异的。

差异一：内容差异。

《浙江省水污染防治条例》所规定的断面水质责任内容主要有两点：一是县级以上人民政府应保证本行政区域水体和出境水质符合规定的水环境质量标准。二是跨行政区域河流交接断面水质监测和保护办法由省人民政府规定。

《江苏省长江水污染防治条例》所规定的断面水质责任内容主要有两点：一是沿江地区实行地表水（环境）功能区水质达标责任制以及行政区界上下游水体断面水质交接责任制。二是将之纳入政府环境保护任期责任目标。

二者的差异是明显的。相对来说，《浙江省水污染防治条例》并没有规定断面水质的管理制度，只有一句"断面水质监测和保护办法由省人民政府规定"。但《江苏省长江水污染防治条例》的规定要具体得多，不仅强调了断面水质交接责任，并将之纳入政府环境保护责任目标。

差异二：处罚差异。在《浙江省水污染防治条例》中并无规定处罚内容。但在《江苏省长江水污染防治条例》中对处罚作了明确的规定：一是未完成责任制所规定的目标的，由上级人民政府通报批评。二是对造成环境污染或水（环境）功能退化的，对有关责任人给予行政处分。

显然，《浙江省水污染防治条例》和《江苏省长江水污染防治条例》对断面水质的重视程度是不一样的。

（二）《江苏省海洋环境保护条例》特有的规定

在对海洋环境监督管理者的规定上，《江苏省海洋环境保护条例》规定了环境保护部门应对直接入海的排污口和入海河口上溯三十公里范围内的排污口进行监督管理；海洋行政主管部门负责对直接入海的排污口附近海域及入海河口断面水质进行监测和监视；海洋行政主管部门和环境保护部门定期互通监测监视资料；直接入海的排污口附近海域及入海河口断面水质有异常变化，应通报环境保护部门，由环境保护部门会同有关部门进行调查处理❶。

同时还规定，环境保护主管部门会同海洋行政主管部门确定主要入海河流实行行政区界上下游水体断面水质交接责任，并纳入地方政府考核责任目标；主要入海河流断面水质监测由环境保护部门负责❷等。这些在《中华人民共和国海洋环境保护法》中是没有规定的。它清晰地划清了环境保护部门和海洋行政主管部门在入海排污口和入海主要河流水质监测的责任主体。

但这种规定与《中华人民共和国海洋环境保护法》有一些差异，可能会引起环境保护部门和海洋行政主管部门之间的责任不清问题。

因此，在长三角地区，浙江省和上海市按《中华人民共和国海洋环境保护法》遵照执行，与江苏省的规定存在差异。

二、对排污申报规定的差异

除《中华人民共和国水法》及相关法律法规没有对此进行规定外，《中华人民共和国水污染防治法》、《中华人民共和国环境保护法》和《中华人民共和国海洋环境保护法》均对此进行了规定。

（一）《中华人民共和国水污染防治法》的相关规定

《中华人民共和国水污染防治法》对排污申报登记作了规定。长三角二省一市可以遵照执行❸，没有差异。

（二）《中华人民共和国环境保护法》的相关规定

1.对“排污单位应申报登记”规定的差异

《中华人民共和国环境保护法》、《上海市环境保护条例》和《江苏省环境保护条例》对此规定存在差异。

《中华人民共和国环境保护法》没有对“排污单位应申报登记”进行规定。

《上海市环境保护条例》第十五条第一款规定：“排污单位应当按照国家和本市的有关规定，向市或者区、县环保部门办理污染物排放申报登记手续，申报登记排放污染物的种类、数量和浓度及其处理设施，并提供有关污染防治的技术资料。”

《江苏省环境保护条例》第二十七条规定：“产生环境污染和其他公害的单位和个人，必须执行排放污染物申报登记管理的有关规定，向所在地环境保护行政主管部门登记，并采取有效措施，防止在生产建设或者其他活动中产生的废气、废水、

❶《江苏省海洋环境保护条例》第十四条。
❷《江苏省海洋环境保护条例》第二十六条。
❸《中华人民共和国水污染防治法》章第二十一条第一款和第二款。

废渣、粉尘、油烟、恶臭气体、放射性物质以及噪声、振动、电磁波辐射等对环境的污染和危害。”

《江苏省环境保护条例》第三十九条第四项规定：“违反本条例规定，有下列行为之一的，环境保护行政主管部门或者其他依照法律、法规规定行使环境监督管理权的部门，可以根据不同情节，给予警告或者处以罚款。……（四）拒报或者谎报有关污染物排放申报登记事项的；……”

《中华人民共和国环境保护法》、《上海市环境保护条例》和《江苏省环境保护条例》对此问题的规定是有差异的。

差异主要体现在内容上。

《中华人民共和国环境保护法》没有对“排污单位应申报登记”进行规定。

《上海市环境保护条例》规定了三个内容：一是向环境保护部门申报登记；二是将排放污染物的种类、数量和浓度及处理设施进行登记；三是提供有关污染防治的技术资料。

《江苏省环境保护条例》规定了三个内容：一是向环境保护主管部门申报登记。二是采取措施防止产生污染。三是拒报或谎报给予警告或罚款。

在登记上，相对来说，《上海市环境保护条例》所规定的内容更丰富一些。

正是这样，形成了长三角二省一市在此问题上规定的差异性。

2.《上海市环境保护条例》特有的规定

如对排放种类、数量、浓度、排放方式发生重大变更时要申报等进行了规定[1]。这个规定既是上海市的特色，也是长三角二省一市的差异。

（三）《中华人民共和国海洋环境保护法》特有的规定

如载运污染危害性货物申报制度[2]。这些规定可以为长三角二省一市所援引，没有差异。

三、对排污信息公开规定的差异

（一）《江苏省长江水污染防治条例》特有的规定

如建立排污信息公开制度[3]；将排污口和排污量向社会公布，接受社会监督[4]；发现排污单位偷排可以举报[5]。这形成了长三角地区对此问题规定的差异。

（二）对“国家海洋环境质量主管机构应将海洋信息公开”规定的差异

《中华人民共和国海洋环境保护法》、《浙江省海洋环境保护条例》和《江苏省

---

[1]《上海市环境保护条例》第十五条第二款。
[2]《中华人民共和国海洋环境保护法》第六十七条。
[3]《江苏省长江水污染防治条例》第二十二条第一款。
[4]《江苏省长江水污染防治条例》第二十二条第二款。
[5]《江苏省长江水污染防治条例》第二十二条第三款。

海洋环境保护条例》都对此有规定。上海市遵照《中华人民共和国海洋环境保护法》相关条款执行。

主要职责是海洋环境调查、监测、监视及制定实施办法、组织全国海洋环境监测、监视网络、评价海洋环境质量、发布海洋巡航监视通报。

《中华人民共和国海洋环境保护法》第十四条规定："国家海洋行政主管部门按照国家环境监测、监视规范和标准，管理全国海洋环境的调查、监测、监视，制定具体的实施办法，会同有关部门组织全国海洋环境监测、监视网络，定期评价海洋环境质量，发布海洋巡航监视通报。"

《中华人民共和国海洋环境保护法》第十六条规定："国家海洋行政主管部门按照国家制定的环境监测、监视信息管理制度，负责管理海洋综合信息系统，为海洋环境保护监督管理提供服务。"

根据《中华人民共和国海洋环境保护法》第十四条，《浙江省海洋环境保护条例》第十二条的规定："按照陆海统筹、专司管理、资源共享的原则，建立全省海洋环境监测网络，纳入生态省建设体系。

"省海洋行政主管部门应当根据国家海洋环境监测、监视标准和规范，对本省海洋环境调查、监测、监视和海洋环境综合信息系统实施管理，定期评价海洋环境质量，发布相关的公报和通报，并抄送省环境保护行政主管部门。

"依照本条例规定行使海洋环境监督管理权的部门根据各自职责负责所管辖海域的监测、监视。其他有关部门根据全省海洋环境监测网络的分工，分别负责对入海河口、主要排污口的监测、监视。"

《浙江省海洋环境保护条例》第十二条第四款规定："有关部门根据各自职责形成的海洋环境监测、监视资料，应当纳入全省海洋环境监测网络，实行资源共享。"

《江苏省海洋环境保护条例》第十二条规定："海洋行政主管部门应当根据国家和地方有关标准与规范，对本级政府管辖海域内的海洋环境加强监测监视，定期评价海洋环境质量。"

《中华人民共和国海洋环境保护法》、《浙江省海洋环境保护条例》和《江苏省海洋环境保护条例》对此问题的规定是有差异的。

差异一：用词上有差异。《中华人民共和国海洋环境保护法》使用的是"监视通报"，《浙江省海洋环境保护条例》使用的是"相关的公报和通报"，《江苏省海洋环境保护条例》没有提及公报或通报。

差异二：内容上有差异。《浙江省海洋环境保护条例》规定了将通报和公报抄送省环境保护部门，并将监视网络纳入生态省建设体系。《中华人民共和国海洋环境保护法》和《江苏省海洋环境保护条例》没有对此进行规定。

并且，《浙江省海洋环境保护条例》提出了"陆海统筹、专司管理、资源共享"的海洋环境保护原则，这也是《中华人民共和国海洋环境保护法》和《江苏省海洋环境保护条例》所没有的。

从总体上看，《江苏省海洋环境保护条例》对此问题的规定相对简单，而《浙江省海洋环境保护条例》相对丰富。《中华人民共和国海洋环境保护法》第十四条和第十六条其实可以合并为一条。

四、对污染排放行为的具体规定上的差异

（一）水污染防治法的相关规定

有些地方用“环境保护部门”，有些地方用“环境保护行政主管部门”，这也是立法技术上不成熟的表现，一些基本的用词应该统一。

1.《浙江省水污染防治条例》特有的规定

如对削减排污量的企业进行补助[1]，排污指标有偿使用和转让[2]，形成了长三角地区二省一市对此问题规定的差异。

2.《中华人民共和国水污染防治法》特有的规定

如禁止向水体排放油类、酸液、碱液或者剧毒废液，禁止在水体清洗装贮过油类或有毒污染物的车辆和容器[3]，违者处罚[4]；禁止违法排放热废水[5]，违者处罚[6]；禁止向水体排放、倾倒工业废渣、城镇垃圾[7]，违者处罚[8]；对向农田灌溉渠道排放废水的规定[9]。长三角地区二省一市可以遵照执行，没有差异。

3.对“放射性污染的规定”规定的差异

《中华人民共和国水污染防治法》和《浙江省水污染防治条例》对此进行了规定，但规定有差异。上海市和江苏省遵照《中华人民共和国水污染防治法》相关条款执行。

《中华人民共和国水污染防治法》第三十条规定：“禁止向水体排放、倾倒放射性固体废物或者含有高放射性和中放射性物质的废水。

“向水体排放含低放射性物质的废水，应当符合国家有关放射性污染防治的规定和标准。”

《中华人民共和国水污染防治法》第七十六条规定，由县级以上地方人民政府环境保护主管部门责令停止违法行为，限期采取治理措施，消除污染，处以罚款。向水体排放、倾倒放射性固体废物或者含有高放射性、中放射性物质的废水的罚款五万元以上五十万元以下；违反国家有关规定或者标准，向水体排放含低放射性物

[1]《浙江省水污染防治条例》第三十四条。
[2]《浙江省水污染防治条例》第三十四条。
[3]《中华人民共和国水污染防治法》第二十九条。
[4]《中华人民共和国水污染防治法》第七十六条。
[5]《中华人民共和国水污染防治法》第三十一条。
[6]《中华人民共和国水污染防治法》第七十六条。
[7]《中华人民共和国水污染防治法》第三十三条。
[8]《中华人民共和国水污染防治法》第七十六条。
[9]《中华人民共和国水污染防治法》第五十一条。

质的废水的罚款一万元以上十万元以下。

《浙江省水污染防治条例》第六十三条规定，排污单位违反规定排放、倾倒放射性物质的，可以对单位直接责任人员依法给予行政拘留处罚。拒绝、阻扰、妨碍环境监督管理人员依法执行职务，违反治安管理规定的，依照《中华人民共和国治安管理处罚法》的规定处理。

差异主要体现在处罚上。

差异一：处罚主体的差异。《中华人民共和国水污染防治法》规定违法违规排放倾倒放射性固体废物或废水，由“环境保护主管部门”“责令停止违法行为”，而《浙江省水污染防治条例》在此条中未规定处罚主体。

差异二：处罚方式的差异。

《中华人民共和国水污染防治法》规定的处罚方式为：一是停止违法行为，限期治理，消除污染；二是处以罚款。向水体排放、倾倒放射性固体废物或含有高放射性、中放射性物质的废水的处以“五万元以上五十万元以下”罚款；违反规定，向水体排放低放射性物质的废水的处以“一万元以上十万元以下”罚款。

《浙江省水污染防治条例》规定的处罚方式为：违反规定排放、倾倒放射性物质的，对单位直接责任人给予行政拘留处罚。一是没有规定排放、倾倒的放射性物质的放射性程度。二是没有罚款，但却规定了行政拘留处罚。三是抗拒执行可依照《中华人民共和国治安管理处罚法》进行处理。

这样构成了长三角地区二省一市对此问题规定的差异。

4.对“禁止排放含病原体的污水”规定的差异

《中华人民共和国水污染防治法》第三十二条规定：“含病原体的污水应当经过消毒处理；符合国家有关标准后，方可排放。”

《中华人民共和国水污染防治法》第三十五条规定：“禁止利用渗井、渗坑、裂隙和溶洞排放、倾倒含有毒污染物的废水、含病原体的污水和其他废弃物。”

《中华人民共和国水污染防治法》第三十六条规定：“禁止利用无防渗漏措施的沟渠、坑塘等输送或者存贮含有毒污染物的废水、含病原体的污水和其他废弃物。”

《中华人民共和国水污染防治法》第七十六条规定，由县级以上地方人民政府环境保护主管部门责令停止违法行为，限期采取治理措施，消除污染，处以罚款。违反国家有关规定或者标准，向水体排放含病原体的污水的，罚款一万元以上十万元以下；利用渗井、渗坑、裂隙或者溶洞排放、倾倒含病原体的污水，处五万元以上五十万元以下的罚款；利用无防渗漏措施的沟渠、坑塘等输送或者存贮含病原体的污水的，处二万元以上二十万元以下的罚款。

《浙江省水污染防治条例》第六十三条规定，排污单位违反规定排放、倾倒传染病病原体，可以对单位直接负责的主管人员或者其他直接责任人员依法给予行政拘留处罚。拒绝、阻扰、妨碍环境监督管理人员依法执行职务，违反治安管理规定的，依照《中华人民共和国治安管理处罚法》的规定处理。

《中华人民共和国水污染防治法》和《浙江省水污染防治条例》的规定是有差异的。

差异一：二者规定的详细程度不同。

《中华人民共和国水污染防治法》第三十二条、第三十五条、第三十六条和第七十六条四个条款对排放含病原体的污水进行了系统的规定。而《浙江省水污染防治条例》只有第六十三条对此进行了规定。

差异二：处罚主体不同。《中华人民共和国水污染防治法》规定的处罚主体是“环境保护主管部门”;《浙江省水污染防治条例》没有明确处罚主体。

差异三：处罚方式不同。

《中华人民共和国水污染防治法》规定的处罚方式为：一是责令停止违法行为；二是限期采取治理措施，消除污染；三是处以罚款。

《浙江省水污染防治条例》规定的处罚方式为：违法排放倾倒含病原体污水，对单位直接负责的主管人员或者直接责任人依法给予行政拘留处罚。

5.对“禁止在滩地和岸坡堆放、存贮固体废弃物”规定的差异

《中华人民共和国水污染防治法》第三十四条规定：“禁止在江河、湖泊、运河、渠道、水库最高水位线以下的滩地和岸坡堆放、存贮固体废弃物和其他污染物。”

《中华人民共和国水污染防治法》第七十六条规定，违反规定在江河、湖泊、运河、渠道、水库最高水位线以下的滩地、岸坡堆放、存贮固体废弃物或者其他污染物的，罚款二万元以上二十万元以下。

《浙江省水污染防治条例》第十五条规定：“饮用水水源保护区范围内禁止堆放、存贮可能造成水体污染的固体废弃物和其他污染物。”

《浙江省水污染防治条例》第五十六条规定：“在饮用水水源保护区范围内堆放、存贮可能造成水体污染的固体废弃物和其他污染物的，由县级以上环境保护主管部门责令停止违法行为，限期清除污染物，并可处五千元以上五万元以下的罚款；逾期不清除的，环境保护主管部门可以指定相应单位代为清除，所需费用由违法者承担。”

《中华人民共和国水污染防治法》和《浙江省水污染防治条例》对此问题的规定有差异。

差异一：规定的范围有差异。《中华人民共和国水污染防治法》规定的范围是“江河、湖泊、运河、渠道、水库最高水位线以下的滩地和岸坡”;《浙江省水污染防治条例》规定的是“饮用水水源保护区范围内”。其规定与《中华人民共和国水污染防治法》的规定有差异，范围更小，只涉及水源保护区内禁止堆放固体废弃物，并未扩大到滩地和岸坡。

差异二：处罚方式上的差异。

《中华人民共和国水污染防治法》规定的处罚方式为罚款，罚款额为“二万元以上二十万元以下”;《浙江省水污染防治条例》规定的处罚方式为：一是停止违法行为；二是限期清除污染物；三是罚款，罚款额为“五千元以上五万元以下”，处罚比《中华人民共和国水污染防治条例》的处罚要轻；四是逾期不清除的，代为清除，费用由违法者承担。

差异三：处罚主体的差异。

《中华人民共和国水污染防治法》未明确处罚主体；《浙江省水污染防治条例》规定由“县级以上环境保护主管部门”负责处罚。

6.对“生活垃圾处理的规定”的差异

《中华人民共和国水污染防治法》和《江苏省长江水污染防治条例》对此进行了规定，但规定有差异。上海市和浙江省遵照《中华人民共和国水污染防治法》相关条款执行。

《中华人民共和国水污染防治法》第四十六条规定：“建设生活垃圾填埋场，应当采取防渗漏等措施，防止造成水污染。”

《江苏省长江水污染防治条例》第三十四条规定：“沿江地区工业固体废物、危险废物、生活垃圾应当依法进行无害化处置。”

《中华人民共和国水污染防治法》和《江苏省长江水污染防治条例》对生活垃圾处理的规定是有差异的。

差异一：用词上的差异。《中华人民共和国水污染防治法》使用的是生活垃圾处理“应当采取防渗漏等措施，防止造成水污染”;《江苏省长江水污染防治条例》使用的是“无害化处理”。

差异二：强调的重点有差异。《中华人民共和国水污染防治法》强调的是“建设生活垃圾填埋场”;《江苏省长江水污染防治条例》强调的是“生活垃圾”的处置问题。

《中华人民共和国水污染防治法》和《江苏省长江水污染防治条例》均无对违反规定的行为作出处罚的规定。

7.对“船舶污染”规定的差异

对于船舶污染规范，只有《中华人民共和国水污染防治法》进行了详细的规定。《江苏省长江水污染防治条例》和《浙江省水污染防治条例》各有一条对船舶排放进行规定。从这里也可看出，三部法律法规对船舶排放的重视程度不同。上海市遵照《中华人民共和国水污染防治法》相关条款执行。

在《中华人民共和国水污染防治法》第四章第五节专门针对船舶水污染进行规范，船舶是一个大的污染源。

在《浙江省水污染防治条例》中只有第十六条规范船舶污染；《江苏省长江水污染防治条例》也只有第三十六条规范船舶污染。

可见，《中华人民共和国水污染防治法》对船舶污染的重视程度要比浙江省和江苏省大得多。

8.《中华人民共和国水污染防治法》特有的规定

如船舶排放含油污水、生活污水应当符合船舶污染物排放标准；船舶的残油、废油禁止排入水体[1]，违者处罚[2]；禁止向水体倾倒垃圾[3]，违者处罚[4]；船舶排污应当遵守操作规程[5]，违者处罚[6]；船舶应当规定配备防污设备和器材，并持有合法有效的防止污染的证书[7]，违者处罚[8]；港口、码头、装卸站和船舶修造厂应当备有足够的船舶污染物接收设施和处理能力[9]；污染事故处理程序及处罚[10]等。这些规定，长三角地区二省一市可以遵照执行。

从立法技术上看，《中华人民共和国水污染防治法》第六十八条第二款与《中华人民共和国水污染防治法》第八十三条第三款的规定内容有重复，不科学。

9.对“管理机构”规定的差异

《中华人民共和国水污染防治法》、《浙江省水污染防治条例》对此进行了规定，但规定有差异。上海市和江苏省遵照《中华人民共和国水污染防治法》相关条款执行。

在管理机构的规定上，两部法律法规的规定是基本相同的。

《中华人民共和国水污染防治法》第八条第二款规定：“交通主管部门的海事管理机构对船舶污染水域的防治实施监督管理。”

《浙江省水污染防治条例》第五条第二款规定：“海事管理机构对船舶污染水域的防治实施监督管理。”

内容一致，但用词还是有些差异。《浙江省水污染防治条例》少了“交通主管部门的”7个字。

10.对“防止船舶装载油类或有毒物质污染水源”规定的差异

《中华人民共和国水污染防治法》、《浙江省水污染防治条例》和《江苏省长江水污染防治条例》都有对此的规定。上海市遵照《中华人民共和国水污染防治法》相关条款执行。

《中华人民共和国水污染防治法》第五十二条第四款规定：“船舶装载运输油类或者有毒货物，应当采取防止溢流和渗漏的措施，防止货物落水造成水污染。”

浙江省在饮用水源保护时，特别提到了防止船舶污染饮用水源。

---

[1]《中华人民共和国水污染防治法》第五十二条第二款。

[2]《中华人民共和国水污染防治法》第八十条第一项。

[3]《中华人民共和国水污染防治法》第五十二条第三款。

[4]《中华人民共和国水污染防治法》第八十条第一项。

[5]《中华人民共和国水污染防治法》第五十三条第二款。

[6]《中华人民共和国水污染防治法》第八十条，《中华人民共和国水污染防治法》第七十九条第二款。

[7]《中华人民共和国水污染防治法》第五十三条第一款。

[8]《中华人民共和国水污染防治法》和七十九条第一款。

[9]《中华人民共和国水污染防治法》第五十四条。

[10]《中华人民共和国水污染防治法》第六十八条第二款，《中华人民共和国水污染防治法》第八十三条第三款。

《浙江省水污染防治条例》第十六条规定："县级以上人民政府应当根据保护饮用水水源的实际需要，在与饮用水水源保护区相邻的……航道，采取必要的防护措施，防止运输危险化学物品的……船舶发生事故污染饮用水水源。"

《江苏省长江水污染防治条例》第三十六条规定："港口、码头、船舶的所有者或者经营者应当遵守水污染防治和船舶污染防治法律、法规的规定，防止污染沿江地区水体。"

差异主要体现在内容上。《中华人民共和国水污染防治法》规定了"油类"或者"有毒货物"；《浙江省水污染防治条例》只规定了"危险化学物品"；《江苏省长江水污染防治条例》对于危险品并没有特殊的规定。《中华人民共和国水污染防治法》规定的是"船舶"采取"措施"；《浙江省水污染防治条例》规定的是"县级以上人民政府""采取必要防护措施"；《江苏省长江水污染防治条例》规定的是"港口、码头、船舶的所有者或经营者"应遵守相关的法律法规。《中华人民共和国水污染防治法》规定的是"防止货物落水造成水污染"；《浙江省水污染防治条例》规定的是"防止""船舶发生事故污染饮用水水源"；《江苏省长江水污染防治条例》规定的是"防止污染沿江地区水体"。

11.对"畜禽养殖场的规定"规定的差异

（1）财政支持畜禽养殖场无害化处理设施建设 《中华人民共和国水污染防治法》第四十九条第一款规定："国家支持畜禽养殖场、养殖小区建设畜禽粪便、废水的综合利用或者无害化处理设施。"

《浙江省水污染防治条例》第二十五条第三款规定："县级以上人民政府应当对规模化畜禽养殖场，在环境影响评价、污染物处理设施建设等方面采取财政补贴、减免费用等扶持措施。"

差异主要体现在内容上。

《中华人民共和国水污染防治法》规定的内容是：对畜禽养殖场、养殖小区的环境保护行为和设施进行支持。

《浙江省水污染防治条例》规定的内容是：对规模化畜禽养殖场的环境保护行为和设施进行财政支持。

《中华人民共和国水污染防治法》提出"国家支持"，《浙江省水污染防治条例》将国家支持化为"财政补贴、减免费用"等扶持措施。

《中华人民共和国水污染防治法》提出了对"畜禽粪便、废水的综合利用或者无害化处理设施"进行支持。

《浙江省水污染防治条例》提出了对"环境影响评价、污染物处理设施建设"等方面进行支持。二者大同小异，但从立法技术上看，应统一。

而上海市和江苏省遵照《中华人民共和国水污染防治法》第四十九条执行。从而使长三角地区二省一市对此问题的规定存在差异。

（2）废弃物和污水的无害化处理 《中华人民共和国水污染防治法》第四十九

条第二款规定："畜禽养殖场、养殖小区应当保证其畜禽粪便、废水的综合利用或者无害化处理设施正常运转，保证污水达标排放，防止污染水环境。"

《江苏省长江水污染防治条例》第三十三条第一款规定："畜禽养殖场、屠宰场应当对污水和其他废弃物作无害化处理，排放污水应当达到国家或者地方标准。"

《浙江省水污染防治条例》第二十五条第二款规定："畜禽养殖场、养殖小区应当按照有关规定收集、存贮、利用或者处置养殖过程中产生的畜禽养殖排泄物。畜禽养殖场、养殖小区应当按照国家和省规定的排放标准排放水污染物。"

这三个法律文件在对同一事件进行规范时，内容比较接近，但用词差异大，从立法技术看完全可以统一。上海市遵照《中华人民共和国水污染防治法》相关条款执行。

（3）《浙江省水污染防治条例》特有的规定　如根据功能水质保护要求，应划定畜禽养殖的禁养区和限养区，并向社会公布❶；规定了规模化养殖的标准由省环境保护部门会同省农业部门确定❷；排放规范化畜禽养殖污水的应申领排污许可证❸，违者处罚❹。形成了长三角地区二省一市的差异。

12. 对"水产养殖"规定的差异

（1）对水域生态环境的保护　《中华人民共和国水污染防治法》第五十条规定："从事水产养殖应当保护水域生态环境，……"

（2）标准化养殖技术　《中华人民共和国水污染防治法》第五十条规定："……，科学确定养殖密度，……"

《浙江省水污染防治条例》第二十六条规定："县级以上人民政府渔业主管部门应当采取措施，鼓励推广使用标准化水产养殖技术，合理确定水产养殖规模、品种和密度，预防、控制和减少水产养殖造成的水环境污染。"

（3）养殖方式和饲料应该符合规定　《中华人民共和国水污染防治法》第五十条规定："从事水产养殖应当保护水域生态环境，……，合理投饵……，防止污染水环境。"

《江苏省长江水污染防治条例》第三十三条第二款规定："从事水产养殖的，养殖的方式和投放的饲料应当符合国家和省有关规定。"

（4）对使用药物的规定　《中华人民共和国水污染防治法》第五十条规定："……，合理……使用药物，防止污染水环境。"

《中华人民共和国水污染防治法》第五十条和《江苏省长江水污染防治条例》均规定："禁止用农药等毒物毒杀水生生物。"《江苏省长江水污染防治条例》第三十三条第三款规定："禁止使用农药等有毒物毒杀水生生物。"

---

❶《浙江省水污染防治条例》第二十五条第一款。
❷《浙江省水污染防治条例》第二十五条第四款。
❸《浙江省水污染防治条例》第三十一条。
❹《浙江省水污染防治条例》第五十八条第二款。

相对来说，江苏省关于水产养殖的规定只有两款，一款是对养殖方式和饲料的规定，一款是禁止使用毒物毒杀水生生物。没有对于标准化养殖的规定。

从科学用词来说，浙江省的标准化养殖技术应该可以涵盖一切了，这个用词是最好的，比国家规定的用词还要科学。上海市遵照《中华人民共和国水污染防治法》相关条款执行。

（二）环境保护法的相关规定的差异

1.对“排放总量控制制度”规定的差异

《上海市环境保护条例》和《江苏省环境保护条例》对此进行了规定，但规定是有差异的。浙江省遵照《中华人民共和国环境保护法》相关条款执行。

（1）实现排放总量控制制度　排放总量控制制度在《中华人民共和国水污染防治法》中有规定，在《中华人民共和国环境保护法》中也有规定。

《中华人民共和国环境保护法》第四十四条规定，“国家实行重点污染物排放总量控制制度。……”

《上海市环境保护条例》第十四条第一款规定：“本市对水、大气主要污染物实行排放总量控制制度。”

《江苏省环境保护条例》第三十二条第一款规定：“根据本省环境质量状况以及经济和社会发展的需要逐步实行污染物排放总量控制。”

差异一：用词上的差异。《上海市环境保护条例》规定：“对水、大气主要污染物”实行“排放总量控制制度”。《江苏省环境保护条例》规定对“污染物”实行“排放总量控制”。

差异二：内容上的差异。《江苏省环境保护条例》规定根据“本省环境质量状况以及经济和社会发展的需要”“逐步”实行。而上海没有这样的规定。

（2）对“排放总量控制实施方案”规定的差异 《上海市环境保护条例》第十四条第三款规定：“区、县环保部门应当根据本市的水、大气主要污染物排放总量控制计划，结合本行政区域的实际情况，拟订本行政区域水、大气主要污染物排放总量控制实施方案，经区、县人民政府批准后组织实施，并在批准后十五日内报市环保局备案。”

《江苏省环境保护条例》第三十二条第二款规定：“地方各级人民政府应当根据本辖区和相邻地区环境质量的要求确定污染物排放总量控制目标以及控制措施，报经上级人民政府批准后实施。……”

差异一：用词上的差异。《上海市环境保护条例》使用了“水、大气主要污染物排放总量控制实施方案”；《江苏省环境保护条例》使用了“污染物排放总量控制目标以及控制措施”。

差异二：内容上的差异。《上海市环境保护条例》规定“根据本市的水、大气主要污染物排放总量控制计划，结合本行政区域的实际情况”。《江苏省环境保护条例》规定“根据本辖区和相邻地区环境质量的要求”。《上海市环境保护条例》规定“经区、县人民政府批准后组织实施，并在批准后十五日内报市环保局备案。”《江苏省环境保护条例》规定“报经上级人民政府批准后实施。”

差异三：方案拟订者不同。《上海市环境保护条例》规定的是“区、县环保部门”;《江苏省环境保护条例》规定的是“地方各级人民政府”。

2.对“排污许可证制度”规定的差异

对排污许可证制度的规定,《上海市环境保护条例》要比《江苏省环境保护条例》详细具体得多。《江苏省环境保护条例》总共有三条涉及排污许可证；而《上海市环境保护条例》共有九条涉及排污许可证。

(1)《上海市环境保护条例》特有的规定　如规定了排污许可证实施的范围和核发程序[1]；排污许可证应载明可排污的种类、数量、标准、条件和要求[2]；根据环境保护设施设计要求和排污许可证要求制定操作规程；排污单位无法达标排放应限产或采取其他措施确保排污达标，并向环保部门报告，仍不能达标的停止生产[3]；未完成限期治理任务而被关闭的企业，其排污许可证应注销[4]。这些特殊规定形成了长三角地区在此问题规定上的差异。

(2)《上海市环境保护条例》和《江苏省环境保护条例》对一些共同问题规定的差异

① 实行排污许可证制度。《江苏省环境保护条例》第三十二条第三款规定：“实行排放污染物总量控制的排污单位必须执行排污许可证制度，其排污总量不得超过规定的限额。”

《上海市环境保护条例》第十六条第一款规定：“本市对主要污染物实行排污许可证制度。”

主要内容基本一样，但用词上还是有差异。《江苏省环境保护条例》规定“必须执行排污许可证制度”;《上海市环境保护条例》规定“实行排污许可证制度”。《江苏省环境保护条例》规定“实行排放污染物总量控制的排污单位”执行排污许可证制度;《上海市环境保护条例》规定“本市对主要污染物”实行排污许可证制度。《江苏省环境保护条例》规定“其排污总量不得超过规定的限额”。这一点在《上海市环境保护条例》中没有。

② 排污单位应申请排污许可证，不得无证排污。《上海市环境保护条例》第十六条第二款规定：“排放主要污染物的单位，应当按照国家和本市的规定，向市或者区、县环保部门申请排污许可证，并按照排污许可证规定的要求排放主要污染物。无排污许可证的，不得排放主要污染物。”

---

[1]《上海市环境保护条例》第十六条第三款。
[2]《上海市环境保护条例》第十六条第四款。
[3]《上海市环境保护条例》第二十八条第一款、第二款。
[4]《上海市环境保护条例》第四十五条第二款。

《上海市环境保护条例》第四十四条规定："违反本条例第十六条第二款规定，未取得排污许可证排放主要污染物的，由市或者区、县环保部门责令停产；未按照排污许可证的规定排放主要污染物的，由颁发许可证的环保部门按照有关法律、法规的规定处理。"

《江苏省环境保护条例》第三十九条第十二项规定："违反本条例规定，有下列行为之一的，环境保护行政主管部门或者其他依照法律、法规规定行使环境监督管理权的部门，可以根据不同情节，给予警告或者处以罚款。……（十二）无证或者不按照排污许可证的规定排放污染物的；……。"

处罚方式不同。《上海市环境保护条例》规定无证排污的责令停产；不按照排污许可证的规定排放污染物，按有关法律、法规处理。《江苏省环境保护条例》规定无证或者不按照排污许可证的规定排放污染物，可以警告或处以罚款。显然两部法规所规定的处罚方式差异较大。

③ 拆除或闲置环境保护设施需申请。《上海市环境保护条例》第二十八条第三款规定："禁止擅自拆除或者闲置环境保护设施。直接向环境排放污染物或者向城市污水集中处理设施排放一类水污染物的排污单位，确有必要拆除或者闲置环境保护设施的，应当在拆除或闲置三十日前，向市或者区、县环保部门提出申请。

"环保部门受理申请后，应当在二十日内作出审批决定；不予批准的，应当说明理由。"

《江苏省环境保护条例》第四十一条规定："未经环境保护行政主管部门同意，擅自拆除或者闲置防治污染的设施，污染物排放超过规定的排放标准的，由环境保护行政主管部门责令重新安装使用，并处以罚款。"

《上海市环境保护条例》和《江苏省环境保护条例》的规定是有较大差异的。

差异一：用词上的差异。《上海市环境保护条例》规定"禁止擅自拆除或者闲置环境保护设施。"《江苏省环境保护条例》规定"未经环境保护行政主管部门同意，擅自拆除或者闲置防治污染的设施。"

差异二：内容上的差异。《上海市环境保护条例》规定了两个内容：一是禁止擅自拆除或闲置环境保护设施；二是确有必要拆除或者闲置环境保护设施的应提出申请，并规定了申请程序和时间规定。

《江苏省环境保护条例》只规定了禁止擅自拆除或闲置环境保护设施，并规定了处罚。

3.对"排放总量制度"规定的差异

（1）《上海市环境保护条例》特有的规定　如拟定排放总量控制计划[1]；排污单位的排污应达到规定的排放标准和总量控制指标[2]。这些规定形成了长三角地区二省

[1]《上海市环境保护条例》第十四条第二款。

[2]《上海市环境保护条例》第十四条第四款。

一市对此问题规定的差异。

（2）《江苏省环境保护条例》特有的规定　如对排污超标给邻近地区造成环境损失的应补偿[1]进行了规定。这是江苏省与长三角地区其他省市不同的地方。

4.对“放射性的规定”的差异

（1）在“防止产生放射性污染”规定上的差异《中华人民共和国环境保护法》和《江苏省环境保护条例》对此进行了规定，但规定有差异。上海市和浙江省遵照《中华人民共和国环境保护法》相关条款执行。

《中华人民共和国环境保护法》第四十二条规定：“排放污染物的企业事业单位和其他生产经营者，应当采取措施，防治在生产建设或者其他活动中产生的……放射性物质……等对环境的污染和危害。排放污染物的企业事业单位，应当建立环境保护制度，明确单位负责人和相关人员的责任。”

《江苏省环境保护条例》第二十七条规定：“产生环境污染和其他公害的单位和个人，必须执行排放污染物申报登记管理的有关规定，向所在地环境保护行政主管部门登记，并采取有效措施，防止在生产建设或者其他活动中产生的……放射性物质……等对环境的污染和危害。”

《江苏省环境保护条例》第二十七条的规定与《中华人民共和国环境保护法》第四十二条的规定比较接近，但也有一些表述上的差异。

《中华人民共和国环境保护法》规定“排放污染物的企业事业单位，应当建立环境保护责任制度，明确单位负责人和相关人员的责任。”但没有规定排污企业的登记制度；《江苏省环境保护条例》规定“必须执行排放污染物申报登记管理的有关规定，向所在地环境保护行政主管部门登记”。其他的内容一样。

上海市和浙江省执行《中华人民共和国环境保护法》有关条款，因此，在长三角地区，上海市、浙江省和江苏省对此问题的规定是有差异的。

（2）对“生产、储存、销售含有放射性物质的物品应遵守国家有关规定”的差异《中华人民共和国环境保护法》第四十八条规定：“生产、储存、运输、销售、使用……含有放射性物质的物品，应当遵守国家有关规定，防止污染环境。”

《上海市环境保护条例》第三十八条第一款的规定：“本市生产、销售的建筑材料，应当符合国家建筑材料放射性核素控制标准。不符合放射性核素控制标准的建筑材料，不得生产和销售。”

二者规定的内容是有差异的。《中华人民共和国环境保护法》规定“生产、储存、运输、销售、使用……含有放射性物质的物品”；《上海市环境保护条例》规定“本市生产、销售的建筑材料”。二者规定的对象有一些差异。

浙江省和江苏省执行《中华人民共和国环境保护法》有关条款，因此，在长三角地区的二省一市对此问题的规定存在差异。

---

[1]《江苏省环境保护条例》第三十二条第二款。

(3)《上海市环境保护条例》特有的规定　如对加强对放射性污染的检测❶进行了规定。而浙江省和江苏省没有对此进行规定。这样，在长三角地区形成了差异。

(4)《江苏省环境保护条例》特有的规定　如对加强放射性废物的管理进行了规定，放射性废物交由省放射性废物管理机构集中收贮❷，不得自行处置，违者处罚❸。

5.《上海市环境保护条例》特有的规定

如对光污染进行了规定❹，对畜禽养殖、水产养殖污染的防治及化肥、农药、农用薄膜使用的监督管理的规定❺，对强制回收的规定❻，对使用的煤、柴油、重油等燃料含硫量应符合规定的规定❼，违者处罚❽；禁止生产企业无组织排放粉尘和生产性废气❾，违者处罚❿；建设、公安、海事、环保等部门应当依法加强对扬尘污染、机动车船排放污染、饮食服务业油烟污染的监督管理⓫。

6.对"噪声污染的规定"的差异

《中华人民共和国环境保护法》只在第四十二条中对噪声污染进行规定。《上海市环境保护条例》有4个条款对噪声污染进行规定。《江苏省环境保护条例》有5个条款对噪声污染进行规定。浙江省遵照《中华人民共和国环境保护法》相关条款执行。

(1)《中华人民共和国环境保护法》和《江苏省环境保护条例》规定的差异　《中华人民共和国环境保护法》第四十二条规定，"排放污染物的企业事业单位和其他生产经营者，应当采取措施，防治在生产建设或其他活动中产生的废气、……噪声……对环境的污染和危害。"

《江苏省环境保护条例》第二十七条规定："产生环境污染和其他公害的单位和个人，必须执行排放污染物申报登记管理的有关规定，向所在地环境保护行政主管部门登记，并采取有效措施，防止在生产建设或者其他活动中产生的……噪声……等对环境的污染和危害。"

这两部法律法规大体内容一样，但是有差异。

《中华人民共和国环境保护法》使用的是"必须把环境保护工作纳入计划，建立环境保护责任制度"；《江苏省环境保护条例》使用的是"必须执行排放污染物申

---

❶《上海市环境保护条例》第三十八条第二款。
❷《江苏省环境保护条例》第三十六条。
❸《江苏省环境保护条例》第三十九条第十三项。
❹《上海市环境保护条例》第四十条。
❺《上海市环境保护条例》第四十三条。
❻《上海市环境保护条例》第三十七条。
❼《上海市环境保护条例》第三十四条第一款。
❽《上海市环境保护条例》第五十四条第一款。
❾《上海市环境保护条例》第三十四条第二款。
❿《上海市环境保护条例》第五十四条第二款。
⓫《上海市环境保护条例》第三十四条第三款。

报登记管理的有关规定，向所在地环境保护行政主管部门登记”。其余内容一样。

（2）《上海市环境保护条例》与《江苏省环境保护条例》规定的差异 《上海市环境保护条例》第十一条规定：“市环保局应当会同有关部门，根据城市总体规划和国家环境质量标准，编制本市……城市区域噪声环境功能区划，报市人民政府批准后公布实施。”

《上海市环境保护条例》第十七条第一款规定：“本市对排放……环境噪声超过国家或本市规定排放标准……，实行限期治理。”

《上海市环境保护条例》第三十五条规定：“排放环境噪声的单位和个人应当采取有效措施，使其排放的环境噪声符合国家和本市规定的环境噪声排放标准。

使用家用电器、进行室内装修或者进行其他家庭室内娱乐活动的，应当采取有效措施，减轻、避免对周围居民造成环境噪声污染。

除抢修、抢险外，禁止在夜间和其他市人民政府规定的特定时间内从事产生环境噪声污染的建筑施工作业。但因混凝土浇筑等原因，确需在夜间从事建筑施工作业的，施工单位应当在施工作业前，向所在地区、县环保部门提出申请。区、县环保部门应当在三个工作日内作出审批决定，并书面通知申请人；不予批准的，应当说明理由。经批准在夜间施工作业的施工单位应当在施工作业现场的显著位置公示行政许可的内容。”

《上海市环境保护条例》第五十五条规定：“违反本条例第三十五条第三款规定，未经批准或者未按照批准的要求在规定的时间内从事施工作业的，由所在地区、县环保部门责令改正，处一万元以上十万元以下的罚款。”

《江苏省环境保护条例》第十三条规定：“地方各级人民政府和有关部门应当按照国家和地方环境标准和本省环境保护规划的要求，划定本行政区域内的……大气环境质量控制区、城市环境噪声标准适用区……”

《江苏省环境保护条例》第二十六条规定：“地方各级人民政府和有关部门应当加强城市环境综合整治工作，有计划地建设……环境噪声达标区……。”

《江苏省环境保护条例》第二十七条规定：“产生环境污染和其他公害的单位和个人，必须执行排放污染物申报登记管理的有关规定，向所在地环境保护行政主管部门登记，并采取有效措施，防止在生产建设或者其他活动中产生的……噪声……等对环境的污染和危害。”

《江苏省环境保护条例》第三十七条规定：“产生噪声的单位和个人，必须采取防治措施，将噪声控制在国家规定的环境噪声排放标准以内。禁止在市区使用大功率广播喇叭和广播宣传车；禁止在商业活动中采用高大声响的办法招徕顾客；禁止夜间从事噪声超标的建筑施工作业。”

《江苏省环境保护条例》第三十九条第十项规定：“违反本条例规定，有下列行为之一的，环境保护行政主管部门或者其他依照法律、法规规定行使环境监督管理权的部门，可以根据不同情节，给予警告或者处以罚款。……（十）不执行限制噪声作业时间规定的；……”

由此可知，《上海市环境保护条例》和《江苏省环境保护条例》对噪声的规定是有差异的。

差异一：《上海市环境保护条例》使用的是“城市区域噪声环境功能区划”；《江苏省环境保护条例》使用的是“城市环境噪声标准适用区”。

差异二：《上海市环境保护条例》对“环境噪声超过国家或本市规定排放标准，实行限期治理”；《江苏省环境保护条例》规定的是“建设环境噪声达标区”。

差异三：《上海市环境保护条例》规定的是“排放环境噪声的单位和个人应采取措施使排放的环境噪声符合国家和本市规定的标准。”《江苏省环境保护条例》规定的是“产生噪声的单位和个人，必须采取防治措施，将噪声控制在环境噪声排放标准以内”。并规定“产生环境污染和其他公害的单位和个人应向有关部门登记，并采取措施防止噪声污染。”这是《上海市环境保护条例》规定所没有的。

差异四：《上海市环境保护条例》规定的处罚是“对违反规定的噪声排放，责令改正，并进行罚款，款额为‘一万元以上十万元以下’。”《江苏省环境保护条例》规定的是“对违法违规行为的处罚措施，给予警告或罚款。”没有规定具体的罚款额。

7.对“电磁辐射污染的规定”的差异

《中华人民共和国环境保护法》和《江苏省环境保护条例》规定存在差异。上海市和浙江省遵照《中华人民共和国环境保护法》相关条款执行。

《中华人民共和国环境保护法》第四十二条规定：“排放污染物的企业事业单位和其他生产经营者，应当采取措施，防治在生产建设或者其他活动中产生的废气……电磁辐射等对环境的污染和危害。”

《江苏省环境保护条例》第二十七条规定：“产生环境污染和其他公害的单位和个人，必须执行排放污染物申报登记管理的有关规定，向所在地环境保护行政主管部门登记，并采取有效措施，防止在生产建设或者其他活动中产生的……电磁波辐射等对环境的污染和危害。”

《中华人民共和国环境保护法》和《江苏省环境保护条例》所规定的内容有差异。

《中华人民共和国环境保护法》使用的是“排放污染物的企业事业单位和其他生产经营者”；《江苏省环境保护条例》使用了“产生环境污染和其他公害的单位和个人”。《中华人民共和国环境保护法》使用了“必须把环境保护工作纳入计划，建立环境保护责任制度”；《江苏省环境保护条例》使用了“必须执行排放污染物申报登记管理的有关规定，向所在地环境保护行政主管部门登记”。二者无论是用词还是内容都有差异。

《上海市环境保护条例》对此问题的规定与《中华人民共和国环境保护法》和《江苏省环境保护条例》的规定差异就更大。

《上海市环境保护条例》第三十九规定："设置产生电磁辐射污染的设施或者设备，设置单位应当采取有效的屏蔽防护措施，确保环境中电场、磁场符合国家有关规定和防护要求。"

《上海市环境保护条例》第五十六条规定："违反本条例第三十九条规定，致使环境中的电场、磁场不符合国家的规定和防护要求的，由市或者区、县环保部门责令限期改正；逾期不改正的，处一万元以上十万元以下的罚款。"

也只有《上海市环境保护条例》专门规定了限期改正，逾期不改正的罚款。罚款金额为"一万元以上十万元以下"。

在长三角地区，上海市、浙江省和江苏省对此问题的规定存在差异。

（三）水法的相关规定

1.《中华人民共和国水法》特有的规定

如规定县级以上人民政府水行政主管部门根据水功能区的水质和水体自然净化能力，核定该水域的纳污能力和限制排污总量[1]。

2.《中华人民共和国水法》、《上海市实施〈中华人民共和国水法〉办法》和《浙江省实施〈中华人民共和国水法〉办法》对"围湖造地的规定"的差异。

（1）对围湖造地的规定 《中华人民共和国水法》第四十条第一款规定："禁止围湖造地。已经围垦的，应当按照国家规定的防洪标准有计划地退地还湖。"

（2）对违者处罚的规定 《中华人民共和国水法》第六十六条第二项规定："有下列行为之一，且防洪法未作规定的，由县级以上人民政府水行政主管部门或者流域管理机构依据职权，责令停止违法行为，限期清除障碍或者采取其他补救措施，处一万元以上五万元以下的罚款：……（二）围湖造地或者未经批准围垦河道的。"

《上海市实施〈中华人民共和国水法〉办法》第二十五条第二款规定："禁止围湖造田。围垦滨江沿海滩涂的，按《上海市滩涂管理暂行规定》执行。"

《上海市实施〈中华人民共和国水法〉办法》第三十八条第一项规定："违反本办法的规定，有下列行为之一的，由县级以上水务行政管理部门责令其停止违法行为，限期清除障碍或者采取其他补救措施，对第一项、第二项、第五项行为可以并处一万元以上五万元以下罚款……：（一）围垦湖泊或者擅自围垦滨江沿海滩涂的……。"

《浙江省实施〈中华人民共和国水法〉办法》第二十五条第一款规定："禁止围湖造田。已经围垦的，应当按照国家和省规定的防洪标准进行治理，逐步退田还湖。"

《浙江省实施〈中华人民共和国水法〉办法》第七十二条第三项和第四项规定："违反水法和本办法规定，有下列行为之一的，由县级以上水行政主管部门或有关

---

[1]《中华人民共和国水法》第三十二条第三款。

主管部门责令其停止违法行为，赔偿损失，限期清除障碍或采取补救措施，可以并处一万元以下罚款，对于有关责任人员可以由其所在单位或上级主管部门给予行政处分：……（三）围垦湖泊，或未经批准围垦河流的；（四）未经水行政主管部门审查同意，使用水域进行建设的……。"

差异一：三部法律法规对围湖造田的处罚是不一样的。

《中华人民共和国水法》规定的处罚额为"一万元以上五万元以下"；《上海市实施〈中华人民共和国水法〉办法》所规定的处罚额为"一万元以上五万元以下"；《浙江省实施〈中华人民共和国水法〉办法》所规定的处罚额为"一万元以下"。

差异二：处罚主体不一样。《中华人民共和国水法》规定的处罚主体为"县级以上人民政府水行政主管部门或者流域管理机构"；《上海市实施〈中华人民共和国水法〉办法》所规定的处罚主体为"县级以上水务行政管理部门"；《浙江省实施〈中华人民共和国水法〉办法》所规定的处罚主体为"县级以上水行政主管部门或有关主管部门"。

3.《上海市实施〈中华人民共和国水法〉办法》和《浙江省实施〈中华人民共和国水法〉办法》对"乱倒垃圾的规定"的差异

《上海市实施〈中华人民共和国水法〉办法》对在河道内乱倒垃圾进行了比较详细的规定，共有三个条款对此进行了规定。而《浙江省实施〈中华人民共和国水法〉办法》只有一个条款对此进行了规定。两者规定的差异是明显的。

《上海市实施〈中华人民共和国水法〉办法》第二十五条第一款规定："禁止向河道、湖泊及其岸坡倾倒工业、建筑废弃物和生活垃圾。"

《上海市实施〈中华人民共和国水法〉办法》第三十五条规定："对河道内的阻水障碍物和各种垃圾及废弃物，按照'谁设障、谁清除'的原则，由防汛指挥机构责令设障或者倾倒者在规定期限内清除。逾期不清除的，由防汛指挥机构组织强行清除，并由设障或者倾倒者负担全部清除费用。"

《浙江省实施〈中华人民共和国水法〉办法》第六十一条规定："对河道管理范围内的阻水障碍物，按照'谁设障、谁清除'的原则，由水行政主管部门提出清障计划和实施方案，由防汛防旱指挥机构责令设障者在规定期限内清除。逾期不清除的，由防汛防旱指挥机构组织强行清除，并由设障者负担全部清障费用。"

《上海市实施〈中华人民共和国水法〉办法》第三十五条的规定与《浙江省实施〈中华人民共和国水法〉办法》第六十一条的规定比较接近。但也有一些差异。《浙江省实施〈中华人民共和国水法〉办法》规定"对河道管理范围内的阻水障碍物"；《上海市实施〈中华人民共和国水法〉办法》规定"对河道内的阻水障碍物和各种垃圾及废弃物"。《浙江省实施〈中华人民共和国水法〉办法》规定"由水行政主管部门提出清障计划和实施方案，由防汛防旱指挥机构责令设障者在规定期限内清除"；《上海市实施〈中华人民共和国水法〉办法》规定"由防汛指挥机构责令设障或者倾倒者在规定期限内清除"。

《上海市实施〈中华人民共和国水法〉办法》第三十九条第四项规定："违反本办法的规定，有下列行为之一的，由县级以上水务行政管理部门责令其停止违法行为，限期清除障碍，没收非法所得，可以并处一百元以上一万元以下罚款：……（四）向河道、湖泊及其岸坡倾倒工业、建筑废弃物和生活垃圾影响水流的。"这也是《上海市实施〈中华人民共和国水法〉办法》独有的规定。

江苏省遵照《中华人民共和国水法》有关条款执行，因《中华人民共和国水法》没有对此进行规定，因此，江苏省也没有类似的规定。这样，在长三角地区，浙江省、江苏省和上海市对此问题的规定存在差异。

（四）海洋环境保护法的相关规定

1.对"重点海域的排污总量控制制度"规定的差异

（1）《中华人民共和国海洋环境保护法》、《浙江省海洋环境保护条例》和《江苏省海洋环境保护条例》均对此进行了规定，但规定有差异。《中华人民共和国海洋环境保护法》第三条规定："国家建立并实施重点海域排污总量控制制度，确定主要污染物排海总量控制指标，并对主要污染源分配排放控制数量。具体办法由国务院制定。"

《中华人民共和国海洋环境保护法》第十条规定："……在国家建立并实施排污总量控制制度的重点海域，水污染物排放标准的制定，还应当将主要污染物排海总量控制指标作为重要依据。"

《浙江省海洋环境保护条例》第二十三条规定："逐步实行重点海域排污总量控制制度。

省人民政府应当根据本省管辖海域环境容量、海洋功能区划和国家确定的主要污染物排海总量控制指标，制定本省管辖的重点海域污染物排海总量控制指标和主要污染源排放控制计划。重点海域名录由省海洋行政主管部门商有关部门提出，报省人民政府批准后公布。

沿海市、县人民政府应当根据省人民政府确定的重点海域污染物排海总量控制指标和主要污染源排放控制计划，制定所管辖的重点海域污染物排海总量控制实施方案，并报上一级人民政府备案。"

《江苏省海洋环境保护条例》第六条第二款规定："沿海县级以上地方人民政府应当向本级人民代表大会及其常务委员会报告……重点海域排污总量控制制度实施情况等海洋环境保护工作的情况。"

《江苏省海洋环境保护条例》第二十四条规定："本省按照国家规定实行重点海域排污总量控制制度。省人民政府应当根据本省重点海域海洋环境容量、海洋功能区划和国家确定的主要污染物排海总量控制指标，制定本省重点海域主要污染物排海总量控制指标和主要污染源排放控制数量分配方案。

"沿海设区的市、县（市、区）人民政府应当根据省人民政府制定的重点海域主要污染物排海总量控制指标和主要污染源排放控制数量分配方案，制定管辖的重点海域主要污染物排海总量控制实施计划，并报上一级人民政府备案。

“环境保护行政主管部门在制定沿岸直接入海排污口和入海河口上溯三十公里范围内排污口排污总量控制指标和核准主要污染源排污量时，应当符合重点海域主要污染物排海总量控制指标和主要污染源排放控制数量分配方案。”

《中华人民共和国海洋环境保护法》、《浙江省海洋环境保护条例》和《江苏省海洋环境保护条例》的规定是有差异的。

《中华人民共和国海洋环境保护法》有两个条款对重点海洋排放总量控制制度进行了规定；《浙江省海洋环境保护条例》只有一个条款对此问题进行了规定；《江苏省海洋环境保护条例》有两个条款对此问题进行了规定。并且，三个法律法规有较大的差异。

差异一：用词上有差异。《中华人民共和国海洋环境保护法》使用的是“建立并实施”重点海域排污总量控制制度。《浙江省海洋环境保护条例》使用的是“逐步实行”重点海域排污总量控制制度。《江苏省海洋环境保护条例》使用的是“本省按照国家规定实行”重点海域排污总量控制制度。

差异二：内容上有差异。

《中华人民共和国海洋环境保护法》主要规定了三个内容：一是建立并实施重点海域排污总量控制制度；二是确定主要污染物排海总量控制指标；三是对主要污染源分配排放控制数量；四是水污染物排放标准主要依据主要污染物排海总量控制指标。

《浙江省海洋环境保护条例》主要规定了三个内容：一是逐步实施重点海域排污总量控制制度。二是根据海域环境容量、海洋功能区划和国家确定的主要污染物排海总量控制指标，制定重点海域污染物排海总量控制指标和主要污染源排放控制计划。三是沿海市、县人民政府应当根据省政府确定的重点海域污染物排海总量控制指标和主要污染源排放控制计划，制定重点海域污染物排海总量控制实施方案。

《江苏省海洋环境保护条例》主要规定了四个内容：一是规定了沿海县级以上地方人民政府应当向本级人民代表大会及其常委会报告重点海域排污总量控制制度实施情况等，这是《中华人民共和国海洋环境保护法》和《浙江省海洋环境保护条例》所没有规定的内容；二是按照国家规定实行重点海域排污总量控制制度；根据重点海域海洋环境容量、海洋功能区划和国家确定的主要污染物排海总量控制指标，制定本省重点海域主要污染物排海总量控制指标和主要污染源排放控制数量分配方案，《浙江省海洋环境保护条例》和《江苏省海洋环境保护条例》均对此进行了规定，用词也一样；三是沿海设区的市、县人民政府根据重点海域主要污染物排海总量控制指标和主要污染源排放控制数量分配方案，制定主要污染物排海总量控制实施计划，《浙江省海洋环境保护条例》和《江苏省海洋环境保护条例》均对此进行了规定，用词也一样；四是规定了制定沿岸直接入海排污口和入海河口上溯三十公里范围内排污口排污总量控制指标和核准主要污染源排污量时，应符合重点海域主要污染物排海总量控制指标和主要污染源排放控制数量分配方案，这一点是《江苏省海洋环境保护条例》独有的规定。

从内容的规定上看，《江苏省海洋环境保护条例》内容相对较多。上海市遵照《中华人民共和国海洋环境保护法》相关条款执行。因此，对此问题的规定，在长三角地区存在差异。

(2)《浙江省海洋环境保护条例》特有的规定　如规定了重点海域排污指标可以在同一海域调剂[1]，根据排海总量规划海岸带产业布局[2]，沿海市、县完善排水管网和污水处理设施，防止海岸产业污染[3]。

(3)《中华人民共和国海洋环境保护法》和《浙江省海洋环境保护条例》对“重点海域区域性海洋环境保护规划”规定的差异　《中华人民共和国海洋环境保护法》和《浙江省海洋环境保护条例》均对此进行了规定，但规定是有差异的。上海市和江苏省遵照《中华人民共和国海洋环境保护法》相关条款执行。

《中华人民共和国海洋环境保护法》第七条第一款规定：“国家根据海洋功能区划制定……重点海域区域性海洋环境保护规划。”

《浙江省海洋环境保护条例》第六条规定：“省海洋行政主管部门应当会同环境保护等有关部门，根据海洋功能区划和近岸海域环境功能区划，拟定本省海洋环境保护规划和重点海域环境整治与修复规划，经省计划行政主管部门衔接平衡，报省人民政府批准。

“沿海市、县海洋行政主管部门应当会同环境保护等有关部门，根据省海洋环境保护规划和重点海域环境整治与修复规划，拟定本市、县海洋环境保护实施计划和重点海域整治与修复实施计划，经同级计划行政主管部门衔接平衡，报同级人民政府批准，并报省环境保护、海洋行政主管部门备案。”

《中华人民共和国海洋环境保护法》和《浙江省海洋环境保护条例》对重点海洋区域性海洋环境保护规划的规定是有差异的。

差异一：主管部门的差异。《中华人民共和国海洋环境保护法》规定重点海洋区域性海洋环境保护规定由“国家”制定。

《浙江省海洋环境保护条例》规定省海洋环境保护规划和重点海域环境整治与修复规划由“省海洋行政主管部门会同环境保护等有关部门”拟定。由此看，海洋环境保护主管部门为主，环境保护部门为次。

差异二：内容差异。《中华人民共和国海洋环境保护法》规定“根据海洋功能区划”制定“重点海域区域性海洋环境保护规划”。《浙江省海洋环境保护条例》规

[1]《浙江省海洋环境保护条例》第二十三条第四款。
[2]《浙江省海洋环境保护条例》第二十五条第一款。
[3]《浙江省海洋环境保护条例》第二十五条第二款。

定“根据海洋功能区划和近岸海域环境功能区划”拟定“本省海洋环境保护规划和重点海域环境整治与修复规划。”

《浙江省海洋环境保护条例》还规定：“根据省海洋环境保护规划和重点海域环境整治与修复规划”拟定“本市、县海洋环境保护实施计划和重点海域整治与修复实施计划。”

（4）《江苏省海洋环境保护条例》特有的规定　如重点海域禁设排污口[1]、开发滨海湿地应当符合省滨海湿地与重点海域环境保护规划[2]。形成长三角地区二省一市对此问题规定的差异。

2.对“海洋环境质量标准”规定的差异

（1）《中华人民共和国海洋环境保护法》、《浙江省海洋环境保护条例》和《江苏省海洋环境保护条例》规定的差异

① 国家海洋环境质量主管机构及其职责、海洋信息公开的规定。《中华人民共和国海洋环境保护法》第十四条规定：“国家海洋行政主管部门按照国家环境监测、监视规范和标准，管理全国海洋环境的调查、监测、监视，制定具体的实施办法，会同有关部门组织全国海洋环境监测、监视网络，定期评价海洋环境质量，发布海洋巡航监视通报。”

《中华人民共和国海洋环境保护法》第十六条规定：“国家海洋行政主管部门按照国家制定的环境监测、监视信息管理制度，负责管理海洋综合信息系统，为海洋环境保护监督管理提供服务。”

《浙江省海洋环境保护条例》第十二条规定：“按照陆海统筹、专司管理、资源共享的原则，建立全省海洋环境监测网络，纳入生态省建设体系。

省海洋行政主管部门应当根据国家海洋环境监测、监视标准和规范，对本省海洋环境调查、监测、监视和海洋环境综合信息系统实施管理，定期评价海洋环境质量，发布相关的公报和通报，并抄送省环境保护行政主管部门。

依照本条例规定行使海洋环境监督管理权的部门根据各自职责负责所管辖海域的监测、监视。其他有关部门根据全省海洋环境监测网络的分工，分别负责对入海河口、主要排污口的监测、监视。

有关部门根据各自职责形成的海洋环境监测、监视资料，应当纳入全省海洋环境监测网络，实行资源共享。”

《江苏省海洋环境保护条例》第十二条规定：“海洋行政主管部门应当根据国家和地方有关标准与规范，对本级政府管辖海域内的海洋环境加强监测监视，定期评价海洋环境质量。”

《中华人民共和国海洋环境保护法》、《浙江省海洋环境保护条例》和《江苏省

---

[1]《江苏省海洋环境保护条例》第十九条第七项。

[2]《江苏省海洋环境保护条例》第二十条。

海洋环境保护条例》的规定有一些差异。

《中华人民共和国海洋环境保护法》明确规定：国家海洋行政主管部门，其主要职责是海洋环境调查、监测、监视及制定实施办法，组织全国海洋环境监测、监视网络，评价海洋环境质量，发布海洋巡航监视通报。

《浙江省海洋环境保护条例》规定了实现监测资料共享，是浙江的一大特色。

《江苏省海洋环境保护条例》规定了“定期评价海洋环境质量。”这一点是江苏所独有的。

在《中华人民共和国海洋环境保护法》第五条第二款、《浙江省海洋环境保护条例》第四条第二款、《江苏省海洋环境保护条例》第五条第二款均有海洋环境调查规定。

但《江苏省海洋环境保护条例》在第十一条中再加强调，并规定了调查内容。如海洋化学、海洋生物与生态等近岸海洋环境状况、主要入海河口污染物排放等基本情况。这一点是江苏所独有的。

② 对“城市污水处理”规定的差异。《中华人民共和国海洋环境保护法》第四十条规定：“沿海城市人民政府应当建设和完善城市排水管网，有计划地建设城市污水处理厂或者其他污水集中处理设施，加强城市污水的综合整治。

“建设污水海洋处置工程，必须符合国家有关规定。”

《浙江省海洋环境保护条例》第二十五条第二款规定：“……沿海市、县人民政府应当建设和完善排水管网，有计划地建设污水处理厂或者其他污水集中处理设施，防止海岸带产业对海域造成污染损害。”

《江苏省海洋环境保护条例》第二十九条规定：“沿海县级以上地方人民政府应当加快建设和完善城镇排水管网、污水集中处理设施。

“污水离岸排放工程设施建设，应当符合本省海洋功能区划和海洋环境保护规划。”

《中华人民共和国海洋环境保护法》、《江苏省海洋环境保护条例》和《浙江省海洋环境保护条例》对城市污水处理的规定是有差异的。相对来说，《中华人民共和国海洋环境保护法》、《浙江省海洋环境保护条例》规定的差异比较小。

差异一：用词上的差异。《江苏省海洋环境保护条例》使用的是城镇；而《中华人民共和国海洋环境保护法》和《浙江省海洋环境保护条例》使用的是城市。

差异二：内容上的差异。《中华人民共和国海洋环境保护法》使用了“加强城市污水的综合整治”；《浙江省海洋环境保护条例》使用了“防止海岸带产业对海域造成污染损害”。

《中华人民共和国海洋环境保护法》和《浙江省海洋环境保护条例》使用的是“沿海城市人民政府应当建设和完善城市排水管网，有计划地建设城市污水处理厂或者其他污水集中处理设施”；《江苏省海洋环境保护条例》使用的是“沿海县级以上地方人民政府应当加快建设和完善城镇排水管网、污水集中处理设施。”

《中华人民共和国海洋环境保护法》使用了“建设污水海洋处置工程，必须符合国家有关规定”;《江苏省海洋环境保护条例》使用的是“污水离岸排放工程设施建设，应当符合本省海洋功能区划和海洋环境保护规划。”

③ 排污费。《江苏省海洋环境保护条例》第三十七条第二款规定：“滨海城市及沿海县级地方人民政府应当在陆域排污单位和个人缴纳的排污费中，安排适当比例的资金，加大对海洋环境污染防治与海洋生态建设的支持力度。”

《中华人民共和国海洋环境保护法》第十一条规定了向海洋排污要缴纳排污费（浙江没有这个规定，《浙江省海洋环境保护条例》第十一条规定的是海洋环境保护所需费用全部纳入财政），但并没有规定排污费要纳入财政。《江苏省海洋环境保护条例》规定了向海洋排污所收费全部纳入财政，并用于海洋环境保护。

并且，《江苏省海洋环境保护条例》规定了从陆域排污费中提取一定的比例用于海洋环境保护。

因此，长三角地区对此问题的规定存在差异。

（2）《中华人民共和国海洋环境保护法》特有的规定　如国家根据海洋环境质量状况和国家经济、技术条件制定国家海洋环境质量标准[1]、国家和地方海洋环境质量标准是确立水污染排放标准的依据之一[2]、根据海洋环境质量标准和海域环境质量状况确定海洋环境保护目标和任务[3]；对海域排放含热废水必须采取措施，保证邻近渔业水域的水温符合国家海洋环境质量标准[4]；含有机物和营养物质的工业废水、生活污水应当严格控制向海湾、半封闭海域及其他自净能力差的海域排放[5]；沿海农田、林场施用化学农药必须执行国家农药安全使用的规定和标准；合理使用化肥和植物生长调节剂[6]；禁止在海上焚烧[7]，如要焚烧应获核准[8]。

（3）《中华人民共和国海洋环境保护法》和《浙江省海洋环境保护条例》规定的差异

① 地方海洋环境质量标准。《中华人民共和国海洋环境保护法》第九条第二款规定：“沿海省、自治区、直辖市人民政府对国家海洋环境质量标准中未作规定的项目，可以制定地方海洋环境质量标准。”

《浙江省海洋环境保护条例》第八条规定：“省环境保护、海洋等有关部门根据本省海洋环境质量状况和经济、技术条件，可以对国家海洋环境质量标准中未作规定的项目，拟定地方海洋环境质量标准，报省人民政府批准。”

---

[1]《中华人民共和国海洋环境保护法》第九条第一款。
[2]《中华人民共和国海洋环境保护法》第十条。
[3]《中华人民共和国海洋环境保护法》第九条第三款。
[4]《中华人民共和国海洋环境保护法》第三十六条。
[5]《中华人民共和国海洋环境保护法》第三十五条。
[6]《中华人民共和国海洋环境保护法》第三十七条。
[7]《中华人民共和国海洋环境保护法》第六十一条第一款。
[8]《中华人民共和国海洋环境保护法》第七十条第一项。

浙江省的规定依照《中华人民共和国海洋环境保护法》的规定制定；上海市和江苏省遵照《中华人民共和国海洋环境保护法》的有关条款执行。因此，长三角地区对此问题的规定没有差异。

② 编制全国海洋环境质量公报。编制者：国家环境保护行政主管部门。

《中华人民共和国海洋环境保护法》第十五条第一款规定："国务院有关部门应当向国务院环境保护行政主管部门提供编制全国环境质量公报所必需的海洋环境监测资料。"

《中华人民共和国海洋环境保护法》第十五条第二款规定："环境保护行政主管部门应当向有关部门提供与海洋环境监督管理有关的资料。"

《中华人民共和国海洋环境保护法》第十四条规定："国家海洋行政主管部门按照国家环境监测、监视规范和标准，管理全国海洋环境的调查、监测、监视，制定具体的实施办法，会同有关部门组织全国海洋环境监测、监视网络，定期评价海洋环境质量，发布海洋巡航监视通报。"

《浙江省海洋环境保护条例》第十二条第二款规定："省海洋行政主管部门应当根据国家海洋环境监测、监视标准和规范，对本省海洋环境调查、监测、监视和海洋环境综合信息系统实施管理，定期评价海洋环境质量，发布相关的公报和通报，并抄送省环境保护行政主管部门。"

差异一：用词上的差异。《中华人民共和国海洋环境保护法》使用的是"发布海洋巡航监视通报"；《浙江省海洋环境保护条例》使用的是"发布相关的公报和通报"。

差异二：内容上的差异。《中华人民共和国海洋环境保护法》规定了环境保护部门与海洋行政主管部门如何实现资料共享。强调了"有关部门"应向环境保护部门提供海洋环境监测资料；而环境保护部门也应向"有关部门"提供与海洋环境监督管理有关的资料。《浙江省海洋环境保护条例》只规定了"海洋行政主管部门"应将监测、监视公报和通报"抄送"环境保护行政主管部门。没有规定"环境保护部门"向"海洋行政主管部门"提供必要的资料。

（4）《江苏省海洋环境保护条例》特有的规定　如海洋环境质量状况是沿海设区的市、县环境保护责任考核指标，沿海县级以上地方人民政府应向本级人民代表大会及其常务委员会报告本地区海洋环境质量状况、重点海域排污总量控制制度实施情况等海洋环境保护工作的情况[1]。

3.对"海上处置放射性废弃物"规定的差异

（1）《中华人民共和国海洋环境保护法》、《浙江省海洋环境保护条例》和《江苏省海洋环境保护条例》对此问题的规定的差异

《中华人民共和国海洋环境保护法》第三十三条第一款规定："禁止向海域排

---

[1]《江苏省海洋环境保护条例》第六条。

放……高、中水平放射性废水。”

《浙江省海洋环境保护条例》第二十六条第四款规定：“禁止向海域排放……高、中水平放射性废水。”

《江苏省海洋环境保护条例》第三十六条第一款规定：“禁止向海洋倾倒汞及汞化合物、强放射性物质等国家规定的一类废弃物。”

《中华人民共和国海洋环境保护法》和《浙江省海洋环境保护条例》对放射性废水排放的规定一样，但二者与《江苏省海洋环境保护条例》的规定有差异。

《江苏省海洋环境保护条例》规定“禁止向海洋倾倒汞及汞化合物、强放射性物质等国家规定的一类废弃物”。

（2）《中华人民共和国海洋环境保护法》特有规定　如严格限制向海域排放低水平放射性废水，确需排放必须严格执行国家辐射保护规定[1]，禁止在海上处置放射性废弃物或其他放射性物质，废弃物中的放射性物质的豁免浓度由国务院制定[2]，海洋工程建设项目中不得使用含超标放射性物质或易溶出有毒有害物质的材料[3]，违者处罚[4]。

4.对“油类污染的规定”的差异

（1）《中华人民共和国海洋环境保护法》和《浙江省海洋环境保护条例》规定的差异

① 禁止排放油类废水。《中华人民共和国海洋环境保护法》第三十三条第一款规定：“禁止向海域排放油类……废水。”

《浙江省海洋环境保护条例》第二十六条第四款规定：“禁止向海域排放油类……废水。”

规定一样。

② 装卸油类作业须遵守安全防污操作规程。《中华人民共和国海洋环境保护法》第六十八条第三款规定：“装卸油类……的作业，船岸双方必须遵守安全防污操作规程。”

《浙江省海洋环境保护条例》第二十九条第一款规定：“从事散装油类……作业，应当遵守操作规程，落实有效防污措施；可能造成油类严重污染的，应当在作业现场设置围油栏。”

《浙江省海洋环境保护条例》第四十四条第二项规定：“有下列行为之一的，由海事管理机构按以下规定处理：……（二）违反本条例第二十九条第一款规定，未在作业现场设置围油栏的，责令立即改正；拒不改正的，责令停止作业，并处二千元以上一万元以下的罚款。”

---

[1]《中华人民共和国海洋环境保护法》第三十三条第二款。
[2]《中华人民共和国海洋环境保护法》第六十一条第二款。
[3]《中华人民共和国海洋环境保护法》第四十九条。
[4]《中华人民共和国海洋环境保护法》第八十四条。

《中华人民共和国海洋环境保护法》和《浙江省海洋环境保护条例》的规定是有差异的。

差异一：内容上的差异。《中华人民共和国海洋环境保护法》使用的是“船岸双方必须遵守安全防污操作规程”;《浙江省海洋环境保护条例》使用的是“应当遵守操作规程，落实有效防污措施；可能造成油类严重污染的，应当在作业现场设置围油栏。”

差异二：处罚上的差异。《中华人民共和国海洋环境保护法》没有规定处罚。《浙江省海洋环境保护条例》规定了处罚机构和处罚方式。处罚机构为海事管理机构。处罚方式为“未在作业现场设置围油栏的，责令改正；拒不改正的，责令停止作业，并处二千元以上一万元以下罚款。”

（2）《中华人民共和国海洋环境保护法》特有的规定　如装卸油类的港口、码头、装卸站和船舶必须编制溢油污染应急计划，并配备相应的溢油污染应急设备和器材[1]，违者处罚[2]。

5.对“酸液碱液排放”的规定没有差异

（1）排放酸液的规定　《中华人民共和国海洋环境保护法》第三十三条第一款规定：“禁止向海域排放……酸液……废水。”

《浙江省海洋环境保护条例》第二十六条第四款规定：“禁止向海域排放……酸液……废水。”

二者规定是一样的。上海市和江苏省遵照《中华人民共和国海洋环境保护法》的有关规定执行，二省一市没有差异。

（2）排放碱液的规定　《中华人民共和国海洋环境保护法》第三十三条第一款规定：“禁止向海域排放……碱液……废水。”

《浙江省海洋环境保护条例》第二十六条第四款规定：“禁止向海域排放……碱液……废水。”

二者规定是一样的。上海市和江苏省遵照《中华人民共和国海洋环境保护法》的有关规定执行，二省一市没有差异。

6.对“剧毒废水和重金属废水排放”规定的差异

《中华人民共和国海洋环境保护法》、《浙江省海洋环境保护条例》和《江苏省海洋环境保护条例》对此问题的规定是有差异的。

（1）对“剧毒废水排放”规定的差异　《中华人民共和国海洋环境保护法》第三十三条第一款规定：“禁止向海域排放……剧毒废液……”

《浙江省海洋环境保护条例》第二十六条第四款规定：“禁止向海域排放……剧毒废液……”

---

[1]《中华人民共和国海洋环境保护法》第六十九条第二款。

[2]《中华人民共和国海洋环境保护法》第八十九条。

《江苏省海洋环境保护条例》第三十六条规定："禁止向海洋倾倒汞及汞化合物……

"严格控制向海洋倾倒……氟化合物等国家规定的二类、三类废弃物，确需倾倒的，应当进行预处理，依法申领倾倒许可证，并在指定的区域内倾倒。"

《浙江省海洋环境保护条例》和《江苏省海洋环境保护条例》用词是不一样的。一个根据国家规定，用的是剧毒废水；一个用汞及汞化合物和氟化合物。而上海市是遵照《中华人民共和国海洋环境保护法》的有关规定遵照执行。因此，在长三角地区二省一市对此问题的规定存在差异。

（2）对"重金属废水排放"规定的差异 《中华人民共和国海洋环境保护法》第三十三条第三款规定："严格控制向海域排放含有不易降解的有机物和重金属的废水。"

《浙江省海洋环境保护条例》第二十六条第三款规定："严格控制向海域排放含镍、铅、汞等重金属的废水。"

《江苏省海洋环境保护条例》第三十六条第二款规定："严格控制向海洋倾倒重金属及其化合物……等国家规定的二类、三类废弃物，确需倾倒的，应当进行预处理，依法申领倾倒许可证，并在指定的区域内倾倒。"

《中华人民共和国海洋环境保护法》、《浙江省海洋环境保护条例》和《江苏省海洋环境保护条例》在此问题上的规定是有差异的。

差异一：用词上的差异。《中华人民共和国海洋环境保护法》使用的是"严格控制向海域排放含有不易降解的有机物和重金属的废水"；《浙江省海洋环境保护条例》使用的是"严格控制向海域排放含镍、铅、汞等重金属的废水"；《江苏省海洋环境保护条例》使用的是"严格控制向海洋倾倒重金属及其化合物……等国家规定的二类、三类废弃物"。

差异二：内容上的差异。《江苏省海洋环境保护条例》规定了如需倾倒："应当进行预处理，依法申领倾倒许可证，并在指定的区域内倾倒。"《中华人民共和国海洋环境保护法》和《浙江省海洋环境保护条例》没有此类规定。

7.对"含病原体污水处理"规定的差异

《中华人民共和国海洋环境保护法》第三十四条规定："含病原体的医疗污水……必须经过处理，符合国家有关排放标准后，方能排入海域。"

《浙江省海洋环境保护条例》第二十六条第四款规定："禁止向海域排放……含病原体的医疗废水……。"

《中华人民共和国海洋环境保护法》和《浙江省海洋环境保护条例》的规定是有差异的。主要是用词上的差异。《浙江省海洋环境保护条例》规定"禁止"排放"含病原体的医疗废水"；《中华人民共和国海洋环境保护法》规定的是"含病原体的医疗污水"应经处理后"方能排放海域"。

8.《中华人民共和国海洋环境保护法》对“来自大气层的污染”特有的规定

《中华人民共和国海洋环境保护法》第四十一条规定：“国家采取必要措施，防止、减少和控制来自大气层或者通过大气层造成的海洋环境污染损害。”

9.对于“船舶污染”规定的差异

（1）《中华人民共和国海洋环境保护法》、《浙江省海洋环境保护条例》和《江苏省海洋环境保护条例》对此问题规定的差异

① 对“管理者”的规定。《中华人民共和国海洋环境保护法》第五条第三款、第四款、第五款和第六款规定：“国家海事行政主管部门负责所辖港区水域内非军事船舶和港区水域外非渔业、非军事船舶污染海洋环境的监督管理，并负责污染事故的调查处理；对在中华人民共和国管辖海域航行、停泊和作业的外国籍船舶造成的污染事故登轮检查处理。船舶污染事故给渔业造成损害的，应当吸收渔业行政主管部门参与调查处理。

“国家渔业行政主管部门负责渔港水域内非军事船舶和渔港水域外渔业船舶污染海洋环境的监督管理，负责保护渔业水域生态环境工作，并调查处理前款规定的污染事故以外的渔业污染事故。

“军队环境保护部门负责军事船舶污染海洋环境的监督管理及污染事故的调查处理。

“沿海县级以上地方人民政府行使海洋环境监督管理权的部门的职责，由省、自治区、直辖市人民政府根据本法及国务院有关规定确定。”

根据《中华人民共和国海洋环境保护法》第五条第三款、第四款、第五款和第六款，《浙江省海洋环境保护条例》第四条第三款、第四款规定：“海事管理机构依法负责所管辖港区水域内非军事船舶和港区水域外非渔业、非军事船舶污染海洋环境的监督管理，并负责污染事故的调查处理；对在所管辖海域航行、停泊和作业的外国籍船舶造成的污染事故登轮检查处理。船舶污染事故给渔业、海洋生态造成损害的，应当吸收渔业、海洋行政主管部门参与调查处理。

“沿海县级以上人民政府渔业行政主管部门（简称渔业行政主管部门，下同）负责所管辖渔港水域内非军事船舶和渔港水域外渔业船舶污染海洋环境的监督管理，负责保护管辖海域的渔业水域生态环境工作，并调查处理前款规定污染事故以外的渔业污染事故。”

《江苏省海洋环境保护条例》第五条第三款、第四款规定：“海事管理机构依法负责所辖港区水域内非军事船舶和港区水域外非渔业、非军事船舶污染海洋环境的监督管理，并负责污染事故的调查处理；对在所管辖海域航行、停泊和作业的外国籍船舶造成的污染事故登轮检查处理。船舶污染事故给渔业造成损害的，应当吸收渔业行政主管部门参与调查处理。

“沿海县级以上地方人民政府渔业行政主管部门（以下简称渔业行政主管部门）负责所管辖渔港水域内非军事船舶和渔港水域外渔业船舶污染海洋环境的监督管

理，负责本级政府管辖海域的渔业生态环境保护工作，并调查处理前款规定的污染事故以外的渔业污染事故。”

三部法律法规规定的内容一样。

② 对“处理船舶污染的企业应具有废弃物接收处理能力”规定的差异。《中华人民共和国海洋环境保护法》第六十二条第二款规定：“从事船舶污染物、废弃物、船舶垃圾接收、船舶清舱、洗舱作业活动的，必须具备相应的接收处理能力。”

《中华人民共和国海洋环境保护法》第六十九条规定：“港口、码头、装卸站和船舶修造厂必须按照有关规定备有足够的用于处理船舶污染物、废弃物的接收设施，并使该设施处于良好状态。

“装卸油类的港口、码头、装卸站和船舶必须编制溢油污染应急计划，并配备相应的溢油污染应急设备和器材。”

《中华人民共和国海洋环境保护法》第八十八条第一项规定：“违反本法规定，有下列行为之一的，由依照本法规定行使海洋环境监督管理权的部门予以警告，或者处以罚款：（一）港口、码头、装卸站及船舶未配备防污设施、器材的；……有前款第（一）……项行为……的，处二万元以上十万元以下的罚款；……”

《浙江省海洋环境保护条例》第二十六条规定：“港口、码头、船舶修造（拆）厂、海滨旅游点等使用海域或者海岸线的单位和个人不得违反规定向海域排放污染物、倾倒废弃物，并负责清除其使用的海域范围内的生活垃圾和固体废弃物。”

《浙江省海洋环境保护条例》第二十七条规定：“从事船舶污染物、废弃物、船舶垃圾接收以及船舶清舱、洗舱作业活动的单位应当具备国家规定的接收处理能力。

“船舶经营者应当向污染物接收单位提供污染物的名称、性质和数量等相关资料，接收单位应当将污染物运至环境保护部门指定的陆域场所进行处理。”

《浙江省海洋环境保护条例》第四十五条第四项规定：“有下列行为之一的，由行使海洋环境监督管理权的部门根据各自职责处理：……（四）违反本条例第二十七条第二款规定，接收单位未将污染物运至指定场所处理的，责令限期改正，消除危害；逾期不改正的，由有关部门代为处理，所需费用由接收单位承担，并处五千元以上五万元以下的罚款；……”

《江苏省海洋环境保护条例》第三十条规定：“在沿海从事港口、码头作业和旅游经营等活动的单位和个人，应当依法配备防治污染的设备、设施，及时处理其作业、经营产生的污染物、废弃物，防止进入海域污染海洋环境。”

《江苏省海洋环境保护条例》第四十一条规定：“违反本条例第三十条规定，不处理作业、经营产生的污染物、废弃物，污染海洋环境的，由依法行使海洋环境监督管理权的部门责令清除其使用的海域范围内的生活垃圾和其他固体废弃物，并可以处以二千元以上一万元以下的罚款。”

差异一：《中华人民共和国海洋环境保护法》使用的是“处理船舶污染物、废弃物的接收设施”;《浙江省海洋环境保护条例》使用的是处理船舶污染物、废弃物的“接收处理能力”。

差异二:《中华人民共和国海洋环境保护法》规定，如果没有“接收设施”而处理船舶污染，要处罚，处罚额为二万元以上十万元以下的罚款。浙江省、江苏省没有此条款。

差异三:《浙江省海洋环境保护条例》规定，接收单位没有将船舶污染物运至指定场所处理的，限期改正，逾期不改正要处五千元以上五万元以下的罚款;而《江苏省海洋环境保护条例》规定，不处理作业、经营产生的污染物、废弃物，污染海洋环境的，要责令清除，并可以处二千元以上一万元以下的罚款。

上海市遵照《中华人民共和国海洋环境保护法》的有关条款执行。因此，在上海市、浙江省和江苏省对此类问题的规定存在差异。

③ 对“船舶发生海难或造成重大污染，国家海事行政主管部门有权采取措施”规定的差异。

《中华人民共和国海洋环境保护法》第七十一条第一款规定:“船舶发生海难事故，造成或者可能造成海洋环境重大污染损害的，国家海事行政主管部门有权强制采取避免或者减少污染损害的措施。”

《中华人民共和国海洋环境保护法》第七十一条第二款规定:“对在公海上因发生海难事故，造成中华人民共和国管辖海域重大污染损害后果或者具有污染威胁的船舶、海上设施，国家海事行政主管部门有权采取与实际的或者可能发生的损害相称的必要措施。”

《浙江省海洋环境保护条例》第三十条规定:“船舶发生海难事故，造成或者可能造成海洋环境重大污染损害的，由海事管理机构依法采取强制清除、打捞或者拖航等应急处置措施，避免或者减少污染损害。属于渔港水域内非军事船舶和渔港水域外渔业船舶的，由渔业行政主管部门依法进行处理。

“因处理海难事故产生的费用，依法应当由船舶所有者或者经营者承担的，船舶所有者或者经营者应当及时缴清;未缴清或者未提供相应担保的，不得开航。”

《江苏省海洋环境保护条例》第三十五条规定:“船舶发生海难事故，造成或者可能造成海洋环境重大污染损害的，海事管理机构应当依法采取强制清理、打捞或者拖航等应急处置措施，避免或者减少污染损害。渔港水域内非军事船舶和渔港水域外渔业船舶发生上述情形的，由渔业行政主管部门依法进行处理。

“清除海洋环境污染损害所需的费用，依法应当由肇事船舶经营者或者所有者承担的，船舶经营者或者所有者必须在开航前办妥有关款项的财务担保或者缴纳手续。”

《浙江省海洋环境保护条例》和《江苏省海洋环境保护条例》对此问题的规定除了个别措词上有差异外，基本内容一样，但与《中华人民共和国海洋环境保护法》相比有一定差异。

《中华人民共和国海洋环境保护法》规定“国家海事行政主管部门有权强制采取避免或者减少污染损害的措施”。《浙江省海洋环境保护条例》和《江苏省海洋环境保护条例》对此问题的规定是“由海事管理机构依法采取强制清除、打捞或者拖航等应急处置措施，避免或者减少污染损害”。可以看出《中华人民共和国海洋环境保护法》和《浙江省海洋环境保护条例》与《江苏省海洋环境保护条例》对此问题的规定，用词是不一样的。

同时，《浙江省海洋环境保护条例》和《江苏省海洋环境保护条例》规定“属于渔港水域内非军事船舶和渔港水域外渔业船舶的，由渔业行政主管部门依法进行处理。”还规定“清除海洋环境污染损害所需的费用，依法应当由肇事船舶经营者或者所有者承担的，船舶经营者或者所有者必须在开航前办妥有关款项的财务担保或者缴纳手续。”《中华人民共和国海洋环境保护条例》未对此进行规定。

因《中华人民共和国海洋环境保护法》是国家层面的法律，它规定“对在公海上因发生海难事故，造成中华人民共和国管辖海域重大污染损害后果或者具有污染威胁的船舶、海上设施，国家海事行政主管部门有权采取与实际的或者可能发生的损害相称的必要措施。”地方性法规《浙江省海洋环境保护条例》和《江苏省海洋环境保护条例》对此没有进行规定。

（2）《中华人民共和国海洋环境保护法》特有的规定　如不得违反规定向海洋排污[1]，须持有防止海洋环境污染的证书与文件，进行涉及污染物排放及操作时应如实记录[2]，违者处罚[3]，船舶应配备防污器材[4]，载动具有污染性货物的船舶其结构与设备应能防止污染[5]，船舶航行应遵守海上交通安全法律法规，防止海难事故和海洋环境污染[6]，完善并实施船舶油污损害民事赔偿制度，包括建立民事赔偿责任制度，按照船舶油污染损害赔偿责任由船东和货主共担风险，建立船舶油污保险、油污损害赔偿基金等[7]，载运污染危害性货物申报制度[8]，所运货物须与国家对该货物的相关规定符合，包括交付装运污染危害性货物的记录材料须符合该货物的有关规定[9]，违者处罚[10]，不明货物应事先评估[11]，装卸油类及有毒有害货物应遵守防污操作规程等，船舶采取可能引起污染的一些行为必须获得批准[12]，违者处罚[13]，船舶有监视海上污染的

[1]《中华人民共和国海洋环境保护法》第六十二条第一款。
[2]《中华人民共和国海洋环境保护法》第六十三条。
[3]《中华人民共和国海洋环境保护法》第八十八条第二项。
[4]《中华人民共和国海洋环境保护法》第六十四条第一款。
[5]《中华人民共和国海洋环境保护法》第六十四条第二款。
[6]《中华人民共和国海洋环境保护法》第六十五条。
[7]《中华人民共和国海洋环境保护法》第六十六条第一款。
[8]《中华人民共和国海洋环境保护法》第六十七条。
[9]《中华人民共和国海洋环境保护法》第六十八条第一款。
[10]《中华人民共和国海洋环境保护法》第八十八条第四项。
[11]《中华人民共和国海洋环境保护法》第六十八条第二款。
[12]《中华人民共和国海洋环境保护法》第七十条。
[13]《中华人民共和国海洋环境保护法》第八十八条第三项。

义务[1]等。

在长三角地区二省一市可以遵照《中华人民共和国海洋环境保护法》的有关规定执行即可，没有差异。

（3）对“船舶海上溢油污染的应急计划”规定的差异 《中华人民共和国海洋环境保护法》和《浙江省海洋环境保护条例》对此问题的规定存在差异。

《中华人民共和国海洋环境保护法》第十八条第三款规定：“国家海事行政主管部门负责制定全国船舶重大海上溢油污染事故应急计划，报国务院环境保护行政主管部门备案。”

《浙江省海洋环境保护条例》第十五条第二款规定：“浙江海事管理机构应当根据国家船舶重大海上溢油污染事故应急计划和本省实际，制定本省船舶海上溢油污染事故应急计划，报省环境保护、海洋行政主管部门备案。”

《中华人民共和国海洋环境保护法》和《浙江省海洋环境保护条例》对此问题的规定是有差异的。主要差异体现在主体的差异。

《中华人民共和国海洋环境保护法》规定“国家海事行政主管部门”负责制定应急计划；《浙江省海洋环境保护条例》使用的是“海事管理机构”制订应急计划。

《中华人民共和国海洋环境保护法》规定应急计划报“国务院环境保护行政主管部门备案”。《浙江省海洋环境保护条例》规定应急计划报“省环境保护、海洋行政主管部门备案”。

而且《浙江省海洋环境保护条例》在同一条款中使用了“海事管理机构”和“海洋行政主管部门”。这两个部门是否是同一部门？如是，应统一；如不是，是指什么？

（4）《浙江省海洋环境保护条例》特有的规定 如来自疫情区的船舶处理污染物应经卫生处理[2]，违者处罚[3]，沉船打捞前，船舶所有者应向打捞者提供船舶装载污染物的情况，制定防治污染方案，并报海事管理机构备案[4]等。这些规定形成了长三角地区二省一市就此问题规定的差异。

（5）《江苏省海洋环境保护条例》特有的规定 如在港口作业或在港口停泊三十日以上应将船舶排污设施铅封，并接受海事管理机构或渔业行政主管部门的监督管理[5]，违者处罚[6]等。同样，这些规定也形成了长三角地区二省一市对此问题规定的差异。

10.对违法向海洋排放倾倒废弃物的规定的差异

《浙江省海洋环境保护条例》和《江苏省海洋环境保护条例》对此问题的规定

[1]《中华人民共和国海洋环境保护法》第七十二条。
[2]《浙江省海洋环境保护条例》第二十八条。
[3]《浙江省海洋环境保护条例》第四十四条第一款。
[4]《浙江省海洋环境保护条例》第二十九条第二款。
[5]《江苏省海洋环境保护条例》第三十四条。
[6]《江苏省海洋环境保护条例》第四十二条。

存在差异。

《浙江省海洋环境保护条例》第二十六条第一款规定："港口、码头、船舶修造（拆）厂、海滨旅游点等使用海域或者海岸线的单位和个人不得违反规定向海域排放污染物、倾倒废弃物，并负责清除其使用的海域范围内的生活垃圾和固体废弃物。"

《浙江省海洋环境保护条例》第四十二条第二项规定："有下列行为之一的，由海洋行政主管部门按以下规定处理：……（二）违反本条例第二十六条第一款规定，拒不清除生活垃圾和固体废弃物的，由海洋行政主管部门代为清除，所需费用由使用海域或者海岸线的单位和个人承担，并可处一千元以上五千元以下的罚款；……"

《江苏省海洋环境保护条例》第四十一条规定："违反本条例第三十条规定，不处理作业、经营产生的污染物、废弃物，污染海洋环境的，由依法行使海洋环境监督管理权的部门责令清除其使用的海域范围内的生活垃圾和其他固体废弃物，并可以处以二千元以上一万元以下的罚款。"

《浙江省海洋环境保护条例》和《江苏省海洋环境保护条例》对此问题的规定是有差异的。

差异一：用词上的差异。

差异二：处罚方式上的差异。《浙江省海洋环境保护条例》规定任何单位和个人应负责清除其使用海域范围内生活垃圾和固体废弃物。拒不清除的，由海洋行政主管部门代为清除，所需费用由单位和个人承担，并处"一千元以上五千元以下"罚款。

《江苏省海洋环境保护条例》规定不处理作业、经营产生的污染物、废弃物，由依法行使海洋环境监督管理权的部门责令清除，并处以"二千元以上一万元以下"罚款。并没有规定代为清除的内容。罚款额差异也较大。

同时，主管部门用词也不一样。《浙江省海洋环境保护条例》规定的是"海洋行政主管部门"；《江苏省海洋环境保护条例》规定的是"依法行使海洋环境监督管理权的部门"。

11.《江苏省海洋环境保护条例》对减排计划特有的规定

如规定了主要污染物排放总量减排计划，减排计划逐级分解到沿海市区的市、县，沿海设区的市、县应制定减排计划实施方案等[1]。

12.对"陆源污染物"规定的差异

实际上海洋污染大多都是陆源污染。《中华人民共和国海洋环境保护法》专门列了第四章来规范陆源污染；《浙江省海洋环境保护条例》和《江苏省海洋环境保护条例》虽没有专章论述陆源污染，但将陆源污染的内容并入污染防治之中。

[1]《江苏省海洋环境保护条例》第二十五条。

（1）《中华人民共和国海洋环境保护法》、《浙江省海洋环境保护条例》和《江苏省海洋环境保护条例》规定的差异 《中华人民共和国海洋环境保护法》第五条第一款规定："国务院环境保护行政主管部门作为对全国环境保护工作统一监督管理的部门，对全国海洋环境保护工作实施指导、协调和监督，并负责全国防治陆源污染物和海岸工程建设项目对海洋污染损害的环境保护工作。"

《浙江省海洋环境保护条例》第四条第一款规定："沿海县级以上人民政府环境保护行政主管部门（简称环境保护行政主管部门，下同）作为环境保护工作统一监督管理的部门，对所管辖海域的海洋环境保护工作实施指导、协调和监督，并负责防治本行政区域内陆源污染物和海岸工程建设项目对海洋污染损害的环境保护工作。"

《江苏省海洋环境保护条例》第五条第一款规定："沿海县级以上地方人民政府环境保护行政主管部门（以下简称环境保护行政主管部门）作为环境保护统一监督管理的部门，对本级政府管辖海域内的海洋环境保护工作实施指导、协调和监督，并负责防治本行政区域内陆源污染物和海岸工程建设项目对海洋污染损害的环境保护工作。"

这三部法律法规所规定的内容一样。

（2）《中华人民共和国海洋环境保护法》特有的规定 如向海域排放陆源污染物必须遵守国家和地方相关标准和规定[1]，对陆源污染物排污口设置的规定，排放陆源污染物的单位须拥有陆源物排放设施，必须申报陆源污染物排放的种类和数量，陆源污染物的种类、数量和浓度有重大改变时应及时申报，拆除和闲置陆源污染物处理设施的应先征得环境主管部门意见[2]，违者处罚[3]，加强入海河口水质管理[4]等。长三角二省一市按此条款遵照执行即可，不存在差异。

（3）《中华人民共和国海洋环境保护法》和《浙江省海洋环境保护条例》规定的差异

《中华人民共和国海洋环境保护法》第三十二条第一款规定："排放陆源污染物的单位，必须向环境保护行政主管部门申报拥有的陆源污染物排放设施、处理设施和在正常作业条件下排放陆源污染物的种类、数量和浓度，并提供防治海洋环境污染方面的有关技术和资料。"

《浙江省海洋环境保护条例》第二十四条第一款规定："向海域排放陆源污染物的单位和个人，应当按照《海洋环境保护法》第三十二条的规定向环境保护行政主管部门申报有关污染物排放资料，并同时抄报同级海洋行政主管部门。"

这两条规定一样。

---

[1]《中华人民共和国海洋环境保护法》第二十九条。
[2]《中华人民共和国海洋环境保护法》第三十二条。
[3]《中华人民共和国海洋环境保护法》第七十八条。
[4]《中华人民共和国海洋环境保护法》第三十一条。

13.《中华人民共和国海洋环境保护法》对“经中国领海转移危险废物”特有的规定

《中华人民共和国海洋环境保护法》作了一些特殊的规定，如不得经中国领海转移危险废物，向中国领海转移危险废物的，必须事先取得国务院环境保护行政主管部门的书面同意❶，违者处罚❷。长三角地区二省一市依此条款遵照执行，不存在差异。

14.对“海洋倾倒的规定”的差异

（1）《中华人民共和国海洋环境保护法》、《浙江省海洋环境保护条例》和《江苏省海洋环境保护条例》规定的差异

① 管理主体。国家海洋行政主管部门是管理主体。

《中华人民共和国海洋环境保护法》第五条第二款规定：“国家海洋行政主管部门负责海洋环境的监督管理，组织海洋环境的调查、监测、监视、评价和科学研究，负责全国防治海洋工程建设项目和海洋倾倒废弃物对海洋污染损害的环境保护工作。”

《浙江省海洋环境保护条例》第四条第二款规定：“沿海县级以上人民政府海洋行政主管部门（简称海洋行政主管部门，下同）负责所管辖海域的海洋环境的监督管理，组织海洋环境的调查、监测、监视、评价和科学研究，负责防治海洋工程建设项目和海洋倾倒废弃物以及其他有关海洋开发利用活动对海洋污染损害的环境保护工作，组织海洋生态保护和修复。”

《江苏省海洋环境保护条例》第五条第二款规定：“沿海县级以上地方人民政府海洋行政主管部门（以下简称海洋行政主管部门）负责本级政府管辖海域的海洋环境监督管理，组织海洋环境调查、监测、监视、评价和科学研究以及海洋生态环境的保护和修复，负责海洋工程建设项目和海洋倾倒废弃物以及其他有关海洋开发活动对海洋污染损害的环境保护工作。”

《中华人民共和国海洋环境保护法》、《浙江省海洋环境保护条例》和《江苏省海洋环境保护条例》没有多大差异。

② 倾倒许可

a.倾倒需要提出申请。

《中华人民共和国海洋环境保护法》第五十五条第二款规定：“需要倾倒废弃物的单位，必须向国家海洋行政主管部门提出书面申请，经国家海洋行政主管部门审查批准，发给许可证后，方可倾倒。”

《浙江省海洋环境保护条例》第三十二条规定：“严格控制向海域倾倒废弃物。确需倾倒的，应当向国家海洋行政主管部门申领倾废许可证，并将倾废许可证和倾

---

❶《中华人民共和国海洋环境保护法》第三十九条。

❷《中华人民共和国海洋环境保护法》第七十九条。

倒的详细记录报省海洋行政主管部门备案，接受海洋行政主管部门的监督检查。”

《江苏省海洋环境保护条例》第三十六条第二款规定：“严格控制向海洋倾倒重金属及其化合物、氰化合物等国家规定的二类、三类废弃物，确需倾倒的，应当进行预处理，依法申领倾倒许可证，并在指定的区域内倾倒。”

这三部法律法规对此问题的规定是有差异的。

差异一，用词上的差异。《中华人民共和国海洋环境保护法》使用的是“需要倾倒废弃物的单位”。《浙江省海洋环境保护条例》和《江苏省海洋环境保护条例》使用的是“确需倾倒的”。《中华人民共和国海洋环境保护法》使用的是“必须向国家海洋行政主管部门提出书面申请，经国家海洋行政主管部门审查批准，发给许可证后，方可倾倒”。《浙江省海洋环境保护条例》使用的是“应当向国家海洋行政主管部门申领倾废许可证”，方可倾倒。《江苏省海洋环境保护条例》使用的是“依法申领倾倒许可证”，方可倾倒。

差异二，内容上的差异。《浙江省海洋环境保护条例》规定“并将倾废许可证和倾倒的详细记录报省海洋行政主管部门备案，接受海洋行政主管部门的监督检查。”《中华人民共和国海洋环境保护法》无此规定。《江苏省海洋环境保护条例》规定“严格控制向海洋倾倒重金属及其化合物、氰化合物等国家规定的二类、三类废弃物”。《中华人民共和国海洋环境保护法》和《浙江省海洋环境保护条例》无此规定。《江苏省海洋环境保护条例》规定“应当进行预处理”，《中华人民共和国海洋环境保护法》和《浙江省海洋环境保护条例》无此规定。《江苏省海洋环境保护条例》规定“在指定的区域内倾倒”，《中华人民共和国海洋环境保护法》和《浙江省海洋环境保护条例》无此规定。

b. 倾倒需要获得批准。

《中华人民共和国海洋环境保护法》第五十五条第一款规定：“任何单位未经国家海洋行政主管部门批准，不得向中华人民共和国管辖海域倾倒任何废弃物。”

长三角地区二省一市可以遵照此条执行，没有差异。

c. 获得倾倒许可的单位应接受管理机构的监督检查。

《江苏省海洋环境保护条例》第三十六条第三款规定：“获准向海洋倾倒废弃物的单位，应当接受海洋行政主管部门的监督检查。利用船舶倾倒废弃物的，还应当接受海事管理机构的监督检查。”

这是长三角地区在此条规定上的差异。

d. 禁止境外废弃物在我国境内倾倒。

《中华人民共和国海洋环境保护法》第五十五条第三款规定：“禁止中华人民共和国境外的废弃物在中华人民共和国管辖海域倾倒。”

《中华人民共和国海洋环境保护法》第八十七条规定：“违反本法第五十五条第三款的规定，将中华人民共和国境外废弃物运进中华人民共和国管辖海域倾倒的，由国家海洋行政主管部门予以警告，并根据造成或者可能造成的危害后果，处十万元以上一百万元以下的罚款。”

长三角地区二省一市可以遵照此条执行，没有差异。

（2）倾倒评价程序和标准

① 制定海洋倾倒废弃物评价程序和标准。

《中华人民共和国海洋环境保护法》第五十六条第一款规定：“国家海洋行政主管部门根据废弃物的毒性、有毒物质含量和对海洋环境影响程度，制定海洋倾倒废弃物评价程序和标准。”

② 按倾倒废弃物的类别和数量分级管理。

《中华人民共和国海洋环境保护法》第五十六条第二款规定：“向海洋倾倒废弃物，应当按照废弃物的类别和数量实行分级管理。”

③ 制定海洋倾倒废弃物名录。

名录由国家海洋行政主管部门拟定，国家环境保护行政主管部门审核，国务院批准。

长三角地区二省一市可以遵照此条执行，它们之间没有差异。

（3）对“倾倒区”规定的差异

① 划定倾倒区。

② 倾倒区的划定按科学、合理、经济和安全的原则进行。

③ 倾倒区的划定。

《中华人民共和国海洋环境保护法》第五十七条第一款规定：“国家海洋行政主管部门按照科学、合理、经济、安全的原则选划海洋倾倒区，经国务院环境保护行政主管部门提出审核意见后，报国务院批准。”

《中华人民共和国海洋环境保护法》第五十七条第二款规定：“临时性海洋倾倒区由国家海洋行政主管部门批准，并报国务院环境保护行政主管部门备案。”

《中华人民共和国海洋环境保护法》第五十七条第三款规定：“国家海洋行政主管部门在选划海洋倾倒区和批准临时性海洋倾倒区之前，必须征求国家海事、渔业行政主管部门的意见。”

《江苏省海洋环境保护条例》第三十六条第二款规定：“严格控制向海洋倾倒重金属及其化合物、氰化合物等国家规定的二、三类废弃物，确需倾倒的，应当进行预处理，依法申领倾倒许可证，并在指定的区域内倾倒。”

对倾倒区的规定，只有《中华人民共和国海洋环境保护法》规定得比较全面。《江苏省海洋环境保护条例》只提到了“在指定的区域内倾倒”，指定地区是否就是倾倒区还需要进一步说明。但该法没有说明。

浙江省和上海市遵照《中华人民共和国海洋环境保护法》的相关条款执行。这样，在长三角地区，江苏省、上海市和浙江省对此问题的规定就存在了差异。

④ 对倾倒区的环境监测。

《中华人民共和国海洋环境保护法》第五十八条规定：“国家海洋行政主管部门

监督管理倾倒区的使用，组织倾倒区的环境监测。对经确认不宜继续使用的倾倒区，国家海洋行政主管部门应当予以封闭，终止在该倾倒区的一切倾倒活动，并报国务院备案。”

长三角地区可以遵照此条款执行，没有差异。

（4）《中华人民共和国海洋环境保护法》和《浙江省海洋环境保护条例》规定的差异　两者的差异主要是法律责任规定的差异。

《中华人民共和国海洋环境保护法》第七十三条第三项规定：“违反本法有关规定，有下列行为之一的，由依照本法规定行使海洋环境监督管理权的部门责令限期改正，并处以罚款：……（三）未取得海洋倾倒许可证，向海洋倾倒废弃物的；……有前款第……（三）项行为……的，处三万元以上二十万元以下的罚款；……”

《浙江省海洋环境保护条例》第四十七条第二款规定：“违反《海洋环境保护法》和本条例规定进行工程建设、排放污染物、倾倒废弃物以及污染事故对渔业资源、海洋生态造成破坏，给国家造成重大损失的，由海洋、渔业行政主管部门代表国家向责任人提出损害赔偿要求，所得赔偿应当全部用于海洋生态保护与修复。”

《中华人民共和国海洋环境保护法》和《浙江省海洋环境保护条例》对此问题的规定有差异，主要体现在处罚上。《中华人民共和国海洋环境保护法》规定了违反规定处“三万元以上二十万元以下的罚款”。《浙江省海洋环境保护条例》无此规定。但《浙江省海洋环境保护条例》规定了“损害赔偿”：“所得赔偿应当全部用于海洋生态保护与修复”。《中华人民共和国海洋环境保护法》无此规定。

（5）《中华人民共和国海洋环境保护法》特有的规定　如向海洋倾倒废弃物，必须交纳倾倒费[1]；倾倒费必须用于海洋环境污染整治，不得挪作他用[2]。长三角地区二省一市可以遵照此条执行，没有差异。

五、对排污小企业规定的差异

《中华人民共和国水污染防治法》规定了禁止新建小型污染型企业[3]。这个规定适用于长三角地区二省一市。

六、对排污单位的环境保护规定的差异

主要是《中华人民共和国环境保护法》对此进行了规定。

（一）《中华人民共和国环境保护法》特有的规定

如排污单位应制定的环境保护计划，采取有效措施防治环境污染[4]。这个规定适

---

[1]《中华人民共和国海洋环境保护法》第十一条第二款。

[2]《中华人民共和国海洋环境保护法》第十一条第三款。

[3]《中华人民共和国水污染防治法》第四十二条。

[4]《中华人民共和国环境保护法》第二十四条。

用于长三角地区二省一市。

（二）《上海市环境保护条例》特有的规定

如排污单位的排污应达到规定的排放标准和总量控制指标[1]；排污单位应该采取措施防止环境污染事故发生，并编制环境突发事件的应急预案，发生环境污染事故应立即向有关部门报告[2]；不制订应急预案，或不向有关单位备案应急预案，发生环境污染不立即报告，造成环境污染事故的，受到法律处罚[3]。这个特殊的规定，也构成了长三角二省一市在此问题规定上的差异。

七、对取水许可规定的差异

只有《中华人民共和国水法》及相关实施办法对此进行了规定。

1.对“取水许可制度”规定的差异

《中华人民共和国水法》、《上海市实施〈中华人民共和国水法〉办法》和《浙江省实施〈中华人民共和国水法〉办法》对此规定有差异。

《中华人民共和国水法》第七条规定：“国家对水资源依法实行取水许可制度……”

《中华人民共和国水法》第四十八条规定：“直接从江河、湖泊或者地下取用水资源的单位和个人，应当按照国家取水许可制度……的规定，向水行政主管部门或者流域管理机构申请领取取水许可证，……

“实施取水许可制度和征收管理水资源费的具体办法，由国务院规定。”

《上海市实施〈中华人民共和国水法〉办法》第十二条规定：“本市对直接从江河、湖泊或者地下取水的，实行取水许可制度……”

《浙江省实施〈中华人民共和国水法〉办法》第四十五条规定：“对直接从地下、江河、湖泊取水的，实行取水许可制度。家庭生活取水、畜禽饮用取水和其他少量分散取水的，不需要申请取水许可……”

《中华人民共和国水法》第六十九条规定：“有下列行为之一的，由县级以上人民政府水行政主管部门或者流域管理机构依据职权，责令停止违法行为，限期采取补救措施，处二万元以上十万元以下的罚款；情节严重的，吊销其取水许可证：

（一）未经批准擅自取水的；

（二）未依照批准的取水许可规定条件取水的。”

《浙江省实施〈中华人民共和国水法〉办法》第七十二条规定：“违反水法和本办法规定，有下列行为之一的，由县级以上水行政主管部门或有关主管部门责令其停止违法行为，赔偿损失，限期清除障碍或采取补救措施，可以并处一万元以下罚款，

---

[1]《上海市环境保护条例》第十四条第四款。
[2]《上海市环境保护条例》第二十六条。
[3]《上海市环境保护条例》第四十八条。

对于有关责任人员可以由其所在单位或上级主管部门给予行政处分：……（九）违反取水许可制度，擅自取水的；……”（罚款额与《中华人民共和国水法》有差异。）

差异一：用词上的差异。《中华人民共和国水法》使用的是“水资源”。《上海市实施〈中华人民共和国水法〉办法》和《浙江省实施〈中华人民共和国水法〉办法》都使用的是“水”。用词不规范。

差异二：内容上的差异。

《中华人民共和国水法》规定了三个内容：一是实行取水许可制度。二是直接从江河、湖泊或者地下取用水资源的单位和个人应向水行政主管部门或者流域管理机构申领取水许可证。三是违反规定，由县级以上人民政府水行政主管部门或者流域管理机构责令停止违法行为，限期采取补救措施，处以二万元以上十万元以下罚款，情节严重的吊销取水许可证。

《上海市实施〈中华人民共和国水法〉办法》规定了一个内容：直接从江河、湖泊或者地下取水的，实行取水许可制度。

《浙江省实施〈中华人民共和国水法〉办法》规定了二个内容：一是对直接从地下、江河、湖泊取水的，实行取水许可制度。二是家庭生活取水、畜禽饮用取水和其他少量分散取水的不需要申请取水许可。三是违反规定的由县级以上水行政主管部门或有关主管部门责令停止违法行为，赔偿损失，限期清除障碍或采取补救措施，并处一万元以下罚款，对有关责任人由所在单位或上级主管部门给予行政处分。

可以看出，在处罚上，《中华人民共和国水法》和《浙江省实施〈中华人民共和国水法〉办法》所规定的处罚方式是不同的。

① 处罚主体不同。《中华人民共和国水法》规定由县级以上人民政府水行政主管部门或者流域管理机构来进行处罚。《浙江省实施〈中华人民共和国水法〉办法》规定由县级以上水行政主管部门或有关主管部门来进行处罚。

② 处罚的内容不同。《中华人民共和国水法》规定了“停止违法行为”、“限期采取补救措施”、“二万元以上十万元以下罚款”、“吊销取水许可证”四个处罚内容。《浙江省实施〈中华人民共和国水法〉办法》规定了“停止违法行为”、“赔偿损失”、“限期清除障碍或采取补救措施”、“一万元以下罚款”、“行政处分”五个处罚内容。

江苏省遵照《中华人民共和国水法》相关条款执行。

2.对“有偿使用制度”规定的差异

《中华人民共和国水法》第七条规定：“国家对水资源依法实行……有偿使用制度。……”

《中华人民共和国水法》第四十八条规定：“直接从江河、湖泊或者地下取用水资源的单位和个人，应当按照国家……水资源有偿使用制度的规定，向水行政主管部门或者流域管理机构……缴纳水资源费，取得取水权。但是，家庭生活和零星散养、圈养畜禽饮用等少量取水的除外。

“实施取水许可制度和征收管理水资源费的具体办法，由国务院规定。”

《中华人民共和国水法》第七十条规定：“拒不缴纳、拖延缴纳或者拖欠水资源费的，由县级以上人民政府水行政主管部门或者流域管理机构依据职权，责令限期缴纳；逾期不缴纳的，从滞纳之日起按日加收滞纳部分千分之二的滞纳金，并处应缴或者补缴水资源费一倍以上五倍以下的罚款。”

《上海市实施〈中华人民共和国水法〉办法》第十二条规定：“本市对直接从江河、湖泊或者地下取水的，……征收水资源费。但为家庭生活、畜禽饮用取水和其他少量取水的除外……”

《浙江省实施〈中华人民共和国水法〉办法》第四十六条规定：“对直接从地下、江河、湖泊取水的，征收水资源费。农业灌溉取水、家庭生活取水、畜禽饮用取水、渔业养殖取水和经省人民政府批准免缴水资源费的其他取水，不征收水资源费。

“水资源费用于水资源的评价、监测、保护和管理。”

《中华人民共和国水法》、《浙江省实施〈中华人民共和国水法〉办法》和《上海市实施〈中华人民共和国水法〉办法》的规定是有差异的。

差异一：用词上的差异。《中华人民共和国水法》使用的是“水资源”。《上海市实施〈中华人民共和国水法〉办法》和《浙江省实施〈中华人民共和国水法〉办法》使用的是“水”。

差异二：内容上的差异。《中华人民共和国水法》规定的内容有四点。一是实行水资源有偿使用制度。二是直接从江河、湖泊或者地下取用水资源的单位和个人向水行政部门或者流域管理机构缴纳水资源费，取得水权。三是家庭生活和零星散养、圈养畜禽饮用等少量取水的除外。四是规定了处罚条款。拒不缴纳、拖延缴纳或拖欠水资源费的，由县级以上人民政府水行政主管部门或者流域管理机构依据职权责令限期缴纳，逾期不缴纳，收滞纳金并罚款。

《浙江省实施〈中华人民共和国水法〉办法》规定的内容有三点：一是直接从地下、江河、湖泊取水的，征收水资源费。二是农业灌溉取水、家庭生活取水、畜禽饮用取水、渔业养殖取水和经省人民政府批准免缴水资源费的其他取水，不征收水资源费。三是水资源费用于水资源的评价、监测、保护和管理。

《上海市实施〈中华人民共和国水法〉办法》规定的内容有两点：一是直接从江河、湖泊或者地下取水的征收水资源费。二是家庭生活、畜禽饮用取水和其他少量取水的除外。

江苏省遵照《中华人民共和国水法》相关条款执行。

3.《中华人民共和国水法》特有的规定

如水行政部门负责实施取水许可和有偿使用制度，农村集体经济组织所属水塘等中的水可以不实行取水许可制度[1]。长三角地区二省一市可以遵照执行。

---

[1]《中华人民共和国水法》第七条。

第二节　对排污口的规定的差异

一、《上海市环境保护条例》特有的规定

《上海市环境保护条例》对排污口进行了规定，包括排污单位应按规范和标准设计排污口，排污单位的污水应从排污口排出，禁止使用雨水排放口排放污水，已设置排污口但不符合环保部门技术规范的应改造[1]，违者处罚[2]。

在《中华人民共和国环境保护法》中就没有“排污口”这三个字。江苏省和浙江省对排污口没有上海市的这种规定。因此，在长三角地区对排污口的规定形成差异。

二、《江苏省海洋环境保护条例》特有的规定

《江苏省海洋环境保护条例》对排污口作了一些特殊的规定，如排污口附近海域及入海河口断面水质异常，海洋行政主管部门应通报环境保护行政主管部门，环境保护部门应会同有关部门进行调查处理[3]；重点海域禁设排污口[4]。这些规定也造成了长三角地区对此问题规定的差异。

三、《中华人民共和国海洋环境保护法》特有的规定

《中华人民共和国海洋环境保护法》作了一些特殊的规定，如入海排污口的主管单位是环境保护部门，环境保护部门在批准设置入海排污口之前，必须征求海洋、海事、渔业行政主管部门和军队环境保护部门的意见[5]；入海排污口位置选择的论证应当根据海洋功能区划、海水动力条件和有关规定，科学论证并报设区的市级以上人民政府环境保护主管部门批准[6]，违者处罚[7]；在有条件的地区，应将排污口深海设置，实行离岸排放[8]；重要渔业区不得建排污口[9]等。长三角地区二省一市可以遵照执行。

四、对“特殊水体保护区不得建排污口”规定的差异

《中华人民共和国水污染防治法》和《浙江省水污染防治条例》对此进行了规

[1]《上海市环境保护条例》第三十条。
[2]《上海市环境保护条例》第五十条。
[3]《江苏省海洋环境保护条例》第十四条。
[4]《江苏省海洋环境保护条例》第十九条第七项。
[5]《中华人民共和国海洋环境保护法》第三十条第二款。
[6]《中华人民共和国海洋环境保护法》第三十条第一款。
[7]《中华人民共和国海洋环境保护法》第七十七条。
[8]《中华人民共和国海洋环境保护法》第三十条第四款。
[9]《中华人民共和国海洋环境保护法》第三十条第三款。

定，但规定是有差异的。

《中华人民共和国水污染防治法》第六十五条规定："在风景名胜区水体、重要渔业水体和其他具有特殊经济文化价值的水体的保护区内，不得新建排污口。在保护区附近新建排污口，应当保证保护区水体不受污染。"

根据《中华人民共和国水污染防治法》第六十四条和第六十五条的规定，《浙江省水污染防治条例》第二十条规定，对风景名胜区水体、重要渔业水体划定保护区，并采取措施，保证区域、水体符合功能区要求；依法划定的保护区应当向社会公布。

除了风景名胜区水体、重要渔业水体外，《浙江省水污染防治条例》第二十条还规定：主要河流源头区，重要的湖泊、湿地，重要的水源涵养区、森林，其他具有重要生态功能价值的区域、水体也一并作为特殊水体进行保护。

《中华人民共和国水污染防治法》和《浙江省水污染防治条例》对特殊水体的规定的内容上是有差异的。

差异一：《中华人民共和国水污染防治法》没有规定"依法划定的保护区应当向社会公布"，《浙江省水污染防治条例》有此规定。

差异二：《中华人民共和国水污染防治法》规定在特殊水体区域内不得"新建排污口"，《浙江省水污染防治条例》规定的是"采取措施"保证"区域、水体符合水功能区要求"。

差异三：《中华人民共和国水污染防治法》使用的是"特殊经济文化价值的水体"，《浙江省水污染防治条例》使用的是"主要河流源头区、重要的湖泊、湿地、重要的水源涵养区、森林、其他具有重要生态功能价值的区域、水体"。

可见，《浙江省水污染防治条例》在关于特殊水体保护方面比《中华人民共和国水污染防治法》规定得更细。《中华人民共和国水污染防治法》将之统称为特殊经济文化价值的水体。

上海市遵照《中华人民共和国水污染防治法》的有关规定执行。这样，在长三角地区对此问题的规定就形成了差异。

五、对"排污口的监测规定"的差异

《中华人民共和国海洋环境保护法》、《浙江省海洋环境保护条例》和《江苏省海洋环境保护条例》均对此进行了规定，但规定是有差异的。

《中华人民共和国海洋环境保护法》第十四条第三款规定："……其他有关部门根据全国海洋环境监测网的分工，分别负责对入海河口、主要排污口的监测。"

《浙江省海洋环境保护条例》第十二条第三款规定："……其他有关部门根据全省海洋环境监测网络的分工，分别负责对入海河口、主要排污口的监测、监视。"

《江苏省海洋环境保护条例》第十四条第一款规定："环境保护行政主管部门应当加强对沿岸直接入海的排污口和入海河口上溯三十公里范围内的排污口的监测、

监视、调查和评价。海洋行政主管部门应当加强对沿岸直接入海的排污口附近海域以及入海河口断面水质的监测和监视。环境保护行政主管部门和海洋行政主管部门应当定期互相通报监测监视资料。”

《江苏省海洋环境保护条例》第二十四条第三款规定：“环境保护行政主管部门在制定沿岸直接入海排污口和入海河口上溯三十公里范围内排污口排污总量控制指标和核准主要污染源排污量时，应当符合重点海域主要污染物排海总量控制指标和主要污染源排放控制数量分配方案。”

《中华人民共和国海洋环境保护法》、《浙江省海洋环境保护条例》和《江苏省海洋环境保护条例》对排污口的监测规定是有差异的。

差异一：规定内容的差异。

相对来说，《中华人民共和国海洋环境保护法》、《浙江省海洋环境保护条例》所规定的内容基本相同。《浙江省环境保护条例》只是多了“监视”。

相对来说，《江苏省海洋环境保护条例》规定的内容就丰富了。一是规定了“入海的排污口和入海河口上溯三十公里范围的排污口”；二是规定了对“沿岸直接入海的排污口附近海域以及入海河口断面水质进行监测和监视”；三是规定了环境保护行政主管部门和海洋行政主管部门“定期互相通报监测监视资料”。

差异二：用词上的差异。

《中华人民共和国海洋环境保护法》和《浙江省海洋环境保护条例》使用了“其他有关部门”;《江苏省海洋环境保护条例》使用的是“环境保护行政主管部门”、“海洋行政主管部门”。

上海市对此问题的规定遵照《中华人民共和国海洋环境保护法》的有关规定执行。在长三角地区二省一市对此问题的规定形成差异。

六、对“设排污口”规定的差异

《中华人民共和国海洋环境保护法》第三十条第三款规定：“在海洋自然保护区、重要渔业水域、海滨风景名胜区和其他需要特别保护的区域，不得新建排污口。”

《中华人民共和国海洋环境保护法》第七十七条规定：“违反本法第三十条……第三款规定设置入海排污口的，由县级以上地方人民政府环境保护行政主管部门责令其关闭，并处二万元以上十万元以下的罚款。”

《浙江省海洋环境保护条例》第二十四条规定：“向海域排放陆源污染物的管理，入海排污口的选择和设置，入海河流的管理，按照《海洋环境保护法》等有关法律、法规规定执行。”

《江苏省海洋环境保护条例》第十九条规定：“下列重点海域，禁止设置排污口……：（一）自然保护区、海洋特别保护区、海珍品保护区；（二）重点渔场及海洋生物种质资源繁育场；（三）辐射沙洲海底沙脊群；（四）牡蛎礁、贝壳堤、海蚀地貌等自然遗迹所在海域；（五）重点增养殖区；（六）海滨浴场；（七）其他应当加强海洋生态保护的重点海域。”

《中华人民共和国海洋环境保护法》、《浙江省海洋环境保护条例》与《江苏省海洋环境保护条例》存在如下差异。

差异一：内容上有差异。《浙江省海洋环境保护条例》规定了“向海域排放陆源污染物的管理，入海排污口的选择和设置，入海河流的管理”要按照《中华人民共和国海洋环境保护法》的相关规定执行。也就是说，对入海排污口管理，《中华人民共和国海洋环境保护法》和《浙江省海洋环境保护条例》是没有差异的。但是，《中华人民共和国海洋环境保护法》和《江苏省海洋环境保护条例》有差异。

《中华人民共和国海洋环境保护法》规定：在海洋自然保护区、重点渔业水域、海滨风景名胜区和其他需要特别保护的区域，不得“新建排污口”。

而《江苏省海洋环境保护条例》规定：在“自然保护区、海洋特别保护区、海珍品保护区、重点渔场及海洋生物种质资源繁育场、辐射沙洲海底沙脊群、牡蛎礁、贝壳堤、海蚀地貌等自然遗迹所在海域、重点增养殖区、海滨浴场、其他应当加强海洋生态保护的重点海域”“禁止设置排污口”。

《中华人民共和国海洋环境保护法》强调的是不得“新建”；《江苏省海洋环境保护条例》强调的是不得“设置”。

对于重点保护海域，《江苏省海洋环境保护条例》要规定得比《中华人民共和国海洋环境保护法》更具体，而不是像《中华人民共和国海洋环境保护法》那样，仅列了三类区域，其余用“其他需要特别保护的区域”一句话进行了概括。但《江苏省海洋环境保护条例》列举了十类需要保护的区域，然后再用“其他应当加强海洋生态保护的重点海域”进行概括。

差异二：处罚不一样。《中华人民共和国海洋环境保护法》规定了违规设置排污口的要由“环境保护行政主管部门”对之进行处罚，罚款额为“二万元以上十万元以下”。而《江苏省海洋环境保护条例》没有此类规定。

上海市遵照《中华人民共和国海洋环境保护法》的有关规定执行，在长三角地区二省一市对此问题的规定形成差异。

七、对“在饮用水源保护区禁止设立排污口”规定的差异

《中华人民共和国水污染防治法》、《中华人民共和国水法》、《江苏省环境保护条例》、《上海市实施〈中华人民共和国水法〉办法》和《浙江省实施〈中华人民共和国水法〉办法》共有的规定。

《中华人民共和国水污染防治法》第五十七条规定：“在饮用水水源保护区内，禁止设置排污口。”

《中华人民共和国水法》第三十四条第一款规定：“禁止在饮用水水源保护区内设置排污口。”

《中华人民共和国水污染防治法》、《中华人民共和国水法》这两部法律对在饮用水源区对排污口规定的内容一样，用词一样，但语序却不同。这种差异是立法技术上的差异。同样，这种差异在长三角地区一定存在，因为国家层面的法律是这样规定的，对于长三角地区而言，它可以依据《中华人民共和国水污染防治法》，也可以依据《中华人民共和国水法》。

八、《中华人民共和国水法》对排污口的特殊规定

《中华人民共和国水法》规定，在江河、湖泊新建、改建和扩建排污口，应当经有管辖权的水行政主管部门或流域管理机构同意，由环境保护行政主管部门审批[1]。实际上，从本条看，《中华人民共和国水法》规定了排污口的主管部门其实是两个：一个是水行政主管部门或流域管理机构；一个是环境保护部门。虽然最后审批是环境保护部门，但没有水行政主管部门或流域管理机构的同意，就不会有环境保护部门的审批。

九、对"处罚"规定的差异

（一）在饮用水源保护区设置排污口的处罚

《中华人民共和国水法》第六十七条第一款规定："在饮用水水源保护区内设置排污口的，由县级以上地方人民政府责令限期拆除、恢复原状；逾期不拆除、不恢复原状的，强行拆除、恢复原状，并处五万元以上十万元以下的罚款。"

《中华人民共和国水污染防治法》第七十五条第一款规定："在饮用水水源保护区内设置排污口的，由县级以上地方人民政府责令限期拆除，处十万元以上五十万元以下的罚款；逾期不拆除的，强制拆除，所需费用由违法者承担，处五十万元以上一百万元以下的罚款，并可以责令停产整顿。"

《江苏省环境保护条例》第二十四条规定："地方各级人民政府和有关部门必须严格保护饮用水源，划定饮用水源保护区，严禁在饮用水源保护区内建设有污染的项目、设置排污口或从事养殖业。已建成的必须限期转产、搬迁或者关闭。"

差异一：用词上的差异。《中华人民共和国水污染防治法》规定了"限期拆除"、"处罚"的规定。《中华人民共和国水法》使用了"限期拆除"、"恢复原状"和"罚款"。

《江苏省环境保护条例》规定了"转产、搬迁或者关闭"。三者用词上有差异。

差异二：处罚方式不同。《中华人民共和国水法》规定的处罚方式是：一是"限期拆除"和"恢复原状"；二是逾期不拆除、不恢复原状的，强行拆除和恢复原状，并处"五万元以上十万元以下"罚款。

[1]《中华人民共和国水法》第三十四条第二款。

《中华人民共和国水污染防治法》规定的处罚方式是：一是限期拆除，并处“十万元以上五十万元以下”罚款；二是逾期不拆除的，强拆，费用由违法者承担，并处“五十万元以上一百万元以下”罚款，还可“责令停产整顿”。

差异三：处罚标准的差异。《中华人民共和国水污染防治法》规定了详细的处罚标准。在饮用水源保护区设置排污口的，处“十万元以上五十万元以下的罚款”，逾期不拆除的，强拆，费用违法者承担，并“五十万元以上一百万元以下的罚款”，并“责令停产整顿”。

《中华人民共和国水法》对在饮用水源保护区内设置排污口，一是“限期拆除、恢复原状”；二是逾期不拆除、不恢复原状的，强行拆除、恢复原状，并处以“五万元以上十万元以下”。

《中华人民共和国水法》规定在饮用水源保护区设置排污口，只要限期拆除和恢复原状即可，并没有规定要罚款。只有逾期不拆除、不恢复原状的，才罚款，罚款额为“五万元以上十万元以下”。从这里规定看，《中华人民共和国水法》比《中华人民共和国水污染防治法》的规定要宽松得多。

（二）新建、改建和扩建排污口的处罚

《中华人民共和国水法》第六十七条规定：“未经水行政主管部门或者流域管理机构审查同意，擅自在江河、湖泊新建、改建或者扩大排污口的，由县级以上人民政府水行政主管部门或者流域管理机构依据职权，责令停止违法行为，限期恢复原状，处五万元以上十万元以下的罚款。”

《中华人民共和国水污染防治法》第七十五条第三款规定：“未经水行政主管部门或者流域管理机构同意，在江河、湖泊新建、改建、扩建排污口的，由县级以上人民政府水行政主管部门或者流域管理机构依据职权，依照前款规定采取措施、给予处罚。”

《上海市实施〈中华人民共和国水法〉办法》第二十条规定：“向河道、湖泊排污的排污口的设置和扩大，排污单位在向环保部门申报之前，应征得水务行政管理部门同意。未经同意擅自建造的，水务行政管理部门有权责令停建或者予以封闭；逾期不拆除的，强制拆除，所需费用由违法者承担。”

《浙江省实施〈中华人民共和国水法〉办法》第二十一条规定：“向河道、湖泊排污的排污口的设置和扩大，排污单位在向环境保护部门申报之前，必须征得水行政主管部门的同意。”

这四部法律法规在对新建、改建和扩建排污口的处罚上是有差异的。

差异一：处罚主体不同。

《中华人民共和国水污染防治法》规定的处罚主体为县级以上人民政府水行政主管部门和流域管理机构；《中华人民共和国水法》规定的处罚主体为“水行政主管部门或者流域管理机构”；《江苏省环境保护条例》没有规定主管部门，《江苏省长江水污染防治条例》规定的处罚主体是水行政主管部门；《上海市实施〈中华人民共和国水法〉办法》规定的处罚主体为“环境保护部门”和“水务行政管理部门”；《浙江省实施〈中华人民共和国水法〉办法》规定的处罚主体是“环境保护部门”和“水行政主管部门”。

差异二：用词上的差异。《中华人民共和国水法》使用的是“在”“江河、湖泊”，《上海市实施〈中华人民共和国水法〉办法》使用的是“向”“河道、湖泊”，《浙江省实施〈中华人民共和国水法〉办法》使用的是“向”“河道、湖泊”，《中华人民共和国水污染防治法》使用的是“在”“江河、湖泊”。

《中华人民共和国水法》使用的是“新建、改建或者扩大排污口”，《中华人民共和国水污染防治法》使用的是“新建、改建、扩建排污口”，《上海市实施〈中华人民共和国水法〉办法》和《浙江省实施〈中华人民共和国水法〉办法》使用的是“河道、湖泊”“排污口的设置和扩大”。

《上海市实施〈中华人民共和国水法〉办法》与《浙江省实施〈中华人民共和国水法〉办法》用词一样，但与《中华人民共和国水法》不一样。

同时，《上海市实施〈中华人民共和国水法〉办法》规定了“未经同意擅自建造的，水务行政管理部门有权责令停建或者予以封闭。”在其他法律法规中使用的都是“水行政部门”，唯独此处使用了“水务行政管理部门”。这也是用词上的不规范。

差异三：内容上有差异。《中华人民共和国水法》规定了新建、改建和扩建排污口的管理部门、处罚措施，并具体规定了罚款金额；规定了新建、改建和扩大排污口，应征求“水行政主管部门或者流域管理机构同意”，环境保护部门审批环境影响报告书。《中华人民共和国水污染防治法》规定了新建、改建和扩建排污口的管理部门和处罚措施，但没有规定罚款金额。

《上海市实施〈中华人民共和国水法〉办法》和《浙江省实施〈中华人民共和国水法〉办法》所规定的内容基本相同。都规定了新建和扩建排污口的报批程序：先征得水利部门意见，后由环境保护部门审批。并没有明确规定是由环境保护部门来审批环境影响报告书。

《中华人民共和国水法》和《中华人民共和国水污染防治法》都没有规定由环境保护部门来审批排污口的规定。并且，上海还比浙江多了一个规定，未经同意擅自建造排污口，水利部可以责令停建或者封闭。

从程序上看，四部法律法规是一样的。先得征求水行政部门的意见，后需获得环境保护部门的同意。

差异四：处罚规定上的差异。《中华人民共和国水法》规定了违者责令停止违法行为，限期恢复原状，处“五万元以上十万元以下罚款”。《中华人民共和国水污染防治法》没有规定处罚金额。《上海市实施〈中华人民共和国水法〉办法》对违者的处罚是“责令停建或者予以关闭”。《浙江省实施〈中华人民共和国水法〉办法》没有关于处罚的规定。

（三）违规设置排污口或私设暗管的处罚

《中华人民共和国水污染防治法》第七十五条第二款规定："除前款规定外，违反法律、行政法规和国务院环境保护主管部门的规定设置排污口或者私设暗管的，由县级以上地方人民政府环境保护主管部门责令限期拆除，处二万元以上十万元以下的罚款；逾期不拆除的，强制拆除，所需费用由违法者承担，处十万元以上五十万元以下的罚款；私设暗管或者有其他严重情节的，县级以上地方人民政府环境保护主管部门可以提请县级以上地方人民政府责令停产整顿。"

无论是在饮用水源区对排污口的设置，还是新建、改建和扩建排污口的规定，还是违规设置排污口和私设暗管，对于处罚主体的规定有比较大的差异。

《中华人民共和国水污染防治法》规定了四个处罚主体：县级以上人民政府、县级以上人民政府环境保护部门、县级以上人民政府水行政主管部门和流域管理机构；《江苏省环境保护条例》没有规定主管部门。

《中华人民共和国水污染防治法》关于处罚违法设置排污口的处罚主体的规定是存在矛盾和冲突的。

《中华人民共和国水污染防治法》第七十五条第一款规定，在饮用水源区设置排污口，由"县级以上地方人民政府责令限期拆除"。这一条的规定与《中华人民共和国水法》第六十七条第一款的规定一致。《中华人民共和国水法》也规定了处罚主体为"县级以上地方人民政府"。

《中华人民共和国水污染防治法》第七十五条第二款规定，违反规定设置排污口或私设暗管，由"县级以上地方人民政府环境保护主管部门责令限期拆除"。

《中华人民共和国水污染防治法》第七十五条第三款规定，在江河、湖泊新建、改建、扩建排污口，由"县级以上人民政府水行政主管部门或者流域管理机构""采取措施、给予处罚"。

同一条款出现了三个处罚者：一个是县级以上地方人民政府，一个是县级以上地方人民政府环境保护主管部门，一个是县级以上人民政府水行政主管部门或流域管理机构。三者管辖的范围是有交叉的。如，饮用水源设排污口肯定是违法的，县级以上人民政府肯定要管，环境保护部门也要管，饮用水源也肯定在江河、湖泊区，因此，水行政部门和流域管理机构也是要管的。三者都管，谁主管？如何协调？

《中华人民共和国水法》规定了"水行政部门"和"流域管理机构"，也涉及项目环境影响评价时的主管单位——环境保护行政主管部门。上海市实施《中华人民共和国水法》办法也规定了"水务行政管理部门"。浙江省实施《中华人民共和国水法》办法规定的处罚主体是"环境保护部门"和"水行政主管部门"

也就是说，在《中华人民共和国水污染防治法》中存在各监管机构的统一和协调问题；《中华人民共和国水法》中存在各监管机构的统一和协调问题，以及《中华人民共和国水法》和《中华人民共和国水污染防治法》中各监管机构的统一和协调问题。

第三节　对入海河流监管规定的差异

主要是《中华人民共和国海洋污染防治法》对此进行了规定。

一、《中华人民共和国海洋环境保护法》特有的规定

《中华人民共和国海洋环境保护法》作的一些特殊规定，如符合条件的地方可以建立海洋自然保护区[1]。长三角地区二省一市可以遵照执行。

二、对“保护入海河口的水质”规定的差异

《中华人民共和国海洋环境保护法》和《江苏省海洋环境保护条例》均对此进行了规定，但规定有差异。

《中华人民共和国海洋环境保护法》第三十一条规定：“省、自治区、直辖市人民政府环境保护行政主管部门和水行政主管部门应当按照水污染防治有关法律的规定，加强入海河流管理，防治污染，使入海河口的水质处于良好状态。”

《江苏省海洋环境保护条例》第十一条规定：“省及设区的市海洋行政主管部门应当会同有关部门，定期组织对本级政府管辖海域内的近海和重点海域进行海洋资源与环境的调查。调查的内容主要包括：……主要入海河口污染物排放等基本情况。”

《江苏省海洋环境保护条例》第二十四条第三款规定：“环境保护行政主管部门在制定沿岸直接入海排污口和入海河口上溯三十公里范围内排污口排污总量控制指标和核准主要污染源排污量时，应当符合重点海域主要污染物排海总量控制指标和主要污染源排放控制数量分配方案。”

《江苏省海洋环境保护条例》第二十六条规定：“对省环境保护行政主管部门会同省海洋行政主管部门确定的主要入海河流，实行行政区界上下游水体断面水质交接责任制，并纳入地方政府环境保护任期责任目标。

“主要入海河流市界断面水质的监测由省环境保护行政主管部门负责，县界断面水质的监测由设区的市环境保护行政主管部门负责。”

《中华人民共和国海洋环境保护法》和《江苏省海洋环境保护条例》对此问题的规定是有差异的。

差异一：管理者的差异。

《中华人民共和国海洋环境保护法》规定了入海河流的管理者为“环境保护行

---

[1]《中华人民共和国海洋环境保护法》第二十二条第三项。

政主管部门”和“水行政主管部门”。《江苏省海洋环境保护条例》规定了入海河流的管理者为“环境保护行政主管部门”、“海洋行政主管部门”、“相关部门”。相关部门是否包含“水行政部门”不得而知。

差异二：内容的差异。《中华人民共和国海洋环境保护法》使用的是“加强入海河流管理，防治污染，使入海河口的水质处于良好状态”。

《江苏省海洋环境保护条例》明确规定了“环境保护行政主管部门”、“海洋行政主管部门”的分工；规定了“上溯三十公里”由环境保护部门管辖；“入海断面水质”由海洋行政主管部门负责；规定了“断面水质”管理问题；规定了“行政界上下游水体断面水质交接责任制，并纳入地方政府环境保护任期责任目标”；规定了“市界断面水质由省环境保护行政主管部门负责，县界断面水质由市环境保护行政主管部门负责”；规定了“重点海域主要污染物排海总量控制指标和主要污染源排放控制数量分配方案”。这些都是《中华人民共和国海洋环境保护法》所没有规定的。

当然，《江苏省海洋环境保护条例》相关规定也有冲突，主要体现在断面水质监测上。

《江苏省海洋环境保护条例》第十四条第一款规定：“环境保护行政主管部门应当加强对沿岸直接入海的排污口和入海河口上溯三十公里范围内的排污口的监测、监视、调查和评价。海洋行政主管部门应当加强对沿岸直接入海的排污口附近海域以及入海河口断面水质的监测和监视。……”

但对断面水质的监测上，《江苏省海洋环境保护条例》第二十六条规定：“对省环境保护行政主管部门会同省海洋行政主管部门确定的主要入海河流，实行行政区界上下游水体断面水质交接责任制，并纳入地方政府环境保护任期责任目标。

“主要入海河流市界断面水质的监测由省环境保护行政主管部门负责，县界断面水质的监测由设区的市环境保护行政主管部门负责。”

《江苏省海洋环境保护条例》第十四条的规定本身就存在职责不清的问题。再加上《江苏省海洋环境保护条例》第二十六条的规定，更加深了环境保护行政主管部门和海洋行政主管部门在断面水质监测上的职责不清问题。

上海市和浙江省遵照《中华人民共和国海洋环境保护法》的有关条款执行。在长三角地区二省一市对此问题的规定就存在差异。

三、对“入海河流的管理”规定的差异

《浙江省海洋环境保护条例》和《江苏省海洋环境保护条例》均对此进行了规定，但规定是有差异的。

《浙江省海洋环境保护条例》第二十四条第二款规定：“……入海河流的管理，按照《海洋环境保护法》等有关法律、法规规定执行。”

《江苏省海洋环境保护条例》第十四条第一款规定：“环境保护行政主管部门应

当加强对沿岸直接入海的排污口和入海河口上溯三十公里范围内的排污口的监测、监视、调查和评价。海洋行政主管部门应当加强对沿岸直接入海的排污口附近海域以及入海河口断面水质的监测和监视。环境保护行政主管部门和海洋行政主管部门应当定期互相通报监测监视资料。”从这里也可以看出，环境保护部门是入海河口的管理者。

《浙江省海洋环境保护条例》和《江苏省海洋环境保护条例》的规定是有差异的。

差异主要体现在内容上。《浙江省海洋环境保护条例》规定入海河流的管理按《中华人民共和国海洋环境保护法》的规定执行。因此，我们只能推测，入海河流的管理者应属于环境保护部门。但《中华人民共和国海洋环境保护法》并没有这样明确规定。

《江苏省海洋环境保护条例》不仅明确规定了环境保护行政主管部门是入海河流的管理者，并且规定，环境保护行政主管部门负责“对沿岸直接入海的排污口和入海河口上溯三十公里范围内的排污口的监测、监视、调查和评价”，海洋行政主管部门负责“对沿岸直接入海的排污口附近海域以及入海河口断面水质的监测和监视”。一个管理的范围为“上溯三十公里”，一个管理范围为“入海的排污口附近海域以及入海河口断面水质”。理论上讲，这种分工不科学，容易导致职责权限的重叠，不利于管理。

《江苏省海洋环境保护条例》还规定了环境保护行政主管部门和海洋环境保护主管部门应定期互相通报监测监视资料，这也是《浙江省海洋环境保护条例》所没有规定的。

四、对“入海河流的监督管理者”规定的差异

《中华人民共和国海洋环境保护法》、《浙江省海洋环境保护条例》和《江苏省海洋环境保护条例》对此进行了规定，但规定是有差异的。

《中华人民共和国海洋环境保护法》第十四条第三款规定：“其他有关部门根据全国海洋环境监测网的分工，分别负责对入海河口……的监测。”

《浙江省海洋环境保护条例》第十二条第三款规定：“……其他有关部门根据全省海洋环境监测网络的分工，分别负责对入海河口……的监测、监视。”

《江苏省海洋环境保护条例》第十四条第二款规定：“海洋行政主管部门发现直接入海的排污口附近海域以及入海河口断面水质有异常变化时，应当及时通报环境保护行政主管部门。环境保护行政主管部门应当会同有关部门进行调查，并依法予以处理。”

《中华人民共和国海洋环境保护法》、《浙江省海洋环境保护条例》和《江苏省海洋环境保护条例》对此问题的规定是有差异的。

差异一：用词有差异。《中华人民共和国海洋环境保护法》和《浙江省海洋环

境保护条例》使用了“其他有关部门”,《江苏省海洋环境保护条例》使用的是“环境保护主管部门”和“海洋行政主管部门”。

《中华人民共和国海洋环境保护法》使用的是“监测”,《浙江省海洋环境保护条例》使用的是“监测、监视”。

相对来说,《中华人民共和国海洋环境保护法》和《浙江省海洋环境保护条例》基本一样。

差异二：内容有差异。《中华人民共和国海洋环境保护法》和《浙江省海洋环境保护条例》规定的是相关部门加强对入海河口的监测和监视。而《江苏省海洋环境保护条例》规定的是海洋行政主管部门发现入海的排污口附近海域及入海河口断面水质有异常，应及时通报环境保护行政主管部门，并由环境保护主管部门会同有关部门进行调查并依法处理。

五、对“保护入海河口的生态系统”规定的差异

《中华人民共和国海洋环境保护法》第二十条第一款规定：“国务院和沿海地方各级人民政府应当采取有效措施，保护……入海河口……等具有典型性、代表性的海洋生态系统，……”

《中华人民共和国海洋环境保护法》第二十条第二款规定：“对具有重要经济、社会价值的已遭到破坏的海洋生态，应当进行整治和恢复。”

《浙江省海洋环境保护条例》第四十条第一款规定：“严格控制在半封闭海湾、入海河口兴建影响潮汐通道、行洪安全以及明显降低水体交换能力和纳潮量的工程建设项目。”

《江苏省海洋环境保护条例》第二十一条第一款规定：“严格控制在入海河口等兴建影响潮汐通道、降低水体交换能力以及加剧海洋演变速度的工程建设项目；有特殊需要确需建设的，应当在工程建设的同时采取必要的海洋环境保护或者生态修复措施。”

《中华人民共和国海洋环境保护法》、《浙江省海洋环境保护条例》和《江苏省海洋环境保护条例》对此问题的规定是有差异的。

差异一：用词上的差异。相对来说,《浙江省海洋环境保护条例》和《江苏省海洋环境保护条例》所规定的内容比较相近，但用词有差异。《浙江省海洋环境保护条例》使用的是“在半封闭海湾、入海河口”,《江苏省海洋环境保护条例》使用的是“在入海河口等”,《浙江省海洋环境保护条例》使用的是“……行洪安全以及明显降低水体交换能力和纳潮量”的“工程建设项目”,《江苏省海洋环境保护条例》使用的是“降低水体交换能力以及加剧海洋演变速度”的“工程建设项目”。而《中华人民共和国海洋环境保护法》使用的是“保护”“入海河口”等“具有典型性、代表性的海洋生态系统”。

差异二：内容不一样。《江苏省海洋环境保护条例》还规定了“有特殊需要确

需建设的，应当在工程建设的同时采取必要的海洋环境保护或者生态修复措施”。《浙江省海洋环境保护条例》没有类似的规定。《中华人民共和国海洋环境保护法》包含了类似的内容，但没有这样说。

第四节　对城镇污水集中处理的规定

《中华人民共和国水污染防治法》、《中华人民共和国环境保护法》、《中华人民共和国水法》和《中华人民共和国海洋环境保护法》均对此进行了规定。

一、水污染防治法相关规定的差异

《中华人民共和国水污染防治法》、《浙江省水污染防治条例》和《江苏省长江水污染防治条例》三部水事法律均对城镇污水集中处理做了相应的规定，但规定所涉及的内容是有差异的。

（一）对“城镇污水应该集中处理”规定的差异

《中华人民共和国水污染防治法》、《浙江省水污染防治条例》和《江苏省长江水污染防治条例》对此均有规定，但有差异。

《中华人民共和国水污染防治法》第四十四条第一款规定：“城镇污水应当集中处理。”

《浙江省水污染防治条例》第三十五条第一款规定：“城镇污水应当集中处理。”

《江苏省长江水污染防治条例》第二十九条第一款规定：“沿江地区各级人民政府应当组织规划和建设城市污水集中处理系统。城市污水管网应当与污水集中处理设施同时设计、同时施工、同时投入使用。对已建成的城市污水集中处理设施应当限期配套建设与其设计处理能力相当的污水管网，保证其正常运营。城市新区以及新建的开发区、工业区、住宅区等应当建设污水管网并实行雨污分流；已建区域应当逐步改造污水管网或者建设截污管网，实行雨污分流。”

《中华人民共和国水污染防治法》、《浙江省水污染防治条例》和《江苏省长江水污染防治条例》对此问题的规定是有差异的。

《中华人民共和国水污染防治法》和《浙江省水污染防治条例》均规定“城镇污水应当集中处理”。二者没有差异。

但与《江苏省长江水污染防治条例》相比，内容上有较大的差异。

《江苏省长江水污染防治条例》规定了四个内容：一是沿江地区各级人民政府应当组织规划和建设城市污水集中处理系统。二是城市污水管网应与污水集中处理设施建设“三同时”。三是已建成的城市污水集中处理设施应当限期配套与其处理能力相当的污水管网，保证其正常运营。四是城市新区及新建的开发区、工业区、住宅区等应建设污水管网，并实行雨污分流；已建成的区域应当逐步改造污水管网，实行雨污分流。

（二）对“向城镇污水处理设施排污应符合标准”规定的差异

《中华人民共和国水污染防治法》第四十五条第一款规定：“向城镇污水集中处理设施排放水污染物，应当符合国家或者地方规定的水污染物排放标准。”

《浙江省水污染防治条例》第三十七条规定：“向环境或者向城镇污水集中处理设施排放水污染物的，不得超过国家和省规定的水污染物排放标准以及重点水污染物排放总量控制指标。”

《江苏省长江水污染防治条例》第三十条第二款规定：“排入城市污水集中处理设施的工业污水，其水质应当符合国家污水综合排放标准的有关规定。”

《中华人民共和国水污染防治法》、《浙江省水污染防治条例》和《江苏省长江水污染防治条例》对此问题的规定有差异，差异主要体现在用词上。

《中华人民共和国水污染防治法》使用了“应当符合国家或者地方规定的水污染物排放标准”。

《浙江省水污染防治条例》使用了“不得超过国家和省规定的水污染物排放标准以及重点水污染物排放总量控制指标。”

《江苏省长江水污染防治条例》使用了“其水质应当符合国家污水综合排放标准的有关规定”。

（三）对“城镇污水处理设施排放污水应达到国家规定的标准”规定的差异

《中华人民共和国水污染防治法》第四十五条第二款、第三款、第四款规定：“城镇污水集中处理设施的出水水质达到国家或者地方规定的水污染物排放标准的，可以按照国家有关规定免缴排污费。

“城镇污水集中处理设施的运营单位，应当对城镇污水集中处理设施的出水水质负责。

“环境保护主管部门应当对城镇污水集中处理设施的出水水质和水量进行监督检查。”

既规定了城镇污水集中处理设施的出水水质应达到国家规定的标准，如果达到了还可以免交排污费；规定了对城镇污水处理设施排污行为进行监督检查的单位是环境保护部门；也规定了城镇污水集中处理设施的运营单位应对城镇污水集中处理设施的出水水质负责。

《浙江省水污染防治条例》第三十八条规定：“城镇污水集中处理设施的出水水质达到规定的水污染物排放标准的，可以按照国家有关规定免缴排污费。”

但是《浙江省水污染防治条例》没有对城镇污水处理设施排污行为进行监督检查的单位是环境保护部门进行规定；也没有对城镇污水集中处理设施的运营单位应对城镇污水集中处理设施的出水水质负责进行规定。

《江苏省长江水污染防治条例》第三十条规定："城市污水集中处理设施的运营单位应当按照规定设置排污口，安装连续自动监控装置，保证污水集中处理设施正常运行，排放污染物符合规定标准。"

同样，《江苏省水污染防治条例》没有就对城镇污水处理设施排污行为进行监督检查的单位是环境保护部门进行规定；也没有就对城镇污水集中处理设施的运营单位应对城镇污水集中处理设施的出水水质负责进行规定。

（四）对"城镇污水集中处理设施的运营单位应该取得排污许可证"规定的差异

《中华人民共和国水污染防治条例》和《浙江省水污染防治条例》对此问题均有规定，但有差异，差异主要体现在内容上。

《中华人民共和国水污染防治法》第二十条第二款规定："直接或者间接向水体排放工业废水和医疗污水以及其他按照规定应当取得排污许可证方可排放的废水、污水的企业事业单位，应当取得排污许可证；城镇污水集中处理设施的运营单位，也应当取得排污许可证。排污许可的具体办法和实施步骤由国务院规定。"

《中华人民共和国水污染防治法》第二十条第三款规定："禁止企业事业单位无排污许可证或者违反排污许可证的规定向水体排放前款规定的废水、污水。"

《浙江省水污染防治条例》第三十一条规定，运营污水集中处理设施的企事业单位，应当按照国家和省有关规定申领排污许可证后，方可按照排污许可证的要求排放水污染物。

《江苏省长江水污染防治条例》没有规定城市污水集中处理运营单位应该取得排污许可证。

从这里可以看出，《江苏省长江水污染防治条例》只规定了城市污水集中处理运营单位应该取得排污许可证。而《中华人民共和国水污染防治法》除此规定之外，还规定了其他排污单位也应该取得排污许可证；并禁止无排污许可证的企业排放污水。显然，国家法律严于地方法规，这不符合立法规律。在执行中，江苏省的规定就显得多余了。由于上海市和浙江省遵照《中华人民共和国水污染防治法》相关条款执行，因此，在长三角地区对此问题的规定存在差异。

（五）对"污水处理费的规定"规定的差异

《中华人民共和国水污染防治法》第四十四条第四款规定："城镇污水集中处理设施的运营单位按照国家规定向排污者提供污水处理的有偿服务，收取污水处理费用，保证污水集中处理设施的正常运行。向城镇污水集中处理设施排放污水、缴纳污水处理费用的，不再缴纳排污费。收取的污水处理费用应当用于城镇污水集中处理设施的建设和运行，不得挪作他用。"

《浙江省水污染防治条例》第三十八条第二款也做了类似的规定："向城镇污水

集中处理设施排放水污染物，符合国家和省规定的排放标准并缴纳污水处理费用的，不再缴纳排污费。”

差异主要体现在内容上。

《中华人民共和国水污染防治法》规定的内容有：一是城镇污水集中处理设施的运营单位提供污水处理有偿服务，收取污水处理费；二是向城镇污水集中处理设施排放污水、缴纳污水处理费用的，不再缴纳排污费；三是收取的污水处理费应用于城镇污水集中处理设施的建设和运行，不得挪作他用。

《浙江省水污染防治条例》规定的内容有：向城镇污水集中处理设施排放水污染物并缴纳污水处理费用的，不再缴纳排污费。

从这里也看出，浙江省的规定比国家的规定要简单，它不符合立法规律，也不利于相关条款在浙江的执行。在长三角地区，上海市和江苏省遵照《中华人民共和国水污染防治法》的相关条款执行。因此，在长三角地区对此问题的规定存在差异。

（六）对“向城镇污水处理设施超标排放的规定”规定的差异

《中华人民共和国水污染防治法》第七十四条第一款和第二款规定：“违反本法规定，排放水污染物超过国家或者地方规定的水污染物排放标准，或者超过重点水污染物排放总量控制指标的，由县级以上人民政府环境保护主管部门按照权限责令限期治理，处应缴纳排污费数额二倍以上五倍以下的罚款。

“限期治理期间，由环境保护主管部门责令限制生产、限制排放或者停产整治。限期治理的期限最长不超过一年；逾期未完成治理任务的，报经有批准权的人民政府批准，责令关闭。”

《浙江省水污染防治条例》第三十八条第三款“超过水污染物排放标准排放水污染物的（含城镇污水集中处理设施向环境超标排放以及向城镇污水集中处理设施超标排放），除按照本条例第五十八条规定处理外，排污单位应当根据国家和省规定加倍缴纳排污费。”

《浙江省水污染防治条例》第四十五条规定：“重点排污单位设置的水污染物排放自动监测设备应当与环境保护主管部门联网，并保证监测设备正常运行。

“重点排污单位向城镇污水集中处理设施排放水污染物的，其水污染物排放自动监测设备还应当与城镇污水集中处理设施的运营单位联网，并提供在线监测数据。”

《浙江省水污染防治条例》第三十九条还规定：“城镇污水集中处理设施的运营单位发现纳管水质超过纳管标准时，可以采取关闭超标排污单位的纳管设备、阀门等有效措施防止总排口出水水质超标，并及时报告所在地环境保护主管部门和建设主管部门。”

《浙江省水污染防治条例》第五十八条规定：“排放水污染物超过国家或者省规

定的排放标准，或者超过重点水污染物排放总量控制指标的，由县级以上人民政府环境保护主管部门责令限期治理，处应缴纳排污费数额二倍以上五倍以下的罚款，但罚款数额最高不超过二百万元。应缴纳排污费按年计算。

"规模化畜禽养殖场超过国家或者省规定的排放标准排放水污染物的，由县级以上人民政府环境保护主管部门责令限期治理，处应缴纳排污费数额二倍以上五倍以下的罚款，但罚款数额最高不超过五万元。应缴纳排污费按年计算。

"限期治理期间，由环境保护主管部门责令限制生产、限制排放或者停产整治。限期治理的最长期限不超过一年；逾期未完成治理任务的，报经有批准权的人民政府批准，责令关闭。"

《中华人民共和国水污染防治法》第七十二条第二项和第三项规定："违反本法规定，有下列行为之一的，由县级以上人民政府环境保护主管部门责令限期改正；逾期不改正的，处一万元以上十万元以下的罚款：……（二）未按照规定安装水污染物排放自动监测设备或者未按照规定与环境保护主管部门的监控设备联网，并保证监测设备正常运行的；（三）未按照规定对所排放的工业废水进行监测并保存原始监测记录的。"

差异主要体现在内容上。

《中华人民共和国水污染防治法》规定的内容有：一是超标排放，由环境保护主管部门责令限期治理，处应缴纳排污费数额二倍以上五倍以下罚款。二是限期治理期限不超过一年，逾期未完成治理任务，报有批准权的人民政府批准责令关闭。三是未按照规定安装水污染物排放自动监测设备或未按照规定与环境保护主管部门的监控设备联网，并保证监测设备正常运行；未按规定对所排放的工业废水进行监测并保存原始监测记录的，由环境保护主管部门责令限期改正，逾期不改正，处一万元以上十万元以下罚款。

《浙江省水污染防治条例》规定的内容有：一是超标排放除按五十八条规定外，加倍缴纳排污费。二是重点排污单位设置的水污染物排放自动监测设备应与环境保护主管部门联网，并保证监测设备正常运行。三是城镇污水集中处理设施的运营单位发现纳管水质超标，可以采取关闭超标排污单位的纳管设备、阀门等有效措施防止排口出水水质超标，并报告有关部门。

这种内容上的差异，必然带来执行上的困难。同时，在长三角地区，江苏省和上海市遵照《中华人民共和国水污染防治法》相关条款执行。长三角地区二省一市在此问题的规定上存在差异。

（七）对"城镇污水处理设施建设规划"规定的差异

《中华人民共和国水污染防治法》对城镇污水处理设施建设规划做了比较明确的规定。

《中华人民共和国水污染防治法》第四十四条第三款规定："国务院建设主管部

门应当会同国务院经济综合宏观调控、环境保护主管部门，根据城乡规划和水污染防治规划，组织编制全国城镇污水处理设施建设规划。县级以上地方人民政府组织建设、经济综合宏观调控、环境保护、水行政等部门编制本行政区域的城镇污水处理设施建设规划。县级以上地方人民政府建设主管部门应当按照城镇污水处理设施建设规划，组织建设城镇污水集中处理设施及配套管网，并加强对城镇污水集中处理设施运营的监督管理。”

《浙江省水污染防治条例》第三十五条第二款规定：“各级人民政府应当有计划地建设城镇污水集中处理设施和污泥无害化处置设施，完善城镇污水处理配套管网，加强城镇水环境综合整治。”

《浙江省水污染防治条例》第三十五条第三款规定：“乡、村应当根据当地实际建设污水集中处理设施，改善农村水环境。”此条款的规定在《中华人民共和国水污染防治法》和《江苏省长江水污染防治条例》中是没有的。这说明，浙江新农村的建设已具规模，为农村集中污水处理提供了条件。

《江苏省长江水污染防治条例》对此问题的规定，在用词上是有差异的。

《江苏省长江水污染防治条例》第二十九条第一款规定：“沿江地区各级人民政府应当组织规划和建设城市污水集中处理系统。”用的是规划一词。

差异主要体现在内容上。

《中华人民共和国水污染防治法》规定的内容有三：一是国务院建设主管部门编制全国城镇污水处理设施建设规划；二是县级以上地方人民政府组织编制本行政区域城镇污水处理设施建设规划；三是县级以上人民政府建设主管部门组织建设城镇污水集中处理设施及配套管网，并加强监督管理。

《浙江省水污染防治条例》规定的内容有：一是各级人民政府有计划地建设城镇污水集中处理设施和污泥无害化处置设施，完善城镇污水处理配套管网，加强城镇水环境综合整治。二是乡村建设污水集中处理设施，改善农村水环境。

《江苏省长江水污染防治条例》规定的内容有：沿江地区各级人民政府组织规划和建设城市污水集中处理系统。

这三部法律中以国家法律最为详细和完善。浙江省和江苏省对此问题的规定比较简单，这不符合立法规律。上海市遵照《中华人民共和国水污染防治法》相关条款执行。因此，在长三角地区，上海市、浙江省和江苏省对此问题的规定存在差异，影响了二省一市在相关问题的协同处理。

（八）《江苏省长江水污染防治条例》特有的规定

如沿江各级人民政府应组织规划和建设城市污水集中处理系统，城市污水管网应与污水集中处理设施同时设计、同时施工、同时投入使用，对已建成的城市污水集中处理设施应限期配套建设与其设计处理能力相当的污水管网，城市新区以及新建的开发区、工业区、住宅区等应建设污水管网并实行雨污分流，已建区应逐步改造污水管网或建设截污管网，实行雨污分流[1]；重点排污单位和城镇污水集中处理设施的运营单位未安装或闲置、拆除污染源自动监控装置要处罚[2]。

但在《中华人民共和国水污染防治法》和《浙江省水污染防治条例》中并无城市污水集中处理设施建设的规定。而三同时规定在《中华人民共和国环境保护法》中是有明确规定的。雨污分流也是《中华人民共和国环境保护法》中的规定。

（九）《浙江省水污染防治条例》特有的规定

如建立城镇污水处理设施管理制度[3]；城镇污水集中处理设施应具有相应的污水处理能力[4]，违者处罚[5]；排放工业废水和城镇污水集中处理设施的运营单位应建立水污染防治设施运行管理制度，记录设施运行和维护情况、水污染排放情况及相关监测数据[6]。这些规定也构成了长三角二省一市对此问题规定的差异。

二、对污水集中处理的规定的差异

《中华人民共和国环境保护法》并没有对“城市污水集中处理”进行规定，全文就没有这个词汇。但是《江苏省环境保护条例》和《上海市环境保护条例》均对此进行了规定。

（一）《江苏省环境保护条例》特有的规定

如地方各级人民政府和有关部门应有计划健全城市排水管网，建设城市污水处理厂[7]。

（二）《上海市环境保护条例》特有的规定

如居住区污水应纳入城市污水集中处理[8]；直接向环境排放水污染物或者向城市污水集中处理设施排放一类水污染物超过国家或者本市规定的排放标准，严重污染水环境的要处罚[9]。这些构成了长三角地区二省一市对此类问题规定的差异。

（三）对“开发区也应进行污水集中处理”规定的差异

《上海市环境保护条例》和《江苏省环境保护条例》对此有规定，但有差异。

《上海市环境保护条例》第三十三条第四款规定：“开发区应当按照规定对水污染物实施集中处置，水污染防治设施未建成或者不完备的，不得引进产生污染的项目。”

---

[1]《江苏省长江水污染防治条例》第二十九条第一款。
[2]《江苏省长江水污染防治条例》第四十六条。
[3]《浙江省水污染防治条例》第四十四条。
[4]《浙江省水污染防治条例》第三十六条。
[5]《浙江省水污染防治条例》第六十二条第八款。
[6]《浙江省水污染防治条例》第四十四条。
[7]《江苏省环境保护条例》第二十六条第一款。
[8]《上海市环境保护条例》第三十三条第三款。
[9]《上海市环境保护条例》第五十三条第一款。

《江苏省环境保护条例》第二十六条第二款规定："开发区和工业小区的建设，必须实行统一规划，合理布局，污染集中控制。"

《上海市环境保护条例》和《江苏省环境保护条例》用词有差异。

三、海洋环境保护法"关于城镇污水集中处理的规定"的差异

《中华人民共和国海洋环境保护法》、《浙江省海洋环境保护条例》和《江苏省海洋环境保护条例》均有规定，但有差异。

《中华人民共和国海洋环境保护法》是从海洋环境保护的角度对城市污水集中处理进行了规定。

《中华人民共和国海洋环境保护法》第四十条规定："沿海城市人民政府应当建设和完善城市排水管网，有计划地建设城市污水处理厂或者其他污水集中处理设施，加强城市污水的综合整治。

"建设污水海洋处置工程，必须符合国家有关规定。"

《浙江省海洋环境保护条例》第二十五条第二款规定："沿海市、县人民政府应当建设和完善排水管网，有计划地建设污水处理厂或者其他污水集中处理设施，防止海岸带产业对海域造成污染损害。"

《浙江省海洋环境保护条例》第二十五条第二款规定："沿海市、县人民政府应当建设和完善排水管网，有计划地建设污水处理厂或者其他污水集中处理设施，防止海岸带产业对海域造成污染损害。"

《江苏省海洋环境保护条例》第二十九条规定："沿海县级以上地方人民政府应当加快建设和完善城镇排水管网、污水集中处理设施。

"污水离岸排放工程设施建设，应当符合本省海洋功能区划和海洋环境保护规划。"

在这里，《江苏省海洋环境保护条例》使用的是城镇；而《中华人民共和国海洋环境保护法》和《浙江省海洋环境保护条例》使用的是城市。

虽然《中华人民共和国海洋环境保护法》第十一条规定了向海洋排污要缴纳排污费，但并没有规定，排污费要纳入财政。《江苏省海洋环境保护条例》规定了向海洋排污所收费全部纳入财政，并用于海洋环境保护。并且，《江苏省海洋环境保护条例》规定了从陆域排污费中提取一定的比例用于海洋环境保护。

《江苏省海洋环境保护条例》第三十七条第二款规定："滨海城市及沿海县级地方人民政府应当在陆域排污单位和个人缴纳的排污费中，安排适当比例的资金，加大对海洋环境污染防治与海洋生态建设的支持力度。"

从这里看出，江苏省的规定比国家规定完善，符合立法规律。但上海市和浙江省遵照《中华人民共和国水污染防治法》相关条款执行。因此，上海市和浙江省对此问题的规定与江苏省有差异。

四、《中华人民共和国水法》对节水特有的规定

如城市人民政府应采取措施推广节水型生活用器具，降低城市供水管网漏失率，提高用水效率，加强城市污水集中处理，鼓励使用再生水，提高污水再生利用率等[1]。长三角地区可以遵照执行。

第五节　对水源保护区的规定

《中华人民共和国水污染防治法》第五章、《浙江省水污染防治条例》第三章、《江苏省长江水污染防治条例》第四章专门规范饮用水源的保护问题。

一、《中华人民共和国水污染防治法》特有的规定

如禁止在饮用水源一级保护区内新建、改建、扩建与供水设施和保护水源无关的建设项目，已建成的与供水设施和保护水源无关的建设项目责令拆除或关闭[2]，违者处罚[3]；禁止在饮用水源一级保护区内从事网箱养殖、旅游、游泳或其他可能污染饮用水体的活动[4]，违者处罚[5]；禁止在饮用水源二级保护区内新建、改建、扩建排放污染物的建设项目，已建成的排污建设项目责令拆除或关闭[6]；在饮用水源二级保护区内从事网箱养殖、旅游等活动的应规定采取措施防止污染[7]；禁止在饮用水源准保护区内新建、扩建对水体污染严重的建设项目，改建建设项目不得增加排污量[8]，违者处罚[9]；县级以上人民政府应在准保护区内采取工程措施或建造湿地、水源涵养林等生态保护措施，防止水污染物直接排入饮用水体，确保饮用水安全[10]；在饮用水水源保护区内，采取禁止或限制使用含磷洗涤剂、化肥、农药以及限制种植养殖等措施[11]。

水源区保护的主管单位，《中华人民共和国水污染防治法》规定由中华人民共和国环境保护部门负责；但《中华人民共和国水法》规定由水行政部门负责。因此，对水源保护区的责任主体的规定，《中华人民共和国水污染防治法》与《中华人民共和国水法》规定是有差异的。

长三角地区可以遵照此条款执行。但是遵照《中华人民共和国水污染防治法》

---

[1]《中华人民共和国水法》第五十二条。
[2]《中华人民共和国水污染防治法》第五十八条第一款。
[3]《中华人民共和国水污染防治法》第八十一条第一项。
[4]《中华人民共和国水污染防治法》第五十八条第二款。
[5]《中华人民共和国水污染防治法》第八十一条。
[6]《中华人民共和国水污染防治法》第五十九条第一款。
[7]《中华人民共和国水污染防治法》第五十九条第二款。
[8]《中华人民共和国水污染防治法》第六十条。
[9]《中华人民共和国水污染防治法》第八十一条第三项。
[10]《中华人民共和国水污染防治法》第六十一条。
[11]《中华人民共和国水污染防治法》第六十三条。

相关条款执行，还是遵照《中华人民共和国水法》相关条款执行？取舍取决于引用条文的人。这必然造成执行上的混乱。

二、《上海市实施〈中华人民共和国水法〉办法》特有的规定

如城乡饮用水源的保护和水污染防治的监督管理工作由环保部门负责[1]。

三、《江苏省长江水污染防治条例》特有的规定

如在未划定为水源保护区的生活饮用水水源保护地进行生产经营、开发建设和其他活动应采取措施防止污染水源[2]；对饮用水取水口进行了规范[3]；饮用水源保护区的保护应当遵守水污染防治法和水法[4]；加强饮用水源水质的监测，公报监测结果[5]；加强饮用水源保护区的植被和水土保持工作[6]。

《中华人民共和国水污染防治法》和《浙江省水污染防治条例》均禁止水源保护区不得做什么，而没有提倡水源保护区应该做什么。《江苏省长江水污染防治条例》规定了当地政府应该做什么。

未划定为水源保护区的地区虽然不能作为准保护区，但《江苏省长江水污染防治条例》中并无准保护区的概念。

四、《浙江省水污染防治条例》特有的规定

如县级以上人民政府采取措施防止在饮用水源保护区相邻区域发生事故污染饮用水源[7]；在饮用水源保护区禁止堆放固体废弃物[8]，违者处罚[9]；建立饮用水备用水源[10]；农村饮用水源的管理[11]。

《浙江省水污染防治条例》第十六条也是规定政府来管理此事，而不是环境保护部门。虽然，该条是采纳了《中华人民共和国水污染防治法》第六十三条的规定。

五、《浙江省实施〈中华人民共和国水法〉办法》特有的规定

如兴建建设项目对水源有不利影响的要进行补偿[12]；对水源涵养林进行了规定[13]。

---

[1] 上海市实施《中华人民共和国水法》办法第十九条第三款。
[2] 《江苏省长江水污染防治条例》第四十三条第二款。
[3] 《江苏省长江水污染防治条例》第四十一条，《江苏省长江水污染防治条例》第四十二条。
[4] 《江苏省长江水污染防治条例》第四十三条第一款。
[5] 《江苏省长江水污染防治条例》第四十四条。
[6] 《江苏省长江水污染防治条例》第四十五条。
[7] 《浙江省水污染防治条例》第十六条。
[8] 《浙江省水污染防治条例》第十五条。
[9] 《浙江省水污染防治条例》第五十六条。
[10] 《浙江省水污染防治条例》第十七条。
[11] 《浙江省水污染防治条例》第十八条。
[12] 浙江省实施《中华人民共和国水法》办法第十四条。
[13] 浙江省实施《中华人民共和国水法》办法第二十七条。

六、对“饮用水源保护的重视”规定上的差异

（一）《中华人民共和国水污染防治法》和《浙江省水污染防治条例》对此问题规定有差异

《中华人民共和国水污染防治法》第一条规定：“……为了……保障饮用水安全，……，制定本法。”

《中华人民共和国水污染防治法》立法的初衷之一便是保障饮用水的安全。

《中华人民共和国水污染防治法》第三条规定：“……，优先保护饮用水水源，……”

优先保护饮用水水源是《中华人民共和国水污染防治法》立法的目标之一。

《浙江省水污染防治条例》第一条和第三条对此进行了规定。

《浙江省水污染防治条例》第一条规定：“……为了……保障饮用水安全，……，制定本条例。”

《浙江省水污染防治条例》第三条规定：“……，优先保护饮用水水源，……。”

（二）对“财政支持饮用水源保护”规定的差异

《中华人民共和国水污染防治法》第七条规定：“国家通过财政转移支付等方式，建立健全对位于饮用水水源保护区区域和江河、湖泊、水库上游地区的水环境生态保护补偿机制。”

《浙江省水污染防治条例》第二十二条规定：“县级以上人民政府应当根据生态保护的目标、投入、成效和区域间经济社会发展水平等因素，通过财政转移支付、区域协作等方式，建立健全对饮用水水源保护区区域和江河、湖泊、水库上游地区以及有关生态保护区区域的水环境生态保护补偿机制，逐步加大补偿力度。具体办法由省人民政府规定。”

内容一样，但用词上略有差异。相对来说，《浙江省水污染防治条例》比《中华人民共和国水污染防治法》更具体一些，符合地方立法精神。而长三角地区的上海市和江苏省遵照《中华人民共和国水污染防治法》有关条款执行。这样，在表述上，长三角地区二省一市间在此问题的规定上存在差异。

（三）对“环境保护部门有权要求可能威胁供水安全的企业停止或减少排污”规定的差异

《中华人民共和国水污染防治法》第六十二条规定：“饮用水水源受到污染可能威胁供水安全的，环境保护主管部门应当责令有关企业事业单位采取停止或者减少排放水污染物等措施。”

《浙江省水污染防治条例》第十九条第一款规定：“饮用水水源受到污染可能威胁供水安全的，环境保护主管部门应当责令相关排污单位采取停止或者减少排放水

污染物、停产整治等措施；可能威胁下游地区饮用水供水安全的，还应当及时向下游地区通报。”

关于向下游地区通报，反映了《浙江省水污染防治条例》的周全。《中华人民共和国水污染防治条例》没有类似的规定。

《浙江省水污染防治条例》第十九条第二款规定，饮用水水源受到污染的，所在地人民政府或者有关主管部门应当依法及时向社会发布有关饮用水水源污染状况、应急措施和恢复供水的信息。

《中华人民共和国水污染防治条例》也没有类似的规定。

七、《中华人民共和国水污染防治法》、《浙江省水污染防治条例》、《江苏省长江水污染防治条例》、《上海市环境保护条例》对相关规定的差异

（一）对“饮用水源保护区分级管理”规定的差异

《中华人民共和国水污染防治法》第五十六条第一款规定：“国家建立饮用水水源保护区制度。饮用水水源保护区分为一级保护区和二级保护区；必要时，可以在饮用水水源保护区外围划定一定的区域作为准保护区。”

饮用水源保护区的划定，由有关市、县人民政府提出方案，报省级人民政府批准。

《中华人民共和国水污染防治法》第五十六条第二款规定：“饮用水水源保护区的划定，由有关市、县人民政府提出划定方案，报省、自治区、直辖市人民政府批准。”

对涉及省内跨界饮用水源保护区的划定，由相关市、县人民政府协商。协商不成，由省级政府环境保护部门会商相关部门提出方案，报省级政府批准。《中华人民共和国水污染防治法》第五十六条第二款规定：“跨市、县饮用水水源保护区的划定，由有关市、县人民政府协商提出划定方案，报省、自治区、直辖市人民政府批准；协商不成的，由省、自治区、直辖市人民政府环境保护主管部门会同同级水行政、国土资源、卫生、建设等部门提出划定方案，征求同级有关部门的意见后，报省、自治区、直辖市人民政府批准。”

对涉及跨省界饮用水源保护区的划定，由相关省级政府协商；协商不成，由国务院环境保护部门会同相关部门提出方案，报国务院批准。《中华人民共和国水污染防治法》第五十六条第三款规定：“跨省、自治区、直辖市的饮用水水源保护区，由有关省、自治区、直辖市人民政府商有关流域管理机构划定；协商不成的，由国务院环境保护主管部门会同同级水行政、国土资源、卫生、建设等部门提出划定方案，征求国务院有关部门的意见后，报国务院批准。”

从这里可以看出，饮用水源保护区，主要是环境保护部门负责组织相关部门划定，这与《中华人民共和国水法》是有区别的。

饮用水源保护范围可以根据实际需要进行调整。《中华人民共和国水污染防治法》第五十六条第四款规定："国务院和省、自治区、直辖市人民政府可以根据保护饮用水水源的实际需要，调整饮用水水源保护区的范围，确保饮用水安全。"

根据《中华人民共和国水污染防治法》第五十六条，《浙江省水污染防治条例》第十三条规定："建立饮用水水源保护区制度。饮用水水源保护区分为一级保护区和二级保护区；必要时，可以在饮用水水源保护区外围划定一定的区域作为准保护区。

饮用水水源保护区的划定、调整和饮用水水源的保护，按照国家有关规定执行。"

根据《中华人民共和国水污染防治法》第五十六条的规定，《江苏省长江水污染防治条例》第四十二条第二款规定，在长江干流设置取水口的，以取水口为中心半径五百米范围内为一级保护区；取水口上游二千米、下游一千米范围内为二级保护区。南水北调东线水源、区域供水水源取水口上游三千米、下游一千五百米范围内为二级保护区。

显然，《江苏省长江水污染防治条例》对于一级保护区和二级保护区的概念是具体的和明确的。

《中华人民共和国水污染防治法》、《浙江省水污染防治条例》和《江苏省长江水污染防治条例》对饮用水源保护制度的规定是有差异的。

《中华人民共和国水污染防治法》和《浙江省水污染防治条例》均提出了"建立饮用水水源保护区制度"，并提出了建立饮用水源"一级保护区和二级保护区"，甚至"准保护区"。但《江苏省长江水污染防治条例》并无此规定。

《中华人民共和国水污染防治法》提出了省内跨界饮用水源保护区、跨省界饮用水源保护区经协商建立的规定。

《浙江省水污染防治条例》、《江苏省长江水污染防治条例》并未对此进行规定。

《上海市环境保护条例》第四十一条规定："市和区、县人民政府应当加强对饮用水源的管理，采取有效措施防止饮用水源环境污染，并根据保护需要划定饮用水源保护区。其中，市级饮用水源保护区范围，本市法规已有规定的，按照规定执行，没有规定的，由市人民政府划定；区级饮用水源保护区范围，由区、县人民政府提出划定方案，报市人民政府批准。"

而《上海市环境保护条例》与《中华人民共和国水污染防治法》、《浙江省水污染防治条例》、《江苏省长江水污染防治条例》的规定差异更大。

在《上海市环境保护条例》中没有提及"建立饮用水源保护区制度"的规定。虽然提出要"根据保护需要划定饮用水源保护区"，但没有规定是建立一级保护区、二级保护区还是准保护区。

对于跨界饮用水源保护区的划定也没有进行规定。

（二）对“水源保护区应标界立志”规定的差异

为了更有效地保护饮用水源，需要在饮用水源保护区设立地理界标和警示标志。《中华人民共和国水污染防治法》第五十六条第四款规定：“有关地方人民政府应当在饮用水水源保护区的边界设立明确的地理界标和明显的警示标志。”

根据《中华人民共和国水污染防治法》第五十六条第四款的规定，《浙江省水污染防治条例》第十四条第一款规定：“县级以上人民政府应当在饮用水水源保护区的边界设立明确的地理界标和明显的警示标志。”

根据《中华人民共和国水污染防治法》第五十六条第四款的规定，《江苏省长江水污染防治条例》第四十二条第三款规定：“生活饮用水水源保护区应当设立界碑，并在明显位置设立标志牌，标明保护区的范围。”

差异一：用词差异。《中华人民共和国水污染防治法》使用的是“地理界标和明显的警示标志”；《江苏省长江水污染防治条例》使用的是“界碑”、“标志牌”；《浙江省水污染防治条例》使用的是“地理界标和明显的警示标志”。

差异二：管理部门规定不同。《中华人民共和国水污染防治法》使用的是“有关地方人民政府”；《江苏省长江水污染防治条例》没有规定管理者是谁；《浙江省水污染防治条例》使用的是“县级以上人民政府”。

八、对“建立饮用水源保护区制度”规定的差异

《中华人民共和国水法》、《上海市实施〈中华人民共和国水法〉办法》和《浙江省实施〈中华人民共和国水法〉办法》对此规定存在差异。

《中华人民共和国水法》第三十三条规定：“国家建立饮用水水源保护区制度。省、自治区、直辖市人民政府应当划定饮用水水源保护区，并采取措施，防止水源枯竭和水体污染，保证城乡居民饮用水安全。”

《上海市实施〈中华人民共和国水法〉办法》第十九条第一款和第二款规定：“任何单位和个人均有保护水资源的义务。

“本市各级人民政府应当加强水资源保护和水污染防治的监督管理。各单位应当加强水污染防治工作，积极采取措施，保护和改善水质。对城乡饮用水源，应当划定保护范围并相应规定具体保护办法。”

《浙江省实施〈中华人民共和国水法〉办法》第五条规定：“各级人民政府应当加强水资源保护工作，采取有效措施，保护自然植被，植树种草，涵养水源，防治水土流失，防治水污染，改善生态环境。”

《浙江省实施〈中华人民共和国水法〉办法》第二十七条规定：“各级人民政府及有关主管部门应当采取有效措施，在水库、河流上游建设水源涵养林，严禁毁林开荒，防止水土流失。”

对于饮用水源保护制度的规定，江苏省可以遵照《中华人民共和国水法》相关条款执行。因此，浙江省、上海市和江苏省对此问题规定存在较大差异。

第六节　污染防治设施规定的差异

对于污染防治设施的规定，除《中华人民共和国水法》及相关法律法规没有对此进行规定外，《中华人民共和国水污染防治法》、《中华人民共和国环境保护法》和《中华人民共和国海洋环境保护法》均对此进行了规定。

一、水污染防治法的规定

《中华人民共和国水污染防治法》、《浙江省水污染防治条例》和《江苏省长江水污染防治条例》三部水事法律均对城镇污水集中处理及污染设施建设、维护等做了相应的规定，但规定所涉及的内容是有差异的。本文在“城镇污水集中处理的规定”中曾比较了城镇污水应该集中处理、城镇污水集中处理设施的运营单位应该取得排污许可证、城镇污水处理设施建设规划等问题中二省一市所存在的差异。此外，在污染防治设施的规定中还有一些规定也存在差异。

（一）《浙江省水污染防治条例》特有的规定

《浙江省水污染防治条例》规定对排放工业废水和城镇污水集中处理设施的运营单位应建立运行管理制度[1]。

（二）《中华人民共和国水污染防治法》特有的规定

《中华人民共和国水污染防治法》规定了港口、码头、装卸站和船舶修造厂应当备有足够的船舶污染物接收设施和处理能力[2]。长三角地区二省一市照此条款遵照执行即可。

（三）排污设施的维护

1.《中华人民共和国水污染防治法》特有的规定

《中华人民共和国水污染防治法》规定了排污申报登记制度[3]，违者处罚[4]。长三角地区二省一市遵照此条款执行。

2.对“排污设施维护”规定的差异

《中华人民共和国水污染防治法》和《江苏省长江水污染防治条例》对此问题均有规定，但有差异。

---

[1]《浙江省水污染防治条例》第四十四条。

[2]《中华人民共和国水污染防治法》第五十四条。

[3]《中华人民共和国水污染防治法》第二十一条第一款和第二款。

[4]《中华人民共和国水污染防治法》第七十二条第一项。

《中华人民共和国水污染防治法》第二十一条第二款规定："其水污染物处理设施应当保持正常使用；拆除或者闲置水污染物处理设施的，应当事先报县级以上地方人民政府环境保护主管部门批准。"

《江苏省长江水污染防治条例》第十九条第二款规定："未经环境保护行政主管部门批准，任何单位和个人不得闲置或者拆除水污染防治设施和污染源自动监控装置。"

《中华人民共和国水污染防治法》和《江苏省长江水污染防治条例》主要是用词上的差异。

《中华人民共和国水污染防治法》使用了"其水污染物处理设施应当保持正常使用"。而《江苏省长江水污染防治条例》未这样规定。

《中华人民共和国水污染防治法》规定"拆除或者闲置水污染物处理设施的，应当事先报县级以上地方人民政府环境保护主管部门批准"；《江苏省长江水污染防治条例》规定"未经环境保护行政主管部门批准，任何单位和个人不得闲置或者拆除水污染防治设施和污染源自动监控装置"。《江苏省长江水污染防治条例》多了一个"自动监控装置"；使用了"水污染防治设施"。《中华人民共和国水污染防治法》使用了"水污染处理设施"。

3.对"违规的处罚"规定的差异

《中华人民共和国水污染防治法》、《江苏省长江水污染防治条例》和《浙江省水污染防治条例》均对此有规定，但规定有差异。

《中华人民共和国水污染防治法》第七十三条规定："违反本法规定，不正常使用水污染物处理设施，或者未经环境保护主管部门批准拆除、闲置水污染物处理设施的，由县级以上人民政府环境保护主管部门责令限期改正，处应缴纳排污费数额一倍以上三倍以下的罚款。"

《浙江省水污染防治条例》第五十七条规定："排污单位不正常使用水污染物处理设施，或者未经批准拆除、闲置水污染物处理设施的，由县级以上人民政府环境保护主管部门责令限期改正，处应缴纳排污费数额一倍以上三倍以下的罚款，但罚款数额最高不超过一百万元。应缴纳排污费按年计算。"

与《中华人民共和国水污染防治法》有差异，规定了一个100万元的最高限额，少了一个"未经环境保护部门批准"

《江苏省长江水污染防治条例》第四十七条规定："违反本条例第十九条第二款规定，未经环境保护行政主管部门批准，擅自闲置或者拆除水污染防治设施，排放污染物超过规定标准的，由环境保护行政主管部门责令限期改正，可以处以五万元以上十万元以下的罚款。"这与前二者的处罚规定也有较大差异。

差异一：《中华人民共和国水污染防治法》和《江苏省长江水污染防治条例》规定"未经环境保护部门批准"，而《浙江省水污染防治条例》没有这一条规定。

差异二：处罚额的差异。《中华人民共和国水污染防治法》规定的处罚额为

“处应缴纳排污费数额一倍以上三倍以下的罚款”。

《浙江省水污染防治条例》规定的处罚额为“处应缴纳排污费数额一倍以上三倍以下的罚款，但罚款数额最高不超过一百万元”，并规定“应缴纳排污费按年计算”。这个规定比《中华人民共和国水污染防治法》要科学。

《江苏省长江水污染防治条例》规定的处罚额为“五万元以上十万元以下的罚款”。

三者的差异是明显的。

二、环境保护法的规定

（一）对“防治污染的设施必须与主体工程同时设计、同时施工、同时投产使用”规定的差异

《中华人民共和国环境保护法》、《上海市环境保护条例》和《江苏省环境保护条例》均对此有规定，但有差异。

《中华人民共和国环境保护法》第四十一条规定：“建设项目中防治污染的设施，应当与主体工程同时设计、同时施工、同时投产使用。防治污染的设施应当符合经批准的环境影响评价文件的要求，不得擅自拆除或者闲置。”

《上海市环境保护条例》第十九条规定：“新建、改建、扩建建设项目，建设单位应当根据环境影响评价文件以及环保部门审批决定的要求建设环境保护设施，并与主体工程同时设计、同时施工、同时投产使用。

“建设单位在新建、改建、扩建建设项目时，与该新建、改建、扩建建设项目有关的原有污染源应当同时治理。”

《江苏省环境保护条例》第二十九条规定：“凡对环境有影响的建设项目，必须按照国家和本省的有关规定执行，防治污染以及其他公害的设施与主体工程同时设计、同时施工、同时投产使用，否则不准投产。严禁以试生产为由排放污染物。”

《中华人民共和国环境保护法》、《浙江省环境保护条例》和《上海市环境保护条例》对此问题的规定是有差异的，这种差异主要体现在内容上。

《中华人民共和国环境保护法》规定的内容：防治污染的设施与主体工程实行三同时；防治污染的设施应当符合经批准的环境影响评价文件的要求，不得擅自拆除或者闲置。

《上海市环境保护条例》所规定的内容：新建、改建和扩建建设项目，环境保护设施应与主体工程实行三同时。

《江苏省环境保护条例》所规定的内容：污染防治设施与主体工程实行三同时，否则不准投产，严禁以试生产为由排放污染物。

《中华人民共和国环境保护法》强调了“符合经批准的环境影响评价文件的要求”;《江苏省环境保护条例》强调了“试生产”环节的非法排污。

（二）对“拆除或闲置环境保护设施需申请”规定的差异

《中华人民共和国环境保护法》第四十一规定：“建设项目中防治污染的设施，应当与主体工程同时设计、同时施工、同时投产使用。防治污染的设施应当符合经批准的环境影响评价文件的要求，不得擅自拆除或者闲置。”

《上海市环境保护条例》第二十八条第三款和第四款规定：“禁止擅自拆除或者闲置环境保护设施。直接向环境排放污染物或者向城市污水集中处理设施排放一类水污染物的排污单位，确有必要拆除或者闲置环境保护设施的，应当在拆除或闲置三十日前，向市或者区、县环保部门提出申请。

“环保部门受理申请后，应当在二十日内作出审批决定；不予批准的，应当说明理由。”

《江苏省环境保护条例》第三十条规定：“已建成的防治污染设施必须正常运转，不得擅自拆除或者闲置。需要拆除或者闲置的，应当提前一个月向所在地环境保护行政主管部门申报。环境保护行政主管部门接到申报后，应当在一个月内予以批复，逾期未批复的，视为同意。”

差异一：用词上的差异。《中华人民共和国环境保护法》和《江苏省环境保护条例》使用的是“不得”擅自拆除或闲置防治污染设施。《上海市环境保护条例》使用的是“禁止”擅自拆除或闲置防治污染的设施。

《中华人民共和国环境保护法》和《江苏省环境保护条例》使用的是污染设施；《上海市环境保护条例》使用的是环保设施。

差异二：内容上的差异。

一是有关申请和受理时间的差异。

《中华人民共和国环境保护法》只提出了不得擅自拆除或者闲置。

《上海市环境保护条例》规定了“应当在拆除或闲置三十日前”向环境保护部门提出申请；并规定环境保护部门“应当在二十日内作出审批决定，不予批准的，应当说明理由。”

《江苏省环境保护条例》规定了“应当提前一个月”向环境保护部门提出申请，环境保护部门应当在“一个月内予以批复，逾期不批复的，视为同意。”

二是对提出申请企业的规定。

《中华人民共和国环境保护法》没有“申请”规定，《江苏省环境保护条例》并未规定什么样的企业需要提出申请。实际上是指只要拆除或闲置污染防治设施均需要提出申请。

《上海市环境保护条例》规定“直接向环境排放污染物或者向城市污水集中处理设施排放一类水污染物的排污单位”拆除或闲置污染防治设施应提出申请。

三是对环境保护部门受理申请的规定的差异。

《中华人民共和国环境保护法》没有“受理申请”的规定。

《上海市环境保护条例》规定“环保部门受理申请后，应当在二十日内作出审批决定；不予批准的，应当说明理由。”

《江苏省环境保护条例》规定“环境保护行政主管部门接到申报后，应当在一个月内予以批复，逾期未批复的，视为同意。”

（三）对“违者处罚”规定的差异

《江苏省环境保护条例》第四十一条规定：“未经环境保护行政主管部门同意，擅自拆除或者闲置防治污染的设施，污染物排放超过规定的排放标准的，由环境保护行政主管部门责令重新安装使用，并处以罚款。”

处罚的差异是明显的。

《中华人民共和国环境保护法》没有规定对违规者如何进行处罚。

《上海市环境保护条例》规定了罚款金额为“一万元以上五万元以下”。

《江苏省环境保护条例》未规定罚款金额。

（四）《江苏省环境保护条例》特有的规定

如违反三同时要处罚[1]，这形成了长三角地区二省一市对此问题规定的差异。

（五）对“建设项目完工且运转前，污染防治必须建成且达到国家规定的标准”规定的差异

《中华人民共和国环境保护法》和《江苏省环境保护条例》均对此有规定，但有差异。

《中华人民共和国环境保护法》第六十一条规定：“建设单位未依法提交建设项目环境影响评价文件或者环境影响评价文件未经批准，擅自开工建设的，由负有环境保护监督管理职责的部门责令停止建设，处以罚款，并可以责令恢复原状。”

《江苏省环境保护条例》第四十条规定：“建设项目的防治污染设施没有建成或者没有达到国家规定的要求，擅自投入生产或者使用的，由批准该建设项目的环境影响报告书的环境保护行政主管部门责令停止生产或者使用，可以并处罚款。”

用词和内容均有差异。

（六）对“环境保护设施建成后须验收”规定的差异

《中华人民共和国环境保护法》并没有规定“环境保护设施建成后须验收。”

《上海市环境保护条例》第二十条和第二十一条对此进行了规定。

《上海市环境保护条例》的规定：在建设项目试生产或者试运行期满前，对环境保护设施进行验收。建设项目竣工后，对环境保护设施应进行验收。未经验收或验收不合格，主体工程不得正式投入使用。

---

[1]《江苏省环境保护条例》第三十九条第七项。

在试生产或试运行期满时，实际生产负荷达不到验收要求，经相关部门同意，可以先按实际生产负荷进行验收。等建设项目达到规定负荷后，再申请正式验收。

环境保护设施竣工验收按照国家和本市有关规定执行。对建设项目污染物的排放情况进行监测，监测不合格，不予通过验收。

相对来说，《上海市环境保护条例》对此问题的规定要详细得多。

（七）《上海市环境保护条例》特有的规定

如试生产或试运行期间，环保设施也应该试运行。试生产或试运行经批准，主体工程方可带负荷运行[1]，违者处罚[2]；在试生产或试运行期间，环保设施也应该试运行[3]，违者处罚[4]；排污单位应建立环境管理台账，环境管理台账应载明环境保护设备运行情况及排污情况[5]。这构成了长三角地区二省一市对此问题规定的差异。

（八）对“已建成的污染设施必须正常运转”规定的差异

《江苏省环境保护条例》和《上海市环境保护条例》均对此有规定，但有差异。

《江苏省环境保护条例》第三十条规定：“已建成的防治污染设施必须正常运转……”

《上海市环境保护条例》第二十八条第一款和第二款规定：“排污单位应当按照环境保护设施的设计要求和排污许可证规定的排放要求，制定操作规程，并保持环境保护设施正常运行。

“排污单位的环境保护设施因维修、故障等原因无法达标排放的，应当采取限产或者其他措施，确保其污染物排放达到规定的标准，并在十二个小时内向区、县环保部门报告；采取措施后仍不能达标排放的，应当立即停产，停止排放污染物。”

两者主要是用词上的差异。

《江苏省环境保护条例》使用的是“防治污染设施”；《上海市环境保护条例》使用的是“环境保护设施”。

《江苏省环境保护条例》使用的是“已建成的防治污染设施必须正常运转”；《上海市环境保护条例》使用的是“保持环境保护设施正常运行”。

（九）《上海市环境保护条例》特有的规定

《上海市环境保护条例》对此问题进行了特殊的规定，未制定操作规程、环境保护设施未保持正常运行或未按规定及时报告的责令改正，并处以罚款[6]。

---

[1]《上海市环境保护条例》第二十条第二款。
[2]《上海市环境保护条例》第四十六条。
[3]《上海市环境保护条例》第二十条第三款和第四款。
[4]《上海市环境保护条例》第四十六条第二款。
[5]《上海市环境保护条例》第三十二条。
[6]《上海市环境保护条例》第四十九条第一款。

三、海洋环境保护法的规定

（一）《浙江省海洋环境保护条例》特有的规定

《浙江省海洋环境保护条例》规定了沿海市、县完善排水管网和污水处理设施，防止海岸产业污染[1]。

（二）《江苏省海洋环境保护条例》特有的规定

《江苏省海洋环境保护条例》规定了在港口作业或在港口停泊三十日以上应将船舶排污设施铅封，并接受海事管理机构或渔业行政主管部门的监督管理[2]，违者处罚[3]。

（三）《中华人民共和国海洋环境保护法》特有的规定

如规定了拆除和闲置陆源污染物处理设施应先征得环境主管部门同意[4]，违者处罚[5]。

第七节　环境保护法对“转移处置废弃物”规定的差异

只有《中华人民共和国环境保护法》和《中华人民共和国海洋环境保护法》对此进行了规定。

一、环境保护法律法规对转移处置废弃物规定的差异

目前，《中华人民共和国环境保护法》、《上海市环境保护条例》和《江苏省环境保护条例》均对此进行了规定。浙江省没有环境保护条例，因此，没有此类规定。一般来说，浙江省涉及环境保护问题的处理，理应按照《中华人民共和国环境保护法》相关条款来执行。

对生产、储存、运输、销售、使用有害化学物品和含有放射性物质的物品，《中华人民共和国环境保护法》、《上海市环境保护条例》和《江苏省环境保护条例》均有非常明确和具体的规定。

《中华人民共和国环境保护法》第四十八条规定：“生产、储存、运输、销售、使用、处置化学物品和含有放射性物质的物品，应当遵守国家有关规定，防止污染环境。”

《上海市环境保护条例》第三十三条第二款规定：“禁止运输剧毒化学品的船舶

---

[1]《浙江省海洋环境保护条例》第二十五条第二款。
[2]《江苏省海洋环境保护条例》第三十四条。
[3]《江苏省海洋环境保护条例》第四十二条。
[4]《中华人民共和国海洋环境保护法》第三十二条第三款。
[5]《中华人民共和国海洋环境保护法》第七十八条。

进入黄浦江和其他内河水域。”

《江苏省环境保护条例》第三十五条第一款规定："有害废物的收集、运输、综合利用、处理、处置必须报当地环境保护行政主管部门批准；对有害废物的运输转移执行转移报告单制度；有害废物处理、处置设施的选址，应当符合国家和本省的有关规定。”

差异一：《中华人民共和国环境保护法》规定的是“生产、储存、运输、销售、使用、处置”；《上海市环境保护条例》规定的是“运输”；《江苏省环境保护条例》规定的是“收集、运输、综合利用、处理、处置”。

差异二：《中华人民共和国环境保护法》规定的是“化学物品和含有放射性物质的物品”；《上海市环境保护条例》规定的是“剧毒化学品”；《江苏省环境保护条例》规定的是“有害废物”。

差异三：《中华人民共和国环境保护法》规定的是“应当遵守国家有关规定，防止污染环境”；《上海市环境保护条例》规定的是“进入黄浦江和其他内河水域”；《江苏省环境保护条例》规定的是“报当地环境保护行政主管部门批准”、“执行转移报告单制度”和“选址应当符合国家和本省的有关规定”。

二、对产生严重污染的企业设备转移的规定的差异

对此问题的规定，只涉及《中华人民共和国环境保护法》和《江苏省环境保护条例》。《上海市环境保护条例》没有对此进行规定。上海市和浙江省对此类问题的规定应按《中华人民共和国环境保护法》的相关规定执行。

对于不得将产生严重污染的生产设备转移给没有防污能力的单位使用的问题，《中华人民共和国环境保护法》和《江苏省环境保护条例》对此问题的规定是有差异的。

《中华人民共和国环境保护法》第四十六条规定："……，任何单位和个人不得生产、销售或者转移、使用严重污染环境的工艺、设备和产品。”

《江苏省环境保护条例》第三十五条第二款规定："禁止将排放的有毒、有害物质或者产生严重污染的设备转移给没有污染防治能力的单位和个人生产或者使用。”

差异一：《中华人民共和国环境保护法》的表述采用了“严重污染环境的工艺、设备和产品”；《江苏省环境保护条例》的表述采用了“禁止将排放的有毒、有害物质或者产生严重污染的设备”。

差异二：《中华人民共和国环境保护法》的表述采用了“任何单位和个人不得生产、销售或者转移、使用”；《江苏省环境保护条例》的表述采用了“没有污染防治能力的单位和个人生产或者使用”。

三、对引进不符合环境保护的技术和设备规定的差异

对此问题的规定出现在《中华人民共和国环境保护法》和《江苏省环境保护条

例》中。《上海市环境保护条例》没有对此类问题进行规定，按理依照《中华人民共和国环境保护法》的规定执行。

但《中华人民共和国环境保护法》和《江苏省环境保护条例》对此问题的规定是有差异的。

《中华人民共和国环境保护法》第四十六条第二款规定："禁止引进不符合我国环境保护规定的技术、设备、材料和产品。"

《江苏省环境保护条例》第三十四条第一款规定："从国外、境外引进技术和设备，必须遵守国家环境保护法律、法规的有关规定。"

《江苏省环境保护条例》第三十九条第六项规定："违反本条例规定，有下列行为之一的，环境保护行政主管部门或者其他依照法律、法规规定行使环境监督管理权的部门，可以根据不同情节，给予警告或者处以罚款。……（六）引进不符合环境保护规定要求的技术、设备和有毒、有害废物的；……"

差异主要体现在：《江苏省环境保护条例》规定多了"有害废物"，《中华人民共和国环境保护法》没有对此进行规定。

无论是《中华人民共和国环境保护法》，还是《江苏省环境保护条例》均未对环境保护部门罚款数额进行规定。

四、《上海市环境保护条例》特有的规定

如对在黄浦江或其他内河水域违规运输剧毒化学品的处罚规定[1]；禁止将污染物委托给无环境污染治理设施运营资质的机构处理或处置，无环境污染治理设施运营资质的单位和个人不得接受委托处置污染物或运行管理环境污染治理设施[2]，违者处罚[3]；上海市鼓励排污单位委托具有环境污染治理设施运营资质的机构处置污染物或运行管理其环境污染治理设施[4]；违法转移、处置放射源、危险废物的要处罚[5]；畜禽养殖者应按规定收集、贮存、利用或者处置养殖过程中产生的畜禽粪便[6]。这些规定形成了长三角地区对此类问题规定上的差异。

五、对禁止将境外或外省市危险废物及不作为生产原料的其他固废转移到本地区的规定的差异

对此问题的规定出现在《上海市环境保护条例》和《江苏省环境保护条例》中，但它们的规定是有差异的。

《上海市环境保护条例》第三十六条第三款和第四款规定："禁止将境外或者外

[1]《上海市环境保护条例》第五十三条第二款。
[2]《上海市环境保护条例》第二十九条第二款。
[3]《上海市环境保护条例》第四十九条第三款。
[4]《上海市环境保护条例》第二十九条第一款。
[5]《上海市环境保护条例》第二十五条第一项。
[6]《上海市环境保护条例》第四十三条第二款。

省市的危险废物以及不作为生产原料的其他固体废物转移到本市。

"因特殊情况确需从境外进口固体废物用作原料的，应当依照国家有关规定经批准后，方可进入本市；因特殊情况确需将外省市固体废物作为原料运入本市的，应当经市环保局批准。"

《江苏省环境保护条例》第三十四条第二款和第三款规定："禁止将列入国家控制名录中的有毒、有害废物从国外、境外转移到本省处理、处置，防止污染转移。

"对于因特殊需要须进口废物作为原料、能源或者进行再利用的，必须按照国家规定程序进行申请、登记、审批、报验。"

显然，在用词上，《上海市环境保护条例》与《江苏省环境保护条例》是不一样的。因此，从立法技术上看，上海市与江苏省理应统一起来。同时，浙江省没有此类规定。这样，从内容上，长三角地区二省一市对此问题的规定就存在差异。

六、《江苏省环境保护条例》特有的规定

如禁止为谋取自身经济效益接受有毒有害的物质和生产严重污染的设施❶，违者处罚❷。这也形成了长三角二省一市对此问题规定的差异。

第八节　对河道湖泊及岸坡倒垃圾的规定

一、对"围湖造地规定"的差异

《中华人民共和国水法》、《上海市实施〈中华人民共和国水法〉办法》和《浙江省实施〈中华人民共和国水法〉办法》均对进行了规定，但规定有差异。

《中华人民共和国水法》第四十条第一款规定："禁止围湖造地。已经围垦的，应当按照国家规定的防洪标准有计划地退地还湖。"

《浙江省实施〈中华人民共和国水法〉办法》第二十五条第一款规定："禁止围湖造田。已经围垦的，应当按照国家和省规定的防洪标准进行治理，逐步退田还湖。"

《上海市实施〈中华人民共和国水法〉办法》第二十五条第二款规定："禁止围湖造田。围垦滨江沿海滩涂的，按《上海市滩涂管理暂行规定》执行。"

《中华人民共和国水法》、《上海市实施〈中华人民共和国水法〉办法》和《浙江省实施〈中华人民共和国水法〉办法》对围湖造地的规定是有差异的。

差异一：用词上的不同。《中华人民共和国水法》使用的是"围湖造地"，《上海市实施〈中华人民共和国水法〉办法》和《浙江省实施〈中华人民共和国水法〉

❶《江苏省环境保护条例》第三十五条第三款。

❷《江苏省环境保护条例》第三十九条第八项。

办法》均使用“围湖造田”。

差异二：规定内容有差异。《中华人民共和国水法》使用的是“应当按照国家规定的防洪标准有计划地退地还湖”，《浙江省实施〈中华人民共和国水法〉办法》使用的是“应当按照国家和省规定的防洪标准进行治理，逐步退田还湖。”前者用“计划退地还湖”，后者用先“治理”后“逐步退田还湖”。《上海市实施〈中华人民共和国水法〉办法》根本就没有这样的规定。同时，《上海市实施〈中华人民共和国水法〉办法》规定了“围垦滨江沿海滩涂”应遵循《上海市滩涂管理暂行规定》。《中华人民共和国水法》、《浙江省实施〈中华人民共和国水法〉办法》没有这样的规定。

二、对“处罚”规定的差异

《中华人民共和国水法》第六十六条第二项规定：“有下列行为之一，且防洪法未作规定的，由县级以上人民政府水行政主管部门或者流域管理机构依据职权，责令停止违法行为，限期清除障碍或者采取其他补救措施，处一万元以上五万元以下的罚款：……（二）围湖造地或者未经批准围垦河道的。”

《上海市实施〈中华人民共和国水法〉办法》第三十八条第一项规定：“违反本办法的规定，有下列行为之一的，由县级以上水利部门责令其停止违法行为，限期清除障碍或者采取其他补救措施，可以并处一千元以上三万元以下罚款：（一）围垦湖泊或者擅自围垦滨江沿海滩涂的……”

《浙江省实施〈中华人民共和国水法〉办法》第七十二条第三项和第四项规定：“违反水法和本办法规定，有下列行为之一的，由县级以上水行政主管部门或有关主管部门责令其停止违法行为，赔偿损失，限期清除障碍或采取补救措施，可以并处一万元以下罚款，对于有关责任人员可以由其所在单位或上级主管部门给予行政处分：……（三）围垦湖泊，或未经批准围垦河流的；（四）未经水行政主管部门审查同意，使用水域进行建设的……”

《中华人民共和国水法》、《上海市实施〈中华人民共和国水法〉办法》和《浙江省实施〈中华人民共和国水法〉办法》有罚款上的规定不同。

差异一：用词有差异。《中华人民共和国水法》使用的是“围湖造地”、“围垦河道”，《上海市实施〈中华人民共和国水法〉办法》使用的是“围垦湖泊”，《浙江省实施〈中华人民共和国水法〉办法》使用的是“围垦湖泊”和“围垦河流”。相对来说，《中华人民共和国水法》用词更准确一些。“围湖造地”比“围垦湖泊”好；“围垦河道”比“围垦河流”好。

差异二：内容上有差异。《中华人民共和国水法》和《浙江省实施〈中华人民共和国水法〉办法》均规定了“围湖”和“围河”，但《上海市实施〈中华人民共和国水法〉办法》只规定了“围湖”，《浙江省实施〈中华人民共和国水法〉办法》还规定了“使用水域进行建设”，《中华人民共和国水法》和《上海市实施〈中华人民共和国水法〉办法》没有此类规定。《上海市实施〈中华人民共和国水法〉办法》规定了“围垦滨江沿海滩涂”,《中华人民共和国水法》和《浙江省实施〈中华人民共和国水法〉办法》没有此类规定。

差异三：罚款额不同。《中华人民共和国水法》规定罚款额为“一万元以上五万元以下”,《上海市实施〈中华人民共和国水法〉办法》规定罚款额为“一千元以上三万元以下”,《浙江省实施〈中华人民共和国水法〉办法》规定的罚款额为“一万元以下”，并处罚以“行政处分”。国家大法最严；浙江办法次之；上海最宽松。按理，应该是国家最宽松，地方应比国家标准要严。现在倒过来了，这不利于环境保护。同时，地方之间差异过大，不利于水污染治理。

三、对“阻水障碍物”规定的差异

《上海市实施〈中华人民共和国水法〉办法》、《浙江省实施〈中华人民共和国水法〉办法》对此进行了规定，但规定有差异。

《上海市实施〈中华人民共和国水法〉办法》第三十五条规定：“对河道内的阻水障碍物和各种垃圾及废弃物，按照‘谁设障、谁清除’的原则，由防汛指挥机构责令设障或者倾倒者在规定期限内清除。逾期不清除的，由防汛指挥机构组织强行清除，并由设障或者倾倒者负担全部清除费用。”

《浙江省实施〈中华人民共和国水法〉办法》第六十一条规定：“对河道管理范围内的阻水障碍物，按照‘谁设障、谁清除’的原则，由水行政主管部门提出清障计划和实施方案，由防汛防旱指挥机构责令设障者在规定期限内清除。逾期不清除的，由防汛防旱指挥机构组织强行清除，并由设障者负担全部清障费用。”

《上海市实施〈中华人民共和国水法〉办法》、《浙江省实施〈中华人民共和国水法〉办法》对阻水障碍物的规定是有差异的。

差异一：用词有差异。《上海市实施〈中华人民共和国水法〉办法》使用的是“对河道内”,《浙江省实施〈中华人民共和国水法〉办法》使用的是“对河道管理范围内”。相对来说，前者更科学，后者语法上有问题。

差异二：管理机构有差异。《上海市实施〈中华人民共和国水法〉办法》规定由“防汛指挥机构”责令清除，逾期不清除的，由“防汛指挥机构”组织强行清除。《浙江省实施〈中华人民共和国水法〉办法》规定由“水行政主管部门提出清障计划和实施方案，由防汛防旱指挥机构责令”清除，逾期不清除的，由“防汛指挥机构”组织强行清除。

四、对乱倒垃圾的规定的差异

《上海市实施〈中华人民共和国水法〉办法》第二十五条第一款规定：“禁止向河道、湖泊及其岸坡倾倒工业、建筑废弃物和生活垃圾。”

《上海市实施〈中华人民共和国水法〉办法》第三十九条第四项规定：“违反本

办法的规定，有下列行为之一的，由县级以上水务行政管理部门责令其停止违法行为，限期清除障碍，没收非法所得，可以并处一百元以上一万元以下罚款：……（四）向河道、湖泊及其岸坡倾倒工业、建筑废弃物和生活垃圾影响水流的。”

《上海市实施〈中华人民共和国水法〉办法》、《浙江省实施〈中华人民共和国水法〉办法》对在河道内乱倒垃圾的行为进行了规定，但二者也是有差异的。

《上海市实施〈中华人民共和国水法〉办法》用了二十五条、三十五条和三十九条三个条款来规范，而《浙江省实施〈中华人民共和国水法〉办法》和《中华人民共和国水法》没有对此进行规定，甚至后两者连“垃圾”二字也没有出现。

第九节　对特殊水体的保护的规定

一、《中华人民共和国水污染防治法》特有的规定

如对风景名胜区水体、重要渔业水体和其他具有特殊经济文化价值的水体划定保护区，并采取措施，保证保护区的水质符合规定用途的水环境质量标准[1]；特殊水体保护区不得建排污口等。

二、《中华人民共和国海洋环境保护法》特有的规定

如对自然保护区不得从事污染环境的工程建设进行了规定，如不得设排污口，不得建设污染环境的海岸工程[2]，违者处罚[3]；向海域排放含热废水，必须采取措施避免污染[4]；渔业区不得从事污染环境的海岸工程建设[5]；对海滨风景名胜区不得建排污口[6]；含有机物和营养物质的工业废水、生活污水应严格控制向海湾、半封闭海及其他自净能力较差的海域排放[7]。

三、《江苏省海洋环境保护条例》特有的规定

如规定了在沿海划定禁止开发和限制开发的区域，对禁止开发和限制开发的区域应给予适当的经济补偿[8]。

---

❶《中华人民共和国水污染防治法》第六十四条。
❷《中华人民共和国海洋环境保护法》第四十二条第二款。
❸《中华人民共和国海洋环境保护法》第七十六条。
❹《中华人民共和国海洋环境保护法》第三十六条。
❺《中华人民共和国海洋环境保护法》第四十二条第二款。
❻《中华人民共和国海洋环境保护法》第三十条第三款，《中华人民共和国海洋环境保护法》第四十二条。
❼《中华人民共和国海洋环境保护法》第三十五条。
❽《江苏省海洋环境保护条例》第十八条第三款。

四、《中华人民共和国环境保护法》和《江苏省环境保护条例》规定的差异

（一）对各自自然生态系统区域要加以保护，严禁破坏

《中华人民共和国环境保护法》第二十九条规定："国家在重点生态功能区、生态环境敏感区和脆弱区等区域划定生态保护红线，实行严格保护。各级人民政府对具有代表性的各种类型的自然生态系统区域，珍稀、濒危的野生动植物自然分布区域，重要的水源涵养区域，具有重大科学文化价值的地质构造、著名溶洞和化石分布区、冰川、火山、温泉等自然遗迹，以及人文遗迹、古树名木，应当采取措施加以保护，严禁破坏。"

《江苏省环境保护条例》第二十一条规定："保护生物多样性，保护珍稀、濒危野生动植物，禁止任何单位和个人非法猎捕、毒杀、采伐、加工、收购、出售国家和本省保护的野生动植物及其产品。"

《中华人民共和国环境保护法》首次提到"生态保护红线"概念。江苏省的规定也比较详细和具体。但在长三角地区的浙江省和上海市依照《中华人民共和国环境保护法》相关条款执行，因此，长三角地区的二省一市对此问题的规定有差异。

（二）对风景名胜区、自然保护区和其它特别保护区防污的规定

《中华人民共和国环境保护法》第二十九条规定："各级人民政府对具有代表性的各种类型的自然生态系统区域，珍稀、濒危的野生动植物自然分布区域，重要的水源涵养区域，具有重大科学文化价值的地质构造、著名溶洞和化石分布区、冰川、火山、温泉等自然遗迹、以及人文遗迹、古树名木，应当采取措施予以保护，严禁破坏。"

《江苏省环境保护条例》第十三条规定："地方各级人民政府和有关部门应当按照国家和地方环境标准和本省环境保护规划的要求，划定本行政区域内的风景名胜区、自然保护区、水以及大气环境质量控制区、城市环境噪声标准适用区和农业环境保护综合整治区、基本农田保护区以及其他需要特别保护的区域。"

内容上有差异。《中华人民共和国环境保护法》规定了具有代表性的各种类型的自然生态系统区域。但《江苏省环境保护条例》只规定了划定这些特殊区域，并没有对这些区域如何进行保护进行规定。

五、《浙江省海洋环境保护条例》和《江苏省海洋环境保护条例》对"采用科学养殖"规定的差异

《浙江省海洋环境保护条例》第三十一条规定："渔业行政主管部门应当根据海洋功能区划划定近海海域养殖区域，确定限养区和准养区。

"海水养殖应当采用科学的养殖方式和合理的养殖密度，控制和治理近海海域养殖污染。

“海水养殖投入品的使用应当符合国家和省的有关规定和安全使用标准。禁止使用国家或者省明令禁止的海水养殖投入品。

“海上养殖生产、生活废弃物应当运至陆地作无害化处理，不得弃置海域。”

《江苏省海洋环境保护条例》第二十二条规定：“渔业行政主管部门应当根据本省海洋功能区划和渔业养殖规划，合理确定用于渔业养殖的海域，控制养殖规模，按照国家和省的有关规定和标准，推广生态养殖模式。

“海洋增殖、养殖项目需要设置人工鱼礁等特殊设施的，应当经渔业行政主管部门会同相关部门，根据本省海洋功能区划和有关标准、规范进行科学论证。渔业行政主管部门应当做好生态环境监测工作。”

关于科学养殖的问题，《中华人民共和国海洋环境保护法》并未做出规定。

这就形成了长三角地区的二省一市对此问题规定的差异。

六、《中华人民共和国海洋环境保护法》和《江苏省海洋环境保护条例》对“建立海洋自然保护区”规定的差异

《中华人民共和国海洋环境保护法》第二十一条规定：“国务院有关部门和沿海省级人民政府应当根据保护海洋生态的需要，选划、建立海洋自然保护区。

国家级海洋自然保护区的建立，须经国务院批准。”

《江苏省海洋环境保护条例》第十八条第二款规定：“省人民政府应当根据保护海洋生态的需要，依照法定程序选划、建立海洋自然保护区与海洋特别保护区。”

用词上存在差异。长三角地区的浙江省和上海市遵照《中华人民共和国海洋环境保护法》的有关规定执行，这样，在长三角地区二省一市对此问题的规定就存在差异。

七、《中华人民共和国海洋环境保护法》和《浙江省海洋环境保护条例》对“重要渔业区建立保护区”规定的差异

《中华人民共和国海洋环境保护法》第二十条规定：“国务院和沿海地方各级人民政府应当采取有效措施，保护……重要渔业水域等具有典型性、代表性的海洋生态系统，……

“对具有重要经济、社会价值的已遭到破坏的海洋生态，应当进行整治和恢复。”

《浙江省海洋环境保护条例》第三十一条第一款规定：“渔业行政主管部门应当根据海洋功能区划划定近海海域养殖区域，确定限养区和准养区。”《浙江省海洋环境保护条例》通过提出准养区和限养区来保护渔业资源。这是浙江省的特殊规定。上海市与江苏省遵照《中华人民共和国海洋环境保护法》的有关规定执行。

八、《中华人民共和国海洋环境保护法》、《浙江省海洋环境保护条例》和《江苏省海洋环境保护条例》规定的差异

（一）重要渔业区的保护

在管理者规定方面，《中华人民共和国海洋环境保护法》第五条第四款规定："国家渔业行政主管部门负责渔港水域内非军事船舶和渔港水域外渔业船舶污染海洋环境的监督管理，负责保护渔业水域生态环境工作，并调查处理前款规定的污染事故以外的渔业污染事故。"

《浙江省海洋环境保护条例》第四条第四款规定："沿海县级以上人民政府渔业行政主管部门（简称渔业行政主管部门，下同）负责所管辖渔港水域内非军事船舶和渔港水域外渔业船舶污染海洋环境的监督管理，负责保护管辖海域的渔业水域生态环境工作，并调查处理前款规定污染事故以外的渔业污染事故。"

《江苏省海洋环境保护条例》第五条第四款规定："沿海县级以上地方人民政府渔业行政主管部门（以下简称渔业行政主管部门）负责所管辖渔港水域内非军事船舶和渔港水域外渔业船舶污染海洋环境的监督管理，负责本级政府管辖海域的渔业生态环境保护工作，并调查处理前款规定的污染事故以外的渔业污染事故。"

（二）建立自然保护区的条件

《中华人民共和国海洋环境保护法》第二十二条规定："凡具有下列条件之一的，应当建立海洋自然保护区：（一）典型的海洋自然地理区域、有代表性的自然生态区域，以及遭受破坏但经保护能恢复的海洋自然生态区域；（二）海洋生物物种高度丰富的区域，或者珍稀、濒危海洋生物物种的天然集中分布区域；（三）具有特殊保护价值的海域、海岸、岛屿、滨海湿地、入海河口和海湾等；（四）具有重大科学文化价值的海洋自然遗迹所在区域；（五）其他需要予以特殊保护的区域。"

根据《中华人民共和国海洋环境保护法》第二十二条的规定，《浙江省海洋环境保护条例》第十九条规定"沿海各级人民政府应当采取措施，加强对下列区域的保护：（一）南麂列岛国家级海洋自然保护区；（二）韭山列岛省级海洋生态自然保护区；（三）舟山五峙山列岛省级鸟类自然保护区；（四）依法批准的海洋自然保护区、海洋特别保护区以及其他需要特殊保护的区域。"

本条中，用了海洋自然保护区、海洋生态自然保护区、自然保护区、海洋特别保护区四个名词。它们中的差异在哪里？

《浙江省海洋环境保护条例》第十八条规定："具有特殊地理条件、生态系统、生物与非生物资源及海洋开发利用特殊需要的区域，可以划定为海洋特别保护区。

"海洋特别保护区的选划、建设和管理办法，由省海洋行政主管部门根据国家有关规定制定，报省人民政府批准。

"海洋自然保护区的选划、建设和管理，按照国家和省有关规定执行。"

《浙江省海洋环境保护条例》第十八条第一款、第二款用是的海洋特别保护区，而第三款用的是自然保护区。同一条中用词都不统一。如果真有区别，其区别又在何处？

《江苏省海洋环境保护条例》第十八条第一款规定："沿海县级以上地方人民政府应当结合本地区海洋自然环境的状况和特点，对海洋生物多样性和典型性生态系统加强保护，建设人工鱼礁、实施近海人工资源增殖放流，整治、恢复和保护海洋生态。"

（三）海洋特别保护区

《中华人民共和国海洋环境保护法》第二十三条规定："凡具有特殊地理条件、生态系统、生物与非生物资源及海洋开发利用特殊需要的区域，可以建立海洋特别保护区，采取有效的保护措施和科学的开发方式进行特殊管理。"

根据《中华人民共和国海洋环境保护法》第二十三条的规定，《浙江省海洋环境保护条例》第十八条规定："具有特殊地理条件、生态系统、生物与非生物资源及海洋开发利用特殊需要的区域，可以划定为海洋特别保护区。

"海洋特别保护区的选划、建设和管理办法，由省海洋行政主管部门根据国家有关规定制定，报省人民政府批准。

"海洋自然保护区的选划、建设和管理，按照国家和省有关规定执行。"

《浙江省海洋环境保护条例》第十九条第四项规定："沿海各级人民政府应当采取措施，加强对下列区域的保护：……（四）依法批准的……海洋特别保护区……"

《江苏省海洋环境保护条例》第十八条第二款规定："省人民政府应当根据保护海洋生态的需要，依照法定程序选划、建立海洋自然保护区与海洋特别保护区。"

《江苏省海洋环境保护条例》第十九条第一项规定："下列重点海域，禁止设置排污口、排放污染物、开挖海砂，并严格控制其他严重影响海洋生态环境的活动：（一）……海洋特别保护区……"

《江苏省海洋环境保护条例》与《浙江省海洋环境保护条例》还是有些差异的。

九、对湿地保护的规定

（一）《江苏省长江水污染防治条例》特有的规定

《江苏省长江水污染防治条例》规定了制定湿地保护规划[1]，构成长三角地区对此问题规定的差异。

（二）《江苏省海洋环境保护条例》特有的规定

如确需开发滨海湿地的，应当符合重点海域海洋环境保护规划[2]。

[1]《江苏省长江水污染防治条例》第三十八条第一款。

[2]《江苏省海洋环境保护条例》第二十条。

（三）《上海市环境保护条例》特有规定

如对滩涂等湿地进行开发须进行环境影响评价进行了规定[1]。

（四）对“设立湿地保护区”规定的差异

《江苏省长江水污染防治条例》和《浙江省水污染防治条例》对此规定有差异。

《浙江省水污染防治条例》第二十条第四项规定：“县级以上人民政府应当根据生态功能保护的需要，对……重要湖泊、湿地……依法划定保护区，并采取措施，保证区域、水体符合功能区要求。”

《江苏省长江水污染防治条例》第三十八条第三款规定：“珍稀鱼类洄游区、珍稀鸟类栖息区以及自然湿地等需要特殊保护的区域，有关人民政府应当建设自然保护区。”

《浙江省水污染防治条例》和《江苏省长江水污染防治条例》关于湿地保护区设立的规定是有差异的。

目的有差异：《浙江省水污染防治条例》使用的是“根据生态功能保护的需要”；《江苏省长江水污染防治条例》使用的是“需要特殊保护”。

使用名称差异：《浙江省水污染防治条例》使用的是“保护区”；《江苏省长江水污染防治条例》使用的是“自然保护区”。

十、对海洋环境保护的规定

我国有《中华人民共和国海洋环境保护法》，因此，除此法律外，其他法律涉及海洋环境保护的内容基本上没有。

只有《中华人民共和国环境保护法》第三十四条规定：“国务院和沿海地方各级人民政府应当加强对海洋环境的保护。向海洋排放污染物、倾倒废弃物，进行海岸工程建设和海洋工程建设，应当符合法律法规规定和有关标准，防止和减少对海洋环境的污染损害。”这说明，凡涉及海洋环境保护的，依据《中华人民共和国海洋环境保护法》的相关规定执行。

《中华人民共和国环境保护法》、《上海市环境保护条例》和《江苏省环境保护条例》对海洋环境保护的规定只此一条。

十一、关于江苏省重点水域保护对象的规定

《江苏省环境保护条例》对重点水域的保护也做出了规定[2]。只有环境保护相关法律有此规定，且只有《江苏省环境保护条例》有此规定。

---

[1]《上海市环境保护条例》第四十二条。

[2]《江苏省环境保护条例》第二十三条。

十二、江苏长江段水污染防治的相关规定

如对长江水污染防治规划的制定[1]；重污染项目不得建设；石油化工项目建设的规定，针对石油化工项目，规定了由环境保护部门审批，并做环境影响评价[2]；在沿江地区建立开发区的规定，通过开发区建设，将企业圈在开发区内，有利于污染治理[3]；确保长江江苏段水质不低于二类标准[4]；沿江地区工业固体废物、危险废物、生活垃圾的无害化处置[5]；合理利用长江水资源[6]；加强对长江两岸排污通道的研究[7]。

这一条主要是针对长江来制定的。但《中华人民共和国水污染防治法》和《浙江省水污染防治条例》并未针对某条具体的河流来规范建设项目。

第十节 对水利工程规定的差异

长三角地区对于水利工程进行法律规范的条款不少，通过仔细梳理，发现法律条文间的矛盾和冲突比较多。通过协调和统一长三角地区间的相关法律条款，不仅有利于长三角地区水工程的建设和管理，更有利于长三角地区跨界水污染防治。

一、水法对水工程规定的差异

（一）《中华人民共和国水法》对水利工程特有的一些规定

这些规定有：建设水工程，必须符合流域综合规划[8]；水工程建设与移民安置同步进行，保护移民的合法权益[9]等。无论是在《浙江省实施〈中华人民共和国水法〉办法》，还是《上海市实施〈中华人民共和国水法〉办法》均没有对此进行规定。也就是说，无论是上海市、江苏省还是浙江省，都可以按此遵照执行。对此问题的规定，在长三角地区应该没有任何冲突和矛盾，这有利于长三角地区对此问题进行协同管理。

（二）《浙江省实施〈中华人民共和国水法〉办法》特有的规定

如兴建跨流域引水工程应全面规划和科学论证，兼顾引出和引入流域的用水需求，防止对生态产生不利影响[10]；水工程应开展多种经营增加收入，增强自我发展能

[1]《江苏省长江水污染防治条例》第二十八条。
[2]《江苏省长江水污染防治条例》第十三条第一款、第二款。
[3]《江苏省长江水污染防治条例》第十四条第一款,《江苏省长江水污染防治条例》第十四条第二款。
[4]《江苏省长江水污染防治条例》第二十三条。
[5]《江苏省长江水污染防治条例》第三十四条。
[6]《江苏省长江水污染防治条例》第三十九条第一款。
[7]《江苏省长江水污染防治条例》第四十条。
[8]《中华人民共和国水法》第十九条。
[9]《中华人民共和国水法》第二十九条。
[10]《浙江省实施〈中华人民共和国水法〉办法》第十五条。

力，水工程的收益应用于水工程的建设，不得挪用和侵占[1]；水工程原设计指标需要修正须报批[2]等。在长三角其他地区没有类似的规定。因此，从立法协调的角度看，这些规定理应统一。

（三）《中华人民共和国水法》与《浙江省实施〈中华人民共和国水法〉办法》一些共有规定上的差异

1.对水利工程是基础产业规定的差异

《中华人民共和国水法》第五条规定："县级以上人民政府应当加强水利基础设施建设，并将其纳入本级国民经济和社会发展计划。"

《浙江省实施〈中华人民共和国水法〉办法》第四条规定："水利是国民经济的基础设施和基础产业。各级人民政府应当加强水利建设，合理开发利用水资源，防治水害，适应国民经济发展和人民生活的需要。"

《浙江省实施〈中华人民共和国水法〉办法》第十六条规定："各级人民政府应当积极地有计划地组织兴建各类水工程。

"兴建水工程，必须遵守国家规定的基本建设程序和其他有关规定。凡涉及其他地区和行业利益的，建设单位必须事先向有关地区和部门征求意见，并按照规定报上级人民政府或有关主管部门审批。"

水利工程是基础产业，《中华人民共和国水法》和《浙江省实施〈中华人民共和国水法〉办法》均做出了规定。相对来说，《中华人民共和国水法》是高度概括，重点强调两点：一是应加强水利基础设施建设；二是将其纳入国民经济和社会发展计划。

《浙江省实施〈中华人民共和国水法〉办法》第四条和第十六条规定的主要内容，一是水利是国民经济的基础设施和基础产业；二是要有计划地组织兴建各类水工程。意思大体一样，但前者概括；后者详细。

在《上海市实施〈中华人民共和国水法〉办法》中没有类似的规定。从上位法与下位法的关系看，上海市和江苏省没有类似的规定可以按照《中华人民共和国水法》遵照执行。那么这样一来，上海市、江苏省对此类问题的规定与浙江省的规定就有了差异。从长三角立法协调的角度看，要么调整浙江省的规定，要么上海市和江苏省也做类似于浙江省的规定，这样才能保证长三角地区对此类问题的规定的一致性。

2.对"在农村修建水工程，谁投资谁受益，并须获县级以上人民政府水行政主管部门批准"规定的差异

《中华人民共和国水法》第二十五条第二款和第三款规定："农村集体经济组织或者其成员依法在本集体经济组织所有的集体土地或者承包土地上投资兴建水工程

---

[1]《浙江省实施〈中华人民共和国水法〉办法》第四十一条。

[2]《浙江省实施〈中华人民共和国水法〉办法》第五十七条。

设施的，按照谁投资建设谁管理和谁受益的原则，对水工程设施及其蓄水进行管理和合理使用。

“农村集体经济组织修建水库应当经县级以上地方人民政府水行政主管部门批准。”

《浙江省实施〈中华人民共和国水法〉办法》第十七条规定 :“兴建水工程所需的资金，除国家安排投资部分外，应当按受益大小，由受益单位合理负担。在农村，按国家规定建立水利劳动积累工制度。”

《中华人民共和国水法》和《浙江省实施〈中华人民共和国水法〉办法》对谁投资建设谁管理和谁受益的规定是有差异的。

差异一 :《中华人民共和国水法》规定的是在“集体经济组织所有的集体土地或者承包土地上投资兴建水工程设施”。而《浙江省实施〈中华人民共和国水法〉办法》没有这一限制条件。

差异二 :《中华人民共和国水法》规定农村集体经济组织修建水库应经县级以上人民政府水行政主管部门批准。而《浙江省实施〈中华人民共和国水法〉办法》没有这样的规定。因此，浙江省可遵照此执行。

差异三 :《浙江省实施〈中华人民共和国水法〉办法》规定了“在农村，按国家规定建立水利劳动积累工制度。”而《中华人民共和国水法》没有这一规定。

《中华人民共和国水法》和《浙江省实施〈中华人民共和国水法〉办法》对此问题规定的差异，将导致上海市和江苏省对此类问题的规定与浙江省对此类问题的规定产生矛盾和冲突，不利于长三角地区在此问题上监管的协调。

（四）《浙江省实施〈中华人民共和国水法〉办法》和《上海市实施〈中华人民共和国水法〉办法》在一些共有规定上的差异

1.水行政等部门应加强水工程的监督管理

《上海市实施〈中华人民共和国水法〉办法》第二十九条规定 :“本市县级以上人民政府的水利部门应当加强水政监察工作。

“各级水利、规划、环保、市政、港务、交通、公用事业、地矿、渔业、环卫管理监督机构，应当恪守职责，协同配合，共同做好水资源的合理开发利用和保护工作。

“各县（区）水利公安机构和港口、水上公安机构应当切实加强水利治安管理和港口、水上治安管理，维护水工程设施的完整、安全和港口、水上治安秩序。”

《浙江省实施〈中华人民共和国水法〉办法》第三十二条规定 :“各级人民政府应当加强对水工程的管理和安全保护。对于水库等重要水工程，除进行经常性检查、养护和维修外，水行政主管部门应当定期组织力量进行全面检查和安全鉴定，确保安全运行。”

《浙江省实施〈中华人民共和国水法〉办法》第四十条规定 :“各级人民政府及主管部门应当采取有效措施，加强对现有水工程的维护和挖潜改造，完善配套设施，提高水工程的功能和效益。”

二者规定的内容大体相同，但二者的表述存在较大差异。《上海市实施〈中华人民共和国水法〉办法》强调了各县（区）水利公安机构对水工程履行监管职责问题；而《浙江省实施〈中华人民共和国水法〉办法》中强调的是各级人民政府应履行对水工程的监管职责问题。

此外，《浙江省实施〈中华人民共和国水法〉办法》对水工程的管理内容进行了详细的规定，既强调了各级人民政府水工程的管理职责；又强调了水行政主管部门的管理职责；既强调了经常性检查、养护和维修；又强调了水工程的挖潜改造、设施完善等。这些规定比《上海市实施〈中华人民共和国水法〉办法》的规定要详细。

同时，江苏省没有制定《中华人民共和国水法》实施办法，江苏省完全按照《中华人民共和国水法》遵照执行。这样一来，使得浙江省、上海市和江苏省对此问题的规定同样存在差异，不利于长三角地区水利工程的协调管理。

2.水工程应有专门的管理人员

任何单位不得干扰水工程的正常工作，非水工程管理人员或者未经考核合格者，不得操作水工程设施。

《上海市实施〈中华人民共和国水法〉办法》第二十七条规定：“禁止任何单位和个人阻碍或者干扰河道、湖泊、航道和水工程管理单位的正常工作。

“非水工程管理人员或者未经考核合格者，不得操作水工程设施。”

《浙江省实施〈中华人民共和国水法〉办法》第三十九条规定：“水工程应当按管理权限设管理单位或专门管理人员，履行保护管理职责，确保水工程安全完整。

“水工程管理单位根据需要，可以组织受益地区的单位和村（居）民建立水工程管理委员会，维护水工程的安全。”

《浙江省实施〈中华人民共和国水法〉办法》第七十四条规定：“下列行为依法应当给予治安处罚的，依照治安管理处罚条例给予处罚；构成犯罪的，依法追究刑事责任：……（三）扰乱水工程管理单位秩序，致使保护管理工作不能正常进行的；……（五）拒绝、阻碍水行政主管部门和其他有关主管部门依法执行职务的；……”

非水工程管理人员或者未经考核合格者不得操作水工程设施。这是上海特有的规定。在《中华人民共和国水法》和《浙江省实施〈中华人民共和国水法〉办法》均没有此类规定。同样，江苏也没有此类规定，将遵照《中华人民共和国水法》执行。这种差异的存在将阻碍长三角水利工程管理人才的流动。因此，从长三角区域一体化的发展来看，该条要么取消，要么应该在长三角得到普遍适用，即浙江省实施《中华人民共和国水法》应增加该条的条款内容。

（五）《中华人民共和国水法》和《上海市实施〈中华人民共和国水法〉办法》对一些共有规定的差异

在“修建水工程应获水行政部门同意，且按要求修建”规定上的差异。

《中华人民共和国水法》第六十五条第二款、第三款规定："未经水行政主管部门或者流域管理机构同意，擅自修建水工程，……由县级以上人民政府水行政主管部门或者流域管理机构依据职权，责令停止违法行为，限期补办有关手续；逾期不补办或者补办未被批准的，责令限期拆除违法建筑物、构筑物；逾期不拆除的，强行拆除，所需费用由违法单位或者个人负担，并处一万元以上十万元以下的罚款。

"虽经水行政主管部门或者流域管理机构同意，但未按照要求修建前款所列工程设施的，由县级以上人民政府水行政主管部门或者流域管理机构依据职权，责令限期改正，按照情节轻重，处一万元以上十万元以下的罚款。"

《上海市实施〈中华人民共和国水法〉办法》第十七条规定："在本市范围内兴建各类水工程和利用河道、湖泊水面及其岸线的建设项目，必须遵守国家规定的基本建设程序和其他有关规定，并按以下各项办理：

（一）修建开发水利、防治水害、整治河道的各类工程和沿河、跨河、穿河、穿堤、临河的桥梁、码头、道路、渡口、管道、缆线或者其他建筑物及设施，建设单位必须将工程建设方案报送水利部门审查同意并办理使用河道岸线申请手续；涉及航道的，由水务行政管理部门会同航道主管部门审查批准。

（二）建设项目位于上海港港区和规划港区内的，向港务部门办理申请手续；位于本市内河港区和内河规划港区内的，向内河港务部门办理申请手续。

（三）有关单位需要临时使用岸线的，在上海港规划港区范围内的向港务部门办理申请手续，在内河规划港区范围内的，向内河港务部门办理申请手续。

（四）在本款（二）、（三）项所称的港区和规划港区内兴建、改建、扩建各类工程设施及临时使用岸线，涉及滩涂利用、河势稳定和防汛安全的工程建设方案，还须经水务行政管理部门审查同意。违反上述规定的，水务行政管理部门有权要求其改正。造成危害的，审批机关和使用单位应负相应的责任。

前款（二）、（三）项所称的上海港规划港区和内河规划港区，根据国务院或者市人民政府的批准文件确定；规划港区内的建设项目开始施工时，临时使用岸线的单位或者个人应当无条件退出。"

比较《中华人民共和国水法》和《上海市实施〈中华人民共和国水法〉办法》，可以看出二者是有差异的。

差异一：主管和处罚单位不同。《中华人民共和国水法》规定的是水行政主管部门或流域管理机构；《上海市实施〈中华人民共和国水法〉办法》规定的是"水务行政管理部门"，涉及航道的需要水务行政管理部门会同航道主管部门审批，涉及港口的要向内河港务部门审批。

差异二：处罚不同。《中华人民共和国水法》规定了拆除违法建筑（包括强拆）和处一万元以上十万元以下的罚款。但《上海市实施〈中华人民共和国水法〉办法》规定对违法行为责令改正，造成危害的承担相应的责任，并没有规定罚款。

这种差异本身就使得上海市在遇到类似的问题时，是执行《中华人民共和国水法》呢，还是执行《上海市实施〈中华人民共和国水法〉办法》呢？当然，根据上位法与下位法的关系，上位法的权威性比下位法的权威性要强，因此，执行上位法更具有法律依据。如果这样，上海市在制定该条时就显得有点多余了。如果强制执行《上海市实施〈中华人民共和国水法〉办法》，上海市就有违法嫌疑。

由于浙江省和江苏省没有类似的规定，它们两省必然依照《中华人民共和国水法》执行。这样，同样造成了上海市、江苏省和浙江省对此条款规定的差异。

（六）《中华人民共和国水法》、《上海市实施〈中华人民共和国水法〉办法》、《浙江省实施〈中华人民共和国水法〉办法》对一些共有规定的差异

1.建设其他工程而破坏水工程设施的应负责相关赔偿和补偿

《中华人民共和国水法》第十四条规定了兴建水工程或其他建设项目，对原有灌溉用水、供水水源或者航道水量有不利影响的应采取补救措施或补偿。

《中华人民共和国水法》第三十八条规定："在河道管理范围内建设桥梁、码头和其他拦河、跨河、临河建筑物、构筑物，铺设跨河管道、电缆，应当符合国家规定的防洪标准和其他有关的技术要求，工程建设方案应当依照防洪法的有关规定报经有关水行政主管部门审查同意。

"因建设前款工程设施，需要扩建、改建、拆除或者损坏原有水工程设施的，建设单位应当负担扩建、改建的费用和损失补偿。但是，原有工程设施属于违法工程的除外。"

《中华人民共和国水法》第三十五条规定："从事工程建设，占用农业灌溉水源、灌排工程设施，或者对原有灌溉用水、供水水源有不利影响的，建设单位应当采取相应的补救措施；造成损失的，依法给予补偿。"

可以看出，《中华人民共和国水法》第三十五条与第十三条有些重复，这是立法技术不严谨造成的。

《上海市实施〈中华人民共和国水法〉办法》第二十三条规定："在本市河道、湖泊和各类水工程的保护和管理范围内进行有关的建设和生产活动，应当遵守以下规定：……（四）在河道、湖泊中运输或者堆存竹木，不得影响……各类水工程安全。……（八）在河口、江海交汇处，以及滩涂和重要水工程所在水域，禁止从事危害水工程设施和防汛安全的渔业生产、作业活动。县级以上水务行政管理部门可以会同同级渔业主管部门划定若干永久或者临时的禁捕、禁渔区域。（九）因建设需要征用或者占用土地而影响原有水系或者损坏原有水利工程设施的，建设单位应当采取相应补救措施或者予以补偿。……"

《上海市实施〈中华人民共和国水法〉办法》第十四条规定："任何单位或者个人引水、蓄水、排水，不得损害公共利益和他人的合法权益。

"兴建水工程或者其他建设项目，对原有灌溉用水、供水水源或者航道水量有不利影响的，建设单位应当采取补救措施或者予以补偿。"

《浙江省实施〈中华人民共和国水法〉办法》第十四条规定："兴建建设项目，对原有灌溉用水、供水水源或航运水量有不利影响的，以及经批准使用水域进行建设的，建设单位必须按规定采取补救措施或支付补偿费。补偿费按当地新建替代工程造价计算，列入建设项目工程概算。"

《中华人民共和国水法》规定了补偿的种类：对原有灌溉用水、供水水源或者航道水量有不利影响的应采取补救措施或补偿；需要扩建、改建、拆除或者损坏原有水工程设施的，建设单位应当负担扩建、改建的费用和损失补偿。

《上海市实施〈中华人民共和国水法〉办法》规定的补偿种类：兴建水工程或者其他建设项目，对原有灌溉用水、供水水源或者航道水量有不利影响的，建设单位应当采取补救措施或者予以补偿。这一种与《中华人民共和国水法》补偿的一种相同。

《浙江省实施〈中华人民共和国水法〉办法》规定的补偿种类：兴建建设项目，对原有灌溉用水、供水水源或航运水量有不利影响的补偿。

《浙江省实施〈中华人民共和国水法〉办法》规定了"补偿费按当地新建替代工程造价计算，列入建设项目工程概算。"这一点与《中华人民共和国水法》和《上海市实施〈中华人民共和国水法〉办法》是不一样的。

这就说明在补偿费的规定上，上海市、江苏省没有差异；但上海市、江苏省和浙江省的规定有差异。在长三角地区，不同的补偿标准和内容必然造成地区生态发展的不平衡，不利于跨界水污染治理。

此外，《中华人民共和国水法》、《上海市实施〈中华人民共和国水法〉办法》和《浙江省实施〈中华人民共和国水法〉办法》在相同补偿内容上的用词也有一些差异，这些差异仅属于立法技术不统一造成的。

2.单位和个人有保护水工程的义务

（1）单位和个人有保护水工程的义务。

《中华人民共和国水法》第四十一条规定："单位和个人有保护水工程的义务，不得侵占、毁坏堤防、护岸、防汛、水文监测、水文地质监测等工程设施。"

《上海市实施〈中华人民共和国水法〉办法》第二十八条规定："禁止任何单位和个人侵占、破坏、盗窃和损毁水工程设施、防汛设施、水文监测设施、水文地质监测设施、导航和助航设施、测量标志及有关物资器材。"

《浙江省实施〈中华人民共和国水法〉办法》第三十一条规定："水工程及堤防、护岸等有关设施，以及防汛设施、水文监测设施、水文地质监测设施和导航、助航等设施，受法律保护，任何单位和个人不得侵占、毁坏。"

《上海市实施〈中华人民共和国水法〉办法》第二十八条规定和《浙江省实施〈中华人民共和国水法〉办法》第三十一条规定是根据《中华人民共和国水法》第四十一条规定制定的，基本内容相同。同样，在用词上、在语序上有差异。这说明，长三角地区二省一市的立法技术没有统一。

（2）县级以上人民政府应加强水工程的保护。

《中华人民共和国水法》第四十二条规定："县级以上地方人民政府应当采取措施，保障本行政区域内水工程，特别是水坝和堤防的安全，限期消除险情。水行政主管部门应当加强对水工程安全的监督管理。"

《中华人民共和国水法》第四十三条第一款规定："国家对水工程实施保护。国家所有的水工程应当按照国务院的规定划定工程管理和保护范围。"

《中华人民共和国水法》第四十三条第二款规定："国务院水行政主管部门或者流域管理机构管理的水工程，由主管部门或者流域管理机构商有关省、自治区、直辖市人民政府划定工程管理和保护范围。"

《浙江省实施〈中华人民共和国水法〉办法》第三十三条规定："县级以上人民政府应当依照国家和省的有关规定和经批准的设计，对国家所有的水工程划定管理范围，并在管理范围外划定保护范围。"

《中华人民共和国水法》强调了县级以上人民政府和水行政主管部门应采取措施保护水工程，《浙江省实施〈中华人民共和国水法〉办法》强调的是县级以上人民政府应采取措施保护水工程，二者都特别强调了对国家所有的水工程划定管理范围和保护范围，这一点是《上海市实施〈中华人民共和国水法〉办法》没有规定的。在对水工程保护范围的规定上，《中华人民共和国水法》强调的是由水行政主管部门来履行；而《浙江省实施〈中华人民共和国水法〉办法》强调的是由县级以上人民政府来执行，这里也存在差异。

这样就造成了无论是内容上，还是用词上，长三角地区二省一市对此类问题的规定存在差异。

（3）对其他水工程实施保护。

《中华人民共和国水法》规定其他水工程由省、自治区、直辖市人民政府划定工程保护范围和保护职责。

《中华人民共和国水法》第四十三条第三款规定："前款规定以外的其他水工程，应当按照省、自治区、直辖市人民政府的规定，划定工程保护范围和保护职责。"

《上海市实施〈中华人民共和国水法〉办法》第二十二条规定："河道、湖泊和各类水工程，由水务行政管理部门报请县级以上人民政府批准划定保护和管理范围，并负责管理，任何单位和个人不得侵占。

"河道的保护和管理范围，是河道两岸堤防之间的全部水域、滩地、堤防和护堤地。没有堤防的，按河道防洪规划所确定的设计洪水位划定保护和管理范围。

"湖泊的保护和管理范围，是环湖周边提防之内的全部水域、滩地、堤防和护堤地。没有堤防的湖泊岸段，按防洪规划所确定的设计洪水位划定保护和管理范围。

"各类水工程的保护和管理范围，由工程设计文件规定。过去没有设计文件或者设计文件没有规定的，可以比照同类同等级工程确定。"

《上海市实施〈中华人民共和国水法〉办法》第二十二条是按照《中华人民共

和国水法》第四十三条第一款、第二款和第三款规定制定的，并进行了细化和可操作化。

《浙江省实施〈中华人民共和国水法〉办法》第三十四条规定："重要水工程的管理范围和保护范围，由省水行政主管部门协同水工程所在地的市（地）或县（市、区）人民政府按照以下标准提出划定方案，报省人民政府决定……"

《浙江省实施〈中华人民共和国水法〉办法》第三十五条规定："国家所有的其他水工程的管理范围和保护范围，由管辖该水工程的水行政主管部门根据省水行政主管部门制定的指导标准，提出划定方案，报水工程所在地的市（地）或县（市、区）人民政府决定。"

三者的差异体现在以下几个方面。

① 概念存在差异。《中华人民共和国水法》第四十三条第三款规定的是"前款规定以外的其他水工程"，即国家所有以外的其他水工程；而《浙江省实施〈中华人民共和国水法〉办法》规定的是"国家所有的其他水工程"；而《上海市实施〈中华人民共和国水法〉办法》规定的是"各类水工程"。个中差异明显。

② 报批程序上的差异。《浙江省根据〈中华人民共和国水法〉规定》的"其他水利工程应报省政府批准的条款"，制定了由水行政主管部门提出规划方案报市或县人民政府决定，然后由省水行政主管部门协同水工程所在市或县提出方案，报省人民政府决定。这一报批程序是浙江特有的，但由省政府决定是水法所决定的。因此，浙江省关于其他水工程的报批原则符合水法精神，又具有浙江省的特色，但它与上海市的报批程序有差异。

上海只规定了其他水工程由县级以上人民政府批准，并没有再报上海市人民政府批准这样的规定。

因此，对于其他水工程的规定，无论是内容上还是用词上都存在较大的差异。江苏省没有出台《江苏省实施〈中华人民共和国水法〉办法》，因此，它遵照《中华人民共和国水法》执行。这样，上海市、浙江省和江苏省在此问题的规定上都存在差异。

（4）对集体水工程的保护参照国家水工程保护办法进行保护和管理。

《浙江省实施〈中华人民共和国水法〉办法》第三十七条规定："集体所有的水工程可以参照本办法关于国家所有的水工程的规定，划定保护范围和管理范围。"

只有《浙江省实施〈中华人民共和国水法〉办法》专门对集体所有的水工程进行规定。在《中华人民共和国水法》中对国家所有的水工程进行了规定，并没有专门对集体所有的水工程进行规定。上海使用的是"各类水工程"，应该包括集体所有。

（5）在水工程保护范围内，禁止从事影响水工程运行和危害水工程安全的各种活动。

《中华人民共和国水法》第四十三条第四款规定："在水工程保护范围内，禁止从事影响水工程运行和危害水工程安全的爆破、打井、采石、取土等活动。”

《上海市实施〈中华人民共和国水法〉办法》第二十四条第三款规定：“未经水务行政管理部门批准，不得在河道、湖泊和水工程的保护和管理范围内放牧、垦殖、刈割防浪作物或者搭建棚舍、房屋、墓穴。”

《上海市实施〈中华人民共和国水法〉办法》第二十六条规定：“禁止在河道、湖泊和水工程的保护和管理范围内进行爆破、打井、挖石、取土以及其他损毁护岸、护堤设施和防浪作物等危害河道、湖泊和水工程安全的行为。”

《上海市实施〈中华人民共和国水法〉办法》第三十九条规定：“违反本办法的规定，有下列行为之一的，由县级以上水务行政管理部门责令其停止违法行为，限期清除障碍，没收非法所得，可以并处一百元以上一万元以下罚款：（一）在河道、湖泊和水工程的保护范围内，未经水务行政管理部门同意擅自放牧、垦殖或者搭建棚舍、房屋、墓穴，以及在河道中任意堆存竹木的；……（三）违反本办法第二十三条第（七）项、第（八）项的规定，应当由水务行政管理部门处罚的；……”

《上海市实施〈中华人民共和国水法〉办法》第二十四条第三款和第二十六条是根据《中华人民共和国水法》第四十三条第四款规定制定的，也进行了细化和可操作化，并且规定了罚款额。

《浙江省实施〈中华人民共和国水法〉办法》第三十八条规定：“水工程保护范围内，禁止进行爆破、打井、采石、取土等危害水工程安全的活动。

“水工程管理范围或管理范围预留地内，禁止进行爆破、打井、采石、取土、建窑、挖坑、开沟、埋坟以及建房等危害水工程安全的活动。个别确需建房的，须经县级以上水行政主管部门批准。”

差异一：违法行为规定有差异。

《中华人民共和国水法》规定了禁止“爆破、打井、采石、取土”等活动；《上海市实施〈中华人民共和国水法〉办法》规定了禁止“放牧、垦殖、刈割防浪作物或者搭建棚舍、房屋、墓穴”、“爆破、打井、挖石、取土”及其他“危害水工程安全”的行为；《浙江省实施〈中华人民共和国水法〉办法》规定了禁止“爆破、打井、采石、取土”、“爆破、打井、采石、取土、建窑、挖坑、开沟、埋坟以及建房”。三者所枚举的行为都有差异。

差异二：内容上有差异。《浙江省实施〈中华人民共和国水法〉办法》规定了“建房”需县级以上人民政府水行政主管部门批准。而《中华人民共和国水法》和《上海市实施〈中华人民共和国水法〉办法》均无此规定。

差异三：处罚上有差异。只有《上海市实施〈中华人民共和国水法〉办法》规定了在河道内设障等违法可由水行政主管部门对之进行处罚，处罚方式为限期清除障碍，没有收违法所得和罚款。

（6）水工程的权属规定。

《浙江省实施〈中华人民共和国水法〉办法》第三十六条规定："国家所有的水工程管理范围内，土地所有权属于国家，使用权属于水工程管理单位。管理范围涉及集体所有的土地的，划定时应当依法办理土地征用手续。划定管理范围有困难的，可以先确定管理范围预留地。预留地内土地所有权和使用权不变。

"国家所有的水工程的保护范围内，土地所有权和使用权不变。水工程管理单位应当与当地村（居）民委员会及有关单位签订保护协议。"

《浙江省实施〈中华人民共和国水法〉办法》规定了国家所有水工程，土地所有权属国家；土地使用权属水工程管理单位。如果土地属于集体，应办理征地手续。在国家所有水工程的保护范围内，土地所有权与使用权不变。这一规定是《中华人民共和国水法》和《上海市实施〈中华人民共和国水法〉办法》所没有的。

3.对处罚规定上有差异

《中华人民共和国水法》第七十二条规定："有下列行为之一，构成犯罪的，依照刑法的有关规定追究刑事责任；尚不够刑事处罚，且防洪法未作规定的，由县级以上地方人民政府水行政主管部门或者流域管理机构依据职权，责令停止违法行为，采取补救措施，处一万元以上五万元以下的罚款；违反治安管理处罚条例的，由公安机关依法给予治安管理处罚；给他人造成损失的，依法承担赔偿责任：（一）侵占、毁坏水工程及堤防、护岸等有关设施，毁坏防汛、水文监测、水文地质监测设施的；（二）在水工程保护范围内，从事影响水工程运行和危害水工程安全的爆破、打井、采石、取土等活动的。"

《中华人民共和国水法》第七十三条规定："侵占、盗窃或者抢夺防汛物资，防洪排涝、农田水利、水文监测和测量以及其他水工程设备和器材，贪污或者挪用国家救灾、抢险、防汛、移民安置和补偿及其他水利建设款物，构成犯罪的，依照刑法的有关规定追究刑事责任。"

《上海市实施〈中华人民共和国水法〉办法》第三十七条第一项和第二项规定："违反本办法的规定，有下列行为之一的，由县级以上水务行政管理部门责令其停止违法行为，赔偿损失，限期采取补救措施，对第一项、第二项行为可以并处一千元以上五万元以下罚款……：（一）损毁水工程设施、水文监测设施和其他防汛工程设施的；（二）在河道、湖泊和各类水工程的保护和管理范围内进行爆破、打井、挖石、取土等危害水利安全的活动的；……"

《上海市实施〈中华人民共和国水法〉办法》第三十八条规定："违反本办法的规定，有下列行为之一的，由县级以上水务行政管理部门责令其停止违法行为，限期清除障碍或者采取其他补救措施，对第一项、第二项、第五项行为可以并处一万元以上五万元以下的罚款，对第三项、第四项、第六项行为可以并处一千元以上三万元以下罚款：……（三）违反本办法第十七条规定的各类建设和施工作业，应当由水务行政管理部门处罚的；……（五）在河道、湖泊中堆存竹木影响行洪、排涝和水工程安全的；……"

《上海市实施〈中华人民共和国水法〉办法》第四十二条规定："违反本办法的规定，侵占、破坏、盗窃、损毁水工程设施和有关物资器材，干扰河道、湖泊和水工程管理单位正常工作，使用暴力阻挠水政监察人员和水利公安干警履行职责，以及在按本办法第三十七条至第三十九条的规定进行处罚的同时应当给予治安管理处罚的，由公安机关依照《中华人民共和国治安管理处罚法》的规定处罚；情节严重构成犯罪的，由司法机关依法追究刑事责任。"

《浙江省实施〈中华人民共和国水法〉办法》第七十二条规定："违反水法和本办法规定，有下列行为之一的，由县级以上水行政主管部门或有关主管部门责令其停止违法行为，赔偿损失，限期清除障碍或采取补救措施，可以并处一万元以下罚款，对于有关责任人员可以由其所在单位或上级主管部门给予行政处分：……（六）毁坏水工程及堤防、护岸等有关设施，毁坏防汛设施、水文监测设施、水文地质监测设施和导航、助航设施的；（七）在水工程保护范围内进行爆破、打井、采石、取土等危害水工程安全的活动的；（八）在水工程管理范围和管理范围预留地内进行爆破、打井、采石、取土、建窑、挖坑、开沟、埋坟、堆物等危害水工程安全的活动，或未经水行政主管部门批准进行建房的；……"

《浙江省实施〈中华人民共和国水法〉办法》第七十四条规定："下列行为依法应当给予治安处罚的，依照治安管理处罚条例给予处罚；构成犯罪的，依法追究刑事责任：（一）有第七十二条第（二）项、第（六）项、第（七）项、第（八）项行为之一，情节严重的；……"

《浙江省实施〈中华人民共和国水法〉办法》第七十五条规定："盗窃或抢夺防汛物资、水工程器材的，贪污或挪用国家救灾、抢险、防汛、移民安置款物的，依法追究刑事责任。"

违法行为：……（六）毁坏水工程及堤防、护岸等有关设施，毁坏防汛设施、水文监测设施、水文地质监测设施和导航、助航设施的；（七）在水工程保护范围内进行爆破、打井、采石、取土等危害水工程安全的活动的；（八）在水工程管理范围和管理范围预留地内进行爆破、打井、采石、取土、建窑、挖坑、开沟、埋坟、堆物等危害水工程安全的活动，或未经水行政主管部门批准进行建房的。

比较《中华人民共和国水法》、《浙江省实施〈中华人民共和国水法〉办法》和《上海市实施〈中华人民共和国水法〉办法》，可以看出三者是有差异的。

差异一：经济处罚的额度不同。《中华人民共和国水法》规定了一万元以上五万元以下罚款；《浙江省实施〈中华人民共和国水法〉办法》规定了一万元以下罚款；《上海市实施〈中华人民共和国水法〉办法》规定了一千元以上五万元以下罚款。

差异二：处罚内容有差异。《中华人民共和国水法》规定了：侵占、毁坏水工程及堤防、护岸等有关设施，毁坏防汛、水文监测、水文地质监测设施的；在水工程保护范围内，从事影响水工程运行和危害水工程安全的爆破、打井、采石、取土等活动的。

《浙江省实施〈中华人民共和国水法〉办法》规定了：毁坏水工程及堤防、护岸等有关设施，毁坏防汛设施、水文监测设施、水文地质监测设施和导航、助航设施的；在水工程保护范围内进行爆破、打井、采石、取土等危害水工程安全的活动的；在水工程管理范围和管理范围预留地内进行爆破、打井、采石、取土、建窑、挖坑、开沟、埋坟、堆物等危害水工程安全的活动，或未经水行政主管部门批准进行建房的。

《上海市实施〈中华人民共和国水法〉办法》规定了：在本市范围内兴建各类水工程和利用河道、湖泊水面及其岸线的建设项目，必须遵守国家规定的基本建设程序和其他有关规定；在河道、湖泊中堆存竹木影响行洪、排涝和水工程安全的。

差异三：处罚主体有差异。《中华人民共和国水法》规定了“县级以上地方人民政府水行政主管部门或者流域管理机构”；《上海市实施〈中华人民共和国水法〉办法》规定了“县级以上水务行政管理部门”；《浙江省实施〈中华人民共和国水法〉办法》规定了“县级以上水行政主管部门或有关主管部门”。差异明显。

实际上，从国家层面来看，《中华人民共和国水法》赋予了流域管理相关的权限。但是，又赋予了各行政区相关的权限。但大的流域一般都是由几个省所构成。处罚时是由流域管理机构还是由行政区来进行呢？实际上并没有明确。所明确的是，从操作层面看，由行政区来处罚是更容易操作的，这就在法律层面构成了一些障碍和矛盾。表面上赋予了流域管理的处罚权，实际上流域处罚权被虚置，无法履行。

4.对“使用水工程供应的水应缴纳水费”规定的差异

《中华人民共和国水法》第五十五条规定：“使用水工程供应的水，应当按照国家规定向供水单位缴纳水费。供水价格应当按照补偿成本、合理收益、优质优价、公平负担的原则确定。具体办法由省级以上人民政府价格主管部门会同同级水行政主管部门或者其他供水行政主管部门依据职权制定。”

《上海市实施〈中华人民共和国水法〉办法》第十三条第一款规定：“凡使用水利工程供应的水，应当按规定缴纳水费。”

《浙江省实施〈中华人民共和国水法〉办法》第四十七条规定：“使用供水工程供应的水，应当按照规定向供水单位缴纳水费。

“水费用于供水工程运行管理、大修理和更新改造以及应当缴纳的水资源费。”

《浙江省实施〈中华人民共和国水法〉办法》第四十二条规定：“受益范围明确的堤防、护岸、水闸、圩堤、海塘和排涝工程，其管理单位或上级主管部门可以向受益的工商企业等单位和农户收取工程修建维护管理费。收费的具体标准和计收办法，由省人民政府制定。”

比较《中华人民共和国水法》、《浙江省实施〈中华人民共和国水法〉办法》和

《上海市实施〈中华人民共和国水法〉办法》，可以看出三者是有差异的。

差异一：在用途上规定有差异。《中华人民共和国水法》和《上海市实施〈中华人民共和国水法〉办法》没有规定用途；而《浙江省实施〈中华人民共和国水法〉办法》规定了用途。

差异二：除水费外还有工程修建维护管理费。《中华人民共和国水法》和《上海市实施〈中华人民共和国水法〉办法》没有规定；而《浙江省实施〈中华人民共和国水法〉办法》规定了此类费用。

差异三：水费收缴依据。《上海市实施〈中华人民共和国水法〉办法》、《浙江省实施〈中华人民共和国水法〉办法》没有规定收缴依据；而《中华人民共和国水法》规定了收缴依据。

差异四：用词上不统一。此处明确的是水费，但在其他水事法律条文（如《中华人民共和国水污染防治法》）中使用的是水资源费。水费与水资源费是否为同一费用？如果是，为什么不统一呢？如果不是，它们的差异应在法律条文中明确出来。

5.对修建拦河闸坝对渔业资源影响的规定的差异

《中华人民共和国水法》第二十七条规定："国家鼓励开发、利用水运资源。在水生生物洄游通道、通航或者竹木流放的河流上修建永久性拦河闸坝，建设单位应当同时修建过鱼、过船、过木设施，或者经国务院授权的部门批准采取其他补救措施，并妥善安排施工和蓄水期间的水生生物保护、航运和竹木流放，所需费用由建设单位承担。

"在不通航的河流或者人工水道上修建闸坝后可以通航的，闸坝建设单位应当同时修建过船设施或者预留过船设施位置。"

《上海市实施〈中华人民共和国水法〉办法》第二十三条第六项规定："在本市河道、湖泊和各类水工程的保护和管理范围内进行有关的建设和生产活动，应当遵守以下规定：……（六）在鱼、虾、蟹洄游通道修建拦河闸坝，对渔业资源有严重影响的，建设单位应当修建过鱼设施或者采取其他补救措施。……"

《浙江省实施〈中华人民共和国水法〉办法》第十八条第一款和第二款规定："在通航或竹木流放的河流上修建永久性拦河闸坝的，建设单位必须同时修建过船、过木设施，或按国家有关规定采取其他补救措施，并妥善安排施工和蓄水期间的航运和竹木流放，所需费用由建设单位负担。

"在不通航的河流或人工水道上修建闸坝后可以通航的，闸坝建设单位应当同时修建过船设施或预留过船设施位置，所需费用除国家另有规定外，由交通部门负担。"

《浙江省实施〈中华人民共和国水法〉办法》第十八条第一款和第二款与《中华人民共和国水法》第二十七条基本相同。

《中华人民共和国水法》使用了"国家鼓励开发、利用水运资源"；并规定了"在水生生物洄游通道"、"建设单位应当同时修建过鱼""设施"。这是浙江省没有规定的。同时,《浙江省实施〈中华人民共和国水法〉办法》中规定了“所需费用除国家另有规定外，由交通部门负担。”这一条又是《中华人民共和国水法》所没有规定的。

《浙江省实施〈中华人民共和国水法〉办法》第十八条第三款规定：“现有的碍航闸坝，由县级以上人民政府责成原建设单位在规定期限内采取补救措施。”

《浙江省实施〈中华人民共和国水法〉办法》第十九条规定：“在鱼、虾、蟹洄游通道修建拦河闸坝，对渔业资源有严重影响的，建设单位应当修建过鱼设施或采取其他补救措施。”

该条与《上海市实施〈中华人民共和国水法〉办法》第二十三条第六项完全相同。

二、海洋环境保护法对海洋工程规定的差异

（一）对于海岸工程项目的规定

1.《中华人民共和国海洋环境保护法》对于海岸工程的一些特殊规定

如兴建海岸工程项目必须采取措施保护海洋环境[1]；海岸工程建设应当符合“三同时”规定[2]等。这些规定在《江苏省海洋环境保护条例》和《浙江省海洋环境保护条例》中没有规定。上海没有出台海洋环境保护条例，上海市按《中华人民共和国海洋环境保护法》规定遵照执行。浙江省和江苏省没有对此进行规定，就照《中华人民共和国海洋环境保护条例》遵照执行。这样，上海市、浙江省和江苏省在此规定上就保持了完全一致。

2.《江苏省海洋环境保护条例》的特殊规定

《江苏省海洋环境保护条例》规定了一些特殊的规定，如海岸工程运行过程中有不符合环境影响报告书的可以中止项目[3]；违反规定审批环境影响报告书的要处罚[4]；严禁在入海河口兴建工程项目[5]，违者处罚[6]等。这些规定只有《江苏省海洋环境保护条例》中有。因此，长三角地区的上海市、浙江省和江苏省对此问题的规定就存在差异，容易导致协调管理的混乱。

3.《浙江省海洋环境保护条例》的特殊规定

《浙江省海洋环境保护条例》根据浙江省的省情制定了一些特殊的规定。如如果工程性质、规模、地点发生变化，环境影响评价需要重新评价[7]；环境影响报告批

---

[1]《中华人民共和国海洋环境保护法》第四十六条。
[2]《中华人民共和国海洋环境保护法》第四十四条。
[3]《江苏省海洋环境保护条例》第三十三条。
[4]《江苏省海洋环境保护条例》第四十四条第二款。
[5]《江苏省海洋环境保护条例》第二十一条。
[6]《江苏省海洋环境保护条例》第三十九条。
[7]《浙江省海洋环境保护条例》第三十八第一款。

准后五年未开工建设，环境影响报告需要重新审核[1]；对海岸工程项目作环境影响评价的机构应有资质[2]；海岸工程项目建设应举行论证会、听证会[3]等。这些特殊的规定在《江苏省海洋环境保护条例》中没有。因此，上海市、浙江省和江苏省对上述问题的规定必然形成差异，不利于长三角地区的协调管理。

4.《中华人民共和国海洋环境保护法》和《浙江省海洋环境保护条例》对建设海岸工程建设项目必须遵守国家环境保护相关规定的差异

《中华人民共和国海洋环境保护法》第四十二条第一款规定："新建、改建、扩建海岸工程建设项目，必须遵守国家有关建设项目环境保护管理的规定，并把防治污染所需资金纳入建设项目投资计划。"

根据《中华人民共和国海洋环境保护法》第四十二条第一款的规定，《浙江省海洋环境保护条例》第三十三条规定："新建、改建、扩建海岸、海洋工程建设项目必须符合海洋功能区划、海洋环境保护规划以及其他环境保护规定。"

《中华人民共和国海洋环境保护法》和《浙江省海洋环境保护条例》对此问题的规定是有差异的。

差异一：《中华人民共和国海洋环境保护法》规定海岸工程建设应遵守"国家有关建设项目环境保护管理的规定"；《浙江省海洋环境保护条例》规定海岸工程建设"必须符合海洋功能区划、海洋环境保护规划以及其他环境保护规定。"内容虽一样，但用词不一样。

差异二：《中华人民共和国海洋环境保护法》还规定了"把防治污染所需资金纳入建设项目投资计划"；而《浙江省海洋环境保护条例》无此规定。

上海市和江苏省遵照《中华人民共和国海洋环境保护法》的相关规定遵照执行。这样，在长三角地区，上海市、江苏省和浙江省在此问题上规定的差异，必然出现协调管理的差异。

5.《中华人民共和国海洋环境保护法》、《浙江省海洋环境保护条例》和《江苏省海洋环境保护条例》对共有问题规定的差异

《中华人民共和国海洋环境保护法》、《浙江省海洋环境保护条例》和《江苏省海洋环境保护条例》都规定国家海洋行政主管部门负责海洋环境的监督管理[4]；都规定海岸工程建设需要环境影响评价[5]。但是，《浙江省海洋环境保护条例》对违反海岸工程建设需环境影响评价规定的要处罚款[6]。罚款规定是《浙江省海洋环境保护条

[1]《浙江省海洋环境保护条例》第三十八条第二款。

[2]《浙江省海洋环境保护条例》第三十六条第二款。

[3]《浙江省海洋环境保护条例》第三十六条第一款；《浙江省海洋环境保护条例》第三十二条。

[4]《中华人民共和国海洋环境保护法》第五条第二款；《浙江省海洋环境保护条例》第四条第二款；《江苏省海洋环境保护条例》第五条第二款。

[5]《中华人民共和国海洋环境保护法》第四十三条；《浙江省海洋环境保护条例》第三十四条，《浙江省海洋环境保护条例》第三十七条第二款；《江苏省海洋环境保护条例》第三十一条。

[6]《浙江省海洋环境保护条例》第四十八条第四项、第五项、第六项。

例》独有的规定。而江苏省、上海市均无此规定。

（二）对海洋工程建设的规定

1.《中华人民共和国海洋环境保护法》特殊的规定

《中华人民共和国海洋环境保护法》规定海洋工程建设必须实行三同时[1]，违者处罚[2]；海洋工程建设项目不得使用含超标放射性物质[3]；海洋工程建设必须保护海洋环境，如在爆破作业时必须保护海洋资源[4]，在石油勘探及运输时避免溢油发生[5]，海洋石油钻井平台等的含油污水必须经过处理达标后才能排放[6]，海上设施不得处置含油的工业垃圾[7]，海上试油时必须让油气充分燃烧[8]，编制溢油应急计划[9]等。在《浙江省海洋环境保护条例》和《江苏省海洋环境保护条例》中均没有类似的规定。因此，上海市、江苏省和浙江省都可以按照《中华人民共和国海洋环境保护法》遵照执行。

2.《浙江省海洋环境保护条例》特殊的规定

《浙江省海洋环境保护条例》对本辖区的海洋环境保护作了一些特殊的规定，如提供环境影响评价的机构应具有资质[10]，环境保护、海洋行政主管部门应在法定期限内对环境影响报告作出批准、核定决定[11]，环境影响报告未经批准不得开工建设[12]，环境影响报告经批准后，因工程性质、规模、地点发生变化，环境影响报告需要重新批准[13]，环境影响报告批准后五年未开工，其环境影响报告应重新审批[14]，海洋工程建设者应及时拆除可能造成海洋环境污染的废弃建设物或设施[15]，并且，对上述违法行为作了处罚规定[16]。这些特殊的规定在长三角地区跨界海洋环境保护时就会遇到困难。

3.《江苏省海洋环境保护条例》特殊的规定

《江苏省海洋环境保护条例》对本辖区的海洋环境保护作了一些特殊的规定，如海洋工程建设和运行过程中与环境影响报告书描述不符的应停止项目建设和运

---

[1]《中华人民共和国海洋环境保护法》第四十八条。
[2]《中华人民共和国海洋环境保护法》第八十三条。
[3]《中华人民共和国海洋环境保护法》第四十九条。
[4]《中华人民共和国海洋环境保护法》第五十条第一款。
[5]《中华人民共和国海洋环境保护法》第五十条第二款。
[6]《中华人民共和国海洋环境保护法》第五十一条。
[7]《中华人民共和国海洋环境保护法》第五十二条。
[8]《中华人民共和国海洋环境保护法》第五十三条。
[9]《中华人民共和国海洋环境保护法》第五十四条。
[10]《浙江省海洋环境保护条例》第三十六条第二款。
[11]《浙江省海洋环境保护条例》第三十七条第一款。
[12]《浙江省海洋环境保护条例》第三十七条第二款。
[13]《浙江省海洋环境保护条例》第三十八条第一款。
[14]《浙江省海洋环境保护条例》第三十八条第二款。
[15]《浙江省海洋环境保护条例》第三十九条。
[16]《浙江省海洋环境保护条例》第四十八条第四项、第五项、第六项。

行❶、海洋工程应缴纳排污费❷等，这些规定在长三角地区跨界海洋环境保护时也会遇到困难。

4.《浙江省海洋环境保护条例》和《江苏省海洋环境保护条例》一些共有规定的差异

海洋工程建设需要召开论证会和听证会。

《浙江省海洋环境保护条例》第三十六条第一款规定："可能对海洋环境造成重大影响的海岸、海洋工程建设项目，建设单位应当在报批建设项目环境影响报告书前，举行论证会、听证会，或者采取其他形式，征求有关单位、专家和公众的意见。建设单位报批的环境影响报告书，应当附具对意见采纳或者不采纳的说明。"

《江苏省海洋环境保护条例》第三十二条规定："海岸工程、海洋工程建设项目可能对海洋环境造成重大影响的，建设单位在报请批准环境影响报告书或者海洋环境影响报告书前，应当征求有关单位、专家和公众的意见。国家规定需要保密的除外。"

《江苏省海洋环境保护条例》和《浙江省海洋环境保护条例》存在差异。

差异一：用词有差异。《江苏省海洋环境保护条例》使用的是"海岸工程、海洋工程建设项目可能对海洋环境造成重大影响的"；《浙江省海洋环境保护条例》使用的是"可能对海洋环境造成重大影响的海岸、海洋工程建设项目"。用词次序不同。

差异二：名称不一样。《浙江省海洋环境保护条例》使用的是"建设项目环境影响报告书"；《江苏省海洋环境保护条例》使用的是"环境影响报告书或者海洋环境影响报告书"。

差异三：要求不一样。《浙江省海洋环境保护条例》规定"举行论证会、听证会，或者采取其他形式，征求有关单位、专家和公众的意见"，并且"建设单位报批的环境影响报告书，应当附具对意见采纳或者不采纳的说明。"《江苏省海洋环境保护条例》规定"应当征求有关单位、专家和公众的意见。国家规定需要保密的除外。"

5.《中华人民共和国海洋环境保护法》和《浙江省海洋环境保护条例》共有的规定

海洋工程建设必须符合海洋环境保护相关规定。

《中华人民共和国海洋环境保护法》第四十七条第一款规定："海洋工程建设项目必须符合海洋功能区划、海洋环境保护规划和国家有关环境保护标准，在可行性研究阶段，编报海洋环境影响报告书，由海洋行政主管部门核准，并报环境保护行政主管部门备案，接受环境保护行政主管部门监督。"

---

❶《江苏省海洋环境保护条例》第三十三条。

❷《江苏省海洋环境保护条例》第三十七条。

《浙江省海洋环境保护条例》第三十三条规定："新建、改建、扩建海岸、海洋工程建设项目必须符合海洋功能区划、海洋环境保护规划以及其他环境保护规定。"

除了用词上的不一样外，其内容基本一样。江苏省和上海市按照《中华人民共和国海洋环境保护法》遵照执行。因此，长三角地区上海市、浙江省和江苏省对此问题的规定是一致的。

第四章
水资源管理规定的差异

我国的水事法律法规对我国水事管理体制与制度进行了比较详细的规定，建立了一套有中国特色的水事管理制度。但是，无论是国家层面的水事法律法规，还是地方层面的水事法律法规，对于水事管理体制与制度的规定存在差异。因此，导致了跨界水事纠纷解决的困难和低效，在长三角地区亦是如此。

第一节　对水资源管理制度规定的差异

一、对水事管理体制规定的差异

只有《中华人民共和国水法》及相关法律法规对此进行了规定。

《中华人民共和国水法》、《上海市实施〈中华人民共和国水法〉办法》和《浙江省实施〈中华人民共和国水法〉办法》对此问题的规定有差异。

《中华人民共和国水法》第十二条规定："国家对水资源实行流域管理与行政区域管理相结合的管理体制。

"国务院水行政主管部门负责全国水资源的统一管理和监督工作。

"国务院水行政主管部门在国家确定的重要江河、湖泊设立的流域管理机构（以下简称流域管理机构），在所管辖的范围内行使法律、行政法规规定的和国务院水行政主管部门授予的水资源管理和监督职责。

"县级以上地方人民政府水行政主管部门按照规定的权限，负责本行政区域内水资源的统一管理和监督工作。”

《中华人民共和国水法》第十三条规定：“国务院有关部门按照职责分工，负责水资源开发、利用、节约和保护的有关工作。”

《上海市实施〈中华人民共和国水法〉办法》第五条规定：“本市对水资源实行统一管理与分级、分部门管理相结合的制度。

“市、区县水务行政管理部门，负责本行政区域内水资源的统一管理和本办法的监督实施。

“规划、环保、市政、港务、交通、公用事业、地矿、渔业、环卫等部门，按照法律和同级人民政府规定的职责分工，协同水务行政管理部门负责有关的水资源管理工作。”

《浙江省实施〈中华人民共和国水法〉办法》第六条规定：“水资源依法实行统一管理与分级、分部门管理相结合的制度。

“省水行政主管部门负责全省水资源的统一管理工作。市（地）、县（市、区）水行政主管部门负责本辖区内水资源的统一管理工作。

“城市建设行政主管部门按照省人民政府规定的职责分工归口管理城市地下水开发利用和保护。地质矿产行政主管部门协同水行政主管部门管理地下水资源，进行地下水资源的勘查、监测和开发利用的监督。其他有关部门按照各自的职责分工，协同水行政主管部门负责有关水资源的管理工作。”

《上海市实施〈中华人民共和国水法〉办法》和《浙江省实施〈中华人民共和国水法〉办法》对此问题的规定是有差异的。

差异一：用词上的差异。《上海市实施〈中华人民共和国水法〉办法》使用的是“水务行政管理部门”；《浙江省实施〈中华人民共和国水法〉办法》使用的是“水行政主管部门”；《中华人民共和国水法》使用的是水行政部门。这一方面说明我国水事管理机构名称上存在不统一；另一方面说明我国立法技术上存在不统一。

差异二：内容上的差异。虽然两者都规定了：实现流域管理与行政区域管理相结合的管理体制；国家水行政部门负责水资源的统一管理，统一管理也包含分级管理；各相关部门在各自的职责范围内行使管理职责。

但《浙江省实施〈中华人民共和国水法〉办法》中对其他部门的职责规定得更具体，而《上海市实施〈中华人民共和国水法〉办法》则比较简单。

《中华人民共和国水法》从国家的高度，规定了在重要江河、湖泊设立流域管理机构。江苏省没有制定《江苏省实施〈中华人民共和国水法〉办法》，因此，江苏省遵照《中华人民共和国水法》执行。这样，在长三角地区，上海市、浙江省和江苏省在此问题的规定上存在一定的差异。

二、对现场检查规定的差异

（一）水污染防治法对“排污单位进行现场检查制度的规定”的差异

《中华人民共和国水污染防治法》和《浙江省水污染防治条例》对此规定存在差异。上海市和江苏省遵照《中华人民共和国水污染防治法》相关条款执行。

《中华人民共和国水污染防治法》第二十七条规定：“环境保护主管部门和其他依照本法规定行使监督管理权的部门，有权对管辖范围内的排污单位进行现场检查，被检查的单位应当如实反映情况，提供必要的资料。检查机关有义务为被检查的单位保守在检查中获取的商业秘密。”

《浙江省水污染防治条例》第五十条第一款规定：“环境保护主管部门和其他依法行使监督管理权的部门，有权对管辖范围内的排污单位进行现场检查，被检查单位应当如实反映情况，提供必要的资料。检查人员应当为被检查单位保守商业秘密。”

二者的差异体现在用词上。

《中华人民共和国水污染防治法》使用了“检查机关有义务”为被检查单位保守商业秘密。《浙江省水污染防治条例》使用了“检查人员应当”为被检查单位保守商业秘密。其余相同。

（二）环境保护法对此问题规定的差异

1.对“有权进行现场检查的单位”规定的差异

《中华人民共和国环境保护法》、《上海市环境保护条例》和《江苏省环境保护条例》对此问题的规定有差异。

《中华人民共和国环境保护法》第二十四条规定：“县级以上人民政府环境保护行政主管部门及其委托的环境监察机构和其他负有环境保护监督管理职责的部门，有权对排放污染物的企业事业单位和其他生产经营者进行现场检查。……”

《上海市环境保护条例》第二十四条第一款规定：“环保部门及其环境监察机构可以依法对管辖范围内的排污单位进行现场检查。”

《江苏省环境保护条例》第三十九条第三项规定：“违反本条例规定，有下列行为之一的，环境保护行政主管部门或者其他依照法律、法规规定行使环境监督管理权的部门，可以根据不同情节，给予警告或者处以罚款。……（三）拒绝现场检查或者被检查时弄虚作假的；……”

《中华人民共和国环境保护法》、《江苏省环境保护条例》和《上海市环境保护条例》对此问题的规定有一些差异。浙江省遵照《中华人民共和国环境保护法》相关条款执行。

差异一：主管单位的差异。《中华人民共和国环境保护法》规定“县级以上人民政府环境保护行政主管部门及其委托的环境监察机构和其他负有环境保护监督管理职责的部门”有权对排污单位进行现场检查。《上海市环境保护条例》规定“环保部门及其环境监察机构”可以依法对排污单位进行现场检查。

差异二：处罚上的差异。《中华人民共和国环境保护法》未规定处罚条款。《江苏省环境保护条例》规定，拒绝现场检查或被检查时弄虚作假，可以给予警告或罚款。《上海市环境保护条例》未规定处罚条款。

2.对“有权进行现场检查单位”规定的差异

《中华人民共和国环境保护法》和《上海市环境保护条例》对此问题的规定有差异。浙江省和江苏省遵照《中华人民共和国环境保护法》相关条款执行。

《中华人民共和国环境保护法》第二十四条规定：“县级以上人民政府环境保护行政主管部门及其委托的环境监察机构和其他负有环境保护监督管理职责的部门，有权对排放污染物的企业事业单位和其他生产经营者进行现场检查。……实施现场检查的部门、机构及其工作人员应当为被检查者保守商业秘密。”

《上海市环境保护条例》第二十四条第四款规定：“检查人员应当为被检查单位保守商业秘密。”

《上海市环境保护条例》第二十四条第二款规定：“检查人员在进行现场检查时，可以采取现场监测、采集样品、查阅有关资料，以及根据本条例第二十五条的规定暂扣或者封存污染设施、物品等措施。检查人员进行现场检查时，应当出示证件。”

用词上一样。《中华人民共和国环境保护法》使用的是“保守商业秘密”。《上海市环境保护条例》使用的是“保守商业秘密”。

差异：内容上的差异。《中华人民共和国环境保护法》规定了县级以上人民政府环境保护行政主管部门及其委托的环境监察机构和其他负有环境保护监督管理职责的部门有权对排放污染物的企业事业单位和其他生产经营者进行现场检查，并保守商业秘密。

《上海市环境保护条例》规定，检查人员在进行现场检查时，可以现场监测、采集样品、查阅有关资料、暂扣或封存污染设施、物品等。检查人员在现场检查时应出示证件。

3.对“被检查单位”规定的差异

《中华人民共和国环境保护法》第二十四条规定：“县级以上人民政府环境保护行政主管部门及其委托的环境监察机构和其他负有环境保护监督管理职责的部门，有权对排放污染物的企业事业单位和其他生产经营者进行现场检查。被检查的单位应当如实反映情况，提供必要的资料。……”

《上海市环境保护条例》第二十四条第三款规定：“被检查的单位应当如实反映情况，提供必要的资料，不得隐瞒情况，拒绝和阻挠检查。”

差异主要体现在内容上。《中华人民共和国环境保护法》规定被检查者应当如实反映情况，提供必要的资料，违者可以给予警告和罚款。《上海市环境保护条例》

规定被检查单位应当如实反映情况，提供必要的资料，不得隐瞒情况，拒绝和阻挠检查。

（三）水法的相关规定

1.《中华人民共和国水法》特有的规定

如对违反本法的行为进行监督检查；应秉公执法[1]；规定了水行政主管部门或流域管理机构的其他职责[2]；被检查单位应配合执法人员检查[3]；执法人员执法时应出示有效证件[4]；对下级执法单位的监督[5]等。这些规定可以为长三角二省一市遵照执行。

2.对“执法人员违法的应受处罚”规定的差异

《中华人民共和国水法》、《浙江省实施〈中华人民共和国水法〉办法》和《上海市实施〈中华人民共和国水法〉办法》对此问题的规定是有差异的。江苏省遵照《中华人民共和国水法》相关条款执行。

《中华人民共和国水法》第六十四条规定：“水行政主管部门或者其他有关部门以及水工程管理单位及其工作人员，利用职务上的便利收取他人财物、其他好处或者玩忽职守，对不符合法定条件的单位或者个人核发许可证、签署审查同意意见，不按照水量分配方案分配水量，不按照国家有关规定收取水资源费，不履行监督职责，或者发现违法行为不予查处，造成严重后果，构成犯罪的，对负有责任的主管人员和其他直接责任人员依照刑法的有关规定追究刑事责任；尚不够刑事处罚的，依法给予行政处分。”

《上海市实施〈中华人民共和国水法〉办法》第四十六条规定：“水政监察人员、水利公安干警和有关管理部门工作人员有玩忽职守、徇私舞弊、滥用职权行为的，由其主管机关给予行政处分；情节严重构成犯罪的，由司法机关依法追究刑事责任。”

《浙江省实施〈中华人民共和国水法〉办法》第七十六条规定：“水行政主管部门或其他有关主管部门工作人员玩忽职守、滥用职权、徇私舞弊的，由其所在单位或上级主管部门给予行政处分；构成犯罪的，依法追究刑事责任。”

差异一：规定的主体有差异。《中华人民共和国水法》规定的主体是“水行政主管部门或者其他有关部门以及水工程管理单位及其工作人员”。《上海市实施〈中华人民共和国水法〉办法》规定的主体是“水政监察人员、水利公安干警和有关管理部门工作人员”。《浙江省实施〈中华人民共和国水法〉办法》规定的主体是“水行政主管部门或其他有关主管部门工作人员”。

差异二：对违法行为表现的规定有差异。《中华人民共和国水法》规定的行为

---

[1]《中华人民共和国水法》第五十九条。
[2]《中华人民共和国水法》第六十条。
[3]《中华人民共和国水法》第六十一条。
[4]《中华人民共和国水法》第六十二条。
[5]《中华人民共和国水法》第六十三条。

是“利用职务上的便利收取他人财物、其他好处或者玩忽职守，对不符合法定条件的单位或者个人核发许可证、签署审查同意意见，不按照水量分配方案分配水量，不按照国家有关规定收取水资源费，不履行监督职责，或者发现违法行为不予查处。”《上海市实施〈中华人民共和国水法〉办法》规定的行为是“玩忽职守、徇私舞弊、滥用职权行为”。《浙江省实施〈中华人民共和国水法〉办法》规定的行为是“玩忽职守、滥用职权、徇私舞弊”。

（四）海洋环境保护法的相关规定

1.对“现场检查权”规定的差异

《中华人民共和国海洋环境保护法》和《浙江省海洋环境保护条例》对此问题的规定存在差异。上海市和江苏省遵照《中华人民共和国海洋环境保护法》相关条款执行。

《中华人民共和国海洋环境保护法》第十九条第二款规定：“依照本法规定行使海洋环境监督管理权的部门，有权对管辖范围内排放污染物的单位和个人进行现场检查。被检查者应当如实反映情况，提供必要的资料。”

《中华人民共和国海洋环境保护法》第七十五条规定：“违反本法第十九条第二款的规定，拒绝现场检查，或者在被检查时弄虚作假的，由依照本法规定行使海洋环境监督管理权的部门予以警告，并处二万元以下的罚款。”

《浙江省海洋环境保护条例》第十条第二款规定：“行使海洋环境监督管理权的部门有权按照法定要求对管辖范围内向海洋排放污染物的单位和个人进行现场检查，被检查者应当如实反映情况，提供相关资料，主动配合检查。”

差异主要体现在内容上。

《浙江省海洋环境保护条例》规定了“主动配合检查”。《中华人民共和国海洋环境保护法》没有对此进行规定。这个差异就是长三角地区二省一市对此问题规定的差异。

《中华人民共和国海洋环境保护法》规定了处罚条款。而《浙江省海洋环境保护条例》没有对此进行规定。因此，长三角地区二省一市均可援引处罚条款，这个规定没有差异。

2.对“保守商业秘密的义务”规定一样

《中华人民共和国海洋环境保护法》第十九条第三款规定：“检查机关应当为被检查者保守技术秘密和业务秘密。”

《浙江省海洋环境保护条例》第十条第三款规定：“检查机关应当为被检查者保守技术秘密和业务秘密”。这两个条款完全一样。

三、对“建立水政监察制度”规定的差异

《浙江省实施〈中华人民共和国水法〉办法》和《上海市实施〈中华人民共和

国水法〉办法》对此问题的规定有差异。

《浙江省实施〈中华人民共和国水法〉办法》第七条规定："各级水行政主管部门根据国家有关规定建立水政监察制度。"

《上海市实施〈中华人民共和国水法〉办法》第二十九条第一款规定："本市县级以上人民政府的水务行政管理部门应当加强水政监察工作。"

《浙江省实施〈中华人民共和国水法〉办法》和《上海市实施〈中华人民共和国水法〉办法》对此问题的规定是有差异的。

差异一：管理者规定的差异。《浙江省实施〈中华人民共和国水法〉办法》规定的是"各级水行政主管部门"；《上海市实施〈中华人民共和国水法〉办法》规定的是"本市县级以上人民政府的水务行政管理部门"。虽然在法律条文中明确了水务行政管理部门即水行政主管部门，但在一个权力大多集中在中央的国家来说，地方机构的名称都不统一，说明我们的水事管理部门还有很大的梳理空间。

差异二：内容上的差异。《浙江省实施〈中华人民共和国水法〉办法》规定的是"根据国家有关规定建立水政监察制度"；《上海市实施〈中华人民共和国水法〉办法》规定的是"应当加强水政监察工作"。

《中华人民共和国水法》没有对此问题进行规定。江苏省遵照《中华人民共和国水法》执行，因此，江苏省也没有对此问题进行规定。这样，在长三角地区，江苏省、浙江省和上海市对此问题的规定存在一定的差异。

四、对行政主管部门的职责规定的差异

环境保护法对行政主管部门职责作了相关规定。

1.对"当地政府的责任"规定的差异

《中华人民共和国环境保护法》、《上海市环境保护条例》和《江苏省环境保护条例》对此问题规定的差异。

《中华人民共和国环境保护法》第二十八条规定："地方各级人民政府应当根据环境保护目标和治理任务，采取有效措施，改善环境质量。"

《上海市环境保护条例》第四条第一款规定："本市各级人民政府应当对本行政区域的环境质量负责，实行环境保护行政首长负责制。每届政府应当根据环境保护规划，制定任期内的环境保护目标和年度实施计划，并保证一定的财政资金投入环境保护工作。"

《江苏省环境保护条例》第四条规定："地方各级人民政府应当坚持经济建设、社会发展与环境保护相协调的方针，强化环境监督管理，对当地环境质量负责。"

三部法律法规对此问题的规定是有差异的。

差异主要体现在内容上。

《中华人民共和国环境保护法》规定了地方各级人民政府：一是应当对本辖区的环境质量负责；二是采取措施改善环境质量。

《上海市环境保护条例》规定本市各级人民政府：一是对本行政区域的环境质量负责，实现环境保护行政首长负责制；二是每届政府应当根据环境保护规划，制定任期内的环境保护目标和年度实施计划；三是保证一定的财政资金投入环境保护工作。

《江苏省环境保护条例》规定了地方各级人民政府：一是坚持经济建设、社会发展与环境保护相协调的方针；二是强化环境监督管理，对当地环境质量负责。

2.对“环境保护行政主管部门的职责”规定的差异

《中华人民共和国环境保护法》第十条第一款和第二款规定：“国务院环境保护主管部门，对全国环境保护工作实施统一监督管理。

“县级以上地方人民政府环境保护主管部门，对本行政区域的环境保护工作实施统一监督管理。县级以上人民政府有关部门和军队环境保护部门，依照有关法律的规定对资源保护和污染防治等环境保护工作实施监督管理。”

《上海市环境保护条例》第五条第一款规定：“市环保局和区、县环保部门（以下统称环保部门）所属的环境监察机构，负责本行政区域内环境保护情况的监督检查，对环境污染事故和纠纷进行调查、提出处理意见，并负责征收排污费。环保部门可以在法定权限范围内委托其所属的环境监察机构实施行政处罚和行政强制措施。”列举了职责：监督检查；环境污染事故和纠纷调查处理；排污费征收；行政处罚和强制措施等。《中华人民共和国环境保护法》没有规定得这么详细。

并且，《上海市环境保护条例》规定由环境保护部门的下属部门环境监察机构来负责环境保护和监督检查。《中华人民共和国环境保护法》无此类规定。

《江苏省环境保护条例》第六条规定：“环境保护行政主管部门对本行政区域内的环境保护工作实施统一监督管理。其主要职责是：（一）贯彻实施有关环境保护法律、法规，并对实施情况进行监督检查；（二）拟定本地区环境保护规划和计划，参与经济发展中长期规划、国土规划、区域开发规划以及城市总体规划的制定或者审核；（三）统一监督管理本行政区域内环境污染防治和生态环境保护工作；（四）负责管理环境监测和环境监理工作，定期公布环境质量状况；（五）组织协调本行政区域环境科学研究和环境保护宣传教育工作，推广国内外环境保护的先进经验和先进技术，开展国际间环境保护的合作和交流；（六）调查处理环境污染、破坏事故以及纠纷，并按照规定权限审理环境行政复议案件；（七）环境保护法律、法规规定的其他职责。”

《江苏省环境保护条例》第二十二条规定：“省人民政府环境保护行政主管部门，负责向省人民政府申报国家级和省级自然保护区，监督引起生态环境变化的重大经济活动，会同有关部门制订本省生态环境考核指标和考核办法。对森林和野生动物类型自然保护区的管理，依照国家有关法律、法规的规定进行。”

对环境保护部门职责的规定，《江苏省环境保护条例》规定得最详细。但江苏省也没有规定由环境保护部门下属的环境监察机构来负责环境保护和监督检查。这

规定，但规定有差异。

《中华人民共和国水污染防治法》第二十三条规定："重点排污单位应当安装水污染物排放自动监测设备，与环境保护主管部门的监控设备联网，并保证监测设备正常运行。排放工业废水的企业，应当对其所排放的工业废水进行监测，并保存原始监测记录。具体办法由国务院环境保护主管部门规定。

"应当安装水污染物排放自动监测设备的重点排污单位名录，由设区的市级以上地方人民政府环境保护主管部门根据本行政区域的环境容量、重点水污染物排放总量控制指标的要求以及排污单位排放水污染物的种类、数量和浓度等因素，商同级有关部门确定。"

《中华人民共和国水污染防治法》第七十二条规定："未按照规定安装水污染物排放自动监测设备或者未按照规定与环境保护主管部门的监控设备联网，并保证监测设备正常运行的；未按照规定对所排放的工业废水进行监测并保存原始监测记录的，由县级以上人民政府环境保护主管部门责令限期改正；逾期不改正的，处一万元以上十万元以下的罚款。"

《中华人民共和国水污染防治法》第八十九条规定："因水污染引起的损害赔偿责任和赔偿金额的纠纷，当事人可以委托环境监测机构提供监测数据。环境监测机构应当接受委托，如实提供有关监测数据。"

《浙江省水污染防治条例》第三十二条规定："重点排污单位名录由设区的市级以上环境保护主管部门根据本行政区域的环境容量、重点水污染物排放总量控制指标的要求以及排污单位排放水污染物的种类、数量和浓度等因素，商同级有关部门确定。"

《浙江省水污染防治条例》第三十二条第四款规定："重点排污单位已安装水污染物排放自动监测设备才能申领排污许可证。"

《浙江省水污染防治条例》第四十四条规定："排放工业废水的排污单位、城镇污水集中处理设施的运营单位应当建立水污染防治设施运行管理制度，记录设施运行和维护情况、水污染物排放情况及相关监测数据。"

《浙江省水污染防治条例》第四十五条规定："重点排污单位设置的水污染物排放自动监测设备应当与环境保护主管部门联网，并保证监测设备正常运行。

"重点排污单位向城镇污水集中处理设施排放水污染物的，其水污染物排放自动监测设备还应当与城镇污水集中处理设施的运营单位联网，并提供在线监测数据。"

《中华人民共和国水污染防治法》和《浙江省水污染防治条例》对此问题的规定是有差异的。

差异一：内容上的差异。《中华人民共和国水污染防治法》规定了四点：一是重点排污单位应安装水污染物排放自动监测设备，保证设备正常运行。二是监测废水排放情况，保存监测原始数据。三是监测设备与环保部门的监控设备联网。四是应当安装水污染物排放自动监测设备的单位由设区的市级以上地方人民政府环境保护部门根据环境容量、重点水污染物排放总量控制指标的要求及排污单位水污染物种类、数量和浓度等因素确定。

《浙江省水污染防治条例》规定了六点：一是应当安装水污染物排放自动监测设备的单位由设区的市级以上地方人民政府环境保护部门根据环境容量、重点水污染物排放总量控制指标的要求及排污单位水污染物种类、数量和浓度等因素确定。二是重点排污单位应安装水污染物排放自动监测设备，保证设备正常运行。三是监测设备与环保部门的监控设备联网。四是重点排污单位向城镇污水集中处理设施排放水污染物的，其水污染物排放自动监测设备还应当与城镇污水集中处理设施的运营单位联网，并提供在线监测数据。五是只有安装水污染物排放自动监测设备才能申领排污许可证。六是在实现重点水污染物排放总量控制的同一流域内，已安装水污染物排放自动监测设备的单位可以将节余的重点水污染物排放指标依法有偿转让。前三点与《中华人民共和国水污染防治法》所规定的一样。后三点在《中华人民共和国水污染防治法》中没有规定。

《中华人民共和国水污染防治法》规定了"监测废水的排放情况，保存监测原始数据"。《浙江省水污染防治条例》虽有规定，但内容有差异，除了排放工业废水的排污单位要监测废水的排放情况，城镇污水集中处理设施的运营单位也要记录并监测废水的排放情况，这是它们之间的差异。

差异二：处罚上的差异。只有《中华人民共和国水污染防治法》对处罚进行了规定。《浙江省水污染防治条例》并未规定处罚。《中华人民共和国水污染防治法》所规定的处罚为：一是责令限期改正。二是逾期不改正，处一万元以上十万元以下罚款。三是监测数据可以作为赔偿依据。

因此，在长三角地区，上海市和江苏省对此没有专门规定，将遵照《中华人民共和国水污染防治法》的相关规定执行。这样，上海市、江苏省和浙江省对此问题的规定就存在较大的差异了。这也是长三角地区法制协调的内容。

2.《江苏省长江水污染防治条例》的一些特殊的规定

《江苏省长江水污染防治条例》作了一些特殊的规定，如规定了监测设备建设资金的来源[1]、规定了生活水源水质监测[2]等。这些规定，使得长三角地区对此问题的规定上存在差异。

3.对"建立水环境质量监测和水污染物排放监测制度"规定的差异

《中华人民共和国水污染防治法》、《浙江省水污染防治条例》和《江苏省长江水污染防治条例》均对此进行了规定，但规定有差异。

《中华人民共和国水污染防治法》第二十五条规定："国家建立水环境质量监测和水污染物排放监测制度。国务院环境保护主管部门负责制定水环境监测规范，统

---

[1]《江苏省长江水污染防治条例》第十八条。

[2]《江苏省长江水污染防治条例》第四十四条。

一发布国家水环境状况信息，会同国务院水行政等部门组织监测网络。”

《浙江省水污染防治条例》第四十二条规定：“县级以上人民政府环境保护主管部门应当会同水行政、国土资源等主管部门，根据水环境保护的需要，加强环境监测能力建设，建立环境监控体系，完善环境安全预警预测系统，提高相关部门之间的环境信息资源共享和动态跟踪评价水平。”

《江苏省长江水污染防治条例》第十七条规定：“省环境保护行政主管部门负责组织沿江地区水质监测网络，建立水质监测预警、应急系统，提高监测、应急、分析和信息处理传输能力。

“设区的市、市环境保护行政主管部门负责对沿江地区水体水质进行监测，定期向省环境保护行政主管部门报送监测数据和水质分析报告。

“水行政主管部门应当根据水资源管理法律、法规的规定，加强对沿江地区水功能区水质状况的监测。”

《江苏省长江水污染防治条例》第十八条规定：“省环境保护行政主管部门应当制定污染监控系统建设计划，在沿江地区设区的市、市、区行政区域交界处、主要入江河道口、重点保护江段、沿江主要排污口设立水质自动监控系统，自动监控系统所需的建设、运转经费由省财政列入部门预算。

“沿江地区设区的市、市、区行政区域交界处水质自动监控系统的监测数据作为沿江地区行政区界上下游水体断面水质标准的数据。有关监测结果报告省人民政府，通报有关地方人民政府和省有关部门，并定期向社会公布。”

《中华人民共和国水污染防治法》、《江苏省长江水污染防治条例》和《浙江省水污染防治条例》对此问题的规定有差异。

差异一：内容上的差异。《中华人民共和国水污染防治法》规定：一是建立水环境质量监测和水污染物排放监测制度。二是由环境保护部门制定水环境监测规范。三是发布水环境状况信息。四是建立监测网络。

《浙江省水污染防治条例》规定：一是县级以上人民政府环境保护主管部门应当会同水行政、国土资源等主管部门，根据水环境保护的需要，加强环境监测能力建设。二是建立环境监控体系。三是完善环境安全预警预测系统。四是提高相关部门间的环境信息资源共享和动态跟踪评价水平。

《江苏省长江水污染防治条例》规定：一是省环境保护主管部门组织沿江地区水质监测网络。二是建立水质监测预警、应急系统，提高监测、应急、分析和信息处理转输能力。三是设区的市、市环境保护行政主管部门负责对沿江地区水体水质进行监测，定期向省环境保护部门报送监测数据和水质分析报告。四是水行政主管部门加强对沿江地区水功能区水质状况的监测。五是省环境保护行政主管部门应当制定污染监控系统建设计划。六是在沿江地区设区的市、市、区行政区域交界处。主要入江河道口、重点保护江段、沿江主要排污口设立水质自动监控系统，经费由省财政支出。

差异二：主管部门的差异。《中华人民共和国水污染防治法》所规定的主管部门是环境保护部门。《浙江省水污染防治条例》所规定的主管部门除了环境保护部门外，还有水行政、国土资源等部门。《江苏省长江水污染防治条例》所规定的主管部门是环境保护部门和水行政部门。江苏省既规定了环境保护部门对沿江地区水体水质进行监测，也规定了水行政主管部门根据法律加强对沿江地区水功能区水质状况的监测。环境保护部门监测结果需要向省环境保护行政主管部门报告。水行政部门的监测结果需要向谁报告？肯定是向省水行主管部门报告。这是不是一个重复劳动？

在长三角地区，上海市遵照《中华人民共和国水污染防治法》相关条款执行。浙江省、江苏省和上海市对此问题的规定存在较大差异。

4.对“跨界水质监测”规定的差异

《中华人民共和国水污染防治法》第二十六条规定：“国家确定的重要江河、湖泊流域的水资源保护工作机构负责监测其所在流域的省界水体的水环境质量状况，并将监测结果及时报国务院环境保护主管部门和国务院水行政主管部门；有经国务院批准成立的流域水资源保护领导机构的，应当将监测结果及时报告流域水资源保护领导机构。”

《浙江省水污染防治条例》第九条规定：“县级以上人民政府应当保证本行政区域水体和出境水质符合规定；跨行政区域河流交接断面水质监测和保护办法由省政府规定。”

《江苏省长江水污染防治条例》第十八条第二款规定：“沿江地区设区的市、市、区行政区域交界处水质自动监控系统的监测数据作为沿江地区行政区界上下游水体断面水质标准的数据。有关监测结果报告省人民政府，通报有关地方人民政府和省有关部门，并定期向社会公布。”

《中华人民共和国水污染防治法》主要规定的是跨省界水体的水环境质量状况，责任主体是流域水资源保护机构。同时，《中华人民共和国水污染防治法》第二十六条的规定不清楚。“国家确定的重要江河、湖泊流域的水资源保护机构负责监测其所在流域的省界水体的水环境质量状况，并将监测结果及时报国务院环境保护主管部门和国务院水行政主管部门。”这一段文字没有问题，非常清楚地表明流域管理机构负责所在流域跨省界水体水质的监测工作。同时又规定，“有经国务院批准成立的流域水资源保护领导机构的，应当将监测结果及时报告流域水资源保护领导机构”。实际上就是流域管理机构，而流域管理机构是水利部派出机构，水资源保护工作机构是置于流域管理机构之下的一个部门，既受环境保护部门领导，又受流域管理机构领导，而流域管理机构受水利部领导。因此，水资源保护由水务行政管理部门和环境保护部门负责。并且，流域管理机构在进行水质监测，而流域内其他行政单位的水资源保护机构也在进行水质监测，它们之间如何协调，在法律上并没有明确规定。

《浙江省水污染防治条例》规定省内跨行政区河流交接断面水质监测和保护由省政府规定。

《江苏省长江水污染防治条例》并没有规定由谁来监测跨界水质。只提到跨界水质自动监控系统的监测数据报省人民政府，并通报有关地方人民政府和省有关部门，向社会公布。

三者的规定都模糊，也都有差异。上海市依《中华人民共和国水污染防治法》相关条文执行，因此，在长三角地区，上海市、浙江省和江苏省对此问题的规定存在差异。

5.《浙江省水污染防治条例》的特殊规定

《浙江省水污染防治条例》对削减排污的可以获得补助，排污指标可以转让进行了规定[1]，而上海市、江苏省并无此规定。这样，在长三角地区，对此规定的差异是存在的。

（二）环境保护法的相关规定

1.对“监测制度”规定的差异

《中华人民共和国环境保护法》、《上海市环境保护条例》和《江苏省环境保护条例》均对此进行了规定，但规定有差异。

《中华人民共和国环境保护法》第十一条规定：“国务院环境保护行政主管部门建立监测制度，制定监测规范，会同有关部门组织监测网络，加强对环境监测和管理。国务院和省、自治区、直辖市人民政府的环境保护行政主管部门，应当定期发布环境状况公报。”

《江苏省环境保护条例》第六条第四项规定：“县级以上人民政府环境保护行政主管部门对本行政区域内的环境保护工作实施统一监督管理。其主要职责是：……（四）负责管理环境监测和环境监理工作，定期公布环境质量状况；……”

差异主要体现在内容上。《中华人民共和国环境保护法》的规定包括建立监测制度、制定监测规范、组织监测网络、加强监测管理、发布环境状况公报等内容。

《江苏省环境保护条例》规定了负责环境监测和环境监理工作，定期公布环境质量状况。

上海市和浙江省将遵照《中华人民共和国环境保护法》第十一条执行。这样，江苏省的规定与上海市和浙江省的规定就有了差异。

更主要的是，《中华人民共和国环境保护法》对监测制度的规定与《中华人民共和国水污染防治法》对监测制度的规定也存在差异。因此，不仅中央层面的法律对此问题的规定存在冲突，长三角地区的上海市、浙江省和江苏省之间对此问题的

---

[1]《浙江省水污染防治条例》第三十四条第二款。

规定存在冲突；而且，上海市或浙江省或江苏省，它们各自是按水污染防治法律法规执行，还是按环境保护法律法规来执行呢？它们各自制定的水污染防治条例和环境保护条例对此问题的规定也不同。

2.对“建立环境监测技术规范和监测的标准化”规定的差异

《中华人民共和国环境保护法》、《上海市环境保护条例》和《江苏省环境保护条例》均对此有规定，但规定有差异。

《上海市环境保护条例》第二十二条第一款规定：“市环保局应当根据国家环境监测技术要求，统一组织编制本市环境监测技术规范。”

《江苏省环境保护条例》第九条第一款规定：“县级以上环境保护行政主管部门的环境监测机构应当推行标准化建设，按照国家和本省有关规定开展环境监测工作，其监测数据应当作为环境保护行政主管部门依法管理环境的依据。”

《中华人民共和国环境保护法》第十七条规定了“国家建立、健全环境监测制度”。《上海市环境保护条例》规定“统一组织编制本市环境监测技术规范”。《江苏省环境保护条例》规定“推行标准化建设”、“监测数据作为依法管理环境的依据”。三者的规定在用词和内容上均存在差异。

浙江省对此无专门规定，将遵照《中华人民共和国环境保护法》第十一条执行。因此，在长三角地区，浙江省、江苏省和上海市对此条规定存在差异。

3.对“当事人对环境监测数据有异议的可申请复核”规定的差异

《上海市环境保护条例》第二十二条第三款、第四款、第五款规定：“当事人对区、县环保部门设立的环境监测机构和其他环境监测专业机构出具的与具体行政行为有关的监测数据有异议的，可以向市环保局设立的环境监测机构申请复核，市环保局设立的环境监测机构应当在三十日内出具复核意见；情况特殊的，可以延长三十日出具复核意见。

“当事人对市环保局设立的环境监测机构出具的监测数据有异议的，可以向国家环境保护行政主管部门设立的环境监测机构申请复核。

“复核得出的监测结论与原监测结论一致的，复核费用由申请复核者承担；复核得出的监测结论与原监测结论不一致的，复核费用由出具监测数据的单位承担。”

《江苏省环境保护条例》第九条第二款规定：“环境污染和破坏事故监测数据以及环境纠纷监测数据的争议，由县级以上环境保护行政主管部门的环境监测机构负责技术仲裁。”

江苏规定由县级以上环境保护监测机构进行技术仲裁。这与《上海市环境保护条例》的规定不同。

对复核的处理是不一样的。《上海市环境保护条例》规定，对监测数据有异议，可以申请复核。规定了复核的程序：对区、县环境保护机构或其他环境监测专业机构出具的环境监测数有异议，向市级环境保护机构申请复核；对市级环境保护机构监测的数据有异议，向国家环境保护机构申请复核。

规定了复核的时间：三十天内出具复核意见，情况特殊可延长三十天。

规定了复核费用：如果复核得出的监测结论与原监测结论一致，复核费用由申请者承担；如果不一致，复核费用由出具监测数据的单位承担。

但《江苏省环境保护条例》规定得比较简单，如果出现环境监测数据有争议，由环境保护行政主管部门负责技术仲裁。

无论是用词还是内容都有比较大的差异。《浙江省环境保护条例》遵照《中华人民共和国环境保护法》有关规定执行。《中华人民共和国环境保护法》就没有“复核”二字。因此，在长三角地区，涉及环境监测数据争议的有关规定存在比较大的差异。

4.《上海市环境保护条例》的一些特殊规定

《上海市环境保护条例》有一些特殊的规定，如规定了监测机构应根据国家和本市的监测技术规范展开监测，保证监测准确，对监测数据和监测结论负责[1]，违者处罚[2]；规定了逐步推进在线监测，包括排污单位应安装在线监测设备、保证在线监测设备正常运转、在线监测设备纳入在线信息系统、在线监测数据可作为证据[3]等，没有实现在线监测的或在线监测未包含的污染物，排污单位应定期进行环境监测并向环境保护部门报告监测情况[4]，违者处罚[5]；建立环境管理台账，记录相关监测数据[6]；环保部门的监测机构为不在本区域内企业提供监测服务[7]等。这些规定是上海市特有的。因此，在长三角地区，上海市、浙江省和江苏省对此问题的规定存在较大的差异。

5.《江苏省环境保护条例》特有的规定

《江苏省环境保护条例》也制定了特殊的规定，如运用工业三废灌溉、施肥等应定期监测[8]；严格控制向蚕桑生产区域排放含氟气体或者其他有害气体和粉尘等[9]。

这是江苏省的特殊规定，因此，使得长三角地区对此问题的规定存在差异。

（三）海洋环境保护法的相关规定

1.对“规定入海排污口的监测单位”规定的差异

《中华人民共和国海洋环境保护法》、《浙江省海洋环境保护条例》和《江苏省海洋环境保护条例》均对此有规定，但有差异。

《中华人民共和国海洋环境保护法》第十四条第三款规定：“……其他有关部门根据全国海洋环境监测网的分工，分别负责对入海河口、主要排污口的监测。”

---

[1]《上海市环境保护条例》第二十二条第二款。
[2]《上海市环境保护条例》第四十七条。
[3]《上海市环境保护条例》第三十一条。
[4]《上海市环境保护条例》第三十一条。
[5]《上海市环境保护条例》第五十一条。
[6]《上海市环境保护条例》第三十二条第一款。
[7]《上海市环境保护条例》第三十二条第三款。
[8]《江苏省环境保护条例》第二十条。
[9]《江苏省环境保护条例》第二十条第二款。

《浙江省海洋环境保护条例》第十二条第三款规定："……其他有关部门根据全省海洋环境监测网络的分工，分别负责对入海河口、主要排污口的监测、监视。"

这两部法律法规的规定是一样的。

但《江苏省海洋环境保护条例》第十四条第一款规定："环境保护行政主管部门应当加强对沿岸直接入海的排污口和入海河口上溯三十公里范围内的排污口的监测、监视、调查和评价。海洋行政主管部门应当加强对沿岸直接入海的排污口附近海域以及入海河口断面水质的监测和监视。环境保护行政主管部门和海洋行政主管部门应当定期互相通报监测监视资料。"

《江苏省海洋环境保护条例》第二十四条第三款规定："环境保护行政主管部门在制定沿岸直接入海排污口和入海河口上溯三十公里范围内排污口排污总量控制指标和核准主要污染源排污量时，应当符合重点海域主要污染物排海总量控制指标和主要污染源排放控制数量分配方案。"

《中华人民共和国海洋环境保护法》和《浙江省海洋环境保护条例》都规定的入海排污口监测单位是"其他有关部门"；而《江苏省海洋环境保护条例》规定的入海排污口的监测单位是环境保护部门和海洋行政主管部门。入海排污口和入海河口上溯三十公里由环境保护部门负责；入海排污口和入海河口附近海水监测由海洋行政主管部门负责。

上海市的有关规定遵照《中华人民共和国海洋环境保护法》相关条款执行。

因此，在长三角地区，上海市、浙江省和江苏省对此问题的规定是有差异的。

2.对"对入海河流的监测"规定的差异

《中华人民共和国海洋环境保护法》第十四条第三款规定："其他有关部门根据全国海洋环境监测网的分工，分别负责对入海河口……的监测。"

《浙江省海洋环境保护条例》第十二条第三款规定："……其他有关部门根据全省海洋环境监测网络的分工，分别负责对入海河口……的监测、监视。"

《浙江省海洋环境保护条例》比《中华人民共和国海洋环境保护法》多了"监视"二字，其余相同。

《江苏省海洋环境保护条例》第十四条第二款规定："海洋行政主管部门发现直接入海的排污口附近海域以及入海河口断面水质有异常变化时，应当及时通报环境保护行政主管部门。环境保护行政主管部门应当会同有关部门进行调查，并依法予以处理。"

《江苏省海洋环境保护条例》规定海洋行政主管部门发现入海的排污口附近海域及入海河口断面水质异常应通报环境保护部门，由环境保护部门来处理。

上海市的有关规定遵照《中华人民共和国海洋环境保护法》相关条款执行。因此，在长三角地区，上海市、浙江省和江苏省对此问题的规定是有差异的。

3.《中华人民共和国海洋环境保护法》的特殊规定

《中华人民共和国海洋环境保护法》对设置入海排污口的特殊规定。即环境保护部门在批准设置入海排污口之前，必须征求海洋、海事、渔业行政主管部门和军队环境保护部门的意见[1]。在长三角地区二省一市依此遵照执行即可，不存在差异。

4.对“赤潮、人工鱼礁、海洋动植物监测”规定的差异

《江苏省海洋环境保护条例》和《浙江省海洋环境保护条例》均对此有规定。

（1）对赤潮的监测　监测者是海洋行政主管部门。

（2）对人工鱼礁的监测

《浙江省海洋环境保护条例》第二十一条第二款规定：“渔业行政主管部门应当根据人工鱼礁建设技术规范，会同交通等有关部门和海事管理机构，组织有关专家做好人工鱼礁的选址、论证和投放工作，加强对人工鱼礁投放区域生物多样性的监测和生态效益的评估。”

《江苏省海洋环境保护条例》第二十二条第二款规定：“海洋增殖、养殖项目需要设置人工鱼礁等特殊设施的，应当经渔业行政主管部门会同相关部门，根据本省海洋功能区划和有关标准、规范进行科学论证。渔业行政主管部门应当做好生态环境监测工作。”

主要是内容上的差异。《江苏省海洋环境保护条例》规定了人工鱼礁建设由渔业行政主管部门会同相关部门来进行；《浙江省海洋环境保护条例》规定由渔业行政主管部门会同交通等有关部门和海事管理机构来进行。

《浙江省海洋环境保护条例》规定“组织有关专家做好人工鱼礁的选址、论证和投放工作”；《江苏省海洋环境保护条例》规定“根据本省海洋功能区划和有关标准、规范进行科学论证”。

《浙江省海洋环境保护条例》规定“加强对人工鱼礁投放区域生物多样性的监测和生态效益的评估”；《江苏省海洋环境保护条例》规定“渔业行政主管部门应当做好生态环境监测工作”；上海市遵照《中华人民共和国海洋环境保护法》的相关规定执行，而《中华人民共和国海洋环境保护法》没有此类规定。因此，在长三角地区，上海市、浙江省和江苏省对此问题的规定存在差异。

（3）海洋动植物物种的监测　《浙江省海洋环境保护条例》第二十二条第二款规定：“沿海市、县人民政府应当加强所管辖海域、海岛和海岸带境外引进物种的调查监测，监测结果应当及时相互通报。”

《江苏省海洋环境保护条例》第二十三条第二款规定：“沿海市、县（市、区）海洋行政主管部门应当会同农业、渔业、林业等部门，加强对所管辖海域、海岛和海岸带境外引进物种的调查监测，并将监测结果及时报告本级人民政府和上级主管部门。”

《江苏省海洋环境保护条例》与《浙江省海洋环境保护条例》的规定不同。《浙江省海洋环境保护条例》强调的是“沿海市、县人民政府”应加强所辖海域的管

[1]《中华人民共和国海洋环境保护法》第三十条第二款。

理；《江苏省海洋环境保护条例》强调的是“沿海市、县海洋行政主管部门”应加强所辖海域的管理。《浙江省海洋环境保护条例》强调的是相互通报；《江苏省海洋环境保护条例》强调的是向本级人民政府和上级主管部门报告。因此，在长三角地区，上海市、浙江省和江苏省对此问题的规定存在差异。

5.《浙江省海洋环境保护条例》的一些特殊规定

《浙江省海洋环境保护条例》有一些特殊规定，如对海洋监测中介单位的规定，包括中介单位必须有专项计量认证[1]、没有专项计量认证的单位进行海洋环境调查监测需要报批[2]、违者处罚[3]、调查和监测资料遵守国家保密法[4]等。这些特殊的规定，也导致了长三角地区对此问题的规定存在差异。

二、对环境质量标准规定的差异

针对环境质量标准，《中华人民共和国水污染防治法》、《中华人民共和国环境保护法》和《中华人民共和国海洋环境保护法》及相关法律法规对此进行了规定。

（一）水污染防治法律法规对环境质量标准进行的规定

《中华人民共和国水污染防治法》及相关法律法规主要是从水污染防治的角度来对水环境质量标准进行规定，规定得非常具体详细，包括以下内容。

1.对水环境质量标准制定的部门规定有差异

《中华人民共和国水污染防治法》、《浙江省水污染防治条例》和《江苏省长江水污染防治条例》均对制定水环境质量标准的部门进行了规定。

《中华人民共和国水污染防治法》第十一条规定：“国务院环境保护主管部门制定国家水环境质量标准。

“省、自治区、直辖市人民政府可以对国家水环境质量标准中未作规定的项目，制定地方标准，并报国务院环境保护主管部门备案。”

《浙江省水污染防治条例》第十二条规定：“省人民政府可以根据水环境保护的需要，对国家水环境质量标准和国家水污染物排放标准中未作规定的项目，制定地方标准；对国家水污染物排放标准中已作规定的项目，可以制定严于国家标准的地方标准。”

《江苏长江水污染防治条例》第十五条规定：“省环境保护行政主管部门应当会同质量技术监督等部门根据沿江地区水质保护的需要，制订水环境质量标准和有机毒物排放标准等水污染物排放地方标准，报省人民政府批准后实施。”

《中华人民共和国水污染防治法》、《浙江省水污染防治条例》和《江苏省长江

---

[1]《浙江省海洋环境保护条例》第十三条第一款。
[2]《浙江省海洋环境保护条例》第十三条第二款。
[3]《浙江省海洋环境保护条例》第四十二条第一项。
[4]《浙江省海洋环境保护条例》第十三条第三款。

水污染防治条例》对此问题的规定是有差异的。

《中华人民共和国水污染防治法》和《江苏省长江水污染防治条例》都规定了水质量标准的制定者是环境保护部门。

《中华人民共和国环境保护法》规定了“国务院环境保护主管部门”制定国家水环境质量标准。同时规定“省、自治区、直辖市人民政府”制定地方水环境质量标准。实际上，这里隐含的意思是由“省、自治区、直辖市人民政府”的“环境保护部门”来制定地方标准。因为，地方水环境质量标准要“报国务院环境保护主管部门备案”。按照管理体制，也只有地方环境保护部门才会向国务院环境保护部门报备相关材料。

但《浙江省水污染防治条例》规定了浙江省水环境质量标准应由“省人民政府”来制定，与《中华人民共和国水污染防治法》和《江苏省长江水污染防治条例》的规定有差异。

因此，在长三角地区，上海市、浙江省和江苏省对此问题的规定有差异。

2.《中华人民共和国水污染防治法》的一些特殊的规定

如规定了跨省界水体水环境质量标准由国务院环境保护主管部门会同有关单位制定❶，规定了国务院环境保护主管部门根据水环境质量标准制定国家水污染物排放标准❷，规定了水环境质量标准的修订依据❸，规定了向水体排放含热废水应保护水温符合水环境质量标准的规定❹，规定了风景名胜区水体、重要渔业水体和具有特殊经济文化价值的水体水质应符合规定用途的水环境质量标准❺等。这些规定在《浙江省水污染防治条例》和《江苏省长江水污染防治条例》中没有规定。因此，在长三角地区，上海市、江苏省和浙江省按《中华人民共和国水污染防治法》条款遵照执行即可，它们之间没有差异。

3.《浙江省水污染防治条例》的特殊规定

《浙江省水污染防治条例》规定了县级以上人民政府应当保证出境水质符合规定的水环境质量标准；对出境水质、对跨行政区域水质监测和保护进行了规定。

《浙江省水污染防治条例》第九条规定：“县级以上人民政府应当根据流域水污染防治规划，制定本行政区域的水污染防治规划并组织实施。

“县级以上人民政府应当保证本行政区域水体和出境水水质符合规定的水环境质量标准。跨行政区域河流交接断面水质监测和保护办法由省人民政府规定。”

这是具有地方特色的规定。《中华人民共和国水污染防治法》并没有制定相关的条款，只用“协调”二字涵盖了所有跨界问题，而浙江省对此进行了具体的细化

❶《中华人民共和国水污染防治法》第十二条。
❷《中华人民共和国水污染防治法》第十三条。
❸《中华人民共和国水污染防治法》第十四条。
❹《中华人民共和国水污染防治法》第三十一条。
❺《中华人民共和国水污染防治法》第六十四条。

和规定。《江苏省长江水污染防治条例》并未对此进行规定。

因此，在长三角地区，上海市、浙江省和江苏省对此问题的规定存在差异。尤其是涉及跨界的规定，如果存在较大差异，就无法协调二省一市的跨界水污染问题。

4.《江苏省长江水污染防治条例》的特殊规定

《江苏省长江水污染防治条例》规定了长江江苏中泓水体水质不得低于国家地表水环境质量标准二类标准，近岸水体以及沿江地区地表水体的水质不得低于省地表水（环境）功能区划类别标准。

《江苏省长江水污染防治条例》第二十三条规定："长江江苏段中泓水体水质不得低于国家地表水环境质量标准二类标准，近岸水体以及沿江地区地表水体的水质不得低于省地表水（环境）功能区划类别标准。"

这也是江苏特有规定。《中华人民共和国水污染防治法》不会细化到某地某段河面的水质。一般来说，地方性法规对水质的规定只会严于国家标准。因此，江苏省的规定是具有地方特色的规定，但这种特殊也必须影响到长三角地区跨界水污染法律协调问题。

（二）环境保护法律法规对环境质量标准的规定

《中华人民共和国环境保护法》及相关法律法规主要是从环境保护的角度来对环境质量标准进行规定。

1.对环境保护部门是环境质量标准的制定者的规定

《中华人民共和国环境保护法》、《江苏省环境保护条例》和《上海市环境保护条例》均对此问题进行了规定，但三者的规定是有差异的。

《中华人民共和国环境保护法》第十五条规定："国务院环境保护主管部门制定国家环境质量标准。

"省、自治区、直辖市人民政府对国家环境质量标准中未作规定的项目，可以制定地方环境质量标准；对国家环境质量标准中已作规定的项目，可以制定严于国家环境质量标准的地方环境质量标准。地方环境质量标准应当报国务院环境保护主管部门备案。"

《上海市环境保护条例》第十三条规定："市人民政府可以根据本市实际，对国家环境质量标准和国家污染物排放标准中未作规定的项目，制定地方标准；对国家污染物排放标准中已作规定的项目，可以制定严于国家污染物排放标准的地方污染物排放标准，但法律、行政法规另有规定的除外。"

《江苏省环境保护条例》第十二条规定："省环境保护行政主管部门应当会同省标准部门对国家环境标准中未作规定的项目拟定地方环境标准，对国家环境标准中已作规定的项目可以拟定严于国家标准的地方环境标准，地方环境标准报经省人民政府批准后施行，并报国家环境保护行政主管部门备案。

“省环境保护行政主管部门应当参与制定环境保护产品质量标准。”

《中华人民共和国环境保护法》和《江苏省环境保护条例》都规定了环境质量标准的制定者是环境保护部门。

《中华人民共和国环境保护法》规定了“国务院环境保护主管部门”制定国家环境质量标准。同时规定“省、自治区、直辖市人民政府”制定地方环境质量标准。实际上，这里隐含的意思是由“省、自治区、直辖市人民政府”的“环境保护部门”来制定地方标准。因为，地方环境质量标准要“报国务院环境保护主管部门备案”。按照管理体制，也只有地方环境保护部门才会向国务院环境保护部门报备相关材料，但《上海市水污染防治条例》规定了上海市环境质量标准应由“市人民政府”来制定，与《中华人民共和国环境保护法》和《江苏省环境保护条例》有差异。

2.《中华人民共和国环境保护法》特有的规定

《中华人民共和国环境保护法》规定了根据环境质量标准制定污染物排放标准[1]。因此，在长三角地区，二省一市均按照《中华人民共和国环境保护法》执行即可，二省一市对此规定没有差异。

（三）海洋环境保护法律法规对环境质量标准的规定

《中华人民共和国海洋环境保护法》从海洋环境保护的角度对环境质量标准进行了规定，规定内容也非常具体。

1.对海洋环境主管机构及其职责的规定

《中华人民共和国海洋环境保护法》、《浙江省海洋环境保护条例》和《江苏省海洋环境保护条例》均对此问题进行了规定，但三者的规定还是有一些差异。

（1）国家海洋环境质量主管机构为国家海洋行政主管部门。

（2）国家海洋环境质量主管机构的职责以及海洋信息公开　主要职责是海洋环境调查、监测、监视及制定实施办法，组织全国海洋环境监测、监视网络，评价海洋环境质量，发布海洋巡航监视通报。

《中华人民共和国海洋环境保护法》第十四条规定：“国家海洋行政主管部门按照国家环境监测、监视规范和标准，管理全国海洋环境的调查、监测、监视，制定具体的实施办法，会同有关部门组织全国海洋环境监测、监视网络，定期评价海洋环境质量，发布海洋巡航监视通报。”

《中华人民共和国海洋环境保护法》第十六条规定：“国家海洋行政主管部门按照国家制定的环境监测、监视信息管理制度，负责管理海洋综合信息系统，为海洋环境保护监督管理提供服务。”

---

[1]《中华人民共和国环境保护法》第十六条。

《浙江省海洋环境保护条例》第十二条第一款、第二款、第三款规定："按照陆海统筹、专司管理、资源共享的原则，建立全省海洋环境监测网络，纳入生态省建设体系。

"省海洋行政主管部门应当根据国家海洋环境监测、监视标准和规范，对本省海洋环境调查、监测、监视和海洋环境综合信息系统实施管理，定期评价海洋环境质量，发布相关的公报和通报，并抄送省环境保护行政主管部门。

"依照本条例规定行使海洋环境监督管理权的部门根据各自职责负责所管辖海域的监测、监视。其他有关部门根据全省海洋环境监测网络的分工，分别负责对入海河口、主要排污口的监测、监视。"

《浙江省海洋环境保护条例》第十二条第四款规定："有关部门根据各自职责形成的海洋环境监测、监视资料，应当纳入全省海洋环境监测网络，实行资源共享。"实现监测资料共享，是浙江的一大特色，也反映了《中华人民共和国海洋环境保护法》第十五条的精神。

《江苏省海洋环境保护条例》第十二条规定："海洋行政主管部门应当根据国家和地方有关标准与规范，对本级政府管辖海域内的海洋环境加强监测监视，定期评价海洋环境质量。"

《江苏省海洋环境保护条例》在第十二条中规定"定期评价海洋环境质量。"这一点在《中华人民共和国海洋环境保护法》和《浙江省海洋环境保护条例》中均没有规定。这是江苏省的地方特色，构成了江苏省在此问题的规定上与上海市和浙江省的差异。

在《中华人民共和国海洋环境保护法》第五条第二款、《浙江省海洋环境保护条例》第四条第二款、《江苏省海洋环境保护条例》第五条第二款中均有海洋环境调查的规定。

但《江苏省海洋环境保护条例》在第十一条中再加强调，并规定了调查内容，如海洋化学、海洋生物与生态等近岸海洋环境状况、主要入海河口污染物排放等基本情况。这也是江苏省的地方特色，同样这种特色可能造成与上海市和浙江省规定之间的差异。

2.《中华人民共和国海洋环境保护法》的一些特殊规定

《中华人民共和国海洋环境保护法》规定了国家根据国家海洋环境质量状况和经济技术条件制定国家海洋质量标准[1]，规定了国家和地方海洋环境质量标准是确立水污染排放标准的依据之一[2]，规定了海洋环境保护目标和任务[3]，规定向海域排放含热废水必须采取措施[4]等。这些规定同样适用于长三角地区。因此，这些规定在长

---

[1]《中华人民共和国海洋环境保护法》第九条第一款。
[2]《中华人民共和国海洋环境保护法》第十条。
[3]《中华人民共和国海洋环境保护法》第九条第三款。
[4]《中华人民共和国海洋环境保护法》第三十六条。

三角地区是统一的。

3.关于地方海洋环境质量标准规定的差异

《中华人民共和国海洋环境保护法》和《浙江省海洋环境保护条例》均对地方海洋环境质量标准进行了规定，但二者是有差异的。

《中华人民共和国海洋环境保护法》第九条第二款规定："沿海省、自治区、直辖市人民政府对国家海洋环境质量标准中未作规定的项目，可以制定地方海洋环境质量标准。"

《浙江省海洋环境保护条例》第八条规定："省环境保护、海洋等有关部门根据本省海洋环境质量状况和经济、技术条件，可以对国家海洋环境质量标准中未作规定的项目，拟定地方海洋环境质量标准，报省人民政府批准。"

《中华人民共和国海洋环境保护法》规定了"沿海省、自治区、直辖市人民政府"制定地方海洋环境质量标准。其隐含的意思应该是指地方"环境保护、海洋等有关部门"制定地方海洋环境质量标准。按照常规，地方海洋环境质量标准应报国家环境保护部门批准。

《浙江省海洋环境保护条例》规定了"省环境保护、海洋等有关部门"制定地方海洋环境质量标准，规定"报省人民政府批准"，但没有规定要报"国务院环境保护部门"备案。

4.对编制海洋环境质量公报规定的差异

《中华人民共和国海洋环境保护法》和《浙江省海洋环境保护条例》对编制海洋环境质量公报进行了规定，但二者的规定是有差异的。

《中华人民共和国海洋环境保护法》第十五条第一款规定："国务院有关部门应当向国务院环境保护行政主管部门提供编制全国环境质量公报所必需的海洋环境监测资料。"

《中华人民共和国海洋环境保护法》第十五条第二款规定："环境保护行政主管部门应当向有关部门提供与海洋环境监督管理有关的资料。"

第十五条第二款与第十四条有些矛盾。既然海洋行政部门是海洋环境监督的主要执行者，他们应该掌握着主要的数据和资料，环境保护部门不应该掌握的资料比他们还详细。因此，此说有些矛盾或无意义。

但《浙江省海洋环境保护条例》第十二条第二款规定："省海洋行政主管部门应当根据国家海洋环境监测、监视标准和规范，对本省海洋环境调查、监测、监视和海洋环境综合信息系统实施管理，定期评价海洋环境质量，发布相关的公报和通报，并抄送省环境保护行政主管部门。"

《中华人民共和国海洋环境保护法》规定了"国务院有关部门"应向国务院环境保护行政主管部门提供编制全国环境质量公报所必需的海洋环境监测资料。

因此，《浙江省海洋环境保护条例》规定了"省海洋行政主管部门"将相关的海洋环境质量评价公报和通报抄送省环境保护行政主管部门。

5.《江苏省海洋环境保护条例》特有的规定

《江苏省海洋环境保护条例》规定了海洋环境质量状况是沿海设区的市、县环境保护责任考核指标[1]。对此，在《中华人民共和国海洋环境保护法》和《浙江省海洋环境保护条例》中是没有进行规定的。也就是说，浙江省、上海市和江苏省在此问题的规定上出现了差异。

第三节　对环境影响评价规定的差异

《中华人民共和国水污染防治法》、《中华人民共和国环境保护法》、《中华人民共和国水法》和《中华人民共和国海洋环境保护法》均对环境影响评价进行了规定。

一、水污染防治法律法规对进行环境影响评价的建设项目的规定的差异

《中华人民共和国水污染防治法》、《浙江省水污染防治条例》和《江苏省长江水污染防治条例》均对此问题进行了规定，但规定是有差异的。

《中华人民共和国水污染防治法》主要是从水污染防治的角度来规范环境影响评价的。

《中华人民共和国水污染防治法》第十七条第一款和第二款规定："新建、改建、扩建直接或者间接向水体排放污染物的建设项目和其他水上设施，应当依法进行环境影响评价。建设单位在江河、湖泊新建、改建、扩建排污口的，应当取得水行政主管部门或者流域管理机构同意；涉及通航、渔业水域的，环境保护主管部门在审批环境影响评价文件时，应当征求交通、渔业主管部门的意见。"

《浙江省水污染防治条例》第二十八条规定："新建、扩建、改建有水污染物排放的项目，必须遵守国家有关建设项目环境保护管理的规定。

"环境影响评价批准文件中明确需要进行试生产的建设项目，试生产前应当报经县级以上环境保护主管部门同意，其配套建设的环境保护设施应当与主体工程同时投入试运行。"

违背此规定，将受到处罚。

《浙江省水污染防治条例》第六十条规定："建设项目无环境影响评价批准文件，建设单位擅自开工建设并建成投入生产或者使用的，由县级以上人民政府环境保护主管部门责令停止生产或者使用，限期补办环境影响评价文件审批手续，处五万元以上五十万元以下的罚款；不符合环境影响评价文件审批条件的，由有审批权的环境保护主管部门依法提请有关人民政府予以关闭。"

《江苏省长江水污染防治条例》涉及土地和区域规划、沿江化工企业布局时，需要进行环境影响评价。

---

[1]《江苏省海洋环境保护条例》第六条。

《江苏省长江水污染防治条例》在第十一条规定："省人民政府和沿江地区县级以上人民政府及其有关部门组织编制土地利用的有关规划，区域、流域的建设、开发利用规划，应当在规划编制过程中组织进行环境影响评价，编写该规划有关环境影响的篇章或者说明。未编写有关环境影响的篇章或者说明的规划草案的，审批机关不予批准。

"省人民政府和沿江地区县级以上人民政府及其有关部门组织编制工业、农业、渔业、畜牧业、林业、能源、水利、交通、城市建设、旅游、自然资源开发的有关专项规划，应当在该专项规划草案上报审批前，组织进行环境影响评价，并向审批该专项规划的机关提出环境影响报告书。未附送环境影响报告书的，审批机关不予批准。"

《江苏省长江水污染防治条例》在第十三条第二款规定："在沿江地区新建、改建或者扩建石油化工项目应当符合省沿江开发总体规划和城市总体规划的要求。在省沿江开发总体规划和城市总体规划确定的区域范围外限制新建、改建或者扩建石油化工等项目，确需建设的，其环境影响评价文件应当经省环境保护行政主管部门审批。"

差异主要体现在内容上。

《中华人民共和国水污染防治法》规定的内容为：一是新建、改建、扩建直接或间接向水体排放污染物的建设项目和其他水上设施应进行环境影响评价。二是在江河、湖泊新建、改建、扩建排污口也应进行环境影响评价。

《浙江省水污染防治条例》规定的内容：一是新建、扩建、改建有水污染物排放的项目，应遵守国家有关建设项目环境保护管理的规定。二是没有环境影响评价不得开工建设，违者限期补办环境影响评价审批手续，处五万元以上五十万元以下罚款；不符合环境影响评价审批文件的项目应关闭。

《江苏省长江水污染防治条例》所规定的内容：一是土地利用规划、区域流域建设开发利用规划应进行环境影响评价。二是产业专项规划也要组织环境影响评价。三是新建、改建或者扩建石化项目要进行环境影响评价。

由此可见，《中华人民共和国水污染防治法》、《浙江省水污染防治条例》和《江苏省长江水污染防治条例》虽然都对环境影响评价进行了规定，但三者有差异，《浙江省水污染防治条例》规定对没有环境影响评价文件而擅自开工建设并投入使用的要处以罚款，《中华人民共和国水污染防治法》和《江苏省长江水污染防治条例》均未对此进行规定。

《中华人民共和国水污染防治法》规定，环境保护主管部门在审批环境影响评价文件时，应当征求相关部门的意见。而《江苏省长江水污染防治条例》、《浙江省水污染防治条例》没有此类规定。上海市遵照《中华人民共和国水污染防治法》相关条文执行。

因此，在长三角地区，上海市、浙江省和江苏省对此问题的规定存在差异。

二、环境保护法律法规对环境影响评价的规定

《中华人民共和国环境保护法》及相关的法律法规是从环境保护的角度对环境影响评价进行了具体的规定。

（一）对“环境影响报告书的审批机构”的规定的差异

《中华人民共和国环境保护法》和《上海市环境保护条例》均对此有规定，但规定是有差异的。

《中华人民共和国环境保护法》第四十一条规定：“……防治污染的设施应当符合经批准的环境影响评价文件的要求，不得擅自拆除或者闲置。”

《上海市环境保护条例》第十八条第二款规定：“环保部门应当按照法律、法规、规章和相关环境影响评价技术规范的规定，对环境影响评价文件进行审查，并依法作出审批决定。法律、法规、规章和相关环境影响评价技术规范对环境影响评价文件中的有关内容尚未作规定的，环保部门应当组织专家进行论证，并在规定的期限内作出审批决定。”

上海市的规定与《中华人民共和国环境保护法》的规定在用词和表述上有比较大的差异。一是有法律规定的按法律规定来进行环评；二是没有法律规定的，环境保护部门组织专家进行环评，这些在《中华人民共和国环境保护法》中是没有的，在《江苏省环境保护条例》中也没有此类规定。

违反相关的法律法规要进行处罚。

《江苏省环境保护条例》第三十九条第一项、第二项规定：“违反本条例规定，有下列行为之一的，环境保护行政主管部门或者其他依照法律、法规规定行使环境监督管理权的部门，可以根据不同情节，给予警告或者处以罚款。（一）违反环境影响评价制度的；（二）环境影响评价结论错误并造成损失的；……”

处罚条款在《中华人民共和国环境保护法》和《上海市环境保护条例》中没有规定。

因此，长三角地区的二省一市的相关条款没有统一。

同时，《中华人民共和国水污染防治法》和《中华人民共和国环境保护法》关于环境影响评价的规定也存在一些差异。因此，对于长三角地区的上海市、浙江省或江苏省，它们是按照《中华人民共和国环境保护法》相关条文执行，还是按照《中华人民共和国水污染防治法》的相关条文执行，或者是按照它们自己制定的相关条例执行呢？法律依据存在差异，必然造成执行上的差异。

（二）对“污染环境的建设项目必须有环境影响评价”规定的差异

《中华人民共和国环境保护法》、《上海市环境保护条例》和《江苏省环境保护条例》均对此有规定，但规定有差异。

《中华人民共和国环境保护法》第十九条规定：“编制有关开发利用规划，建设

对环境有影响的项目，应当依法进行环境影响评价。未依法进行环境影响评价的开发利用规划，不得组织实施；未依法进行环境影响评价的建设项目，不得开工建设。”

《上海市环境保护条例》第十八条第一款规定：“列入国家建设项目环境影响评价分类管理名录和本市补充名录的建设项目（以下简称建设项目），应当按照国家和本市有关规定，进行环境影响评价。”

《江苏省环境保护条例》第十一条第一款和第二款规定：“新建、改建、扩建、迁建和技术改造等可能对环境造成污染和破坏的项目，必须严格执行环境保护法律、法规和本省有关建设项目环境保护管理的规定。

“凡对环境有影响以及对环境质量要求较高的建设项目必须实行环境影响报告书（表）制度，做到先评价后建设。环境影响报告书（表）未经环境保护行政主管部门批准的建设项目和未按照规定进行环境影响评价的建设项目，规划、计划、土地、银行、工商行政等部门不得办理有关手续，设计部门不得先行设计。”

三部法律对比的规定在内容上有差异。《中华人民共和国环境保护法》和《江苏省环境保护条例》均规定了环境影响评价报告应该审批。而《上海市环境保护条例》没有此规定。

《中华人民共和国环境保护法》规定了无论是编制规划，还是建设项目，都必须进行环境影响评价；《江苏省环境保护条例》规定了“环境影响报告书（表）未经环境保护行政主管部门批准的建设项目和未按照规定进行环境影响评价的建设项目，规划、计划、土地、银行、工商行政等部门不得办理有关手续，设计部门不得先行设计。”而《上海市环境保护条例》没有此类规定。

从表述上看，也有差异。《中华人民共和国环境保护法》使用了“建设项目”和“编制规划”；《江苏省环境保护条例》使用了“新建、改建、扩建、迁建和技术改造等可能对环境造成污染和破坏的项目”；《上海市环境保护条例》使用了“列入国家建设项目环境影响评价分类管理名录和本市补充名录的建设项目”。

对污染环境的项目进行环境影响评价，《中华人民共和国环境保护法》、《上海市环境保护条例》和《江苏省环境保护条例》的规定在用词和表述上也有比较大的差异。浙江省依照《中华人民共和国环境保护法》的相关条款遵照执行。因此，长三角二省一市对此问题的规定存在差异。

（三）对“实施三同时”规定的差异

《中华人民共和国环境保护法》、《上海市环境保护条例》和《江苏省环境保护条例》均对此有规定，但规定有差异。

《中华人民共和国环境保护法》第四十一条第一款规定：“建设项目中防治污染的设施，应当与主体工程同时设计、同时施工、同时投产使用。防治污染的设施应当符合经批准的环境影响评价文件的要求，不得擅自拆除或者闲置。”

《上海市环境保护条例》第十九条规定："新建、改建、扩建建设项目，建设单位应当根据环境影响评价文件以及环保部门审批决定的要求建设环境保护设施，并与主体工程同时设计、同时施工、同时投产使用。

"建设单位在新建、改建、扩建建设项目时，与该新建、改建、扩建建设项目有关的原有污染源应当同时治理。"

《江苏省环境保护条例》第二十九条规定："凡对环境有影响的建设项目，必须按照国家和本省的有关规定执行防治污染以及其他公害的设施与主体工程同时设计、同时施工、同时投产使用，否则不准投产。严禁以试生产为由排放污染物。"

《江苏省环境保护条例》第三十九条第七项规定："违反本条例规定，有下列行为之一的，环境保护行政主管部门或者其他依照法律、法规规定行使环境监督管理权的部门，可以根据不同情节，给予警告或者处以罚款。……（七）不执行同时设计、同时施工、同时投产的；……"

差异一：《江苏省环境保护条例》对处罚进行了规定，而《中华人民共和国环境保护法》和《上海市环境保护条例》均未对违规处罚进行规定。

差异二：《中华人民共和国环境保护法》使用了"建设项目中防治污染的设施"；《上海市环境保护条例》使用了"新建、改建、扩建建设项目"；《江苏省环境保护条例》使用了"凡对环境有影响的建设项目"。

差异三：《中华人民共和国环境保护法》规定了"应当符合经批准的环境影响评价文件的要求，不得擅自拆除或者闲置"；《上海市环境保护条例》规定了"建设单位在新建、改建、扩建建设项目时，与该新建、改建、扩建建设项目有关的原有污染源应当同时治理"；《江苏省环境保护条例》规定了"严禁以试生产为由排放污染物。"

浙江省遵照《中华人民共和国环境保护法》的有关条款执行。因此，长三角地区二省一市对此问题的规定存在差异。

（四）《中华人民共和国环境保护法》的一些特殊规定

《中华人民共和国环境保护法》作了一些特殊的规定，如防治污染的设施必须经过环境影响评价[1]，防治污染的设施不得擅自拆除或闲置[2]。

在长三角二省一市可以完全遵照这些条款执行即可，不存在差异。

（五）《上海市环境保护条例》特殊规定

如环境影响评价报告应多方听取意见[3]；试生产或试运行也需要申请[4]；试生产或

[1]《中华人民共和国环境保护法》第四十一条。
[2]《中华人民共和国环境保护法》第四十一条。
[3]《上海市环境保护条例》第十八条第三款。
[4]《上海市环境保护条例》第二十条第一款。

试运行期间，环保设施也应该试运行[1]，违者处罚[2]；建设项目竣工，环保设施应申请竣工验收[3]；在竣工验收阶段，应对排污情况进行监测[4]；对滩涂等湿地进行开发须进行环境影响评价[5]等。

上海市的特殊规定也就造成了长三角地区二省一市对此问题规定的差异。

（六）对“试运行期满，环保设施应申请验收。达不到要求也不能进行生产”规定的差异

《上海市环境保护条例》和《江苏省环境保护条例》均对此进行了规定。《中华人民共和国环境保护法》和《中华人民共和国水污染防治法》中就没有“试运行”三个字。

《上海市环境保护条例》第二十条第四款规定：“建设单位应当在建设项目试生产或者试运行期满前，向原审批环境影响评价文件的环保部门申请建设项目环境保护设施竣工验收。”

《上海市环境保护条例》第二十一条第二款规定：“建设项目在试生产或者试运行期满时生产负荷达不到验收要求的，经审批该建设项目环境影响评价文件的环保部门同意，可以先按实际生产负荷，进行环境保护设施阶段性竣工验收。待建设项目生产达到规定负荷后，建设单位应当申请环境保护设施正式验收。”

《江苏省环境保护条例》第四十条规定：“建设项目的防治污染设施没有建成或者没有达到国家规定的要求，擅自投入生产或者使用的，由批准该建设项目的环境影响报告书的环境保护行政主管部门责令停止生产或者使用，可以并处罚款。”

差异一：《江苏省环境保护条例》规定了处罚；而《上海市环境保护条例》没有规定处罚。

差异二：《上海市环境保护条例》规定了在试运行期满前，可以申请环境保护设施竣工验收；并规定了在试生产期间，如果生产达不到正式生产负荷，可以按实际生产负荷进行验收。《江苏省环境保护条例》没有此类规定。

浙江省遵照《中华人民共和国环境保护法》有关规定执行。因此，在此问题上，长三角地区二省一市对此问题的规定存在差异。

（七）《江苏省环境保护条例》的特殊规定

《江苏省环境保护条例》规定了从事环境影响评价的单位应持证上岗[6]。

---

[1]《上海市环境保护条例》第二十条第二款。
[2]《上海市环境保护条例》第四十六条。
[3]《上海市环境保护条例》第二十一条第一款。
[4]《上海市环境保护条例》第二十一条第三款。
[5]《上海市环境保护条例》第四十二条。
[6]《江苏省环境保护条例》第十一条第三款。

三、水法对环境影响评价的规定

《中华人民共和国水法》对第三十四条环境影响评价作了规定[1]。《中华人民共和国水法》是从水资源利用的角度对环境影响评价进行规定的，只有这一条涉及。在该条中，使用了“环境影响报告书”这一名词。在《中华人民共和国环境保护法》中使用的也是“环境影响报告书”。但是在《中华人民共和国水污染防治法》中使用的是“环境影响评价文件”。三部国家层面的法律，名词的使用没有能够统一。当然，这主要是立法技术层面的问题。

四、海洋环境保护法对环境影响评价的规定

《中华人民共和国海洋环境保护法》主要是从海洋环境保护的角度对环境影响评价进行规定的。

（一）对“海岸工程建设必须有环境影响评价”规定的差异

《中华人民共和国海洋环境保护法》、《浙江省海洋环境保护条例》和《江苏省海洋环境保护条例》均对此进行了规定，但规定有差异。

《中华人民共和国海洋环境保护法》第四十三条规定：“海岸工程建设项目的单位，必须在建设项目可行性研究阶段，对海洋环境进行科学调查，根据自然条件和社会条件，合理选址，编报环境影响报告书。环境影响报告书经海洋行政主管部门提出审核意见后，报环境保护行政主管部门审查批准。”

《中华人民共和国海洋环境保护法》第四十七条第一款规定：“海洋工程建设项目必须符合海洋功能区划、海洋环境保护规划和国家有关环境保护标准，在可行性研究阶段，编报海洋环境影响报告书，由海洋行政主管部门核准，并报环境保护行政主管部门备案，接受环境保护行政主管部门监督。”

《中华人民共和国海洋环境保护法》第八十三条规定：“违反本法第四十七条第一款……的规定，进行海洋工程建设项目，或者海洋工程建设项目未建成环境保护设施、环境保护设施未达到规定要求即投入生产、使用的，由海洋行政主管部门责令其停止施工或者生产、使用，并处五万元以上二十万元以下的罚款。”

《浙江省海洋环境保护条例》第三十四条规定：“海岸、海洋工程建设项目应当按照《海洋环境保护法》的规定编制环境影响报告书。

“海洋工程建设项目的海洋环境影响报告书应当报海洋行政主管部门提出审核意见，并由海洋行政主管部门转报环境保护行政主管部门批准。

“海洋工程建设项目的海洋环境影响报告书应当报海洋行政主管部门核准，并由海洋行政主管部门转报环境保护行政主管部门备案。

“海洋行政主管部门对海岸工程建设项目环境影响报告书重点审核海岸工程建

[1]《中华人民共和国水法》第三十四条。

设项目对海洋环境和海洋生态的影响。海洋工程建设环境影响评价分类办法和评价标准按照国家有关规定执行。”

《浙江省海洋环境保护条例》第四十八条第四项、第五项、第六项规定：“行使海洋环境监督管理权的部门和其他行政主管部门有下列情形之一的，对直接责任人员和直接负责的主管人员，由其所在单位或者行政监察部门给予行政或者纪律处分；给当事人造成损害的，依法予以赔偿；构成犯罪的，依法追究刑事责任：……（三）泄漏被检查者商业秘密的；（四）海岸工程的环境影响报告书未经审核而予以批准，海洋工程的海洋环境影响报告书未转报环境保护行政主管部门备案，以及海岸、海洋工程环境影响报告书核准、批准前未依法征求有关部门意见的；（五）违反规定审核、核准、批准环境影响报告书的；……”

《浙江省海洋环境保护条例》第三十七条第二款规定：“海岸、海洋工程建设项目的环境影响报告书未经批准、核准的，有关审批部门不得批准其建设。”

《江苏省海洋环境保护条例》第三十一条规定：“依法由国家审批、核准、备案的海岸工程建设项目和海洋工程建设项目，其环境影响报告书或者海洋环境影响报告书的批准或者核准，按照国家规定执行。

“省人民政府及其有关部门审批、核准、备案的海岸工程建设项目和海洋工程建设项目，其环境影响报告书或者海洋环境影响报告书，由省环境保护行政主管部门、海洋行政主管部门按照各自职责，依法批准或者核准。

“其他海岸工程建设项目的环境影响报告书和海洋工程的海洋环境影响报告书，由沿海设区的市环境保护行政主管部门、海洋行政主管部门按照各自职责，依法批准或者核准。”

差异一：《浙江省海洋环境保护条例》、《中华人民共和国海洋环境保护法》规定了处罚；而《江苏省海洋环境保护条例》无此规定。上海市遵照《中华人民共和国海洋环境保护法》相关条款执行。《中华人民共和国海洋环境保护法》规定了处罚额度，而《浙江省海洋环境保护条例》没有规定处罚额度。处罚内容也不尽相同。

差异二：《中华人民共和国海洋环境保护法》规定了“环境影响报告书经海洋行政主管部门提出审核意见后，报环境保护行政主管部门审查批准。”《浙江省海洋环境保护条例》规定了“海洋工程建设项目的海洋环境影响报告书应当报海洋行政主管部门提出审核意见，并由海洋行政主管部门转报环境保护行政主管部门批准。”“海洋工程建设项目的海洋环境影响报告书应当报海洋行政主管部门核准，并由海洋行政主管部门转报环境保护行政主管部门备案。”《江苏省海洋环境保护条例》规定了“其环境影响报告书或者海洋环境影响报告书，由省环境保护行政主管部门、海洋行政主管部门按照各自职责，依法批准或者核准。”三者的用词是不一样的。

（二）《浙江省海洋环境保护条例》特有的规定

如对人工鱼礁建设需进行环境影响评价[1]；如果工程性质、规模、地点发生变化，环境影响评价需要重新评价[2]；环境影响报告批准后五年未开工建设，环境影响报告需要重新审核[3]；对海岸工程项目作环境影响评价的机构应具有资质[4]；提供环境影响评价的机构应具有资质[5]；环境保护、海洋行政主管部门应在法定期限内对环境影响报告作出批准、核定决定[6]；环境影响报告未经批准不得开工建设[7]；环境影响报告批准后，因工程性质、规模、地点发生变化，环境影响报告需要重新批准[8]；新建、扩建、改建海岸、海洋工程建设项目必须符合海洋功能区划、海洋环境保护区域以及其他环境保护规定[9]；违者惩罚[10]等。这些特殊的规定也形成了长三角地区二省一市在这些条文规定上的差异。

（三）《江苏省海洋环境保护条例》特有的规定

如海岸工程运行过程中有不符合环境影响报告书的可以中止项目[11]；违反规定审批环境影响报告书的要处罚[12]；海洋工程建设和运行过程中与环境影响报告书描述不符的应停止项目建设和运行[13]；对土地利用和区域、流域、海域建设的海洋环境影响评价[14]等。这些规定构成了长三角地区二省一市法律规定上的不协调。

（四）《中华人民共和国海洋环境保护法》特有的规定

如新建、改建、扩建海水养殖场应作环境影响评价[15]。长三角二省一市可以遵照执行，不存在差异。

第四节　公民的环境权规定的差异

一、对水权规定的差异

《中华人民共和国水法》、《上海市实施〈中华人民共和国水法〉办法》和《浙

---

[1]《浙江省海洋环境保护条例》第三十五条。
[2]《浙江省海洋环境保护条例》第三十八条第一款。
[3]《浙江省海洋环境保护条例》第三十八条第二款。
[4]《浙江省海洋环境保护条例》第三十六条第二款。
[5]《浙江省海洋环境保护条例》第三十六条第二款。
[6]《浙江省海洋环境保护条例》第三十七条第一款。
[7]《浙江省海洋环境保护条例》第三十七条第二款。
[8]《浙江省海洋环境保护条例》第三十八条第一款。
[9]《浙江省海洋环境保护条例》第三十三条。
[10]《浙江省海洋环境保护条例》第四十八条第四项、第五项、第六项。
[11]《江苏省海洋环境保护条例》第三十三条。
[12]《江苏省海洋环境保护条例》第四十四条第二款。
[13]《江苏省海洋环境保护条例》第三十三条。
[14]《江苏省海洋环境保护条例》第二十七条。
[15]《中华人民共和国海洋环境保护法》第二十八条第二款。

江省实施〈中华人民共和国水法〉办法》均有此规定，但有差异。

《中华人民共和国水法》第三条规定："水资源属于国家所有。水资源的所有权由国务院代表国家行使。农村集体经济组织的水塘和由农村集体经济组织修建管理的水库中的水，归各该农村集体经济组织使用。"

《上海市实施〈中华人民共和国水法〉办法》第三条规定："本市范围内的水资源属于国家所有，即全民所有。

"农业集体经济组织所有的水塘中的水，属于集体所有。"

《上海市实施〈中华人民共和国水法〉办法》第四条第二款规定："本市各级人民政府应当鼓励和支持合理开发利用水资源和防治水害的各项事业，保护依法开发利用水资源的单位和个人的合法权益。"

《浙江省实施〈中华人民共和国水法〉办法》第三条规定："水资源依照法律规定属于国家所有。

"农业集体经济组织所有的水塘、水库中的水，属于集体所有。

"单位和个人开发利用水资源的合法权益，受法律保护。"

《中华人民共和国水法》、《浙江省实施〈中华人民共和国水法〉办法》和《上海市实施〈中华人民共和国水法〉办法》对此问题的规定是有差异的。

《中华人民共和国水法》规定的内容：一是水资源属国家所有。二是集体经济组织的水塘和水库中的水，归集体使用。

《上海市实施〈中华人民共和国水法〉办法》规定的内容：一是水资源属国家所有。二是集体经济组织所有的水塘中的水，属集体所有；单位和个人依法开发和利用水资源的合理权益受法律保护。

《浙江省实施〈中华人民共和国水法〉办法》规定的内容：一是水资源归国家所有。二是农业集体经济组织所有的水塘、水库中的水，属集体所有。三是规定单位和个人开发利用水资源的合法权益受法律保护。这一点与上海市的规定一致，但用词有差异。

尤其是对集体水资源的规定，国家只规定是"集体使用"。而上海市和浙江省的规定是"集体所有"。

由于江苏省遵照《中华人民共和国水法》执行，因此，长三角地区江苏省、浙江省和上海市对此问题的规定有差异。

二、对检举权规定的差异

《中华人民共和国水污染防治法》、《中华人民共和国环境保护法》和《中华人民共和国海洋环境保护法》等国家法律及长三角二省一市地方性法规均对公民的检举权进行了规定。

（一）水污染防治法律法规对检举权规定的差异

从水污染防治法律法规看，只有《中华人民共和国水污染防治法》和《浙江省水污染防治条例》对此问题进行了规定。而《江苏省长江水污染防治条例》并无此规定。因此，江苏省和上海市遵照《中华人民共和国水污染防治法》的相关规定执行即可。

而《中华人民共和国水污染防治法》和《浙江省水污染防治条例》对此问题的规定也有一些差异。

（1）对检举权规定用词上的差异 《中华人民共和国水污染防治法》和《浙江省水污染防治条例》都对公民对破坏和污染水环境的行为具有检举权进行了规定，无论是内容，还是用词，都略有差异。

《中华人民共和国水污染防治法》第十条第一款规定 ：“任何单位和个人都有义务保护水环境，并有权对污染损害水环境的行为进行检举。”

《浙江省水污染防治法》第六条第一款规定 ：“任何单位和个人都有义务保护水环境，并有权对污染和破坏水环境的行为进行检举 ；有关监督管理部门接到检举后，应当及时调查处理。”

从内容上看，《浙江省水污染防治条例》规定了“有关监督管理部门接到检举后，应当及时调查处理”的内容。而《中华人民共和国水污染防治法》并无此规定。

从用词上看，《中华人民共和国水污染防治法》用的是“污染损害水环境的行为”；《浙江省水污染防治条例》用的是“污染和破坏水环境的行为”。二者小有差异。

由于《浙江省水污染防治条例》与《中华人民共和国水污染防治法》有一定差异，因此，浙江省、上海市和江苏省对此问题的规定也存在差异。

（2）浙江省对接受检举执行不力的相关部门给予惩罚 《浙江省水污染防治法》第六十二条第七项规定 ：“县级以上人民政府和有关部门有下列行为之一的，对直接负责的主管人员和其他直接责任人员，由任免机关或者监察机关按照管理权限依法给予行政处分……（七）接到对环境违法行为的举报后，不及时履行执法职责的。”

而《中华人民共和国水污染防治法》并无此类规定。

从内容上看，这种差异的存在是符合立法原则的。《浙江省水污染防治法》作为《中华人民共和国水污染防治法》的下位法，其规定只要不与《中华人民共和国水污染防治法》相抵触即可，它理应规定得比《中华人民共和国水污染防治法》更详细、更具体和更具有操作性。

从用词上看，这种差异体现的却是立法技术的不规范。要么是《中华人民共和国水污染防治法》用词不规范 ；要么是《浙江省水污染防治条例》用词不规范 ；要么二者均不规范。因此，如果需要修改，就看哪家用词更规范、更科学一些，另一些照此用词即可，这样可以保证执法者更方便执法。

当然，《江苏省长江水污染防治条例》不对此进行规定，在内容上肯定是接受了《中华人民共和国水污染防治法》的内容，因此，也肯定不会与《中华人民共和国水污染防治法》相抵触，在实际操作中只要按照《中华人民共和国水污染防治法》执行即可。因此，有时下位法不对此进行规定就是最好的规定。

同理，上海并没有对水污染进行单独立法，言下之意也明，完全按照《中华人民共和国水污染防治法》执行即可。不单独立法，表明上海在水污染防治时没有特殊的规定，或不想做特殊的规定，照《中华人民共和国水污染防治法》做即可。

正是因此如此，在长三角地区，上海市、浙江省和江苏省对此问题的规定具有较大的差异。

（二）环境保护法律法规对检举权的规定

《上海市环境保护条例》和《江苏省环境保护条例》均对检举权做出了规定，但是，三者对此问题的规定是有差异的，这种差异体现在内容上。浙江省没有制定环境保护法规。

《中华人民共和国环境保护法》第五十七条规定："公民、法人和其他组织发现任何单位和个人有污染环境和破坏生态的行为的，有权向环境保护主管部门或者其他负有环境保护监督管理职责的部门举报。"

《上海市环境保护条例》第八条第一款规定："一切单位和个人都有享受良好环境的权利，有权对污染、破坏环境的行为进行检举和控告，在直接受到环境污染危害时有权要求排除危害和赔偿损失。"

《江苏省环境保护条例》第七条规定："一切单位和个人都有保护环境的义务，不得向社会转嫁污染，谋取自身的经济利益。对于污染和破坏环境的单位和个人有权进行检举和控告。

"对在保护和改善环境工作中作出显著成绩的单位和个人，由人民政府或者有关部门给予表彰和奖励。"

三者对此问题的规定在内容上有差异。《上海市环境保护条例》规定了三个权利：一是享受良好环境的权利；二是检举和控告的权利；三是面临环境污染有排除危害和获得赔偿的权利。

而《中华人民共和国环境保护法》规定了保护环境的义务和对破坏环境的行为举报的权力。

《江苏省环境保护条例》规定了保护环境的义务和对破坏环境的行为检举的权力。同样，《江苏省环境保护条例》规定了奖励在环境保护中做出贡献的个人和单位，这一点是《中华人民共和国环境保护法》和《上海市环境保护条例》所没有的。

从理论上说，《江苏省环境保护条例》对环境保护做出贡献的个人和单位给予奖励，体现了江苏的地方特色，不违背《中华人民共和国环境保护法》立法宗旨，是可以肯定的。但是，《上海市环境保护条例》对此无规定，从理论上看，也没有违背《中华人民共和国环境保护法》的立法精神。但在实践操作中，如果江苏省对保护环境的行为进行奖励，而上海对此不奖励，显然，江苏省的环境保护理应做得比上海市好，至少比上海市重视。如果上海市不奖励，博弈的结果，就会削弱江苏省的保护动力，也不利于江苏省的环境保护行为，最终，上海市的环境保护也不会得到改善。

因此，从立法协调的角度看，上海市理与江苏省保持一致。

同样，《上海市环境保护条例》规定了环境违法行为中的受害者有获得赔偿的权力，而《江苏省环境保护条例》无此规定。虽然，《上海市环境保护条例》和《江苏省环境保护条例》均不违背《中华人民共和国环境保护法》的宗旨，但《上海市环境保护条例》和《江苏省环境保护条例》规定的差异给两地的环境保护行为带来不同的结果。即，在惩罚机制方面，《上海市环境保护条例》比《江苏省环境保护条例》规定得要严一些，这有利于上海的环境保护，但不利于上海的经济发展。博弈的结果，也会使上海的环境保护得不到保障。因此，从立法协调的角度看，应使两者趋于一致。

《江苏省环境保护条例》规定的是个人和单位环境保护的义务；而《上海市环境保护条例》规定的是个人和单位的权利，立法角度不一样。

因此，从立法技术看，上海对此条的立法技术更先进一些。从协调的角度看，立法技术落后的地方的法律应该进行修订。

《中华人民共和国环境保护法》主要是从环境保护的角度进行规定。

在长三角地区，上海市、浙江省和江苏省对此问题的规定存在较大的差异。

（三）海洋环境保护法律法规对检举权规定的差异

《中华人民共和国海洋环境保护法》、《浙江省海洋环境保护条例》和《江苏省海洋环境保护条例》等法律法规对检举权都进行了规定，但规定是有差异的。差异主要体现在内容上。

《中华人民共和国海洋环境保护法》第四条规定：“一切单位和个人都有保护海洋环境的义务，并有权对污染损害海洋环境的单位和个人，以及海洋环境监督管理人员的违法失职行为进行监督和检举。”

《浙江省海洋环境保护条例》第五条规定：“任何单位和个人都有保护海洋环境的义务，有权对污染损害海洋环境的单位和个人以及海洋环境监督管理人员的违法失职行为进行监督和检举，因海洋环境污染损害其合法权益的，有权依法要求赔偿。

“行使海洋环境监督管理权的部门应当建立接受公众举报、反映情况的信息渠道，并向社会公告。

“鼓励与支持单位和个人开展海洋环境保护公益性活动。

“县级以上人民政府应当对保护、改善海洋环境作出显著成绩的单位和个人给予表彰和奖励。”

《江苏省海洋环境保护条例》第七条规定："沿海县级以上地方人民政府及其有关部门应当加强海洋环境保护法律、法规的宣传教育，鼓励、支持单位和个人开展保护海洋环境的公益性活动。对举报污染海洋环境违法行为和保护、改善海洋环境做出显著成绩的单位和个人，应当给予表彰和奖励。"

从内容上看，其差异体现在以下几个方面。

《中华人民共和国海洋环境保护法》规定了监督检举权。

《浙江省海洋环境保护条例》规定了任何单位和个人都有保护海洋环境的义务；有权对污染海洋的行为和海洋环境监督管理人员的失职行为进行监督和检举；受海洋环境污染损害方有权获得赔偿；建立接受公众举报和反映情况的信息渠道；鼓励开始公益性海洋环境保护活动；对保护海洋环境做出成绩的单位和个人给予奖励。

《江苏省海洋环境保护条例》规定了加强海洋环境保护法律法规宣传教育；鼓励公益性海洋环境保护活动；对保护海洋环境的单位和个人给予奖励。

《中华人民共和国海洋环境保护法》和《浙江省海洋环境保护条例》都规定了保护海洋环境的义务和监督检举权，《浙江省海洋环境保护条例》更细化了公众举报的渠道，而《江苏省海洋环境保护条例》没有这些规定。

《浙江省海洋环境保护条例》规定了受害方的赔偿权，而《江苏省海洋环境保护条例》没有类似的规定。

《江苏省海洋环境保护条例》规定了加强海洋环境保护法律法规的宣传教育，而《浙江省海洋环境保护条例》没有这样的规定。

此外，《浙江省海洋环境保护条例》和《江苏省海洋环境保护条例》都规定了对海洋环境保护有功进行奖励，支持公益性海洋环境保护活动。

从立法技术上看，也有一些差异。

如《中华人民共和国海洋环境保护法》使用的是"一切单位"；《浙江省海洋环境保护条例》使用的是"任何单位"；《江苏省海洋环境保护条例》使用的是"县级以上人民政府"。

从立法规律来看，《浙江省海洋环境保护条例》比《中华人民共和国海洋环境保护法》要细、具体和可操作，是符合上位法和下位法的规定的；但《浙江省海洋环境保护条例》和《江苏省海洋环境保护条例》对此的规定有大的差异是不利于法律协调，不利于共同保护海洋环境的。

从立法技术上看，完全可以做到用词统一，使立法更加规范。

同样，在长三角地区，浙江省、江苏省和上海市在此问题的规定上存在差异。

三、对水费和水资源费规定的差异

只有《中华人民共和国水法》及相关的法律法规对此进行了规定。

1.对"水费"规定的差异

《中华人民共和国水法》和《浙江省实施〈中华人民共和国水法〉办法》对此

问题的规定是有差异的。使用水费的地方只有一处；使用水资源费的地方有三处。

《中华人民共和国水法》第五十五条中使用的是“水费”。

而《中华人民共和国水法》第四十八条、第六十四条、第七十条均使用的是“水资源费”。

《浙江省实施〈中华人民共和国水法〉办法》是“水费”和“水资源费”混用。

使用“水费”的地方有四处，而“水资源费”的使用有五处，而且在同一条文中既使用了“水费”，也使用了“水资源费”。

《浙江省实施〈中华人民共和国水法〉办法》第四十六条、第四十七条、第四十八条、第四十九条和第五十条均使用了“水资源费”。

《浙江省实施〈中华人民共和国水法〉办法》第四十七条、第四十八条、第四十九条和第五十条是“水费”和“水资源费”混用。

而且，《浙江省实施〈中华人民共和国水法〉办法》第四十七条第二款规定：“水费用于供水工程运行管理、大修理和更新改造以及应当缴纳的水资源费。”本条的规定连语句都不通顺，显示了立法技术上的随意和不成熟。

2.对“不交水费”的处罚规定

拒不缴纳、拖延缴纳或者拖欠水资源费的，由县级以上人民政府水行政主管部门或者流域管理机构依据职权依法追究。但《中华人民共和国水法》和《浙江省实施〈中华人民共和国水法〉办法》对此问题的规定是有差异的。上海市和江苏省遵照《中华人民共和国水法》相关条款执行。

《中华人民共和国水法》第七十条规定：“拒不缴纳、拖延缴纳或者拖欠水资源费的，由县级以上人民政府水行政主管部门或者流域管理机构依据职权，责令限期缴纳；逾期不缴纳的，从滞纳之日起按日加收滞纳部分千分之二的滞纳金，并处应缴或者补缴水资源费一倍以上五倍以下的罚款。”

《浙江省实施〈中华人民共和国水法〉办法》第四十九条规定：“应当缴纳水费或水资源费，逾期不缴纳的，按规定增收滞纳金，直至停止供水或禁止取水。”

差异主要体现在内容上。

《中华人民共和国水法》规定了限期缴纳水资源费；逾期不缴纳，规定了滞纳金为“滞纳部分千分之二”，并规定了罚款额为水资源费“一倍以上五倍以下”。

《浙江省实施〈中华人民共和国水法〉办法》只规定了逾期不缴纳要增收滞纳金，没有规定滞纳金的征收标准，并规定了可以“停止供水或禁止取水”。

二者的处罚是不一样的。

3.对“水资源费的规定”的差异

《中华人民共和国水法》、《浙江省实施〈中华人民共和国水法〉办法》和《上海市实施〈中华人民共和国水法〉办法》对此问题的规定是有差异的。江苏省遵照《中华人民共和国水法》相关条款执行。

《中华人民共和国水法》第四十八条规定：“直接从江河、湖泊或者地下取用水资源的单位和个人，应当按照国家取水许可制度和水资源有偿使用制度的规定，向水行政主管部门或者流域管理机构申请领取取水许可证，并缴纳水资源费，取得取水权。但是，家庭生活和零星散养、圈养畜禽饮用等少量取水的除外。

“实施取水许可制度和征收管理水资源费的具体办法，由国务院规定。”

浙江也对直接从地下、江河、湖泊取水的，征收水资源费进行了规定。

《浙江省实施〈中华人民共和国水法〉办法》第四十六条第一款规定：“对直接从地下、江河、湖泊取水的，征收水资源费。农业灌溉取水、家庭生活取水、畜禽饮用取水、渔业养殖取水和经省人民政府批准免缴水资源费的其他取水，不征收水资源费。”

上海也规定直接从江河、湖泊或者地下取水的，实行取水许可制度，并征收水资源费。

《上海市实施〈中华人民共和国水法〉办法》第十二条规定：“本市对直接从江河、湖泊或者地下取水的，实行取水许可制度，并征收水资源费。但为家庭生活、畜禽饮用取水和其他少量取水的除外。

“新建、改建、扩建的建设项目，需要直接从江河、湖泊或者地下取水的，建设单位在报送设计任务书时，应当附有审批取水申请机关的书面意见。

“本市实行取水许可制度的步骤、范围、程序、方法，以及水资源费的征收标准、范围和管理办法，由市水务行政管理部门会同有关部门根据国务院的规定制订，报市人民政府批准后实施。”

差异主要体现在内容上。

一是对取水许可规定的差异。

《中华人民共和国水法》规定：“应当按照国家取水许可制度和水资源有偿使用制度的规定，向水行政主管部门或者流域管理机构申请领取取水许可证”。

《上海市实施〈中华人民共和国水法〉办法》规定：“实行取水许可制度”。

《浙江省实施〈中华人民共和国水法〉办法》没有取水许可规定。

《中华人民共和国水法》和《上海市实施〈中华人民共和国水法〉办法》的规定不一样。《中华人民共和国水法》规定了颁发取水许可证的单位是水行政主管部门或流域管理机构。上海没有这样的规定。

二是对农业、家庭和畜禽用水规定的差异。

《中华人民共和国水法》规定：“家庭生活和零星散养、圈养畜禽饮用等少量取水的除外。”

《上海市实施〈中华人民共和国水法〉办法》规定：“家庭生活、畜禽饮用取水和其他少量取水的除外”。《中华人民共和国水法》和《上海市实施〈中华人民共和国水法〉办法》对此问题的规定基本上差不多，只是用词上有少许差异。

但《浙江省实施〈中华人民共和国水法〉办法》规定：“农业灌溉取水、家庭生活取水、畜禽饮用取水、渔业养殖取水和经省人民政府批准免缴水资源费的其他取水，不征收水资源费。”这个规定与《中华人民共和国水法》和《上海市实施〈中华人民共和国水法〉办法》是有差异的。一是规定了要获得省人民政府批准才能免征水资源费。二是规定了农业灌溉用水和渔业养殖取水在获得批准的情况下也可以免征水资源费。

三是上海市专门规定了新建、改建、扩建的建设项目的取水规定。

《上海市实施〈中华人民共和国水法〉办法》规定：“新建、改建、扩建的建设项目，需要直接从江河、湖泊或者地下取水的，建设单位在报送设计任务书时，应当附有审批取水申请机关的书面意见。”

4.对“使用水工程供应的水，应当按照国家规定向供水单位缴纳水费”规定的差异

《中华人民共和国水法》第五十五条规定：“使用水工程供应的水，应当按照国家规定向供水单位缴纳水费。供水价格应当按照补偿成本、合理收益、优质优价、公平负担的原则确定。具体办法由省级以上人民政府价格主管部门会同同级水行政主管部门或者其他供水行政主管部门依据职权制定。”

《浙江省实施〈中华人民共和国水法〉办法》第四十七条规定：“使用供水工程供应的水，应当按照规定向供水单位缴纳水费。

“水费用于供水工程运行管理、大修理和更新改造以及应当缴纳的水资源费。”

《上海市实施〈中华人民共和国水法〉办法》第十三条规定：“凡使用水利工程供应的水，应当按规定缴纳水费。

“凡受到江、河、湖、海等堤防安全保护的，应当按规定缴纳堤防维护费。

“本市水费和堤防维护费的核定、计收和管理办法，由市水务行政管理部门会同有关部门根据国务院的规定制订，报市人民政府批准后实施。”

差异主要体现在内容上。

《中华人民共和国水法》规定了“供水价格应当按照补偿成本、合理收益、优质优价、公平负担的原则确定。”

《浙江省实施〈中华人民共和国水法〉办法》和《上海市实施〈中华人民共和国水法〉办法》没有此类规定，可以遵照《中华人民共和国水法》相关条款执行。

《浙江省实施〈中华人民共和国水法〉办法》规定了水费的使用：“水费用于供水工程运行管理、大修理和更新改造以及应当缴纳的水资源费。”

《中华人民共和国水法》和《上海市实施〈中华人民共和国水法〉办法》没有此类规定。这样，长三角地区二省一市对此问题的规定存在差异。

5.《中华人民共和国水法》特有的规定

《中华人民共和国水法》规定了水行政主管部门不按规定收取水资源费的要依法追究责任[1]。长三角二省一市可以遵照执行，不存在差异。

[1]《中华人民共和国水法》第六十四条。

6.《浙江省实施〈中华人民共和国水法〉办法》特有的规定

如水资源费用于水资源的评价、监测、保护和管理；水费用于供水工程运行管理、大修理和更新改造[1]；超计划用水按累进加价增收水费或水资源费[2]；水费和水资源费的征收由省政府规定[3]等。这些特有的规定形成了长三角二省一市在此问题上规定的差异性。

四、对排污费规定的差异

《中华人民共和国水污染防治法》、《中华人民共和国环境保护法》和《中华人民共和国海洋环境保护法》及相关的法律法规均对此进行了规定。

（一）水污染防治法的规定

1.对“排污费”规定的差异

《中华人民共和国水污染防治法》和《浙江省水污染防治条例》均对此进行了规定，但规定有差异。上海市和江苏省遵照《中华人民共和国水污染防治法》相关条款执行。

《中华人民共和国水污染防治法》第二十四条规定：“直接向水体排放污染物的企业事业单位和个体工商户，应当按照排放水污染物的种类、数量和排污费征收标准缴纳排污费。

“排污费应当用于污染的防治，不得挪作他用。”

《浙江省水污染防治条例》第三十条规定：“向环境排放水污染物的排污单位，应当按照排放水污染物的种类、数量和排污费征收标准缴纳排污费。但城镇污水集中处理设施的出水水质达到规定的水污染物排放标准的，可以按照国家有关规定免缴排污费。

“向城镇污水集中处理设施排放水污染物，符合国家和省规定的排放标准并缴纳污水处理费用的，不再缴纳排污费。”

《中华人民共和国水污染防治法》和《浙江省水污染防治条例》对此问题的规定是有差异的。

差异一：用词上的差异。

《中华人民共和国水污染防治法》规定“直接向水体排放污染物的企业事业单位和个体工商户”应缴纳排污费。

《浙江省水污染防治条例》规定“向环境排放水污染物的排污单位”应缴纳排污费。

差异二：内容上的差异。

---

[1]《浙江省实施〈中华人民共和国水法〉办法》第四十六条第二款。

[2]《浙江省实施〈中华人民共和国水法〉办法》第四十八条。

[3]《浙江省实施〈中华人民共和国水法〉办法》第五十条。

《中华人民共和国水污染防治法》规定了排污费不得挪用。《浙江省水污染防治条例》没有此类规定。

《浙江省水污染防治条例》规定了“但城镇污水集中处理设施的出水水质达到规定的水污染物排放标准的，可以按照国家有关规定免缴排污费。”《中华人民共和国水污染防治法》没有此类规定。

2. 对“城镇污水集中处理的规定”的差异

《中华人民共和国水污染防治法》第四十四条第四款规定：“城镇污水集中处理设施的运营单位按照国家规定向排污者提供污水处理的有偿服务，收取污水处理费用，保证污水集中处理设施的正常运行。向城镇污水集中处理设施排放污水、缴纳污水处理费用的，不再缴纳排污费。收取的污水处理费用应当用于城镇污水集中处理设施的建设和运行，不得挪作他用。”

《浙江省水污染防治条例》第三十八条第二款也做了类似的规定：“向城镇污水集中处理设施排放水污染物，符合国家和省规定的排放标准并缴纳污水处理费用的，不再缴纳排污费。”

差异主要体现在内容上。《中华人民共和国水污染防治法》对城镇污水集中处理的规定比《浙江省水污染防治条例》的规定要丰富。

《中华人民共和国水污染防治法》规定的内容有：一是城镇污水集中处理设施的运营单位按照国家规定向排污者提供污水处理有偿服务，收取污水处理费；二是向城镇污水集中处理设施缴纳污水处理费用的不再缴纳排污费；三是收取的污水处理费用应当用于城镇污水集中处理设施的建设和运行，不得挪作他用。

《浙江省水污染防治条例》规定的内容是：向城镇污水集中处理设施排放水污染物，符合国家和省规定的排放标准并缴纳污水处理费用，不再缴纳排污费。

上海市和江苏省遵照《中华人民共和国水污染防治法》相关条款执行。这样，在长三角地区二省一市对此问题的规定存在差异。

（二）环境保护法的规定

1. 对“开发利用自然资源应维护生态良性循环”规定的差异

《中华人民共和国环境保护法》和《江苏省环境保护条例》均对此进行了规定，但规定是有差异的。上海市和浙江省遵照《中华人民共和国环境保护法》相关条款执行。

《中华人民共和国环境保护法》第三十条规定：“开发利用自然资源，应当合理开发，保护生物多样性，保障生态安全，依法制定有关生态保护和恢复治理方案并予以实施。”

《江苏省环境保护条例》第十六条规定：“合理开发利用和保护自然资源，维护生态良性循环。从事开发利用自然资源造成环境破坏的单位应当向环境保护行政主管部门缴纳生态环境综合整治费。”

《中华人民共和国环境保护法》和《江苏省环境保护条例》对此问题的规定是有差异的。

差异一：用词上的差异。

《中华人民共和国环境保护法》使用的是“开发利用自然资源”;《江苏省环境保护条例》使用的是“合理开发利用和保护自然资源”。

《中华人民共和国环境保护法》使用的是“应当合理开发，保护生物多样性保障生态安全，依法制定有关生态保护和恢复治理方案并予以实施。”;《江苏省环境保护条例》使用的是“维护生态良性循环”。

差异二：内容上的差异。

《江苏省环境保护条例》规定了“从事开发利用自然资源造成环境破坏的单位应当向环境保护行政主管部门缴纳生态环境综合整治费”。这一点在《中华人民共和国环境保护法》中没有规定。

2.对“超标排污费的规定”的差异

（1）《中华人民共和国环境保护法》特有的规定　如超标排放应向社会公开❶，违者追究相关主管部门及负责人的责任❷等。长江三角地区二省一市遵照执行即可，没有差异。

（2）对“限期治理逾期未完成治理任务的要交超标排污费”规定的差异　《江苏省环境保护条例》对此进行了规定，但规定是有差异的。上海市和浙江省遵照《中华人民共和国环境保护法》相关条款执行。

《江苏省环境保护条例》第四十三条第一款规定：“对经限期治理逾期未完成治理任务的排污单位和个体经营者，……依照国家规定加收超标准排污费……。”

修订后的《中华人民共和国环境保护法》已删除限期治理的内容。《江苏省环境保护条例》对此问题的规定还保留着。

（3）对“超标排污费征收和罚款单位是环境保护部门”规定的差异

《江苏省环境保护条例》第三十三条第二款规定：“……超标准排污费，由环境保护行政主管部门征收，地方财政专项管理，主要用于治理污染。”

《江苏省环境保护条例》第四十三条第二款规定：“……罚款由环境保护行政主管部门决定；……”

新修订的《中华人民共和国环境保护法》已删除了超标排污费及其处罚的相关内容。但对超标排放的规定是：一是公开；二是超标排放要追究相关行政主管部门及其负责人的责任。

但《江苏省环境保护条例》规定了超标排污费的征收及使用，这一点是《中华人民共和国环境保护法》没有的规定。上海市和浙江省遵照《中华人民共和国环境保护法》相关条款执行。

---

❶《中华人民共和国环境保护法》第五十五条。

❷《中华人民共和国环境保护法》第六十八条。

（4）《江苏省环境保护条例》特有的规定　如超标排污费征收的对象[1]；不按规定缴纳超标排污费的要处罚[2]；超标排污费专款专用[3]等。这些特殊的规定形成了长三角地区跨界水污染防治法律不协调的内容。

3.排污费

（1）《江苏省环境保护条例》特有的规定　如排污单位应缴纳排污费，排污费、超标排污费由环境保护行政主管部门征收，排污费专款专用，有于治理污染[4]；不按规定缴纳排污费要处罚[5]等。《中华人民共和国环境保护法》规定排污费应按国家有关规定缴纳。[6]《中华人民共和国环境保护法》没有规定不交排污费要罚款的内容；《江苏省环境保护条例》规定的是排污费、超标排污费。

（2）对“排污费的征收单位”规定的差异　《上海市环境保护条例》和《江苏省环境保护条例》均对此进行了规定，但规定有差异。

《上海市环境保护条例》第五条第二款规定：“市环保局和区、县环保部门（以下统称环保部门）所属的环境监察机构，负责本行政区域内环境保护情况的监督检查，对环境污染事故和纠纷进行调查、提出处理意见，并负责征收排污费。……”

《江苏省环境保护条例》第三十三条第二款规定：“排污费……，由环境保护行政主管部门征收，地方财政专项管理，主要用于治理污染。”

《上海市环境保护条例》和《江苏省环境保护条例》对排污费的征收单位规定是一样的，即环境保护部门。

浙江省遵照《中华人民共和国环境保护法》相关条款执行。因此，浙江省、上海市和江苏省对此问题的规定存在差异。不仅体现在立法技术上，也体现在立法内容上。

（三）海洋环境保护法的规定

1.排污费

对“排污费全部纳入财政，支持海洋环境保护”规定存在差异。

《中华人民共和国海洋环境保护法》和《江苏省海洋环境保护条例》均对此进行了规定，但规定是有差异的。

《中华人民共和国海洋环境保护法》第十一条第三款规定：“直接向海洋排放污染物的单位和个人，必须按照国家规定缴纳排污费。

“向海洋倾倒废弃物，必须按照国家规定缴纳倾倒费。

“根据本法规定征收的排污费、倾倒费，必须用于海洋环境污染的整治，不得

---

[1]《江苏省环境保护条例》第三十三条第一款。
[2]《江苏省环境保护条例》第三十九条第五项。
[3]《江苏省环境保护条例》第三十三条第二款。
[4]《江苏省环境保护条例》第三十三条第一款、第二款。
[5]《江苏省环境保护条例》第三十九条第五项。
[6]《中华人民共和国环境保护法》第四十三条。

挪作他用。具体办法由国务院规定。”

《江苏省海洋环境保护条例》第三十七条规定：“向海洋排放污染物的海洋工程建设项目依法缴纳的海洋工程排污费、陆域直接向海洋排放污染物的单位和个人依法缴纳的排污费，全额纳入财政预算，全部用于海洋环境污染防治与海洋生态建设，不得挪作他用。

“滨海城市及沿海县级地方人民政府应当在陆域排污单位和个人缴纳的排污费中，安排适当比例的资金，加大对海洋环境污染防治与海洋生态建设的支持力度。”

《中华人民共和国海洋环境保护法》和《江苏省海洋环境保护条例》对此问题的规定有差异。上海市和浙江省遵照《中华人民共和国海洋环境保护法》相关条款执行。

差异主要体现在内容上。《中华人民共和国海洋环境保护法》除规定了排污费外，还规定了倾倒费。《江苏省海洋环境保护条例》规定了安排适当比例的资金用于海洋环境保护，《中华人民共和国海洋环境保护法》没有此类规定。

2.倾倒费

《中华人民共和国海洋环境保护法》有对倾倒费特有的规定，如必须交纳倾倒费[1]；倾倒费必须用于海洋环境污染整治，不得挪作他用[2]。这些规定适用于长三角地区二省一市。

3.海洋工程应缴纳排污费

《江苏省海洋环境保护条例》对海洋工程应缴纳排污费特有的规定，如规定了海洋工程应缴纳排污费[3]。这在长三角地区，与上海市和浙江省是不一样的，从而造成了二省一市间的差异。

---

❶《中华人民共和国海洋环境保护法》第十一条第二款。

❷《中华人民共和国海洋环境保护法》第十一条第三款。

❸《江苏省海洋环境保护条例》第三十七条。

第五章
水事法律法规对限期治理规定的差异

限期治理是一项具有中国特色的基本环境保护制度，是对污染严重的设施，限定时间、限定内容和限定效果完成治理任务，它包括限期治理的条件、决定权限、实施程序、监督管理及救济等多方面。

限期治理制度诞生于1973年第一次全国环境保护会议讨论通过并经国务院批转施行的《关于保护和改善环境的若干规定》中，成形于1979年的《环境保护法(试行)》中，完善于1989年修改后通过的《环境保护法》及《水污染防治法》等相关法律法规中，其优点是既给企业强制减排，同时又预留减排时间，不同于罚款，更不同于简单关闭，兼具灵活性和原则性。它可以使企业通过提高治理能力而走向清洁生产之路，不失为一种有效的环境治理制度。

目前，学术界对限期治理的研究领域主要集中在四块：一是对限期治理的性质进行法理上的探讨，如研究其法律属性的有张雪（2007年）[1]、陈海嵩[2]等学者。二是对限期治理的决定权进行研究，如朱谦[3]、陈程[4]等。由于《环境保护法》和其相关法律对限期治理决定权归属问题规定不一，有的将之归于人民政府，有的将之归为环境保护部门，或者二者皆有此权。正是这种规定的不一，既引起了实践上管理的混乱，也引起了学术界的广泛探讨，多数学者认为应将决定权归于环境保护部

[1] 张雪.限期治理的性质.环境法治与建设和谐社会——2007年全国环境资源法学研讨会（年会）论文集（第二册）[C].2007.

[2] 陈海嵩.论限期治理的法律属性[J].环境资源法论丛，2010.

[3] 朱谦.限期治理决定权中的法律问题研究[J].法律适用，2004.

[4] 陈程.论我国限期治理决定权立法的完善[J].沧桑，2007.

门。三是对限期治理制度实践中存在的不足进行研究，探讨了限期治理制度的存废问题，如李挚萍[1]、廖才林[2]、左平凡[3]，何燕[4]、刘超[5]等。四是探讨限期治理的性质。部分学者认为限期治理属行政处罚，如陈蓝图等[6]；部分学者认为是行政强制，如汪劲[7]、吕忠梅[8]等；部分学者认为是行政命令，如李挚萍[9]等。

但总体而言，目前对限期治理的系统研究还不多，专著性的成果基本没有，再加上法律法规对此问题的规定存在不统一，造成了我国限期治理实践所取得的成果不多，对我国环境保护的正面作用有限。

第一节　水污染防治法律法规对限期治理规定的差异

《中华人民共和国水污染防治法》对于限期治理规定主要涉及以下几个方面。

一、《中华人民共和国水污染防治法》特殊的规定

《中华人民共和国水污染防治法》规定国家将对严重污染水环境的落后工艺和设备实行淘汰制度。这个淘汰制度包括：公布限制禁止采用的严重污染水环境的工艺名录；公布限期禁止生产、销售、进口和使用的严重污染水环境的设备名录；生产者、销售者、进口者或使用者在规定的期限内停止生产、销售、进口或使用这类设备和工艺；被淘汰的设备不得转让他人使用[10]。

长三角地区二省一市可以遵照此条执行。

二、对“拒报或谎报排放申报登记事项、不按规定安装污染物自动监测设备的违法行为限期改正”规定的差异

（一）拒报或者谎报国务院环境保护主管部门规定的有关水污染物排放申报登记事项的，由县级以上人民政府环境保护主管部门责令限期改正，逾期不改正处一万元以上十万元以下的罚款[11]

（二）未按照规定安装水污染物排放自动监测设备或者未按照规定与环境保护主管部门的监控设备联网，并保证监测设备正常运行的

《中华人民共和国水污染防治法》第七十二条第二项规定：“违反本法规定，有

---

❶ 李挚萍.关于完善限期治理制度的若干法律探讨[J].环境保护，1999.

❷ 廖才林.试论如何健全和完善限期治理制度.甘肃农业[J]，2005.

❸ 左平凡.限期治理法律制度研究[J].沈阳工业大学学报(社会科学版)，2009.

❹ 何燕.完善限期治理的新思路[J].环境保护，2010.

❺ 刘超.存废之间——限期治理制度的绩效考察[J].云南大学学报(法学版)，2008.

❻ 陈蓝图，李勋.从新《大气污染防治法》浅析限期治理的性质及其意义.中国环境管理干部学院学报,2000.

❼ 汪劲.中国环境法原则[M].北京：法律出版社，2004.

❽ 吕忠梅.环境法学.北京：法律出版社，2004.

❾ 李挚萍.关于完善限期治理制度的若干法律探讨[J].环境保护，1999.

❿《中华人民共和国水污染防治法》第四十一条。

⓫《中华人民共和国水污染防治法》第七十二条第一项。

下列行为之一的，由县级以上人民政府环境保护主管部门责令限期改正；逾期不改正的，处一万元以上十万元以下的罚款：……（二）未按照规定安装水污染物排放自动监测设备或者未按照规定与环境保护主管部门的监控设备联网，并保证监测设备正常运行的；……”

《江苏长江水污染防治条例》第四十六条规定：“违反本条例第十九条或者第三十条第一款规定，重点排污单位或者城市污水集中处理设施的运营单位未安装或者擅自闲置、拆除污染源自动监控装置的，由环境保护主管部门责令限期改正，可以处以一万元以上十万元以下的罚款。”

《中华人民共和国水污染防治法》与《江苏长江水污染防治条例》的规定是有差异的。

一是对象有差异。《中华人民共和国水污染防治法》并未具体规定对象，只要违反规定均可以受罚；而《江苏长江水污染防治条例》规定的是重点排污单位或城市污水集中处理设施的运营单位。

二是处罚条件的差异。《中华人民共和国水污染防治法》规定了两种情况：一种是未按规定安装水污染物排放自动监测设备，并保证设备正常运行；另一种情况是未按规定与环境保护部门的监控设备联网，并保证监测设备正常运行。出现这两种情况都需要限期改正。不改正处以一万元以上十万元以下罚款。

《江苏长江水污染防治条例》规定了三种情况：一是未安装污染源自动监控装置；二是擅自闲置污染源自动监控装置；三是拆除污染源自动监控装置，限期改正，可以处以一万元以上十万元以下罚款。

三是用词上的差异。《中华人民共和国水污染防治法》使用的“自动监测设备”;《江苏长江水污染防治条例》使用的“自动监控装置”。

四是处罚上有差异。《中华人民共和国水污染防治法》规定：违反了规定要限期改正；不改正就罚款；罚款额为一万元以上十万元以下。

《江苏长江水污染防治条例》规定：违反了规定要限期改正，可以处以一万元以上十万元以下罚款。一般理解为“罚款”是与“限期改正”同时处罚的。并没有规定如果限期不改正如何处罚。

（三）未按照规定对所排放的工业废水进行监测并保存原始监测记录的，由县级以上人民政府环境保护主管部门责令改正，逾期不改正处一万元以上十万元以下的罚款[1]。

三、不正常使用水污染物处理设施，或者未经环境保护主管部门批准拆除、闲置水污染物处理设施的，限期改正

《中华人民共和国水污染防治法》第七十三条规定：“违反本法规定，不正常使

[1]《中华人民共和国水污染防治法》第七十二条第三项。

用水污染物处理设施，或者未经环境保护主管部门批准拆除、闲置水污染物处理设施的，由县级以上人民政府环境保护主管部门责令限期改正，处应缴纳排污费数额一倍以上三倍以下的罚款。”

《江苏长江水污染防治条例》第四十七条规定：“违反本条例第十九条第二款规定，未经环境保护主管部门批准，擅自闲置或者拆除水污染防治设施，由环境保护主管部门责令限期改正，处应缴纳排污费数额一倍以上三倍以下的罚款。”

《浙江水污染防治条例》第五十七条规定：“排污单位不正常使用水污染物处理设施，或者未经批准拆除、闲置水污染物处理设施的，由县级以上人民政府环境保护主管部门责令限期改正，处应缴纳排污费数额一倍以上三倍以下的罚款，但罚款数额最高不超过一百万元。应缴纳排污费按年计算。”

《中华人民共和国水污染防治法》、《江苏长江水污染防治条例》、《浙江水污染防治条例》有关水污染处理设施的规定是有差异的。

一是处罚条件不一样。

《中华人民共和国水污染防治法》规定了处罚的两种情况：一种是不正常使用水污染物处理设备；另一种是未经环境保护主管部门批准拆除、闲置水污染物处理设施。

《江苏长江水污染防治条例》规定未经环境保护主管部门批准，擅自闲置或者拆除水污染防治设施，排放污染物超过规定标准的。

《浙江水污染防治条例》规定了两种情况：一种是不正常使用水污染物处理设施；另一种是未经批准拆除、闲置水污染物处理设施。

应该说，《中华人民共和国水污染防治法》和《浙江水污染防治条例》比较接近。它们中也有一些微小差异，《中华人民共和国水污染防治法》使用的是“未经环境保护主管部门批准”，《浙江水污染防治条例》使用的是“未经批准”。

《江苏长江水污染防治条例》的规定与《中华人民共和国水污染防治法》和《浙江水污染防治条例》的规定就有较大的差异。《江苏水污染防治条例》规定了两个同时存在的处罚条件：一个是擅自闲置或拆除；另一个是排放污染物超过标准。如果达到了前一个条件，而不满足后一个条件，仍不构成处罚要件；或达到了后一个条件，而前一个条件不满足，也不构成处罚要件。

二是处罚额度不一样。

《中华人民共和国水污染防治法》规定：“处应缴纳排污费数额一倍以上三倍以下的罚款”。

《江苏长江水污染防治条例》规定：“可以处以五万元以上十万元以下的罚款”。

《浙江水污染防治条例》规定：“处应缴纳排污费数额一倍以上三倍以下的罚款，但罚款数额最高不超过一百万元。应缴纳排污费按年计算。”

这三部法律法规规定的处罚额度是不一样的。相对来说，《浙江水污染防治条例》与《中华人民共和国水污染防治法》比较接近。但《浙江水污染防治条例》规定了一个处罚上限，“罚款数额最高不超过一百万元”。

四、水污染防治法律法规对超标排放限期治理的规定的差异

《中华人民共和国水污染防治法》第七十四条规定：“违反本法规定，排放水污染物超过国家或者地方规定的水污染物排放标准，或者超过重点水污染物排放总量控制指标的，由县级以上人民政府环境保护主管部门按照权限责令限期治理，处应缴纳排污费数额二倍以上五倍以下的罚款。

“限期治理期间，由环境保护主管部门责令限制生产、限制排放或者停产整治。限期治理的期限最长不超过一年；逾期未完成治理任务的，报经有批准权的人民政府批准，责令关闭。”

《中华人民共和国水污染防治法》对于超标排放的标准是：一是排放水污染物超过国家或者地方规定的水污染物排放标准；二是超过重点水污染物排放总量控制指标。

处罚单位是县级以上人民政府环境保护主管部门。

处罚方式是：一是限期治理；二是处应缴纳排污费数额二倍以上五位以下罚款。

在限期治理期间，限制生产、限制排放或停产整治；限期治理时间最长不超过一年；逾期未完成任务，报经有批准权的人民政府批准，责令关闭。

这条非常明确地规定了限期治理决定由县级以上环境保护主管部门作出；而关闭则由有批准权的人民政府决定。

《浙江水污染防治条例》第五十八条规定：“排放水污染物超过国家或者省规定的排放标准，或者超过重点水污染物排放总量控制指标的，由县级以上人民政府环境保护主管部门责令限期治理，处应缴纳排污费数额二倍以上五倍以下的罚款，但罚款数额最高不超过二百万元。应缴纳排污费按年计算。

“规模化畜禽养殖场超过国家或者省规定的排放标准排放水污染物的，由县级以上人民政府环境保护主管部门责令限期治理，处应缴纳排污费数额二倍以上五倍以下的罚款，但罚款数额最高不超过五万元。应缴纳排污费按年计算。

“限期治理期间，由环境保护主管部门责令限制生产、限制排放或者停产整治。限期治理的最长期限不超过一年；逾期未完成治理任务的，报经有批准权的人民政府批准，责令关闭。”

《浙江水污染防治条例》对于超标排放的标准是：一是排放水污染物超过国家或者地方规定的水污染物排放标准；二是超过重点水污染物排放总量控制指标。

处罚单位是县级以上人民政府环境保护主管部门。

处罚方式是：一是限期治理；二是处应缴纳排污费数额二倍以上五位以下罚款，但规定罚款数额最高不超过二百万元。

在限期治理期间，限制生产、限制排放或停产整治；限期治理时间最长不超过

一年；逾期未完成任务，报经有批准权的人民政府批准，责令关闭。

我们可以看出，《浙江水污染防治条例》第五十八条第一款和第三款是依据《中华人民共和国水污染防治法》第七十四条第一款和第二款制定的，内容非常相同。

不同之处有二：一是规定了罚款的最高额度为二百万元；二是规定了“应缴纳排污费按年计算”，这一点比《中华人民共和国水污染防治法》制定得更加严密。

同时，《浙江水污染防治条例》第五十八条第二款对规模化畜禽养殖场限期治理作出了规定。

畜禽养殖场的超标排放标准是超过国家或者省规定的排放标准排放水污染物；处罚单位是县级以上人民政府环境保护主管部门；处罚方式一是限期治理，二是罚款。罚款额为应缴纳排污费数额二倍以上五倍以下，罚款数额最高不超过五万元。应缴纳排污费按年费计算。

这一点是《中华人民共和国水污染防治法》所没有规定的。

《江苏长江水污染防治条例》第二十六条规定：“超过重点水污染物排放总量控制指标的地区，下达控制指标的环境保护主管部门应当责令该地区人民政府限期削减辖区内重点水污染物排放总量。

“超过规定的重点水污染物排放总量控制指标或者未达到省地表水（环境）功能区划规定的水质标准的地区，不得批准建设增加重点水污染物排放量的建设项目。”

《江苏长江水污染防治条例》规定的限期治理条件是超过重点水污染物排放总量控制指标；处罚方式为削减重点水污染物排放总量，不得批准建设新增加重点水污染物排放量的建设项目。

从这里可以看出，《江苏长江水污染防治条例》关于超标排放限期治理与《中华人民共和国水污染防治法》和《浙江水污染防治条例》有比较大的差异，它没有“排放水污染物超过国家或者地方规定的水污染物排放标准”这一规定；没有罚款；没有限期治理的时间，没有逾期不能完成任务的处罚。但增加了一个处罚内容，即不得批准建设增加重点水污染物排放量的建设项目。

第二节　环境保护法律法规对超标排放限期治理规定的差异

一、超标排放限期治理

新修订的《中华人民共和国环境保护法》已删除了限期治理的条款。

《江苏省环境保护条例》第十五条规定：“在各级人民政府和有关部门划定的风景名胜区、自然保护区以及其他需要特别保护的区域内，不得建设污染环境的工业生产设施；建设其他设施，其污染物排放不得超过规定的排放标准。已建成的设施，其污染物排放超过国家规定排放标准的，应当限期治理。”

《江苏省环境保护条例》第十五条是根据1989年版的《中华人民共和国环境保护法》第十八条制定的，因此，内容上基本相同。但在特定地区的划分上有一个小的差异：《中华人民共和国环境保护法》使用的是“在国务院、国务院有关主管部门和省、自治区、直辖市人民政府划定的风景名胜区、自然保护区和其他需要特别保护的区域内”;《江苏省环境保护条例》使用的是“在各级人民政府和有关部门划定的风景名胜区、自然保护区以及其他需要特别保护的区域内”。也就是说，一是划定特定保护区的主体不同,《中华人民共和国环境保护法》是指国务院、国务院有关主管部门和省、自治区、直辖市人民政府；《江苏省环境保护条例》是指各级人民政府和有关部门。二是用词上有差异,《中华人民共和国环境保护法》用的是“风景名胜区、自然保护区和其他需要特别保护的区域内”;《江苏省环境保护条例》用的是“风景名胜区、自然保护区以及其他需要特别保护的区域内”，一个使用的是“和”，一个使用的是“以及”。

《上海市环境保护条例》第十七条第一款和第二款规定：“本市对排放水污染物、大气污染物、固体废物、环境噪声超过国家或本市规定排放标准或者对环境造成严重污染的排污单位，实行限期治理。

“限期治理由市或者区、县环保部门提出意见，报同级人民政府作出决定。但对固体废物排污单位的限期治理，由市或者区、县环保部门作出决定。”

《上海市环境保护条例》第十七条第一款和第二款对超标排放作了限期治理的规定。

超标排放：排放水污染物、大气污染物、固体废物、环境噪声超过国家或本市规定排放标准或者对环境造成严重污染的排污单位。

处罚方式：限期治理。

处罚主体：市或者区、县环保部门提出意见，报同级人民政府作出决定。对固体废物排污单位的限期治理，由市或者区、县环保部门作出决定。

《上海市环境保护条例》与《中华人民共和国环境保护法》和《江苏省环境保护条例》相比，在超标排放限期治理的规定上是有差异的。

一是对特定地区的规定上,《上海市环境保护条例》指的是“本市”;《江苏省环境保护条例》指的是“风景名胜区、自然保护区和其他需要特别保护的区域”。

二是对处罚条件规定的差异：《江苏省环境保护条件》规定的是“不得建设污染环境的工业生产设施；建设其他设施，其污染物排放不得超过规定的排放标准。已建成的设施，其污染物排放超过国家规定排放标准。”《上海市环境保护条例》规定的是“排放水污染物、大气污染物、固体废物、环境噪声超过国家或本市规定排放标准或者对环境造成严重污染的排污单位。”

三是处罚主体规定的差异。《江苏省环境保护条例》并未规定处罚主体。而《上海市环境保护条例》规定的处罚主体为“市或者区、县环保部门提出意见，报同级人民政府作出决定。对固体废物排污单位的限期治理，由市或者区、县环保部门作出决定。”

二、对环境造成严重污染的单位限期治理，且应如期完成治理任务

《江苏省环境保护条例》第三十一条规定："造成严重环境污染的企业事业单位，特别是造纸、化工、印染、制革、轧钢、水泥、炼油、磷肥等企业，应当限期治理。难以治理的，责令其关、停、并、转。

“限期治理决定，按照管理权限由相应的人民政府作出。

“被责令限期治理的企业事业单位应当定期向环境保护行政主管部门报告治理进度，并如期完成治理任务。环境保护行政主管部门应当及时将检查和验收的情况向同级人民政府报告。”(《江苏省环境保护条例》比1989年版的《中华人民共和国环境保护法》规定得细。并提出了难以限期治理的处理方案——关、停、并、转)。

处罚条件：对环境造成严重污染。

处罚主体：县级以上人民政府。

处罚方式：限期治理。

三、《上海市环境保护条例》对限期治理的期限作了特殊的规定

《上海市环境保护条例》在第十七条中对限期治理作出了规定。

限期治理期限：最长不超过十二个月。

限期治理期间，污染物排放不符合限期治理规定的排放要求的，排污单位就要采取限产、停产或其他措施，使污染物排放达标，并且处以一万元以上十万元以下的罚款[1]。

除《上海市环境保护条例》规定了明确的治理期限外，《中华人民共和国环境保护法》和《江苏省环境保护条例》并未规定明确的治理期限。

四、逾期未完成治理任务的关闭

《江苏省环境保护条例》第四十三条规定："对经限期治理逾期未完成治理任务的排污单位和个体经营者，除依照国家规定加收超标准排污费外，环境保护行政主管部门有权责令其停止生产，并根据其所造成的危害后果处以罚款。”

《上海市环境保护条例》第四十五条第二款规定："限期治理期限届满，排污单位经核查未完成限期治理任务的，按照有关法律、法规的规定处理。……”

《上海市环境保护条例》第四十五条第二款规定："……被市或者区、县人民政府责令关闭的企业，环保部门应当注销其排污许可证，有关部门应当依法注销其相关证照。”

---

[1]《上海市环境保护条例》第十七条。

《江苏省环境保护条例》第四十三条是依据1989年版《中华人民共和国环境保护法》第三十九条制定的，因此，内容极为相同，差异是细微的。《中华人民共和国环境保护法》第三十九条使用的是“企业事业单位”，《江苏省环境保护条例》使用的是“排污单位和个体经营者”。相对而言，《江苏省环境保护条例》规定得比《中华人民共和国环境保护法》更准确。

《上海市环境保护条例》对逾期未完成治理任务的规定是“按照有关法律、法规的规定处理”。

《江苏省环境保护条例》和《上海市环境保护条例》均对逾期未完成治理任务的企业进行了规定。

二者相同的地方如下。

处罚条件：逾期未完成治理任务。

处罚方式：罚款，由环境保护行政主管部门决定；关闭，由作出限期治理决定的人民政府决定。

处罚主体：县级以上人民政府和环境保护主管部门。

第三节　海洋环境保护法关于限期治理的规定

《中华人民共和国海洋环境保护法》第十二条规定：“对超过污染物排放标准的，或者在规定的期限内未完成污染物排放削减任务的，或者造成海洋环境严重污染损害的，应当限期治理。”

《中华人民共和国海洋环境保护法》第九十三条规定：“对违反本法……限期治理规定的行政处罚，由国务院规定。”

《中华人民共和国海洋环境保护法》对限期治理进行了规定。

限期治理的对象：超过污染物排放标准；在规定的期限内未完成污染物排放削减任务；造成海洋环境严重污染损害的。

限制治理的单位为国务院。

《江苏省海洋环境保护条例》第二十八条规定：“禁止在沿海陆域内新建不具备有效治理措施的化学制浆造纸、化工、印染、制革、电镀、酿造、炼油、岸边冲滩拆船以及其他严重污染海洋环境的工业生产项目。已建的不具备有效治理措施的上述工业生产项目，应当依法责令限期治理；逾期未完成治理任务的，责令停产整顿；责令停产整顿期满仍未完成治理任务的，报经有批准权的人民政府批准，责令关闭。”

《江苏省海洋环境保护条例》对限期治理进行了规定。

限期治理的对象：不具备有效治理措施的化学制浆造纸、化工、印染、制革、电镀、酿造、炼油、岸边冲滩拆船以及其他严重污染海洋环境的工业生产项目。

在《浙江省海洋环境保护条例》中连限期治理的字眼也没有见到。可以推测，浙江省完全依照《中华人民共和国海洋环境保护法》对限期治理的规定执行。

可以看出,《中华人民共和国海洋环境保护法》和《江苏省海洋环境保护条例》关于限期治理的规定是有差异的。

一是治理的对象有差异:《中华人民共和国海洋环境保护法》规定了三种限期治理的情况,“超过污染物排放标准;在规定的期限内未完成污染物排放削减任务;造成海洋环境严重污染损害的。”《江苏省海洋环境保护条例》的规定对象是“不具备有效治理措施的化学制浆、化工、印染、制革、电镀、酿造、炼油、岸边冲滩拆船以及其它严重污染海洋环境的工业生产项目。”

二是关于逾期未完成治理任务的规定的差异:《中华人民共和国海洋环境保护法》没有这些规定;《江苏省海洋环境保护条例》规定“逾期未完成治理任务,责令停产整顿”。《江苏省海洋环境保护条例》还规定停产整顿期仍未完成治理任务的,“报有批准权的人民政府批准,责令关闭。”

三是作出限制治理命令的单位:《中华人民共和国海洋环境保护法》规定的是“国务院”;《江苏省海洋环境保护条例》未规定作出限制治理的单位,但规定了作出关闭命令的单位为“有批准权的人民政府”。

第四节　水事相关法律法规对超标排放限期治理规定的差异

水污染防治法律法规与环境保护法律法规对超标排放限期治理的规定是存在差异的。

一是强调内容不一样。水污染防治法律法规强调的是水污染物排放不得超标;环境保护法律法规强调除水污染物排放不得超标外,还强调大气、固体废弃物和噪声排放不得超标。

二是强调排放地点不一样。水污染防治法律法规没有突出强调排放地点;环境保护法律法规则强调在风景名胜区、自然保护区和其他需要特别保护的区域。《上海市环境保护法》强调的是在上海市。

三是处罚条件有差异。水污染防治法律法规强调的是水排放不得超过规定的排放标准;环境保护法律法规强调的是污染物排放不得超过国家规定的排放标准。

四是处罚内容有差异。水污染防治法律法规规定了“限期治理”,且限期治理时间不超过一年,逾期还要罚款和关闭;规定了“罚款”。而环境保护法律法规除《上海市环境保护条例》规定了一年的限期治理期限外,其余环境保护法律法规只规定了“限期治理”,并未规定一年的期限。在罚款问题上,除《上海市环境保护条例》对限期治理期内未达标有明确的罚款金额外,其余各条也只涉及了罚款和关闭,并未涉及具体的罚款金额问题。

五是处罚主体有差异。水污染防治法律法规非常明确地规定了限期治理由县级以上环境保护主管部门作出决定；而关闭则由有批准权的人民政府作出决定。环境保护法律法规对处罚主体规定得非常清楚，限期治理由人民政府作出决定；罚款由环境保护行政主管部门作出决定；关闭由作出限期治理决定的人民政府决定。

相对来说，海洋环境保护法律法规对限制治理的规定较少，侧重点是针对海洋污染。

一是治理的对象差异不大。《中华人民共和国海洋环境保护法》规定了三种限期治理的情况“超过污染物排放标准；在规定的期限内未完成污染物排放削减任务；造成海洋环境严重污染损害的。”《江苏省海洋环境保护条例》的规定对象是“不具备有效治理措施的化学制浆造纸、化工、印染、制革、电镀、酿造、炼油、岸边冲滩拆船以及其它严重污染海洋环境的工业生产项目。”水污染防治法律法规强调的是水污染物排放超标；环境保护法律法规除强调水污染物排放超标外，还强调大气、固体废弃物和噪声排放超标。

二是关于逾期未完成治理任务的规定的差异。《中华人民共和国海洋环境保护法》没有这项规定；《江苏省海洋环境保护条例》规定“逾期未完成治理任务，责令停产整顿”。

《江苏省海洋环境保护条例》还规定停产整顿期仍未完成治理任务的：“报有批准权的人民政府批准，责令关闭。”

三是作出限制治理命令的单位：

《中华人民共和国海洋环境保护法》规定的是“国务院”；

《江苏省海洋环境保护条例》未规定作出限制治理的单位。但规定了作出关闭命令的单位是“有批准权的人民政府”。

水污染防治法律法规非常明确地规定了，限期治理决定由县级以上环境保护主管部门作出；而关闭则由有批准权的人民政府决定。

环境保护法律法规对处罚主体规定得非常清楚。限期治理决定由人民政府作出；罚款由环境保护行政主管部门作出决定；关闭由作出限期治理决定的人民政府决定。

第五节　对其他排污行为进行限期治理的规定

一、违法设置排污口要限期治理

（一）在饮用水源保护区内设置排污口要限期治理

《中华人民共和国水污染防治法》第七十五条第一款规定：“在饮用水水源保护区内设置排污口的，由县级以上地方人民政府责令限期拆除，处十万元以上五十万元以下的罚款；逾期不拆除的，强制拆除，所需费用由违法者承担，处五十万元以上一百万元以下的罚款，并可以责令停产整顿。”

《中华人民共和国水污染防治法》第七十五条第一款对限期治理作出了规定。

处罚对象：在饮用水源保护区设排污口。处罚方式：一是限期拆除；二是处以十万元以上五十万元以下罚款。逾期不拆除，一是强拆，所需费用由违法者承担；二是处以五十万元以上一百万元以下罚款；三是责令停产整顿。

处罚单位：县级以上地方人民政府。

同时，在饮用水源保护区内堆放、存贮可能造成水体污染的固体废弃物和其他污染物的，限期清除污染物，并处罚款。逾期不清除的，强行清除，费用由违法者承担。

《浙江省水污染防治条例》第五十六条规定：“在饮用水水源保护区范围内堆放、存贮可能造成水体污染的固体废弃物和其他污染物的，由县级以上环境保护主管部门责令停止违法行为，限期清除污染物，并可处五千元以上五万元以下的罚款；逾期不清除的，环境保护主管部门可以指定相应单位代为清除，所需费用由违法者承担。”

《浙江省水污染防治条例》第五十六条对限期治理也进行了规定。

处罚对象：在饮用水源保护区内堆放、存贮可能造成水体污染的固体废弃物和其他污染物。

处罚方式：限期清除污染物，并可处以五千元以上五万元以下罚款；逾期不清除，代为清除，费用由违法者承担。

处罚单位：环境保护主管部门。

同在饮用水源保护区，同是水污染防治，《中华人民共和国水污染防治法》和《浙江省水污染防治条例》对处罚单位的规定就有差异，前者规定的是县级以上地方人民政府；后者规定的是县级以上环境保护主管部门。

（二）违法设置排污口要限期治理

《中华人民共和国水污染防治法》第七十五条第二款规定：“除前款规定外，违反法律、行政法规和国务院环境保护主管部门的规定设置排污口或者私设暗管的，由县级以上地方人民政府环境保护主管部门责令限期拆除，处二万元以上十万元以下的罚款；逾期不拆除的，强制拆除，所需费用由违法者承担，处十万元以上五十万元以下的罚款；私设暗管或者有其他严重情节的，县级以上地方人民政府环境保护主管部门可以提请县级以上地方人民政府责令停产整顿。”

《中华人民共和国水污染防治法》第七十五条第二款对限期治理作了规定。

处罚对象：一是违法设置排污口；二是私设暗管。

处罚方式：一是限期拆除；二是处二万元以上十万元以下罚款。

逾期不拆除的强拆，所需费用由违法者承担，处以十万元以上五十万元以下罚款。对于私设暗管或有其他严重情节的，停产整顿。

处罚单位：县级以上人民政府环境保护主管部门。

《江苏省长江水污染防治条例》第四十九条第二款规定："违反本条例第三十五条第二款规定，排污单位稀释排放有毒有害工业污水或者私设排污口偷排污水的，由环境保护行政主管部门责令限期改正，可以处以五千元以上二万元以下的罚款；情节严重的，可以处以二万元以上十万元以下的罚款。对排污单位私设的排污口，环境保护行政主管部门可以予以封堵。"

《江苏省长江水污染防治条例》第四十九条第二款对私设排污口的限期治理作了规定。

处罚条件：私设排污口偷排污水。

处罚单位：环境保护行政主管部门。

处罚方式：一是限期改正；二是处以五千元以上二万元以下罚款，情节严重的可以处以二万元以上十万元以下罚款；三是对私设的排污口，环境保护行政主管部门可以封堵。

我们可以看出，《中华人民共和国水污染防治法》和《江苏省长江水污染防治条例》对私设排污口限期治理的规定是有差异的。

处罚条件：《中华人民共和国水污染防治法》使用的是"违反法律、行政法规和国务院环境保护主管部门的规定设置排污口或者私设暗管"；《江苏省长江水污染防治条例》使用的是"私设排污口"。

处罚单位：《中华人民共和国水污染防治法》使用的是"县级以上人民政府环境保护主管部门"；《江苏省长江水污染防治条例》使用的是"环境保护行政主管部门"。

处罚方式：《中华人民共和国水污染防治法》使用的是"限期拆除""逾期不拆除，强制拆除，所需费用由违法者承担""停产整顿"《江苏省长江水污染防治条例》使用的是"限期改正""封堵"。

罚款数额：《中华人民共和国水污染防治法》使用的是"处二万元以上十万元以下罚款；逾期不拆除的，……处以十万元以上五十万元以下罚款。"《江苏省长江水污染防治条例》使用的是"处以五千元以上二万元以下罚款；情节严重的，可以处以二万元以上十万元以下罚款。"《江苏省长江水污染防治条例》的罚款额比《中华人民共和国水污染防治法》要轻。

（三）在江河、湖泊新建、改建、扩建排污口要限期治理

《中华人民共和国水污染防治法》第七十五条第三款规定："未经水行政主管部门或者流域管理机构同意，在江河、湖泊新建、改建、扩建排污口的，由县级以上人民政府水行政主管部门或者流域管理机构依据职权，依照前款规定采取措施、给予处罚。"

《中华人民共和国水污染防治法》第七十五条第三款对在江河、湖泊新建、改建、扩建排污口要限期治理进行了规定。

处罚对象：未经许可在江河、湖泊新建、改建、扩建排污口。

处罚方式：依前款规定采取措施、给予处罚。

处罚单位：县级以上人民政府水行政主管部门或者流域管理机构。

从《中华人民共和国水污染防治法》第七十五条第一款、第二款和第三款的规定来看，都是对违法设置排污口的限期治理规定，但有较大的差异。一是处罚单位不同。在同一条中出现了四个处罚单位：县级以上人民政府环境保护部门；县级以上人民政府；县级以上人民政府水行政主管部门；流域管理机构。这会给处理带来较大的难度。二是在规定罚款额时，《中华人民共和国水污染防治法》第七十五条第三款没有规定罚款额度，只是比较含糊地规定“依前款规定采取措施、给予处罚”，这里就有较大的自由裁量权，过大的自由裁量权会给处罚带来负激励。

二、对限产、停产规定的差异

针对排污单位采取的限产、停产的规定，只在《浙江省水污染防治条例》和《上海市环境保护条例》中出现，但两者出现的条件是不同的。

《浙江省水污染防治条例》第四十一条规定：“水环境质量因严重干旱等不可抗力原因达不到功能区水质要求时，县级以上人民政府可以根据排污单位水污染物排放情况，对排污单位采取限制生产、停产等强制措施，确保功能区的水环境质量。”

也就是说，《浙江省水污染防治条例》规定只在“严重干旱”等不可抗力的情况下，水环境质量达不到功能区水质要求，排污单位才采取限产、停产措施。

而《上海市环境保护条例》第二十八条第二款规定：“排污单位的环境保护设施因维修、故障等原因无法达标排放的，应当采取限产或者其他措施，确保其污染物排放达到规定的标准，并在十二个小时内向区、县环保部门报告；采取措施后仍不能达标排放的，应当立即停产，停止排放污染物。”

《上海市环境保护条例》规定只有在排污单位因“环境保护设备维修、故障等原因”无法达到排放标准时，才采取措施限产，限产仍达不到排放要求才停产。

显然，两者规定的限产、停产条件是不同的。

三、对违法排污行为限期治理

《中华人民共和国水污染防治法》第七十六条规定：“有下列行为之一的，由县级以上地方人民政府环境保护主管部门责令停止违法行为，限期采取治理措施，消除污染，处以罚款；逾期不采取治理措施的，环境保护主管部门可以指定有治理能力的单位代为治理，所需费用由违法者承担：

（一）向水体排放油类、酸液、碱液的；

（二）向水体排放剧毒废液，或者将含有汞、镉、砷、铬、铅、氰化物、黄磷等的可溶性剧毒废渣向水体排放、倾倒或者直接埋入地下的；

（三）在水体清洗装贮过油类、有毒污染物的车辆或者容器的；

（四）向水体排放、倾倒工业废渣、城镇垃圾或者其他废弃物，或者在江河、湖泊、运河、渠道、水库最高水位线以下的滩地、岸坡堆放、存贮固体废弃物或者其他污染物的；

（五）向水体排放、倾倒放射性固体废物或者含有高放射性、中放射性物质的废水的；

（六）违反国家有关规定或者标准，向水体排放含低放射性物质的废水、热废水或者含病原体的污水的；

（七）利用渗井、渗坑、裂隙或者溶洞排放、倾倒含有毒污染物的废水、含病原体的污水或者其他废弃物的；

（八）利用无防渗漏措施的沟渠、坑塘等输送或者存贮含有毒污染物的废水、含病原体的污水或者其他废弃物的。

有前款第三项、第六项行为之一的，处一万元以上十万元以下的罚款；有前款第一项、第四项、第八项行为之一的，处二万元以上二十万元以下的罚款；有前款第二项、第五项、第七项行为之一的，处五万元以上五十万元以下的罚款。”

《中华人民共和国水污染防治法》对违法排污行为规定了限期治理。

处罚条件：违法向水体排放油类、酸液、碱液的；向水体排放剧毒废液，或者将含有汞、镉、砷、铬、铅、氰化物、黄磷等的可溶性剧毒废渣向水体排放、倾倒或者直接埋入地下的；在水体清洗装贮过油类、有毒污染物的车辆或者容器的；向水体排放、倾倒工业废渣、城镇垃圾或者其他废弃物，或者在江河、湖泊、运河、渠道、水库最高水位线以下的滩地、岸坡堆放、存贮固体废弃物或者其他污染物的；向水体排放、倾倒放射性固体废物或者含有高放射性、中放射性物质的废水的；违反国家有关规定或者标准，向水体排放含低放射性物质的废水、热废水或者含病原体的污水的；利用渗井、渗坑、裂隙或者溶洞排放、倾倒含有毒污染物的废水、含病原体的污水或者其他废弃物的；利用无防渗漏措施的沟渠、坑塘等输送或者存贮含有毒污染物的废水、含病原体的污水或者其他废弃物的。

处罚单位：县级以上地方人民政府环境保护主管部门。

处罚方式：一是停止违法行；二是限期治理；三是消除污染；四是罚款。

逾期不采取措施的，由环境保护主管部门指定有治理能力的单位代为治理，所需费用由违法者承担。

《江苏省长江水污染防治条例》第四十九条第一款规定：“违反本条例第三十五条第一款规定，向水体排放化工以及化工原料制造行业的有机毒物和其他行业的有毒有害物质超过国家和地方规定标准的，由环境保护行政主管部门责令改正，可以处以三万元以上十万元以下的罚款。”

《江苏省长江水污染防治条例》对排放有机毒物和其他有毒有害物质超过标准的限期治理进行规定。

处罚单位：环境保护行政主管部门（并没有提及县级以上）。

处罚条件：向水体排放化工以及化工原料制造行业的有机毒物和其他行业的有毒有害物质超过国家和地方规定标准。

处罚方式：责令改正（未强调限期）；处三万元以上十万元以下罚款。

《中华人民共和国水污染防治法》与《江苏省长江水污染防治条例》相比对违法排污行为限期治理的规定是有差异的。

一是处罚主体。《中华人民共和国水污染防治法》使用的是“县级以上地方人民政府环境保护主管部门”；《江苏省长江水污染防治条例》使用的是“环境保护行政主管部门”。

二是处罚方式。《中华人民共和国水污染防治法》使用的是“限期采取治理措施，消除污染，处以罚款”；《江苏省长江水污染防治条例》使用的是“责令改正”。

在罚款数额上，《中华人民共和国水污染防治法》使用的是一万元以上五十万元以下；《江苏省长江水污染防治条例》使用的是三万元以上十万元以下。地方标准比国家标准要宽松，这是有问题的。

四、《中华人民共和国水污染防治法》的特殊规定

《中华人民共和国水污染防治法》作了一些特殊规定。

（一）船舶未配置相应防污设备和器材限期改正，逾期不改正停航。

《中华人民共和国水污染防治法》第七十九条对船舶未配置相应防污设备和器材应期限改正，逾期不改正停航进行了规定。

处罚条件：一是船舶未配置相应的防污染设备和器材；二是未持有合法有效地防止水域环境污染的证书与文书。

处罚单位：海事管理机构、渔业主管部门。

处罚方式：一是限期改正；二是处二千元以上二万元以下罚款。逾期不改正的责令船舶临时停航[1]。

（二）船舶的违法排污行为也要限期治理。

《中华人民共和国水污染防治法》第八十条对船舶违法排污行为的限期治理作了规定。

违法行为：向水体倾倒船舶垃圾或者排放船舶的残油、废油的；未经作业地海事管理机构批准，船舶进行残油、含油污水、污染危害性货物残留物的接收作业，或者进行装载油类、污染危害性货物船舱的清洗作业，或者进行散装液体污染危害性货物的过驳作业；未经作业地海事管理机构批准，进行船舶水上拆解、打捞或者其他水上、水下船舶施工作业；未经作业地渔业主管部门批准，在渔港水域进行渔

[1]《中华人民共和国水污染防治法》第七十九条。

业船舶水上拆解。

处罚单位：海事管理机构、渔业主管部门。

处罚方式：停止违法行为；处以罚款；造成水污染的，限期采取治理措施，消除污染。

逾期不采取治理措施的，由海事管理机构、渔业主管部门指定有治理能力的单位代为治理，所需费用由船舶承担❶。

（三）企事业单位违法造成水污染事故，处以罚款并限期治理。

《中华人民共和国水污染防治法》对企事业单位违法造成水污染事故的要进行限期治理等处罚❷。

处罚对象：造成水污染事故的企业事业单位。

处罚方式：如果是一般或较大水污染事故，一是限期采取治理措施，消除污染；二是罚款，罚款额为造成直接损失的百分之二十。如果是重大或特大水污染事故，一是限期采取措施，消除污染；二是罚款，罚款额为直接损失的百分之三十。

处罚单位：县级以上人民政府环境保护主管部门。

造成渔业污染事故或渔业船舶造成水污染事故，由渔业主管部门或海事管理机构进行处罚。

对于以上条款，长三角地区可以按此条遵照执行。

五、无排污许可证排放水污染物、超过重点水污染物排放总量控制指标排放、超过标准排放水污染物的限期改正

在无证排污的限期治理规定方面，《江苏省长江水污染防治条例》第四十八条规定："违反本条例第二十七条第一款规定，无排污许可证排放水污染物的，由环境保护行政主管部门责令限期改正，可以处以五千元以上五万元以下的罚款。无排污许可证超过规定标准排放水污染物的，由环境保护行政主管部门依法从重处罚。

"违反本条例第二十七条第二款规定，排污单位超过重点水污染物排放总量控制指标排放水污染物的，由环境保护行政主管部门责令限期改正，处以五万元以上二十万元以下的罚款；排污单位排放污水超过规定标准的，由环境保护行政主管部门责令限期改正，拒不改正的，处以一万元以上五万元以下的罚款，但法律、法规有处罚规定的除外。"

《江苏省长江水污染防治条例》第四十八条第一款对无排污许可证限期治理作出了规定。

处罚条件：无排污许可证排放水污染物。

处罚单位：环境保护行政主管部门。

❶《中华人民共和国水污染防治法》第八十条。
❷《中华人民共和国水污染防治法》第八十三条。

处罚方式：一是限期改正；二是处以五千元以上五万元以下罚款。

如果无排污许可证超标排放，由环境保护行政主管部门从重处罚。

应取得排污许可证的排污单位，无排污许可证限期补办。

《浙江省水污染防治条例》第六十一条规定："应当取得排污许可证的排污单位无排污许可证排放水污染物的，由县级以上人民政府环境保护主管部门责令停止排污、限期补办排污许可证，可处二万元以上二十万元以下的罚款；依法不予核发排污许可证的，由县级以上人民政府责令停业或者关闭。"

《浙江省水污染防治条例》第六十一条对应取得排污许可证的单位无排污许可证排污的限期治理进行了规定。

处罚条件：应取得排污许可证的排污单位无排污许可证排放。

处罚单位：县级以上人民政府环境保护主管部门。

处罚方式：停止排污；限期补办排污许可证；处二万元以上二十万元以下罚款。

《浙江省水污染防治条例》第六十一条对不予核发排污许可证的单位排污行为的限期治理作了规定。

处罚条件：依法不予核发排污许可证的企业排污。

处罚单位：县级以上人民政府环境保护主管部门。

处罚方式：停业或关闭。

比较《江苏省长江水污染防治条例》和《浙江省水污染防治条例》关于无排污许可排污的限期治理规定可以看出，二者是有明显的差异的。

处罚单位：均是县级以上人民政府环境保护主管部门，这一点没有差异。

处罚方式：《江苏省长江水污染防治条例》使用的是"限期改正"，《浙江省水污染防治条例》使用的是"停止排污"、"限期补办排污许可证"。在罚款数额上，《江苏省长江水污染防治条例》规定的是"五千元以上五万元以下罚款"，《浙江省水污染防治条例》规定的是"二万元以上二十万元以下罚款"。二者的差异是明显的。

更重要的是，《浙江省水污染防治条例》将无证排污分成两种情况：一种情况是应取得排污许可证而未取得；另一种是不予核发排污许可证而排污。

对于后一种情况，《江苏省长江水污染防治条例》并未规定，可见，《浙江省水污染防治条例》制定得更严密些。

六、《江苏省长江水污染防治条例》对限期治理的特殊规定

《江苏省长江水污染防治条例》对限期治理作了一些特殊的规定。

（一）沿江地区已形成近岸水体污染带的，限期治理

《江苏省长江水污染防治条例》第二十八条规定："沿江地区县级以上人民政府应当按照长江水污染防治规划，制定长江干流近岸水体污染控制方案，科学规范水

污染物排放方式，鼓励深度治理污染物，防止近岸水体形成污染带。已经形成近岸水体污染带的，应当限期治理，达到省地表水（环境）功能区划确定的水质目标要求。”

《江苏省长江水污染防治条例》第二十八条对近岸水体污染限期治理作了规定。

限期治理理由：已形成近岸水体污染带。

作出限期治理命令的单位：不明确。

处罚对象：不明。

（二）城市污水集中处理设施应当限期配套建设与其设计处理能力相当的污水管网

《江苏省长江水污染防治条例》第二十九条规定：“沿江地区各级人民政府应当组织规划和建设城市污水集中处理系统。城市污水管网应当与污水集中处理设施同时设计、同时施工、同时投入使用。对已建成的城市污水集中处理设施应当限期配套建设与其设计处理能力相当的污水管网，保证其正常运营。城市新区以及新建的开发区、工业区、住宅区等应当建设污水管网并实行雨污分流；已建区域应当逐步改造污水管网或者建设截污管网，实行雨污分流。

“沿江地区各级人民政府和有关部门应当采取措施，推行环境保护设施专业化、市场化运营。

“沿江地区各级人民政府应当制定和完善配套的经济、技术政策，鼓励各类资本投资建设污水集中处理设施及其配套管网。”

《江苏省长江水污染防治条例》第二十九条是对城市污水处理设施限期配套建设与其设计处理能力相关的污水管的规定。

（三）超过重点水污染物排放总量控制指标排放水污染物的限期治理

《江苏省长江水污染防治条例》第四十八条第二款对超过重点水污染物排放总量控制指标排放水污染物的限期治理作了规定。

处罚条件：排污单位超过重点水污染物排放总量控制指标排放水污染物。

处罚单位：环境保护行政主管部门。

处罚方式：一是限期改正；二是处以五万元以上二十万元以下罚款。

《江苏省长江水污染防治条例》第四十八条第二款对超过标准排放水污染物的限期治理进行了规定。

处罚条件：超过标准排放水污染物。

处罚单位：环境保护行政主管部门。

处罚方式：限期改正。拒不改正的，处以一万元以上五万元以下罚款。

（四）排污单位稀释排放有毒有害工业污水或私设排污口偷排污水的限期改正

《江苏省长江水污染防治条例》对稀释排放有毒有害工业污水或私设排污口进行了特殊的规定。

《江苏省长江水污染防治条例》第四十九条第二款规定：“违反本条例第三十五条第二款规定，排污单位稀释排放有毒有害工业污水的，由环境保护主管部门责令限期改正，可以处以五千元以上二万元以下的罚款；情节严重的，可以处以二万元以上十万元以下的罚款。”

处罚条件：排污单位稀释排放有毒有害工业污水。

处罚单位：环境保护行政主管部门。

处罚方式：一是限期改正；二是处以五千元以上二万元以下的罚款，情节严重的，可以处以二万元以上十万元以下的罚款。

（五）对限期治理决定作出的程序规定

《江苏省长江水污染防治条例》第五十一条规定：“排污单位违反本条例规定依法应当限期治理的，由县级以上人民政府环境保护主管部门按照权限作出决定。限期治理期间，由环境保护主管部门责令限制生产、限制排放或者停产整治。限期治理的期限最长不超过一年；逾期未完成治理任务的，报经有批准权的人民政府批准，责令关闭。有关人民政府应当自收到意见之日起十五个工作日内作出决定。人民政府在十五个工作日内不作决定或者作出不予关闭决定，造成严重环境污染的，由上级人民政府责令其限期作出决定或者直接作出决定，并依法给予有关人民政府主要负责人行政处分。”

《江苏省长江水污染防治条例》对环境保护行政主管部门如果不在规定时间内作出限期治理的决定或者作出不予限期治理等的决定，造成环境污染的，相关责任人要受行政处分。

这些条款是长三角地区浙江省和上海市所没有的。

七、取水口设置不符合地表水功能区划的应限期调整

《江苏省长江水污染防治条例》对于生活饮用水源设置排污口作出了限期治理的规定。

处罚条件：已设置的取水口不符合水功能区域和区域供水规划。

处罚方式：限期治理[1]。

在长三角地区，这条特殊的规定造成了长三角地区法律不协调的内容之一。

八、《浙江省水污染防治条例》的特殊规定

（一）建设项目无环境影响评价批准文件的限期补办

《浙江省水污染防治条例》对建设项目无环境影响评价批准文件进行了特殊的规定。

[1]《江苏省长江水污染防治条例》第四十一条。

《浙江省水污染防治条例》第六十条规定：“建设项目无环境影响评价批准文件，建设单位擅自开工建设并建成投入生产或者使用的，由县级以上人民政府环境保护主管部门责令停止生产或者使用，限期补办环境影响评价文件审批手续，处五万元以上五十万元以下的罚款；不符合环境影响评价文件审批条件的，由有审批权的环境保护主管部门依法提请有关人民政府予以关闭。”

处罚条件：建设项目无环境影响评价批准文件，建设单位擅自开工建设并建成投入生产或者使用。

处罚单位：县级以上人民政府环境保护主管部门。

处罚方式：一是停止生产或者使用；二是限期补办环境影响评价文件审批手续；三是处五万元以上五十万元以下的罚款。不符合环境影响评价文件审批条件的，关闭。

（二）水污染严重的流域、区域划定重点监管区，确定重点监管的行业和企业，限期治理

《浙江省水污染防治条例》第四十条规定：“县级以上人民政府应当对水污染严重的流域、区域，划定重点监管区，确定重点监管的行业和企业，限期整治。重点监管区未达到整治目标的，应当暂停审批或者核准流域、区域内新增重点水污染物排放总量的建设项目。”

对水污染严重的流域、区域，划定重点监管区，确定重点监管的行业和企业，限期治理，并暂停审批或者核准新增重点水污染物排放总量的建设项目。

（三）水环境功能确定为一、二类水质水体的流域上游（含支流），规定禁止或者限制建设的项目。已建成的造成水环境污染的项目，应当限期治理；逾期未完成治理任务的，由县级以上人民政府责令关闭

《浙江省水污染防治条例》第二十一条规定：“水环境功能确定为一、二类水质水体的流域上游（含支流），县级以上人民政府应当根据经济社会发展水平和水环境保护的需要，规定禁止或者限制建设的项目。已建成的造成水环境污染的项目，应当限期治理；逾期未完成治理任务的，由县级以上人民政府责令关闭。”

限期治理对象：水环境功能确定为一、二类水质水体的流域上游，已建成的造成水环境污染的项目；逾期未完成治理任务的企业。

这是长三角地区的江苏省和上海市所没有规定的。

第六章 对水污染纠纷处理规定的差异

水污染民事纠纷是指为了生产生活的需要向自然界中获取资源的同时向水环境中排放废弃物，从而侵害特定主体的财产权益、人身权益及不特定主体的水环境公益所引发平等主体的加害人与受害人之间的水环境权益纠纷；水环境行政纠纷是指水环境行政行为相对人与水环境行政主体之间由于具体行政行为引起的行政争议；水环境刑事纠纷是指以追究水环境污染者和生态破坏行为人的刑事责任为内容的争议。

我国水事法律法规，如《中华人民共和国水污染防治法》、《中华人民共和国环境保护法》、《中华人民共和国水法》、《中华人民共和国海洋环境保护法》、《江苏省长江水污染防治条例》、《上海市环境保护条例》、《上海市实施〈中华人民共和国水法〉办法》、《浙江省实施〈中华人民共和国水法〉办法》、《浙江省海洋环境保护条例》均提到了水污染纠纷处理的赔偿问题。

相对来说，对赔偿规定得比较详细的是《中华人民共和国水污染防治法》、《中华人民共和国环境保护法》和《中华人民共和国海洋环境保护法》，其他法律法规规定比较少。

从地区来看，上海市和浙江省有一些赔偿的规定，但规定得不详细，江苏省的规定就更稀少了，在《江苏省长江水污染防治条例》中，赔偿二字只出现过一次，它主要涉及累积污染。除此之外，《江苏省环境保护条例》、《江苏省海洋环境保护条例》就没有提到赔偿二字。

如果国家层面的法律对赔偿的规定有差异，地方层面的法规对赔偿的规定就会不同，那么，一旦发生纠纷，尤其是跨界纠纷，所持法律依据肯定会不一致，这将会影响到纠纷的解决。

第一节 对水污染纠纷处理的规定

一、对污染纠纷解决方式规定的差异

如果发生污染损害赔偿纠纷，法律法规规定了如下解决方式。

（一）处理与调解处理的差异

《中华人民共和国水污染防治法》第八十六条定："因水污染引起的损害赔偿责任和赔偿金额的纠纷，可以根据当事人的请求，由环境保护主管部门或者海事管理机构、渔业主管部门按照职责分工调解处理；调解不成的，当事人可以向人民法院提起诉讼。当事人也可以直接向人民法院提起诉讼。"

《中华人民共和国环境保护法》对赔偿责任和赔偿金额的纠纷尚无规定。

《中华人民共和国水污染防治法》规定了调解和诉讼方式，并规定由当事人请求，由"环境保护部门或者海事管理机构、渔业主管部门"调解处理。

《中华人民共和国水污染防治法》规定了"环境保护部门或者海事管理机构、渔业主管部门"为调解机构。

（二）诉讼

《中华人民共和国水污染防治法》规定了调解不成"向人民法院起诉"，或"直接向人民法院起诉"。

《中华人民共和国环境保护法》无规定。

（三）实现集体诉讼

《中华人民共和国水污染防治法》第八十八条"因水污染受到损害的当事人人数众多的，可以依法由当事人推选代表人进行共同诉讼。

"环境保护主管部门和有关社会团体可以依法支持因水污染受到损害的当事人向人民法院提起诉讼。

"国家鼓励法律服务机构和律师为水污染损害诉讼中的受害人提供法律援助。"

对于集体诉讼，只有《中华人民共和国水污染防治法》作了规定，其它无论是国家层面的法律，还是地方层面的法规再未涉及。

事实上，环境污染事件，更多不是只涉及某个单位或某个人，而是涉及更多的单位和更多的个人，因此，集体诉讼是西方国家广泛采用的诉讼方式。

（四）实现倒举证制

《中华人民共和国水污染防治法》第八十七条规定："因水污染引起的损害赔偿诉讼，由排污方就法律规定的免责事由及其行为与损害结果之间不存在因果关系承

担举证责任。”

也只有《中华人民共和国水污染防治法》对此进行了明确的规定，其他法律法规没有涉及。由于环境污染举证非常困难，排污企业多会采用机会主义行为。因此，《中华人民共和国水污染防治法》规定的倒举证就是为了防止企业的机会主义行为。

（五）赔偿有效时间为三年

《中华人民共和国环境保护法》第六十六条规定："提起环境损害赔偿诉讼的时效期间为三年，从当事人知道或者应当知道其受到损害时起计算。"

《中华人民共和国环境保护法》对诉讼有效时间进行了规定，其他法律法规并未就此进行规定。

（六）水污染当事人可以委托环境监测部门提供监测数据

《中华人民共和国水污染防治法》第八十九条规定："因水污染引起的损害赔偿责任和赔偿金额的纠纷，当事人可以委托环境监测机构提供监测数据。环境监测机构应当接受委托，如实提供有关监测数据。"

为了有效制约排污企业的污染行为，改善环境，《中华人民共和国水污染防治法》特地规定了环境监测机构有责任向污染事故中的各方提供环境监测数据。其他国家法律和地方法规并未对此进行规定。

（七）建立船舶油污损害民事赔偿责任制度

《中华人民共和国海洋环境保护法》第六十六条第一款规定："国家完善并实施船舶油污损害民事赔偿责任制度；按照船舶油污损害赔偿责任由船东和货主共同承担风险的原则，建立船舶油污保险、油污损害赔偿基金制度。"

《中华人民共和国海洋环境保护法》在该条中主要表达了三个意思：一是建立起民事赔偿责任制度；二是由船东和货主共担风险；三是建立船舶油污保险、油污损害赔偿基金。这也是其他法律没有的一项规定。

二、水法的相关规定对水事纠纷处理的规定

《中华人民共和国水法》有专门章节来规范；《浙江省实施〈中华人民共和国水法〉办法》也有专门章节来规范；《上海市实施〈中华人民共和国水法〉办法》只有一条来规范。

（一）《中华人民共和国水法》对跨界水事纠纷处理特有的规定

如对跨省界水功能区划由流域管理机构会同相关省级人民政府相关部门确定，经有关省、自治区、直辖市人民政府审查提出意见后，由国务院水行政主管部门会同国务院环境保护行政主管部门审核，报国务院或其授权部门批准[1]；跨省界水量分

[1]《中华人民共和国水法》第三十二条第一款。

配方案和旱情紧急情况下的水量调度预案由流域管理机构商有关省、自治区、直辖市人民政府制定，报国务院或者其授权的部门批准后执行；跨行政区的水量分配方案和旱情紧急情况下的水量调度预案，由共同的上一级人民政府水行政主管部门商有关地方人民政府制定，报本级人民政府批准后执行[1]。

并规定，对不同行政区域发生水事纠纷，负有责任的主管人员在下列情况下负有责任：拒不执行水量分配方案和水量调度预案的；拒不服从水量统一调度的；拒不执行上一级人民政府的裁决的；在水事纠纷解决前，未经各方达成协议或者上一级人民政府批准，单方面违反本法规定改变水的现状的[2]。

长三角地区二省一市可以遵照执行，不存在差异。

（二）《浙江省实施〈中华人民共和国水法〉办法》对跨界水事纠纷处理特有的规定

《浙江省实施〈中华人民共和国水法〉办法》规定了开发利用水资源、防治水害和其他水事活动，应从全局出发处理好相邻关系[3]。

（三）对“不同行政区域发生水事纠纷应协商处理”规定的差异

《中华人民共和国水法》、《上海市实施〈中华人民共和国水法〉办法》和《浙江省实施〈中华人民共和国水法〉办法》对此问题的规定存在差异。

《中华人民共和国水法》第五十六条规定：“不同行政区域之间发生水事纠纷的，应当协商处理；协商不成的，由上一级人民政府裁决，有关各方必须遵照执行。在水事纠纷解决前，未经各方达成协议或者共同的上一级人民政府批准，在行政区域交界线两侧一定范围内，任何一方不得修建排水、阻水、取水和截（蓄）水工程，不得单方面改变水的现状。”

《上海市实施〈中华人民共和国水法〉办法》第十八条第一项规定：“本市范围内发生的水事纠纷，按以下原则处理：（一）地区之间发生的水事纠纷，应当本着互谅、互让、团结协作的精神协商处理；协商不成的，由上一级人民政府或者其授权的主管部门处理。在水事纠纷解决之前，未经各方达成协议或者上一级人民政府批准，任何一方不得修建排水、阻水、引水和蓄水工程，不得单方面改变水的现状。……”

《浙江省实施〈中华人民共和国水法〉办法》第六十六条规定：“有关地区、单位、个人在水事活动中发生纠纷时，应当及时主动协商解决或报告当地人民政府、主管部门，通过合法途径解决。严禁任何单位或个人挑起事端、殴打或扣押他人、毁坏公私财物、策划械斗、煽动闹事。”

《浙江省实施〈中华人民共和国水法〉办法》第六十九条规定：“地区之间发生

---

[1]《中华人民共和国水法》第四十五条。
[2]《中华人民共和国水法》第七十五条。
[3]《浙江省实施〈中华人民共和国水法〉办法》第六十五条。

的水事纠纷，应当本着实事求是和互谅互让、团结协作的精神协商处理，任何一方不得推诿、拖延或弄虚作假，妨碍处理；协商不成的，由上一级人民政府处理。经各方协商达成协议，或经上一级人民政府作出处理决定的，有关地区必须执行。

"在水事纠纷解决之前，未经各方达成协议或上一级人民政府批准，在规定的交界线两侧一定范围内，任何一方不得修建排水、阻水、截水、引水和蓄水工程，不得单方面改变水的现状。"

可以看出，《浙江省实施〈中华人民共和国水法〉办法》第六十六条与第六十九条、第七十条的规定存在一定程度的重复，从立法技术上讲完全可以合并。

同时，《中华人民共和国水法》、《上海市实施〈中华人民共和国水法〉办法》和《浙江省实施〈中华人民共和国水法〉办法》对此问题的规定是有差异的。

差异一：用词上的差异。

《中华人民共和国水法》与《上海市实施〈中华人民共和国水法〉办法》就此问题的规定，只是用词方面的差异。

《中华人民共和国水法》使用"不同行政区域之间发生水事纠纷"。《上海市实施〈中华人民共和国水法〉办法》使用"本市范围内发生的水事纠纷"。《中华人民共和国水法》使用"应当协商处理"。《上海市实施〈中华人民共和国水法〉办法》使用"应当本着互谅、互让、团结协作的精神协商处理"。《中华人民共和国水法》使用"协商不成的，由上一级人民政府裁决，有关各方必须遵照执行。"《上海市实施〈中华人民共和国水法〉办法》使用"协商不成的，由上一级人民政府或者其授权的主管部门处理。"《中华人民共和国水法》使用"在行政区域交界线两侧一定范围内"这样一句话，《上海市实施〈中华人民共和国水法〉办法》没有这样一句话。

差异二：内容上的差异。

《中华人民共和国水法》和《上海市实施〈中华人民共和国水法〉办法》都规定：不同行政区域（有些地方用跨界，用词不统一）发生水事纠纷，应当协商处理；协商不成，由上一级人民政府裁决（有的用共同的上级，用词也不统一）。在水事纠纷解决前，任何一方不得单方面改变水的现状。

《浙江省实施〈中华人民共和国水法〉办法》规定，发生水事纠纷，协商解决，协商不成，由上一级人民政府处理。或者报告当地人民政府、主管部门，通过合法途径解决。严禁任何单位或个人挑起事端、殴打或扣押他人、毁坏公私财物、策划械斗、煽动闹事。

（四）对"单位间、个人间发生水事纠纷应协商处理"规定的差异

《中华人民共和国水法》第五十七条规定："单位之间、个人之间、单位与个人之间发生的水事纠纷，应当协商解决；当事人不愿协商或者协商不成的，可以申请县级以上地方人民政府或者其授权的部门调解，也可以直接向人民法院提起民事诉讼。县级以上地方人民政府或者其授权的部门调解不成的，当事人可以向人民法院提起民事诉讼。

“在水事纠纷解决前，当事人不得单方面改变现状。”

《上海市实施〈中华人民共和国水法〉办法》第十八条第二项规定：“本市范围内发生的水事纠纷，按以下原则处理：……（二）单位之间、个人之间、单位与个人之间发生的水事纠纷，应当通过协商或者调解解决。当事人不愿通过协商、调解解决或者协商、调解不成的，可以请求县级以上人民政府或者其授权的主管部门处理，也可以直接向人民法院起诉。当事人对有关人民政府或者其授权的主管部门的处理决定不服的，可以在接到处理决定之日起十五日内，向人民法院起诉。在水事纠纷解决之前，当事人不得单方面改变水的现状。”

《浙江省实施〈中华人民共和国水法〉办法》第七十条规定：“单位之间、个人之间、单位与个人之间发生的水事纠纷，应当通过协商或调解解决。当事人不愿通过调解解决或调解不成的，可以请求县级以上人民政府或其授权的主管部门处理，也可以直接向人民法院起诉；当事人对有关人民政府或其授权的主管部门的处理决定不服的，可以在接到通知之日起十五日内，向人民法院起诉。

“在水事纠纷解决之前，当事人不得单方面改变水的现状。”

《中华人民共和国水法》、《上海市实施〈中华人民共和国水法〉办法》和《浙江省实施〈中华人民共和国水法〉办法》对此问题的规定只有用词上的差异。

《上海市实施〈中华人民共和国水法〉办法》和《浙江省实施〈中华人民共和国水法〉办法》对此问题的规定完全一样。

《中华人民共和国水法》与《上海市实施〈中华人民共和国水法〉办法》和《浙江省实施〈中华人民共和国水法〉办法》对此问题的规定只是用词上的差异。

《中华人民共和国水法》规定发生水事纠纷“应当协商解决”。《上海市实施〈中华人民共和国水法〉办法》和《浙江省实施〈中华人民共和国水法〉办法》都规定发生水事纠纷“应当通过协商或者调解解决”。《中华人民共和国水法》规定：“当事人不愿协商或者协商不成的”，可以申请县级以上地方人民政府或者其授权的“部门调解”，也可以直接向人民法院提起民事诉讼。《上海市实施〈中华人民共和国水法〉办法》和《浙江省实施〈中华人民共和国水法〉办法》都规定“当事人不愿通过协商、调解解决或者协商、调解不成的”，可以请求县级以上人民政府或者其授权的“主管部门处理”，也可以直接向人民法院起诉。

在内容上，《上海市实施〈中华人民共和国水法〉办法》和《浙江省实施〈中华人民共和国水法〉办法》还规定“当事人对有关人民政府或者其授权的主管部门的处理决定不服的，可以在接到处理决定之日起十五日内，向人民法院起诉。”《中华人民共和国水法》没有对此规定。

（五）对“县级以上人民政府有权采取临时措施”的规定没有差异

《中华人民共和国水法》第五十八条规定：“县级以上人民政府或者其授权的部

门在处理水事纠纷时，有权采取临时处置措施，有关各方或者当事人必须服从。”

《上海市实施〈中华人民共和国水法〉办法》第十八条第三项规定：“本市范围内发生的水事纠纷，按以下原则处理：……（三）县级以上人民政府或者其授权的主管部门在处理水事纠纷时，有权采取临时处置措施，当事人必须服从。”

《浙江省实施〈中华人民共和国水法〉办法》第六十七条第二款规定：“县级以上人民政府或其授权的主管部门处理水事纠纷时，有权采取临时处置措施，当事人必须服从。”

三部法律法规对此问题的规定一样。

（六）对“在水事纠纷发生和处理过程中构成犯罪的，依法处理”规定的差异

《中华人民共和国水法》和《浙江省实施〈中华人民共和国水法〉办法》对此问题的规定有差异。

《中华人民共和国水法》第七十四条规定：“在水事纠纷发生及其处理过程中煽动闹事、结伙斗殴、抢夺或者损坏公私财物、非法限制他人人身自由，构成犯罪的，依照刑法的有关规定追究刑事责任；尚不够刑事处罚的，由公安机关依法给予治安管理处罚。”

《浙江省实施〈中华人民共和国水法〉办法》第七十四条规定：“下列行为依法应当给予治安处罚的，依照治安管理处罚条例给予处罚；构成犯罪的，依法追究刑事责任：……（四）在水事纠纷及其处理过程中煽动闹事、结伙斗殴、抢夺损坏公私财物、非法限制他人人身自由的；（五）拒绝、阻碍水行政主管部门和其他有关主管部门依法执行职务的……。”

两部法律法规对此问题的规定一样，只有极个别用词或语序有一些差别。

（七）《浙江省实施〈中华人民共和国水法〉办法》对水事纠纷处理特有的规定

在对基层政权协助水事纠纷处理上，浙江省做了一个特殊的规定。村（居）民委员会应当依法履行自己职责，做好当地村（居）民的工作，防止发生水事纠纷；对已发生的水事纠纷，应当及时调解，或报告当地人民政府，并协助处理[1]。

三、水污染防治法律法规对水事纠纷处理的规定

（一）《中华人民共和国水污染防治法》对水事纠纷处理特有的规定

1.赔偿纠纷处理方式

（1）调解和诉讼　《中华人民共和国水污染防治法》对于水污染纠纷处理做了比较具体的规定。如果出现纠纷，可以根据当事人的请求，由环境保护主管部门或

[1]《浙江省实施〈中华人民共和国水法〉办法》第六十八条。

海事管理机构、渔业主管部门按职责分工调解处理，调解不成，当事人可以向人民法院提起诉讼。当事人可以直接向人民法院提起诉讼[1]。

（2）实现倒举证 《中华人民共和国水污染防治法》规定了因水污染引起的损害赔偿诉讼，由排污方就法律规定的免责事由及其行为与损害结果之间不存在因果关系承担举证责任[2]。必要时可以引入集体诉讼，并鼓励法律服务机构和律师向受害人提供法律援助[3]。

2.环境监测机构有义务提供监测数据

《中华人民共和国水污染防治法》规定了在水污染纠纷中，当事人可以委托环境监测机构提供监测数据。环境监测机构应当接受委托并如实提供有关监测数据[4]。

3.纠纷解决机构

环境保护部门或有环境监督管理权的部门对赔偿责任和金额的纠纷进行处理[5]。

（二）《江苏省长江水污染防治条例》对跨界环境污染纠纷处理特有的规定

《江苏省长江水污染防治条例》作了一些特殊的规定，如建立长江水污染防治协调机制[6]等，这个提法是非常有特色的。

（三）对“跨界水事纠纷协商解决”规定的差异

《中华人民共和国水污染防治法》、《江苏省长江水污染防治条例》和《浙江省水污染防治条例》均对此有规定，但有差异。

《中华人民共和国水污染防治法》第二十八条规定：“跨行政区域的水污染纠纷，由有关地方人民政府协商解决，或者由其共同的上级人民政府协调解决。”

《江苏省长江水污染防治条例》第二十条规定：“对因相邻行政区域出境水质达不到水质控制目标而发生的环境纠纷，有关地方人民政府应当共同协商解决；协商不成的，由共同的上一级人民政府协调解决。

“因水污染事故或者控制不力导致行政区界上下游水体断面水质达不到规定水质控制目标的，有关地方人民政府应当采取措施，保证行政区界上下游水体断面的水质达到规定的水质控制目标。”

《浙江省水污染防治条例》第四十九条规定：“跨行政区域的水污染事故和纠纷，由有关人民政府或者相关主管部门协商解决；协商不成的，由其共同的上级人民政府或者相关主管部门协调解决。”

《中华人民共和国水污染防治法》、《江苏省长江水污染防治条例》和《浙江省

---

[1]《中华人民共和国水污染防治法》第八十六条。
[2]《中华人民共和国水污染防治法》第八十七条。
[3]《中华人民共和国水污染防治法》第八十八条。
[4]《中华人民共和国水污染防治法》第八十九条。
[5]《中华人民共和国水污染防治法》第四十一条第二款。
[6]《江苏省长江水污染防治条例》第十条。

水污染防治条例》对跨行政区域水污染纠纷的规定是有差异的。

差异一：用词上的差异。《中华人民共和国水污染防治法》使用的是“跨行政区域的水污染纠纷”；《江苏省长江水污染防治条例》使用的是“对因相邻行政区域的出境水质达不到水质控制目标而发生的环境纠纷”；《浙江省水污染防治条例》使用的是“跨行政区域的水污染事故和纠纷”。三者的规定都不一样。

《江苏省长江水污染防治条例》使用了“应当”共同协商解决；而《中华人民共和国水污染防治法》和《浙江省水污染防治条例》没有使用类似的词。

差异二：协调主体的差异。《中华人民共和国水污染防治法》规定的是“由有关地方人民政府”协商；或者由“其共同的上级人民政府”协调。《江苏省长江水污染防治条例》规定的是由“有关地方人民政府”协商；协商不成才由“共同的上一级人民政府”协调。《浙江省水污染防治条例》规定的是“由有关人民政府或者相关主管部门”协商；协商不成才由“其共同的上级人民政府或者相关主管部门”协调。

差异三：处理方式上的差异。《中华人民共和国水污染防治法》规定的是由有关地方人民政府协商解决，“或者”由其共同的上级人民政府协调解决。《江苏省长江水污染防治条例》规定的是有关地方人民政府应当共同协商解决；“协商不成的”，由共同的上一级人民政府协调解决。《浙江省水污染防治条例》规定的是“由有关人民政府或者相关主管部门协商解决”；“协商不成的”，由其共同的上级人民政府或者相关主管部门协调解决。《中华人民共和国水污染防治法》使用的是选择词“或者”；《江苏省长江水污染防治条例》和《浙江省水污染防治条例》使用的是程序词“协商不成”，才由共同的上一级人民政府协调解决。

（四）对“跨界水污染防治规划”规定的差异

《中华人民共和国水污染防治法》和《浙江省水污染防治条例》对此均有规定，但有差异。

《中华人民共和国水污染防治法》第十五条第二款和第三款规定：“前款规定外的其他跨省、自治区、直辖市江河、湖泊的流域水污染防治规划，根据国家确定的重要江河、湖泊的流域水污染防治规划和本地实际情况，由有关省、自治区、直辖市人民政府环境保护主管部门会同同级水行政等部门和有关市、县人民政府编制，经有关省、自治区、直辖市人民政府审核，报国务院批准。

“省、自治区、直辖市内跨县江河、湖泊的流域水污染防治规划，根据国家确定的重要江河、湖泊的流域水污染防治规划和本地实际情况，由省、自治区、直辖市人民政府环境保护主管部门会同同级水行政等部门编制，报省、自治区、直辖市人民政府批准，并报国务院备案。”

《浙江省水污染防治条例》第八条规定：“防治水污染应当按照流域或者区域进行统一规划。国家确定的重要江河、湖泊的流域水污染防治规划以及其他跨省江河、湖泊的流域水污染防治规划的编制、批准按照国家有关规定执行。

“本省行政区域内跨设区的市的流域水污染防治规划，由省环境保护主管部门会同省发展改革、水行政等主管部门和有关设区的市人民政府编制，报省人民政府批准后实施，并报国务院备案。

“设区的市行政区域内跨县（市、区）的流域水污染防治规划，由设区的市人民政府组织市环境保护、发展改革、水行政等主管部门和有关县（市、区）人民政府编制，报省人民政府批准后实施，并报国务院备案。”

《中华人民共和国水污染防治法》和《浙江省水污染防治条例》对此问题的规定是有差异的。《中华人民共和国水污染防治法》作为国家大法，它规定了跨省界水污染防治规划的编制要求；也规定了省界内跨界水污染防治规划的编制要求。《浙江省水污染防治条例》规定跨省界水污染防治规划按照国家有关规定执行；规定跨设区的市的流域水污染防治规划由省环境保护部门会同有关部门编制；规定跨县的流域水污染防治规划由市人民政府组织环境保护等机关编制。应该说，《浙江省水污染防治条例》体现了《中华人民共和国水污染防治法》的立法精神。

四、环境保护法律法规对水事纠纷处理的规定

（一）《中华人民共和国环境保护法》对“环境污染赔偿”特有的规定

《中华人民共和国环境保护法》对环境污染赔偿做了具体的规定：一是造成环境污染危害的，有责任排除危害，对直接受害者进行赔偿。二是赔偿责任和赔偿金额纠纷，由当事人提出请求，由环境保护行政主管部门或其他有环境监督管理权的部门处理；当事人不服决定，可以向人民法院起诉。当事人也可以直接向人民法院起诉。

这样，长三角地区二省一市均可遵照执行，不存在差异。

（二）《上海市环境保护条例》和《江苏省环境保护条例》对环境污染纠纷处理规定的差异

《上海市环境保护条例》第五条规定：“市环境保护局（以下简称市环保局）是本市环境保护行政主管部门，对全市环境保护工作实施统一监督管理，并负责组织实施本条例。区、县环境保护行政主管部门（以下简称区、县环保部门）对本行政区域内的环境保护工作实施统一监督管理，业务上同时受市环保局的领导。

“市环保局和区、县环保部门（以下统称环保部门）所属的环境监察机构，负责本行政区域内环境保护情况的监督检查，对环境污染事故和纠纷进行调查、提出处理意见，并负责征收排污费。环保部门可以在法定权限范围内委托其所属的环境监察机构实施行政处罚和行政强制措施。

“环保部门应当建立检举、控告制度，公布投诉电话。对属于环保部门职责范

围的检举和控告，应当依法处理；对属于其他管理部门职责范围的检举和控告，应当按照规定转送相关管理部门处理，并告知当事人。”

《江苏省环境保护条例》第六条规定：“县级以上人民政府环境保护行政主管部门对本行政区域内的环境保护工作实施统一监督管理。其主要职责是：

（一）贯彻实施有关环境保护法律、法规，并对实施情况进行监督检查；

（二）拟定本地区环境保护规划和计划，参与经济发展中长期规划、国土规划、区域开发规划以及城市总体规划的制定或者审核；

（三）统一监督管理本行政区域内环境污染防治和生态环境保护工作；

（四）负责管理环境监测和环境监理工作，定期公布环境质量状况；

（五）组织协调本行政区域环境科学研究和环境保护宣传教育工作，推广国内外环境保护的先进经验和先进技术，开展国际间环境保护的合作和交流；

（六）调查处理环境污染、破坏事故以及纠纷，并按照规定权限审理环境行政复议案件；

（七）环境保护法律、法规规定的其他职责。

各级计划、经济、城建、规划、公安、工商行政、卫生、土地、矿产、滩涂、农业、林业、渔业、水利、交通、铁道、民航及海洋、港务监督、渔政渔港监督等管理部门和军队环境保护部门，要依照有关法律、法规的规定，对涉及本部门的环境污染防治和资源保护实施监督管理。”

第九条规定：“县级以上环境保护行政主管部门的环境监测机构应当推行标准化建设，按照国家和本省有关规定开展环境监测工作，其监测数据应当作为环境保护行政主管部门依法管理环境的依据。

“环境污染和破坏事故监测数据以及环境纠纷监测数据的争议，由县级以上环境保护行政主管部门的环境监测机构负责技术仲裁。”

两者主要是内容和用词上略有差异。

江苏省环境保护部门的职责是：贯彻实施环境保护相关法律、法规，并对实施情况进行监督检查；拟定环境保护规划和计划；统一监督管理环境污染防治和生态环境保护工作；负责管理环境监测和环境监理工作，定期公布环境质量状况；组织环境科学研究和环境保护宣传教育工作；调查处理环境污染、破坏事故以及纠纷，并按照规定权限审理环境行政复议案件等。

上海市环境保护部门的职责是：环境保护部门是环境保护的主管部门；环境监察机构负责环境保护情况的监督检查、污染事故和纠纷的调查处理，并负责征收排污费，拥有行政处罚权；环保部门建立检举、控告制度。

差异也是比较大的。

（三）《中华人民共和国环境保护法》和《江苏省环境保护条例》对跨界环境污染纠纷处理规定的差异

《中华人民共和国环境保护法》对于跨界使用的词汇是跨行政区。

《中华人民共和国环境保护法》和《江苏省环境保护条例》对此有规定，但有差异。

《中华人民共和国环境保护法》第二十条规定：“国家建立跨行政区域的重点区域、流域环境污染和生态联合防治协调机制，实行统一规划、统一标准、统一监测、统一防治措施。前款规定以外的跨行政区域的环境污染和生态破坏的防治，由上级人民政府协调作战，或者由有关地方人民政府协商解决。”

《江苏省环境保护条例》第三十八条第二款规定：“跨行政区的环境污染和环境破坏的防治以及处理工作，由有关地方人民政府协商解决，或者由上级人民政府协调解决，作出决定。”

《中华人民共和国环境保护法》和《江苏省环境保护条例》对此问题的规定内容和措词不一样。《中华人民共和国环境保护法》规定了建立跨行政区域的重点区域、流域环境污染和生态破坏联合防治协调机制。对于非重点区域流域的环境污染和生态破坏，由上级人民政府协调，或由相关地方人民政府协商解决。但《江苏省环境保护条例》和《江苏省长江水污染防治条例》对此问题的规定是不一样的。

五、海洋环境保护法律法规对水事纠纷处理的相关规定

（一）对“毗邻重点海域可建立海洋环境保护区域合作组织”规定的差异

《中华人民共和国海洋环境保护法》和《浙江省海洋环境保护条例》对此有规定，但有差异。

《中华人民共和国海洋环境保护法》第七条第二款规定：“毗邻重点海域的有关沿海省、自治区、直辖市人民政府及行使海洋环境监督管理权的部门，可以建立海洋环境保护区域合作组织，负责实施重点海域区域性海洋环境保护规划、海洋环境污染的防治和海洋生态保护工作。”

《浙江省海洋环境保护条例》第七条规定：“省人民政府应当加强与相邻沿海省、直辖市人民政府和国家有关机构的合作，共同做好长江三角洲近海海域及浙闽相邻海域海洋环境保护与生态建设。

“行使海洋环境监督管理权的部门根据本省与相邻省、直辖市的合作要求，建立海洋环境保护区域合作组织，做好海洋环境污染防治、海洋生态建设与修复工作。”

《中华人民共和国海洋环境保护法》和《浙江省海洋环境保护条例》对此问题的规定是有差异的。

差异一：用词上的差异。《中华人民共和国海洋环境保护法》使用的是“毗

邻”、“海洋环境保护规划”、“海洋环境污染的防治”和“海洋生态保护”。

《浙江省海洋环境保护条例》使用的是“相邻”、“海洋环境保护”、“海洋环境污染防治”、“海洋生态建设与修复”。

差异二：内容上的差异。《中华人民共和国海洋环境保护法》是从国家层面提出了毗邻省份建立海洋环境保护区域合作组织；《浙江省海洋环境保护条例》是从省级层面提出了建立长江三角洲近海海域及浙闽相邻海域的合作组织。

（二）对“通过协调处理跨界海洋环境保护”规定的差异

《中华人民共和国海洋环境保护法》第八条规定：“跨区域的海洋环境保护工作，由有关沿海地方人民政府协商解决，或者由上级人民政府协调解决。

“跨部门的重大海洋环境保护工作，由国务院环境保护行政主管部门协调；协调未能解决的，由国务院作出决定。”

《浙江省海洋环境保护条例》第七条第三款规定：“沿海市、县人民政府应当建立重点海域海洋环境保护协调机制，做好海洋环境污染防治、海洋生态保护与修复工作。”

《中华人民共和国海洋环境保护法》和《浙江省海洋环境保护条例》对此问题的规定是有差异的。

差异主要体现在内容上。

《中华人民共和国海洋环境保护法》规定了两块内容：一是，跨区域的海洋环境保护由有关沿海地方人民政府协商解决，或者由上级人民政府协调解决。二是，跨部门的重大海洋环境保护，由国务院环境保护行政主管部门协调，协调不成由国务院作出决定。

《浙江省海洋环境保护条例》规定的内容是：建立重点海域海洋环境保护协调机制。

并且，《中华人民共和国海洋环境保护法》对此问题的规定与《中华人民共和国水污染防治法》的规定相比，用词不严谨。如跨区域的海洋环境保护工作，由有关沿海地方人民政府协商解决，或者由“上级人民政府协调解决”。《中华人民共和国水污染防治法》规定的是“共同的上级”。显然，这个规定更严谨。

（三）对“联合执法及权限”规定的差异

1.《中华人民共和国海洋环境保护法》、《浙江省海洋环境保护条例》和《江苏省海洋环境保护条例》对此问题规定的差异

（1）联合执法　《中华人民共和国海洋环境保护法》第十九条规定：“依照本法规定行使海洋环境监督管理权的部门可以在海上实行联合执法，在巡航监视中发现海上污染事故或者违反本法规定的行为时，应当予以制止并调查取证，必要时有权采取有效措施，防止污染事态的扩大，并报告有关主管部门处理。”

《浙江省海洋环境保护条例》第九条规定："沿海县级以上人民政府可以组织行使海洋环境监督管理权的部门实行海上联合执法。"

《江苏省海洋环境保护条例》第十七条第一款规定："沿海县级以上地方人民政府可以组织环保、海洋、渔业部门和海事管理机构建立联合执法制度，实行联合执法。"

《中华人民共和国海洋环境保护法》、《浙江省海洋环境保护条例》和《江苏省海洋环境保护条例》对此问题的规定是有差异的。

差异主要体现在内容上。

《中华人民共和国海洋环境保护法》中规定有海洋环境监督管理权的部门可以在海上实行联合执法；可以制止违法行为；有调查取证权；有权采取措施，防止污染事态扩大；并报告有关主管部门处理。

《浙江省海洋环境保护条例》中只规定了可以行使海洋环境监督管理权的部门实行海上联合执法。

《江苏省海洋环境保护条例》中规定了组织环保、海洋、渔业部门和海事管理机构建立联合执法制度，实行联合执法。

与《浙江省海洋环境保护条例》相比，《江苏省海洋环境保护条例》多了先建立一个联合执法制度，再实现联合执法的程序，这个比较完善。

（2）对监督权权限的规定

① 污染制止、调查取证和报告权。

《中华人民共和国海洋环境保护法》第十九条第一款规定："依照本法规定行使海洋环境监督管理权的部门……在巡航监视中发现海上污染事故或者违反本法规定的行为时，应当予以制止并调查取证，必要时有权采取有效措施，防止污染事态的扩大，并报告有关主管部门处理。"

《浙江省海洋环境保护条例》第十条第一款规定："行使海洋环境监督管理权的部门在巡航监视中发现污染事故或者有违反《海洋环境保护法》和本条例规定的行为时，应当予以制止并调查取证，有权采取有效措施，防止污染损害事态的扩大；属于职责范围的，应当依法及时处理；不属于职责范围的，应当及时移交有关监督管理部门处理。"

《江苏省海洋环境保护条例》第十七条第二款规定："海洋、渔业部门和海事管理机构在巡航监视中发现海上污染事故或者违反本条例规定的行为时，应当予以制止并调查取证，必要时有权采取有效措施，防止污染事态的扩大，并依法处理或者报告有关主管部门依法处理。"

《中华人民共和国海洋环境保护法》、《浙江省海洋环境保护条例》和《江苏省海洋环境保护条例》对此问题的规定是有差异的。

差异主要体现在用词上。

《中华人民共和国海洋环境保护法》规定行使海洋监督管理权的部门发现海上

污染事故或违法行为时，应当予以制止并调查取证："必要时有权采取有效措施"，防止"污染事态的扩大"，"并报告有关主管部门处理"。

《浙江省海洋环境保护条例》规定行使海洋环境监督管理权的部门发现污染事故或违法行为，应当予以制止并调查取证："有权采取有效措施"，防止"污染损害事态的扩大"，"属于职责范围的，应当依法及时处理；不属于职责范围的，应当及时移交有关监督管理部门处理。"

《江苏省海洋环境保护条例》规定行使海洋环境监督管理权的部门发现污染事故或违法行为时，应当予以制止并调查取证，"必要时有权采取有效措施"，防止"污染事态扩大"，"并依法处理或者报告有关主管部门依法处理。"

三者的差异是明显的。

② 现场检查权。

2.《中华人民共和国海洋环境保护法》和《浙江省海洋环境保护条例》对保守商业秘密的义务的规定

《中华人民共和国海洋环境保护法》第十九条第三款和《浙江省海洋环境保护条例》第十条第三款关于保守商业秘密的义务的规定完全一样，没有差异。

第二节　水污染受害方有权要求赔偿

一、国家层面的法律对于赔偿的规定

（一）角度有差异

《中华人民共和国水污染防治法》主要是从水污染的角度来规范赔偿；《中华人民共和国环境保护法》主要是从环境污染的角度规范赔偿；《中华人民共和国海洋环境保护法》主要是从海洋环境污染的角度来规范赔偿；《中华人民共和国水法》主要是从水事活动造成损害的角度来规范赔偿。

（二）对赔偿对象规定有差异

《中华人民共和国水污染防治法》规定的是水污染受害的当事人有权要求赔偿。

《中华人民共和国水污染防治法》第八十五条第一款规定："因水污染受到损害的当事人，有权要求排污方排除危害和赔偿损失。"

《中华人民共和国环境保护法》规定的是直接受害者有权要求赔偿。

《中华人民共和国环境保护法》第四十一条第一款规定："造成环境污染危害的，有责任排除危害，并对直接受到损害的单位或者个人赔偿损失。"

"当事人"和"直接受害者"是不一样的界定。"直接受到损害的单位或者个人"有权接受赔偿，言下之意是间接受到损害的单位或者个人不在赔偿之列。"当事人"既可以理解为直接受害人，也可以理解为间接受害人。因此，对受害方的界

定就有了分歧。

同时，《中华人民共和国环境保护法》只使用了赔偿，赔偿对象既包括单位也包括个人。

《中华人民共和国水法》使用的是补偿，补偿对象是水工程的所有者国家或者是集体，而不是个人。

《中华人民共和国水法》第十四条第二款规定：“兴建水工程或者其他建设项目，对原有灌溉用水、供水水源或者航道水量有不利影响的，建设单位应当采取补救措施或者予以补偿。”

《中华人民共和国水法》第三十八条规定：“在河道管理范围内建设桥梁、码头和其他拦河、跨河、临河建筑物、构筑物，铺设跨河管道、电缆，应当符合国家规定的防洪标准和其他有关的技术要求，工程建设方案应当依照防洪法的有关规定报经有关水行政主管部门审查同意。

“因建设前款工程设施，需要扩建、改建、拆除或者损坏原有水工程设施的，建设单位应当负担扩建、改建的费用和损失补偿。但是，原有工程设施属于违法工程的除外。”

《中华人民共和国水法》第三十五条规定：“从事工程建设，占用农业灌溉水源、灌排工程设施，或者对原有灌溉用水、供水水源有不利影响的，建设单位应当采取相应的补救措施；造成损失的，依法给予补偿。”

由于水工程和灌溉水源基本上属于国家或集体，对这些工程造成损害而获得补偿的对象显然主要是国家或集体。

《中华人民共和国海洋环境保护法》使用的是赔偿，接受赔偿的对象可以是受害者，也可以是国家。如果是国家，由行使海洋环境监督管理权的部门代表国家向责任者提出赔偿。

《中华人民共和国海洋环境保护法》第九十条规定：“造成海洋环境污染损害的责任者，应当排除危害，并赔偿损失；完全由于第三者的故意或者过失，造成海洋环境污染损害的，由第三者排除危害，并承担赔偿责任。

“对破坏海洋生态、海洋水产资源、海洋保护区，给国家造成重大损失的，由依照本法规定行使海洋环境监督管理权的部门代表国家对责任者提出损害赔偿要求。”

二、《上海市实施〈中华人民共和国水法〉办法》对“赔偿”特有的规定

《上海市实施〈中华人民共和国水法〉办法》规定既使用了赔偿，也使用了补偿。“引水、蓄水、排水给他人造成妨碍或者损失的，应当停止侵害，排除妨碍，并赔偿损失”[1]。也就是说，如果个人在水事活动中受到损害，应该获得赔偿。

但是，如果是在水事活动中，原有水工程受到影响，那么水工程的所有者应该

[1]《上海市实施〈中华人民共和国水法〉办法》第三十六条。

获得补偿[1]。

上海似乎分别了赔偿与补偿。其实从法律条文看，赔偿与补偿并没有做出区别。因为水事活动给他人造成妨碍或者损失，它就包含了对水工程造成的妨碍或损失。既然如此，赔偿抑或就等于补偿。如果等于，为何还要使用赔偿，又使用补偿呢？这就不得而知。

但有一点又是肯定的，目前我国的水工程绝大多数都属于国家或属于集体。补偿适用于国家或集体；赔偿适用于个人。但整个法律条文又没有这样规定。

同时，《上海市环境保护条例》只使用了赔偿，不论赔偿对象是单位或是个人[2]。

三、对不可抗力的规定

对不可抗力，只有《中华人民共和国水污染防治法》和《中华人民共和国环境保护法》对此进行了规定。

《中华人民共和国水污染防治法》规定由不可抗力造成污染损害的，排污方不承担赔偿责任。

《中华人民共和国水污染防治法》第八十五条第二款规定："由于不可抗力造成水污染损害的，排污方不承担赔偿责任；法律另有规定的除外。"

《中华人民共和国环境保护法》规定不可抗力可免责。

《中华人民共和国环境保护法》第四十一条第三款规定："完全由于不可抗拒的自然灾害，并经及时采取合理措施，仍然不能避免造成环境污染损害的，免予承担责任。"

这两部法律对不可抗逆的规定，在用词上还是有差异的。《中华人民共和国水污染防治法》使用的是"不可抗力"和"不承担赔偿责任"；《中华人民共和国环境保护法》使用的是"不可抗拒的自然灾害"和"免予承担责任"。"赔偿责任"和"责任"其含义是不同的。"责任"的范畴要比"赔偿责任"的范畴更广。

并且，《中华人民共和国环境保护法》加了一个前提"并经及时采取合理措施，仍然不能避免造成环境污染损害的"。也就是说，如果没有采取措施就承担责任。这是两部法律规定的差异。

四、水污染损害是由受害人故意造成的，排污方不承担赔偿责任

因受害人故意造成污染，排污方不承担赔偿责任的规定，无论是国家层面的法律，还是地方层面的法规，只在《中华人民共和国水污染防治法》中出现过一次。

《中华人民共和国水污染防治法》第八十五条第三款规定："水污染损害是由受

---

[1]《上海市实施〈中华人民共和国水法〉办法》第二十三条、第十四条。

[2]《上海市环境保护条例》第八条第一款。

害人故意造成的，排污方不承担赔偿责任。水污染损害是由受害人重大过失造成的，可以减轻排污方的赔偿责任。”

受害人故意造成环境污染的行为在现实中不多见。因为我们的环境赔偿比一般的赔偿更难执行，即使赔偿了，赔偿数额也远远低于受害损失。因此，除极端情况外，少有人会故意造成污染而获取赔偿。

五、水污染损害是由第三人造成的，排污方承担赔偿责任后有权向第三人追偿

在《中华人民共和国水污染防治法》和《中华人民共和国海洋环境保护法》中均对第三人造成污染的行为进行了赔偿规定。

《中华人民共和国水污染防治法》第八十五条第四款规定：“水污染损害是由第三人造成的，排污方承担赔偿责任后，有权向第三人追偿。”

《中华人民共和国海洋环境保护法》第九十条第一款规定：“造成海洋环境污染损害的责任者，应当排除危害，并赔偿损失；完全由于第三者的故意或者过失，造成海洋环境污染损害的，由第三者排除危害，并承担赔偿责任。”

这两部法律对第三人造成的污染进行赔偿的规定是有差异的。

《中华人民共和国水污染防治法》规定的是，水污染损害是由第三人造成的，先由“排污方承担赔偿责任”，再由排污方“向第三人追偿”。

《中华人民共和国海洋环境保护法》规定的是“由第三者排除危害，并承担赔偿责任”。并没有像《中华人民共和国水污染防治法》规定的先由排污方赔偿，后由排污方追偿。

此外，《中华人民共和国海洋环境保护法》还规定了第三者不论是“故意”还是“过失”，均要第三者排除危害，赔偿损失。《中华人民共和国水污染防治法》并没有特意强调“故意”和“过失”，也没有强调“排除危害”。

《中华人民共和国水污染防治法》没有突出强调故意，也是有根源的。《中华人民共和国水污染防治法》第八十五条第三款规定，水污染损害是由受害人故意造成的，排污方不承担赔偿责任。由此推理，水污染是由第三方故意造成，排污方也可以不承担责任。那么，《中华人民共和国水污染防治法》第八十五条第四款规定的赔偿秩序也就有问题了。

《中华人民共和国水污染防治法》第八十五条第三款和第四款虽然保持了一致，但《中华人民共和国水污染防治法》与《中华人民共和国海洋环境保护法》之间就出现了冲突。如果发生污染纠纷，就给双方调解和诉讼带来了困难。

六、使公共利益受损的要依法赔偿规定上的差异

《中华人民共和国水法》和《上海市实施〈中华人民共和国水法〉办法》均对水事活动导致公共利益受损应赔偿进行了规定。

《中华人民共和国水法》第二十八条规定："任何单位和个人引水、截（蓄）水、排水，不得损害公共利益和他人的合法权益。"

《上海市实施〈中华人民共和国水法〉办法》第十四条规定："任何单位或者个人引水、蓄水、排水，不得损害公共利益和他人的合法权益。

"兴建水工程或者其他建设项目，对原有灌溉用水、供水水源或者航道水量有不利影响的，建设单位应当采取补救措施或者予以补偿。"

显然，《上海市实施〈中华人民共和国水法〉办法》第十四条基本依据《中华人民共和国水法》第二十八条编制。编制时，将《中华人民共和国水法》中的"截（蓄）水"改成了"蓄水"。同时，将《中华人民共和国水法》第三十五条中的一部分"对原有灌溉用水、供水水源有不利影响的，建设单位应当采取补救措施……予……补偿"内容略作修改后作为了《上海市实施〈中华人民共和国水法〉办法》第十四条第二款的主要内容。增加了"航道水量有不利影响的"一个新条件。

第七章
对水事监管部门监管规定的差异

什么是执法，也即行政执法，是指国家行政机关及其公职人员，依法律法规授权行使管理职责的活动。

什么是环境执法，即指国家环境保护行政主管部门依法对环境行政相对人实行的环境行政许可、环境行政处理决定、环境行政监督检查和环境行政处罚等一系列行政行为。

什么是环境执法监督，就是对环境执法行为的监督。环境执法监督可以是内部监督，也可以是外部监督。包括事前监督、事中监督和事后监督。

我国环境执法监督始于1973年通过的《关于保护和改善环境的若干规定（试行草案）》。环境保护机构正式依法开始履行环境执法监督职能。1979年《中华人民共和国环境保护法（试行）》通过后，环境执法监督已经有法可依了。之后，国家环境保护局从城乡建设环境保护部单列出来成为环境执法监督的主管机构。后来经过多次机构改革，我国环境执法监督体制越来越完善。环境保护部下专设环监局和环境保护督查中心，加强对环境执法的监督。

环监局主要从事重大环境问题的统筹协调和监督执法检查，包括环境保护相关政策、指导协调处理环境纠纷、环境执法检查和稽查、生态环境监察、环境监察队伍建设等。环境保护督查中心主要从事重大环境污染与生态破坏案件的查办。同时，监督地方对国家环境保护政策的执行、跨界污染的协调处理、重要生态功能区环境执法情况督查等。

目前，我国水环境执法监督机构中存在的主要问题有：对环境监察局而言，首先，执法和执法监督一体妨碍了执法监督的公平性。其次，环境执法监督力量太过分散。再次，相关的法律法规互相冲突和不协调。正是这些导致了我国水污染行政执法监督效率低下，也影响了水污染治理。这一点在长三角地区同样存在。

第一节　水事法律法规对监管部门监管规定的差异

一、水污染防治法的规定

（一）对“对行使监督管理权的规定”的差异

《中华人民共和国水污染防治法》、《浙江省水污染防治条例》和《江苏省长江水污染防治条例》对此问题的规定有差异。

对行使监督管理权，《中华人民共和国水污染防治法》、《浙江省水污染防治条例》和《江苏省长江水污染防治条例》均作出规定。

《中华人民共和国水污染防治法》第六十九条规定：“环境保护主管部门或者其他依照本法规定行使监督管理权的部门，不依法作出行政许可或者办理批准文件的，发现违法行为或者接到对违法行为的举报后不予查处的，或者有其他未依照本法规定履行职责的行为的，对直接负责的主管人员和其他直接责任人员依法给予处分。”

《浙江省水污染防治条例》第五十四条第一款、第二款和第三款的规定：“上级人民政府及其行使监督管理权的主管部门应当依法加强对下级人民政府及其行使监督管理权的主管部门水污染防治行政执法的监督。

“对违反本条例规定造成水体污染的排污单位，当地人民政府及其行使监督管理权的主管部门未依法作出处理的，上级人民政府及其行使监督管理权的主管部门应当责成其作出处理或者依法直接作出处理决定。

“环境保护主管部门发现依法行使监督管理权的同级其他部门，对造成水体污染的排污单位未依法作出处理的，可以提请本级人民政府责成其依法履行职责。”

《浙江省水污染防治条例》第六十二条规定：“县级以上人民政府和有关部门有下列行为之一的，对直接负责的主管人员和其他直接责任人员，由任免机关或者监察机关按照管理权限依法给予行政处分：（一）未按要求完成重点水污染物排放总量削减和控制任务的；（二）未按规定完成淘汰严重污染环境的落后生产技术、工艺、设备或者产品任务的；（三）违反国家和省有关产业政策审批、核准项目的；（四）违法审批环境影响评价文件或者违法审批排污许可证的；（五）未按规定实施行政处罚或者违法采取行政措施的；（六）未按规定制定水污染事故应急预案，或者未按应急预案的要求采取措施的；（七）接到对环境违法行为的举报后，不及时履行执法职责的；（八）因监管不力造成城镇污水集中处理设施运营单位长期或者严重超标排放的。”

《江苏省长江水污染防治条例》第五十条规定："排污单位违反本条例规定依法应当限期治理的，由县级以上人民政府环境保护主管部门按照权限作出决定。限期治理期间，由环境保护主管部门责令限制生产、限制排放或者停产整治。限期治理的期限最长不超过一年；逾期未完成治理任务的，报经有批准权的人民政府批准，责令关闭。有关人民政府应当自收到意见之日起十五个工作日内作出决定。人民政府在十五个工作日内不作决定或者作出不予限期治理、停业或者关闭决定，造成严重环境污染的，由上级人民政府责令其限期作出决定或者直接作出决定，并依法给予有关人民政府主要负责人行政处分。"

《中华人民共和国水污染防治法》、《浙江省水污染防治条例》和《江苏省长江水污染防治条例》对此问题的规定是有差异的。

差异主要体现在内容上。

《中华人民共和国水污染防治法》对此问题规定的内容主要有：一是针对的部门是环境保护主管部门或有行使监督管理权的部门。二是针对的不作为或违法行为包括不依法作出行政许可或办理批准文件；发现违法行为或接到对违法行为的举报后不查处；或者有未依照本法规定履行职责的行为。

《浙江省水污染防治条例》对此问题规定的内容主要有：一是针对的部门是人民政府及环境监督管理部门。二是上级人民政府及其行使监督管理权的主管部门应加强对下级人民政府及其行使监督管理权的主管部门水污染防治行政执法的监督。对水污染行为，当地人民政府及其行使监督管理权的主管部门未依法作出处理，上级人民政府及行使监督管理权的主管部门应责成其作出处理。环境保护主管部门发现依法行使监督管理权的同级其他部门，对造成水体污染的行为未依法作出处理，可以提请本级人民政府责成其依法履行职责。

《江苏省长江水污染防治条例》对此问题规定的内容主要有：针对的部门主要是人民政府。排污单位违反本条例规定依法应当限期治理、停业或关闭的，环境保护行政主管部门应当提出意见，报请有权作出决定的人民政府审查。有关人民政府应当在收到意见后十五个工作日内作出决定。人民政府在十五个工作日内不作出决定或作出不予限期治理、停业或者关闭的决定，造成严重环境污染的，由上级人民政府责令其限期作出决定或直接作出决定，并依法给有关人民政府主要负责人行政处分。

（二）《中华人民共和国水污染防治法》对"拒绝有监督管理权的部门的监督检查也要受到处罚"独有的规定

《中华人民共和国水污染防治法》第七十条规定："拒绝环境保护主管部门或者其他依照本法规定行使监督管理权的部门的监督检查，或者在接受监督检查时弄虚作假的，由县级以上人民政府环境保护主管部门或者其他依照本法规定行使监督管理权的部门责令改正，处一万元以上十万元以下的罚款。"

二、环境保护法对“对环境监督部门的责任”规定的差异

《中华人民共和国环境保护法》、《上海市环境保护条例》和《江苏省环境保护条例》对此问题的规定有差异。

《中华人民共和国环境保护法》第六十八条规定：“对于环境保护主管部门和其他负有环境保护监督管理职责的部门的失职行为作出较为严厉的处罚，包括记过、记大过、降级、撤职、开除，其主要负责人应引咎辞职。这些都是以前相关法律条文所没有的严厉处罚规定。”

《上海市环境保护条例》第六条规定：“市环保局应当加强对区、县环保部门的监督。对区、县环保部门作出的违法的行政许可、行政处罚或者其他决定，市环保局应当责令其改正；对区、县环保部门应当依法处理的事项不予处理的，市环保局应当责令其改正。”

《上海市环境保护条例》第五十八条规定：“环保部门、环境监察机构以及其他有关行政管理部门的工作人员违反本条例规定，有下列行为之一的，由其所在单位或者上级主管部门给予行政处分；构成犯罪的，依法追究刑事责任：

（一）违反环境保护法律、法规，出现重大决策失误，造成环境严重污染的；

（二）对环境违法行为查处不力，包庇、纵容违法排污企业的；

（三）不依法行使职权，并造成严重后果的；

（四）其他玩忽职守、滥用职权、徇私舞弊的。”

《上海市环境保护条例》第六条和第五十八条的规定有一定的重复。从立法技术上讲，两条应该合并。

《江苏省环境保护条例》第四十九条规定：“环境保护监督管理人员以及与环境保护有关部门的管理人员玩忽职守、滥用职权、徇私舞弊、索贿受贿的，由其所在单位或者上级主管机关给予行政处分；构成犯罪的，由司法机关依法追究刑事责任。”

《中华人民共和国环境保护法》、《上海市环境保护条例》和《江苏省环境保护条例》对此问题的规定是有差异的。

差异一：针对的主体有差异。《中华人民共和国环境保护法》针对的主体是环境保护主管部门和其他负有环境保护监督管理职责的部门的直接负责的主管人员和主要负责人。《江苏省环境保护条例》针对的主体是环境保护监督管理人员。《上海市环境保护条例》针对的主体是环境保护监督管理部门和人员。

差异二：内容有差异。

《中华人民共和国环境保护法》所规定的内容如下。违法违规行为：不符合行政许可条件准予行政许可的、对环境违法行为进行包庇的，依法应当作出责令停业、关闭的决定而未作出的、发现或接到违法排污举报未及时查处的等9种情况。处罚方式：由所在单位或上级主管机关给予行政处分，构成犯罪的，依法追究刑事责任。

《江苏省环境保护条例》所规定的内容如下。违规行为：玩忽职守、滥用职权、徇私舞弊、索贿受贿。处罚方式：由所在单位或上级主管部门给予行政处分，构成犯罪的，依法追究刑事责任。

《上海市环境保护条例》所规定的内容如下。部门违法违规行为：应当依法处理的事项不予处理，作出违法的行政许可、行政处罚或其他决定。处罚方式：责令其改正。

环境保护监督管理人员违法违规行为：玩忽职守、滥用职权、徇私舞弊；违反环境保护法律、法规，出现重大决策失误，造成环境严重污染；对环境违法行为查处不力，包庇、纵容违法排污企业；不依法行使职权，造成严重后果。处罚方式：给予行政处分，构成犯罪的依法追究刑事责任。

三、中华人民共和国水法的规定

（一）对“水行政等部门应加强水工程的监督管理”规定的差异

《上海市实施〈中华人民共和国水法〉办法》、《浙江省实施〈中华人民共和国水法〉办法》对此问题的规定有差异。

《上海市实施〈中华人民共和国水法〉办法》第二十九条规定：“本市县级以上人民政府的水务行政管理部门应当加强水政监察工作。

“各级水利、规划、环保、市政、港务、交通、公用事业、地矿、渔业、环卫管理监督机构，应当恪守职责，协同配合，共同做好水资源的合理开发利用和保护工作。

“各县（区）水利公安机构和港口、水上公安机构应当切实加强水利治安管理和港口、水上治安管理，维护水工程设施的完整、安全和港口、水上治安秩序。”

《浙江省实施〈中华人民共和国水法〉办法》第三十二条规定：“各级人民政府应当加强对水工程的管理和安全保护。对于水库等重要水工程，除进行经常性检查、养护和维修外，水行政主管部门应当定期组织力量进行全面检查和安全鉴定，确保安全运行。”

《浙江省实施〈中华人民共和国水法〉办法》第四十条规定：“各级人民政府及主管部门应当采取有效措施，加强对现有水工程的维护和挖潜改造，完善配套设施，提高水工程的功能和效益。”

《上海市实施〈中华人民共和国水法〉办法》和《浙江省实施〈中华人民共和国水法〉办法》对此问题的规定主要是内容上的差异。

《浙江省实施〈中华人民共和国水法〉办法》规定的内容为：一是加强水工程的管理和安全保护；二是对现有水工程的维护和挖潜改造，提高水工程的功能和效益。

《上海市实施〈中华人民共和国水法〉办法》规定的内容为：一是加强水政监

察工作；二是各监督管理部门应恪守职责，协同配合做好水资源的合理开发利用和保护工作；三是水利公安机构应加强水利治安管理，维护水工程设施的完整、安全和水上治安秩序。

因此，在长三角地区对此问题的规定存在差异。这种差异将影响到长三角地区相关法律法规的协调，并影响到相关条款的执行，最终影响到跨界水事纠纷的协调解决。

（二）对“执法人员违法的应受处罚”规定的差异

《中华人民共和国水法》第六十四条规定：“水行政主管部门或者其他有关部门以及水工程管理单位及其工作人员，利用职务上的便利收取他人财物、其他好处或者玩忽职守，对不符合法定条件的单位或者个人核发许可证、签署审查同意意见，不按照水量分配方案分配水量，不按照国家有关规定收取水资源费，不履行监督职责，或者发现违法行为不予查处，造成严重后果，构成犯罪的，对负有责任的主管人员和其他直接责任人员依照刑法的有关规定追究刑事责任；尚不够刑事处罚的，依法给予行政处分。”

《上海市实施〈中华人民共和国水法〉办法》第四十六条规定：“水政监察人员、水利公安干警和有关管理部门工作人员有玩忽职守、徇私舞弊、滥用职权行为的，由其主管机关给予行政处分；情节严重构成犯罪的，由司法机关依法追究刑事责任。”

《浙江省实施〈中华人民共和国水法〉办法》第七十六条规定：“水行政主管部门或其他有关主管部门工作人员玩忽职守、滥用职权、徇私舞弊的，由其所在单位或上级主管部门给予行政处分；构成犯罪的，依法追究刑事责任。”

《中华人民共和国水法》、《上海市实施〈中华人民共和国水法〉办法》和《浙江省实施〈中华人民共和国水法〉办法》对此问题的规定是有差异的。

差异一：针对主体的差异。

《中华人民共和国水法》针对的主体是：水行政主管部门或其他有关部门及水工程管理单位及其工作人员。

《上海市实施〈中华人民共和国水法〉办法》针对的主体是：水政监察人员、水利公安干警和有关管理部门工作人员。

《浙江省实施〈中华人民共和国水法〉办法》针对的主体是：水行政主管部门或其他有关主管部门工作人员。

差异二：内容的差异。

《中华人民共和国水法》所规范的行为和处罚方式如下。违法行为：利用职务便利收取他人财物、其他好处或玩忽职守，对不符合法定条件的单位或个人核发许可证、签署审查同意意见，不按水量分配方案分配水量，不按国家有关规定收取水资源费，不履行监督职责，或者发现违法行为不予查处。处罚方式：构成犯罪，追究刑事责任；不构成刑事处罚，给予行政处分。

《上海市实施〈中华人民共和国水法〉办法》所规范的行为和处罚方式如下。违法违规行为：玩忽职守，徇私舞弊，滥用职权。处罚方式：给予行政处分，构成犯罪的追究刑事责任。

《浙江省实施〈中华人民共和国水法〉办法》所规范的行为和处罚方式如下。违法违规行为：玩忽职守，滥用职权，徇私舞弊。处罚方式：给予行政处分，构成犯罪的追究刑事责任。

三者的差异是明显的。

（三）《中华人民共和国水法》独有的规定

水行政部门的职责规定：对违反本法的行为进行监督检查，秉公执法[1]；规定了水行政部门的其他职责[2]；其他被检查单位应配合执法人员检查[3]；执法人员执法时应出示有效证件[4]；对下级执法单位要进行监督[5]。

这些规定，长三角地区二省一市都可以遵照执行。

四、海洋环境保护法的相关规定

（一）《江苏省海洋环境保护条例》特有的规定

1.地方政府的责任条款规定

《江苏省海洋环境保护条例》第六条规定："海洋环境保护工作实施情况纳入沿海设区的市、县（市、区）人民政府环境保护任期责任目标，实行责任考核、追究制度。

"沿海县级以上地方人民政府应当向本级人民代表大会及其常务委员会报告本地区海洋环境质量状况、重点海域排污总量控制制度实施情况等海洋环境保护工作的情况。"

《江苏省海洋环境保护条例》第二十六条第一款规定："对省环境保护行政主管部门会同省海洋行政主管部门确定的主要入海河流，实行行政区界上下游水体断面水质交接责任制，并纳入地方政府环境保护任期责任目标。"

这些责任条款是江苏省特有的规定。正是这些特有的规定也使得长三角地区对此问题的规定存在了差异。

2.入海河流断面水质规定

（1）规定了监督者　为环境保护部门和海洋行政主管部门。

---

[1]《中华人民共和国水法》第五十九条。
[2]《中华人民共和国水法》第六十条。
[3]《中华人民共和国水法》第六十一条。
[4]《中华人民共和国水法》第六十二条。
[5]《中华人民共和国水法》第六十三条。

《江苏省海洋环境保护条例》第十四条规定："环境保护行政主管部门应当加强对沿岸直接入海的排污口和入海河口上溯三十公里范围内的排污口的监测、监视、调查和评价。海洋行政主管部门应当加强对沿岸直接入海的排污口附近海域以及入海河口断面水质的监测和监视。环境保护行政主管部门和海洋行政主管部门应当定期互相通报监测监视资料。

"海洋行政主管部门发现直接入海的排污口附近海域以及入海河口断面水质有异常变化时，应当及时通报环境保护行政主管部门。环境保护行政主管部门应当会同有关部门进行调查，并依法予以处理。"

《江苏省海洋环境保护条例》第二十六条规定："对省环境保护行政主管部门会同省海洋行政主管部门确定的主要入海河流，实行行政区界上下游水体断面水质交接责任制，并纳入地方政府环境保护任期责任目标。

"主要入海河流市界断面水质的监测由省环境保护行政主管部门负责，县界断面水质的监测由设区的市环境保护行政主管部门负责。"

可以看出来，这里的责任主体是不太明确的，第十四条规定和第二十六条的规定有些矛盾。

《中华人民共和国海洋环境保护法》和《浙江省海洋环境保护条例》无此规定。

（2）对断面水质异样进行调查处理　《江苏省海洋环境保护条例》第十四条第二款规定："海洋行政主管部门发现直接入海的排污口附近海域以及入海河口断面水质有异常变化时，应当及时通报环境保护行政主管部门。环境保护行政主管部门应当会同有关部门进行调查，并依法予以处理。"

（3）确立断面水质交接责任　《江苏省海洋环境保护条例》第二十六条第一款规定："对省环境保护行政主管部门会同省海洋行政主管部门确定的主要入海河流，实行行政区界上下游水体断面水质交接责任制，并纳入地方政府环境保护任期责任目标。"

在《中华人民共和国海洋环境保护法》和《浙江省海洋环境保护条例》中并无此规定。

（二）对"相关海洋行政部门的规定"的差异

《中华人民共和国海洋环境保护法》、《浙江省海洋环境保护条例》和《江苏省海洋环境保护条例》对此问题的规定有差异。

1.对监管主体的规定

无论是《中华人民共和国海洋环境保护法》、《浙江海洋环境保护条例》和《江苏省海洋环境保护条例》，均规定国家环保总局是海洋环境保护的归口管理单位。国家海洋局在自己的管辖范围内从事海洋环境保护。

2.对海洋环境监督管理人员职责的规定

《中华人民共和国海洋环境保护法》和《浙江省海洋环境保护条例》规定了行

使海洋监督管理权的部门不尽责的责任。

海监人员违反职责规定造成海洋环境污染的，或给予行政处分，或追究刑事责任。

《中华人民共和国海洋环境保护法》第九十四条规定："海洋环境监督管理人员滥用职权、玩忽职守、徇私舞弊，造成海洋环境污染损害的，依法给予行政处分；构成犯罪的，依法追究刑事责任。"

《浙江省海洋环境保护条例》第四十八条规定："行使海洋环境监督管理权的部门和其他行政主管部门有下列情形之一的，对直接责任人员和直接负责的主管人员，由其所在单位或者行政监察部门给予行政或者纪律处分；给当事人造成损害的，依法予以赔偿；构成犯罪的，依法追究刑事责任：

（一）发现海上污染事故或者违反本条例规定的行为时，没有依法予以制止或者采取有效防止措施的；

（二）接到海洋污染事故报告后，没有采取有效措施，造成严重后果的；

（三）泄漏被检查者商业秘密的；

（四）海岸工程的环境影响报告书未经审核而予以批准，海洋工程的海洋环境影响报告书未转报环境保护行政主管部门备案，以及海岸、海洋工程环境影响报告书核准、批准前未依法征求有关部门意见的；

（五）违反规定审核、核准、批准环境影响报告书的；

（六）海岸、海洋工程的环境影响报告书未经批准、核准，有关审批部门批准其建设的；

（七）未履行法定职责或者监督管理不力，造成海洋环境严重污染或者发生重大污染事故的；

（八）有其他徇私舞弊、滥用职权、玩忽职守行为的。"

《江苏省海洋环境保护条例》第四十四条规定："依法行使海洋环境监督管理权的部门和其他相关部门有下列情形之一的，对直接负责的主管人员和其他直接责任人员，由其上级机关或者监察机关依法给予行政处分；构成犯罪的，依法追究刑事责任：

（一）发现海上污染事故或者违反本条例规定的违法行为时，未依法予以制止或者未采取有效防止措施的；

（二）违反规定或者越权批准、核准环境影响报告书或者海洋环境影响报告书的；

（三）有其他徇私舞弊、滥用职权、玩忽职守、弄虚作假行为的。"

《中华人民共和国海洋环境保护法》、《浙江省海洋环境保护条例》和《江苏省海洋环境保护条例》对此问题的规定是有差异的。

差异一：针对主体的差异。

《中华人民共和国海洋环境保护法》针对的主体是：海洋环境监督管理人员。

《浙江省海洋环境保护条例》针对的主体是：行使海洋环境监督管理权的部门和其他主管部门的直接责任人和直接负责的主管人员。

《江苏省海洋环境保护条例》针对的主体是：行使海洋环境监督管理权的部门和其他相关部门的直接负责的主管人员和其他直接责任人。

差异二：内容上的差异。

《中华人民共和国海洋环境保护法》所规范的内容如下。违法违规行为：滥用职权，玩忽职守，徇私舞弊，造成海洋环境污染损害。处罚方式：行政处分，构成犯罪的，追究刑事责任。

《浙江省海洋环境保护条例》所规范的内容如下。违法违规行为列了八项。处罚方式：给予行政或纪律处分；给当事人造成损害的赔偿；构成犯罪的，追究刑事责任。

《江苏省海洋环境保护条例》所规范的内容如下。违法违规行为列了三条。处罚方式：行政处罚；构成犯罪的追究刑事责任。

《浙江省海洋环境保护条例》规定了八项,《江苏省海洋环境保护条例》规定了三项，其差异是明显的。

3.污染制止、调查取证和报告权

《中华人民共和国海洋环境保护法》第十九条第一款规定："依照本法规定行使海洋环境监督管理权的部门……在巡航监视中发现海上污染事故或者违反本法规定的行为时，应当予以制止并调查取证，必要时有权采取有效措施，防止污染事态的扩大，并报告有关主管部门处理。"

《浙江省海洋环境保护条例》第十条第一款规定："行使海洋环境监督管理权的部门在巡航监视中发现污染事故或者有违反《海洋环境保护法》和本条例规定的行为时，应当予以制止并调查取证，有权采取有效措施，防止污染损害事态的扩大；属于职责范围的，应当依法及时处理；不属于职责范围的，应当及时移交有关监督管理部门处理。"

《江苏省海洋环境保护条例》第十七条第二款规定："海洋、渔业部门和海事管理机构在巡航监视中发现海上污染事故或者违反本条例规定的行为时，应当予以制止并调查取证，必要时有权采取有效措施，防止污染事态的扩大，并依法处理或者报告有关主管部门依法处理。"

差异一：用词上的差异。

《中华人民共和国海洋环境保护法》规定海洋环境监督管理部门发现海上污染事故或违法违规行为，应当予以制止并调查取证："必要时有权采取有效措施"，"防止污染事态的扩大"，"并报告有关主管部门处理"。

《浙江省海洋环境保护条例》规定海洋监督管理部门发现海上污染事故或违法违规行为，应当予以制止并调查取证："有权采取有效措施"，"防止污染损害事态的扩大"，"属于职责范围的，应当依法及时处理；不属于职责范围的，应当及时移交有关监督管理部门处理。”

《江苏省海洋环境保护条例》规定海洋监督管理部门发现海上污染事故或违法违规行为，应当予以制止并调查取证：“必要时有权采取有效措施”，“防止污染事态的扩大”，“并依法处理或者报有关主管部门依法处理。”

差异二：管理者的规定有差异。

《中华人民共和国海洋环境保护条例》所规定的管理者是“行使海洋环境监督管理权的部门”。

《浙江省海洋环境保护条例》所规定的管理者是“行使海洋环境监督管理权的部门”。

《江苏省海洋环境保护条例》所规定的管理者是“海洋、渔业部门和海事管理机构”。

（三）对“海洋环境调查监测资料提供者的监督”规定的差异

《浙江省海洋环境保护条例》和《江苏省海洋环境保护条例》对此问题的规定有差异。

1.认证

《浙江省海洋环境保护条例》第十三条第一款规定：“向社会提供海洋环境调查监测资料的监测单位，必须依法设立并通过海洋方面的专项计量认证。”

《江苏省海洋环境保护条例》第十三条第二款规定：“向社会提供海洋环境调查监测资料的监测单位，应当通过国家有关的计量认证。”

用词方面有些差异。《浙江省海洋环境保护条例》规定的是通过海洋方面的专项计量认证；《江苏省海洋环境保护条例》规定的是通过国家有关的计量认证。

2.遵守国家保密规定

《浙江省海洋环境保护条例》第十三条第三款规定：“海洋环境监测、监视资料的应用，应当遵守国家保密规定。”

《江苏省海洋环境保护条例》和《中华人民共和国海洋环境保护法》无此规定。

（四）《浙江省海洋环境保护条例》对“报批与监督”独有的规定

《浙江省海洋环境保护条例》第十三条第二款规定：“前款规定以外的单位，需要在本省管辖海域内进行海洋环境调查监测的，应当报市、县海洋行政主管部门备案，并接受监督。国家另有规定的除外。”

第二节　水事法律法规对行政复议规定的差异

根据《中华人民共和国行政复议法》的规定，当事人对行政处罚决定不服的，可以在接到处罚通知之日起六十天内，向作出处罚决定的部门的本级人民政府申请复议，也可以向上一级主管部门申请行政复议；对复议决定不服的，可以在接到复议决定之日起十五日内，向人民法院起诉[1]。

但是在《中华人民共和国水污染防治法》、《中华人民共和国环境保护法》、《中华人民共和国水法》、《中华人民共和国海洋环境保护法》、《浙江省水污染防治条例》、《江苏省水污染防治条例》、《江苏省环境保护条例》、《上海市环境保护条例》、《浙江省实施〈中华人民共和国水法〉办法》、《上海市实施〈中华人民共和国水法〉办法》中对行政复议的规定既与《中华人民共和国行政复议法》有差异，它们之间的规定也有差异。一是申请复议的时间差异。《中华人民共和国行政复议法》规定的受理复议的时间为六十天，而水事法律法规规定的只有十五天。也就是说，《中华人民共和国行政复议法》已经做出了修改，而相关水事法律法规并没有及时调整。二是接受复议的机构。《中华人民共和国行政复议法》规定了既可以向作出处罚决定的部门的本级人民政府申请复议，也可以向作出处罚决定的机构的上一级机构申请复议。这同样是没有及时修改所致。

相对来说，表述与《中华人民共和国行政复议法》比较接近的是《中华人民共和国环境保护法》、《江苏省环境保护条例》、《浙江省实施〈中华人民共和国水法〉办法》、《上海市实施〈中华人民共和国水法〉办法》。

一、环境保护法律法规对行政复议的规定

（一）接受复议的单位

新修订的《中华人民共和国环境保护法》取消了复议条款。《江苏省环境保护条例》规定接受复议的是环境保护行政主管部门。

《江苏省环境保护条例》第六条第六项规定："县级以上人民政府环境保护行政主管部门对本行政区域内的环境保护工作实施统一监督管理。其主要职责是：……（六）调查处理环境污染、破坏事故以及纠纷，并按照规定权限审理环境行政复议案件；……"

如果只有环境保护行政主管部门作为唯一的行政处罚机关，环境保护行政主管部门作为接受复议的单位无可非议。

但事实上，具有环境行政执法权的单位并非只有环境保护行政主管部门。因为环境违法既涉及环境保护部门，也涉及水行政管理部门，还涉及其他与之相关的部门，如海事、交通、船舶等。那么，《江苏省环境保护条例》的规定可能会给处罚带来困难。

实际上，上海市的规定就更显得简单。

《上海市环境保护条例》第五十九条规定："当事人对有关管理部门的具体行政行为不服的，可以依照《中华人民共和国行政复议法》或者《中华人民共和国行政

[1]《中华人民共和国行政复议法》第九条、第十二条、第十九条。

诉讼法》的规定，申请行政复议或者提起行政诉讼。

“当事人对具体行政行为逾期不申请复议，不提起诉讼，又不履行的，作出具体行政行为的部门可以依法申请人民法院强制执行。”

上海的规定反而是最符合《中华人民共和国行政复议法》的，因为它并没有制定特殊的规定，而是遵照《中华人民共和国行政复议法》执行即可。

（二）复议的时间规定

《江苏省环境保护条例》第四十六条规定：“当事人对行政处罚决定不服的，可以在接到处罚通知之日起十五日内，向作出处罚决定的上一级机关申请复议；对复议决定不服的，可以在接到复议决定之日起十五日内向人民法院起诉。当事人也可以在接到处罚通知之日起十五日内直接向人民法院起诉。当事人逾期不申请复议，也不向人民法院起诉，又不履行行政处罚决定的，由作出处罚决定的机关申请人民法院强制执行。”

《江苏省环境保护条例》明确规定了申请复议的时间是自接到处罚通知之日起十五日内。《上海市环境保护条例》是完全按照《中华人民共和国行政复议法》和《中华人民共和国行政诉讼法》的规定执行，因此，是六十日的时间规定。

《上海市环境保护条例》第五十九条规定：“当事人对有关管理部门的具体行政行为不服的，可以依照《中华人民共和国行政复议法》或者《中华人民共和国行政诉讼法》的规定，申请行政复议或者提起行政诉讼。

“当事人对具体行政行为逾期不申请复议，不提起诉讼，又不履行的，作出具体行政行为的部门可以依法申请人民法院强制执行。”

（三）如果不申请复议，可直接起诉

这一点的规定，《江苏省环境保护条例》和《上海市环境保护条例》的规定完全一致。

（四）对强制执行的规定

如果既不申请行政复议，也不起诉，更不执行行政处罚，那么可由处罚决定机关申请人民法院强制执行。

《江苏省环境保护条例》和《上海市环境保护条例》均对此进行了同样的规定。

二、水污染防治法律法规对复议的规定

《中华人民共和国水污染防治法》第八十四条规定：“当事人对行政处罚决定不服的，可以申请行政复议，也可以在收到通知之日起十五日内向人民法院起诉；期满不申请行政复议或者起诉，又不履行行政处罚决定的，由作出行政处罚决定的机关申请人民法院强制执行。”

《中华人民共和国水污染防治法》并未规定向谁申请行政复议。因为《中华人

民共和国水污染防治法》和《中华人民共和国行政诉讼法》、《中华人民共和国行政复议法》是同一层级的法律，不存在上下层级的关系。不能简单地说，在水污染防治过程中的行政复议一定会采纳《中华人民共和国行政诉讼法》和《中华人民共和国行政复议法》的规定。因此，可能会引起歧义。

同时，对申请复议的时间限制的规定也不明确。

更重要的是，《浙江省水污染防治条例》和《江苏省长江水污染防治条例》未对行政复议进行规定。如果在浙江省出现水污染纠纷事件，是按《浙江省水污染防治条例》处理，或《中华人民共和国水污染防治法》，还是《中华人民共和国环境保护法》呢？纠纷各方的取舍就不一样。当法律间并不完全一致时，法律不一致所引起的歧议会增加解决事件的复杂性。

《江苏省环境保护条例》虽然对复议规定得比较清楚，但是《江苏省长江水污染防治条例》没有对复议进行规定，也将会影响纠纷双方采用行政复议的依据。

上海市也是如此。上海市有《上海市环境保护条例》，并没有制定《上海市水污染防治条例》，如果发生水污染，是采用《上海市环境保护条例》还是采用《中华人民共和国水污染防治法》呢？

三、水法对行政复议的规定

《中华人民共和国水法》并未对行政复议进行规定。但《上海市实施〈中华人民共和国水法〉办法》第四十五条规定：“当事人对水务行政管理部门和有关部门作出的行政处罚决定不服的，可以在接到处罚决定书之日起十五日内，向作出处罚决定的机关的上一级主管机关申请复议；对复议决定不服的，可以在接到复议决定书之日起十五日内，向人民法院起诉。当事人也可以在接到处罚决定书之日起十五日内，直接向人民法院起诉。当事人逾期不申请复议或者不向人民法院起诉又不履行处罚决定的，由作出处罚决定的机关申请人民法院强制执行。

“对治安管理处罚不服的，依照治安管理处罚条例的规定办理”。

“根据本办法第四十三条第二款规定当场执行处罚决定的，当事人申请复议或者提起诉讼的，在复议期间和诉讼期间不停止处罚决定的执行，但法律、法规另有规定的除外。”

《中华人民共和国水法》修改时间在《中华人民共和国行政复议法》修改时间之后，但对复议的时间规定仍然是十五天，而不是六十天。

上海对复议的规定，完全来自《中华人民共和国行政诉讼法》和《中华人民共和国行政复议法》。

但对“当场执行处罚决定的”，规定在复议期间和诉讼期不停止处罚。这一点是其他法律法规所没有的，它反映了环境污染的处理有紧急性，必须当场阻止环境污染的进一步扩大。

《浙江省实施〈中华人民共和国水法〉办法》第七十三条规定：“当事人对行政

处罚决定不服的，可以在接到处罚通知之日起十五日内，向作出处罚决定机关的上一级机关申请复议。对复议决定不服的，可以在接到复议决定之日起十五日内直接向人民法院起诉。当事人逾期不申请复议或不向人民法院起诉又不履行处罚决定的，作出处罚决定的机关可以申请人民法院强制执行。”

《浙江省实施〈中华人民共和国水法〉办法》的规定与《中华人民共和国水法》的规定一样，但与《中华人民共和国行政复议法》的规定存在差异。

第八章
对水污染应急处理规定的差异

什么是水污染应急事件，即凡由于违反环境保护法律法规的经济、社会活动与行为，以及意外因素的影响或不可抗拒的自然灾害等原因致使水受到污染，人体健康受到危害，社会经济与人民群众财产受到损失，造成不良社会影响的突发性事件。

水污染应急事件是水污染事件，但又不同于一般的水污染。由于其污染的时间、地点、形式及侵害对象不确定，防控难度大，可控性低。因此，治理重点应在于事件预防和事中的及时处置上。

针对水污染应急处理，不同的学科研究的重点不同。管理学侧重研究的是构建一个相对完善的应急管理体制，在水污染预防、预警、指挥、协调、处置、救援、评估和恢复等应急管理各环节快速、高效地进行处置。

而法学侧重研究的是从法律层面规定应急管理的主客体、权利义务及处理程序等，制定相应的水污染应急管理法律是水污染应急处理的法律保障。

我国目前水污染的挑战非常大，水污染持续增加，污染范围广，污染治理努力不够，污染事件层出不穷。尤其是突发性的水污染事件，给民众生产和生活带来了较大的威胁。无论是自然灾害，还是人为因素造成的水污染突发事件，所带来的环境和社会危害都非常大，后果严重。因此，展开科学预防，制定相应的应急措施，降低水污染突发事件风险，意义重大。

立法应对水污染应急事件，在我国总体比较薄弱，且多集中在事后治理，事前预防水污染突发事件的非常少。在水污染应急事件处理的法律规定方面，相关法律法规也存在较多的冲突和不协调。

第一节　水污染防治法的相关规定

对于水污染的应急处理，《中华人民共和国水污染防治法》第六章专门规范了“水污染事故处置”；《浙江省水污染防治条例》第六章也专门规范了“环境监控和应急处理”。说明国家和浙江省都是比较重视的。

但《江苏省长江水污染防治条例》虽然有第十六条、第十七条、第五十条规范了污染事故的应急处理问题，但它们散见在第二章“监督管理”和第五章“法律责任”中，对应急的规范不系统。说明其重视的程度是有差异的。

一、《中华人民共和国突发事件应对法》是水污染突发事故处理的法律依据

《中华人民共和国水污染防治法》第六十六条规定：“各级人民政府及其有关部门，可能发生水污染事故的企业事业单位，应当依照《中华人民共和国突发事件应对法》的规定，做好突发水污染事故的应急准备、应急处置和事后恢复等工作。”

《浙江省水污染防治条例》第四十八条规定：“负责水污染事故应急和事故调查处理的人民政府及其环境保护、海事、农业、渔业、水行政、国土资源和安全监管等主管部门，应当按照应对突发事件的要求，启动应急预案，采取应急措施，做好应急处置和调查处理工作。”

《浙江省水污染防治条例》第四十八条规定，如果发生水污染事故，按照应对突发事件的要求处理。隐含意义是按照《中华人民共和国突发事件应对法》进行处理，只是没有明说。这说明，《浙江省水污染防治条例》的用词和用意与《中华人民共和国水污染防治法》存在一定差异。江苏省将遵照《中华人民共和国水污染防治法》第六十六条规定执行。因此，从立法技术上看，浙江省完全可以按照江苏省的处理方式处理，也可以按照《中华人民共和国水污染防治法》的方式处理。

二、应制订应急预案的企业

（一）《浙江省水污染防治条例》特有的规定

如医药等生产企业和储存危险化学品的企业事业单位，应当按照规定要求配备事故应急池等水污染应急设施，防止水污染事故的发生[1]；排放工业废水的排污单位、城镇污水集中处理设施的运营单位应当建立水污染防治设施运行管理制度，记录设施运行和维护情况、水污染物排放情况及相关监测数据[2]；县级以上人民政府、

[1]《浙江省水污染防治条例》第四十六条第二款。

[2]《浙江省水污染防治条例》第四十四条。

环境保护主管部门应当向社会公布水污染事故受理电话❶。

在长三角地区，浙江省的规定与上海市和江苏省的规定有差异。

（二）《中华人民共和国水污染防治法》和《浙江省水污染防治条例》共有规定的差异

1. 可能发生污染的企业

《中华人民共和国水污染防治法》第六十七条第一款规定："可能发生水污染事故的企业事业单位，应当制定有关水污染事故的应急方案，做好应急准备，并定期进行演练。"

《浙江省水污染防治条例》第四十六条第一款规定："可能发生水污染事故的企业事业单位，应当依法制定本单位的水污染事故应急方案，做好应急准备，并定期进行演练。应急方案应当报所在地环境保护主管部门备案。"

《浙江省水污染防治条例》第四十六条第一款的规定，基本上是依照《中华人民共和国水污染防治法》第六十七条第一款制定的。但《浙江省水污染防治条例》第六十七条第一款增加了最后一句话"应急方案应当报所在地环境保护主管部门备案"。

2. 化学品生产和储存的企业

《中华人民共和国水污染防治法》第六十七条第二款规定："生产、储存危险化学品的企业事业单位，应当采取措施，防止在处理安全生产事故过程中产生的可能严重污染水体的消防废水、废液直接排入水体。"

《浙江省水污染防治条例》第四十六条第二款规定："化工、医药等生产企业和储存危险化学品的企业事业单位，应当按照规定要求配备事故应急池等水污染应急设施，防止水污染事故的发生。"

《中华人民共和国水污染防治法》使用的是"生产、储存危险化学品的企业事业单位"，《浙江省水污染防治条例》使用的是"化工、医药等生产企业和储存危险化学品的企业事业单位"；《中华人民共和国水污染防治法》使用的是"应当采取措施"，《浙江省水污染防治条例》使用的是"应当按照规定要求配备事故应急池等水污染应急设施"；《中华人民共和国水污染防治法》使用的是"防止在处理安全生产事故过程中产生的可能严重污染水体的消防废水、废液直接排入水体。"《浙江省水污染防治条例》使用的是"防止水污染事故的发生。"

三、应急预案的时机和程序

对应急预案的时机和程序的规定，只在《中华人民共和国水污染防治法》和《浙江省水污染防治条例》中出现过，在《江苏省长江水污染防治条例》中没有出现。

---

❶《浙江省水污染防治条例》第四十七条第二款。

《中华人民共和国水污染防治法》第六十八条第一款规定：“企业事业单位发生事故或者其他突发性事件，造成或者可能造成水污染事故的，应当立即启动本单位的应急方案，采取应急措施，并向事故发生地的县级以上地方人民政府或者环境保护主管部门报告。环境保护主管部门接到报告后，应当及时向本级人民政府报告，并抄送有关部门。”

《浙江省水污染防治条例》第四十七条第一款规定：“造成或者可能造成水污染事故的，当事人应当立即采取应急措施，控制或者避免污染事故，并向所在地人民政府或者环境保护主管部门报告；接到报告的环境保护主管部门应当及时向本级人民政府报告，并通报水行政、建设等有关主管部门。”

该条款的规定与《中华人民共和国水污染防治法》的规定相同，但用词有差异。

《中华人民共和国水污染防治法》使用的是“企业事业单位发生事故或者其他突发性事件，造成或者可能造成水污染事故的。”《浙江省水污染防治条例》使用的是“造成或者可能造成水污染事故的”。

《中华人民共和国水污染防治法》使用的是“应当立即启动本单位的应急方案，采取应急措施”；《浙江省水污染防治条例》使用的是“当事人应当立即采取应急措施，控制或者避免污染事故。”

《中华人民共和国水污染防治法》使用的是“并向事故发生地的县级以上地方人民政府或者环境保护主管部门报告。环境保护主管部门接到报告后，应当及时向本级人民政府报告，并抄送有关部门。”《浙江省水污染防治条例》使用的是“并向所在地人民政府或者环境保护主管部门报告；接到报告的环境保护主管部门应当及时向本级人民政府报告，并通报水行政、建设等有关主管部门。”

其中行文用词的差异一眼即见。

四、应急系统的建立

应急系统的建议也只有在《浙江省水污染防治条例》和《江苏省长江水污染防治条例》中出现过，在《中华人民共和国水污染防治法》中没有出现。

浙江省和江苏省均对建立应急系统做出了规定。

《浙江省水污染防治条例》第四十二条规定：“县级以上人民政府环境保护主管部门应当会同水行政、国土资源等主管部门，根据水环境保护的需要，加强环境监测能力建设，建立环境监控体系，完善环境安全预警预测系统，提高相关部门之间的环境信息资源共享和动态跟踪评价水平。”

《浙江省水污染防治条例》第四十三条规定：“县级以上人民政府环境保护主管部门应当及时掌握本行政区域的水环境质量状况、水污染物排放情况及变化趋势，统一发布水环境质量状况信息。”

《浙江省水污染防治条例》第四十四条规定：“排放工业废水的排污单位、城镇污水集中处理设施的运营单位应当建立水污染防治设施运行管理制度，记录设施运行和维护情况、水污染物排放情况及相关监测数据。”

《浙江省水污染防治条例》第四十五条规定：“重点排污单位设置的水污染物排放自动监测设备应当与环境保护主管部门联网，并保证监测设备正常运行。

“重点排污单位向城镇污水集中处理设施排放水污染物的，其水污染物排放自动监测设备还应当与城镇污水集中处理设施的运营单位联网，并提供在线监测数据。”

根据《浙江省水污染防治条例》第四十二条、第四十三条规定，应急系统的建立主要从以下几个方面入手。

① 环境保护部门牵头。

② 提高环境监测能力。

③ 建立环境监测体系。

④ 完善环境安全预警系统。

⑤ 环境信息共享和动态跟踪。

⑥ 环境质量信息跟踪掌握与发布。

⑦ 排放工业废水和城镇污水集中处理设施的运营单位建立设施运行管理制度。记录设施运行和维护情况、水污染物排放情况及相关监测数据。

⑧ 重点排污单位的自动监测设备应与环境保护部门联网、与城镇污水集中处理设施运营单位联网，保证监测设备正常运行，并提供在线数据。

《江苏省长江水污染防治条例》第十六条规定：“沿江地区环境保护主管部门应当会同有关部门制定水污染事故应急预案，报同级人民政府批准后实施。”该条与《浙江省水污染防治条例》第四十二条由环境保护部门牵头的规定基本一样。

《江苏省长江水污染防治条例》第十七条规定：“省环境保护行政主管部门负责组织沿江地区水质监测网络，建立水质监测预警、应急系统，提高监测、应急、分析和信息处理传输能力。”

江苏省应急系统的建立主要从以下方面入手。

① 由环境保护部门牵头。

② 建立应急预案报批程序。

③ 建立水质监测网络。

④ 建立水质监测预警、应急系统。

⑤ 提高监测、应急、分析和信息处理传输能力。

可以看出，《浙江省水污染防治条例》与《江苏省长江水污染防治条例》相比，在应急系统建设方面规定得要详细，更加具有可操作性。

《浙江省水污染防治条例》共有四条来规范，而《江苏省长江水污染防治条例》只有两条。同时，《江苏省水污染防治条例》与《浙江省长江水污染防治条例》规范的内容也是不一样的。

差异一：《江苏省水污染防治条例》规定了应急预案报批程序；《浙江省长江水污染防治条例》没有规定。

差异二：《浙江省水污染防治条例》规定了环境质量信息跟踪、掌握与发布；《江苏省长江水污染防治条例》没有类似规定。

差异三：《浙江省水污染防治条例》除了规定要建立安全预警系统外，还要建立环境监测体系；《江苏省长江水污染防治条例》规定要建立监测预警、应急系统。

差异四：《浙江省水污染防治条例》与《江苏省长江水污染防治条例》在用词上也存在许多差异。

上海市依照《中华人民共和国水污染防治法》的相关条款执行。长三角地区二省一市对此问题的规定存在差异。

五、对惩罚机制的规定

（一）《中华人民共和国水污染防治法》和《浙江省水污染防治条例》共有规定的差异

不制定应急方案，或有方案，发生污染时不启动应急方案的，都要受到处罚。

《中华人民共和国水污染防治法》第八十二条规定："企业事业单位有下列行为之一的，由县级以上人民政府环境保护主管部门责令改正；情节严重的，处二万元以上十万元以下的罚款：

（一）不按照规定制定水污染事故的应急方案的；

（二）水污染事故发生后，未及时启动水污染事故的应急方案，采取有关应急措施的。"

《浙江省水污染防治条例》第六十二条第六项规定："县级以上人民政府和有关部门有下列行为之一的，对直接负责的主管人员和其他直接责任人员，由任免机关或者监察机关按照管理权限依法给予行政处分……未按规定制定水污染事故应急预案，或者未按应急预案的要求采取措施的。"

《中华人民共和国水污染防治法》与《浙江省水污染防治条例》的规定有差异。

差异一：处罚对象不一样。《中华人民共和国水污染防治法》处罚的对象是未制订应急预案的"企业事业单位"；《浙江省水污染防治条例》处罚的对象是未制定水污染事故应急预案的"县级以上人民政府和有关部门"的"直接负责的主管人员和其他直接责任人员。"

差异二：处罚原因用词不一样。《中华人民共和国水污染防治法》规定"不按照规定制定水污染事故的应急方案的；水污染事故发生后，未及时启动水污染事故的应急方案，采取有关应急措施的。"《浙江省水污染防治条例》规定"未按规定制定水污染事故应急预案，或者未按应急预案的要求采取措施的。"

差异三：处罚方式不一样。《中华人民共和国水污染防治法》规定的是"责令改正；情节严重的，处二万元以上十万元以下的罚款。"《浙江省水污染防治条例》规定的是"行政处分"。

差异四：处罚机构不一样。《中华人民共和国水污染防治法》规定的是“县级以上人民政府环境保护主管部门”；《浙江省水污染防治条例》规定的是“任免机关或者监察机关”。

（二）《浙江省水污染防治条例》特有的规定

如不制订应急预案，不得申领排污许可证[1]；县级以上人民政府应当根据保护饮用水水源的实际需要，在与饮用水水源保护区相邻的公路或者航道，采取必要的防护措施，防止运输危险化学物品的车辆和船舶发生事故污染饮用水水源[2]。《浙江省水污染防治条例》规定了政府来管理此事，而不是环境保护部门。虽然，该条是采纳了《中华人民共和国水污染防治法》第六十三条的规定，但这种特殊的规定必然造成长三角地区二省一市对此问题规定的差异。

（三）《江苏省长江水污染防治条例》特有的规定

如规定了对排污单位按照规定设置的排污口超过规定标准排放污染物，可能造成严重环境污染事故，危及人身健康、生命财产安全的，环境保护行政主管部门可以采取临时封堵排污口的应急措施[3]。

六、《中华人民共和国水污染防治法》对渔业污染事故的处理特有的规定

《中华人民共和国水污染防治法》第六十八条规定，造成渔业污染事故或者渔业船舶造成水污染事故的，由渔业主管部门调查处理。其他船舶造成水污染事故的，海事管理机构调查处理；给渔业造成损害的，海事管理机构应当通知渔业主管部门参与调查处理[4]。

《中华人民共和国水污染防治法》第八十三条规定，造成渔业污染事故或者渔业船舶造成水污染事故的，由渔业主管部门进行处罚；其他船舶造成水污染事故的，由海事管理机构进行处罚[5]。这两款内容有重复，说明了立法技术的不严谨。对于长三角地区来说，都可遵照《中华人民共和国水污染防治法》第六十八条和第八十三条执行。

七、环境保护法对“应急预案”规定的差异

在环境突发事件应急预案的规定中，《中华人民共和国环境保护法》第四十七条和《上海市环境保护条例》对此进行了规定，《上海市环境保护条例》第二十六

---

❶《浙江省水污染防治条例》第三十二条第三项。
❷《浙江省水污染防治条例》第十六条。
❸《江苏省长江水污染防治条例》第五十条。
❹《中华人民共和国水污染防治法》第六十八条第二款。
❺《中华人民共和国水污染防治法》第八十三条第三款。

条和第四十八条对此进行了规定：市和区县人民政府应根据实际组织编制环境突发事件应急预案；可能发生重大环境污染事故的单位应制定应急方案；环境污染事故应急方案应向环保部门备案；发生环境污染事故，应立即采取应急措施；环境污染事故未立即报告的，应受到处罚[1]。

《江苏省环境保护条例》无此规定。这说明，在长三角地区环境保护法律法规对此问题的规定存在差异。而且，《中华人民共和国水污染防治法》对应急预案进行了规定。对于上海市来说，是按照《中华人民共和国水污染防治法》的相关条款执行还是按照《上海市环境保护条例》相关条款执行呢？长三角地区在此问题的规定上就存在一定程度的混乱。

第二节　海洋环境保护法的相关规定

一、《中华人民共和国海洋环境保护法》特有的规定

如规定了公海上发生的对我海域造成的污染事故的处理[2]；制定全国海洋石油勘探开发溢油应急计划[3]；海洋工程建设、海洋石油勘探开发及输油过程中污染的处理[4]；船舶污染的处理[5]；船舶、航空器监视海上污染的义务[6]；不得违规向海洋排污[7]；船舶须持有防止海洋环境污染的证书与文书，在进行涉及排污及操作时应如实记录[8]，违者处罚[9]；船舶应配备防污器材[10]；载动具有污染性货物的船舶其结构与设备应能防止污染[11]；船舶航行应遵守海上交通安全法律法规[12]；完善并实施船舶油污损害民事赔偿制度，包括建立起民事赔偿责任制度[13]；由船东和货主共担风险[14]；建立船舶油污保险、油污损害赔偿基金[15]；载运污染危害性货物申报制度[16]；所运货物须与国家对该货物的相关规定符合，包括交付装运污染危害性货物的记录材料须符合该货物

---

[1]《上海市环境保护条例》第二十六条和第四十八条。
[2]《中华人民共和国海洋环境保护法》第七十一条第二款。
[3]《中华人民共和国海洋环境保护法》第十八条第二款。
[4]《中华人民共和国海洋环境保护法》第五十条。
[5]《中华人民共和国海洋环境保护法》第六十五条。
[6]《中华人民共和国海洋环境保护法》第七十二条。
[7]《中华人民共和国海洋环境保护法》第六十二条第一款。
[8]《中华人民共和国海洋环境保护法》第六十三条。
[9]《中华人民共和国海洋环境保护法》第八十八条第二项。
[10]《中华人民共和国海洋环境保护法》第六十四条第一款。
[11]《中华人民共和国海洋环境保护法》第六十四条第二款。
[12]《中华人民共和国海洋环境保护法》第六十五条。
[13]《中华人民共和国海洋环境保护法》第六十六条第一款。
[14]《中华人民共和国海洋环境保护法》第六十六条第一款。
[15]《中华人民共和国海洋环境保护法》第六十六条第一款。
[16]《中华人民共和国海洋环境保护法》第六十七条。

的有关规定[1]，违者处罚[2]，需要船舶装运污染危害性不明的货物应事先评估[3]；船舶采取可能引起污染的一些行为必须获得批准[4]，违者造成海上污染的要受到处罚[5]；违法向海洋排放污染物，包括向海域排放本法禁止排放的污染物要处罚[6]；不按规定排污或超标排污要处罚[7]；未取得海洋倾倒许可证排污的要处罚[8]；产生污染突发事故不采取措施的要处罚[9]；不按规定申报污染排放事项的要处罚[10]；发生事故不按规定上报的要处罚[11]；不按规定记录、提交倾倒报告的要处罚[12]；拒报或谎报船舶载运污染危害性货物申报事项的要处罚[13]；造成海洋环境污染事故的要处罚[14]。

长三角地区二省一市遵照上述条文执行即可。

二、《江苏省海洋环境保护条例》特有的规定

《江苏省海洋环境保护条例》规定在沿海港口进行港内作业的船舶或者在港内停泊三十日以上的船舶，应当对其污水排放设施采取铅封措施，并接受海事管理机构或者渔业行政主管部门的监督管理[15]，违者由海事管理机构或者渔业行政主管部门责令限期改正；逾期不改正的，处五千元以上二万元以下的罚款[16]。

三、《浙江省海洋环境保护条例》特有的规定

《浙江省海洋环境保护条例》规定，来自有疫情发生的港口的船舶，需要处理垃圾、生活污水、压舱水等污染物的，应当按规定申请有关部门进行卫生处理，未经卫生处理的，接收单位不得接收[17]；接收单位接收未经卫生处理的污染物的，责令立即进行卫生处理，消除可能产生的危害，并处一万元以上五万元以下的罚款[18]；沉船打捞前，船舶所有者或者经营者应当向打捞单位提供船舶的有关资料和污染物的装载情况，打捞单位在作业前应当制定防治污染物方案，并报海事管理机构备案[19]；

[1]《中华人民共和国海洋环境保护法》第六十八条第一款。
[2]《中华人民共和国海洋环境保护法》第六十八条第一款。
[3]《中华人民共和国海洋环境保护法》第六十八条第二款。
[4]《中华人民共和国海洋环境保护法》第七十条。
[5]《中华人民共和国海洋环境保护法》第八十八条第三项。
[6]《中华人民共和国海洋环境保护法》第七十三条第一项。
[7]《中华人民共和国海洋环境保护法》第七十三条第二项。
[8]《中华人民共和国海洋环境保护法》第七十三条第三项。
[9]《中华人民共和国海洋环境保护法》第七十三条第四项。
[10]《中华人民共和国海洋环境保护法》第七十四条第一项。
[11]《中华人民共和国海洋环境保护法》第七十四条第二项。
[12]《中华人民共和国海洋环境保护法》第七十四条第三项。
[13]《中华人民共和国海洋环境保护法》第七十四条第四项。
[14]《中华人民共和国海洋环境保护法》第九十一条。
[15]《江苏省海洋环境保护条例》第三十四条。
[16]《江苏省海洋环境保护条例》第四十二条。
[17]《浙江省海洋环境保护条例》第二十八条。
[18]《浙江省海洋环境保护条例》第四十四条第一款。
[19]《浙江省海洋环境保护条例》第二十九条第二款。

港口、码头、船舶修造（拆）厂、海滨旅游点等使用海域或者海岸线的单位和个人不得违反规定向海域排放污染物、倾倒废弃物，并负责清除其使用的海域范围内的生活垃圾和固体废弃物[1]；从事船舶污染物、废弃物、船舶垃圾接收以及船舶清舱、洗舱作业活动的单位应当具备国家规定的接收处理能力，船舶经营者应当向污染物接收单位提供污染物的名称、性质和数量等相关资料，接收单位应当将污染物运至环境保护部门指定的陆域场所进行处理[2]，违者责令限期改正，消除危害；逾期不改正的，由有关部门代为处理，所需费用由接收单位承担，并处五千元以上五万元以下的罚款[3]；采挖海砂、开发海岛及周围海域资源的，应当按照国家和省有关规定采取严格的生态保护措施，不得擅自改变海岛地形、岸滩及海岛周围海域生态环境[4]；擅自改变海岛地形、岸滩及海岛周围海域生态环境的，责令限期整治和恢复，没收违法所得，情节严重的，处五万元以上十万元以下的罚款[5]；滨海度假村、酒店、宾馆等单位排放的污水未纳入城市污水处理设施进行集中处理的，必须设置污水处理设施，达到排放标准后方可排放；严格控制向海域排放含镍、铅、汞等重金属的废水；禁止向海域排放油类、酸液、碱液、剧毒废液、含病原体的医疗废水和高、中水平放射性废水[6]。

四、《中华人民共和国海洋环境保护法》和《浙江省海洋环境保护条例》共有规定的差异

（一）污染事故的处理程序

《中华人民共和国海洋环境保护法》第十七条第一款规定："因发生事故或者其他突发性事件，造成或者可能造成海洋环境污染事故的单位和个人，必须立即采取有效措施，及时向可能受到危害者通报，并向依照本法规定行使海洋环境监督管理权的部门报告，接受调查处理。"

《浙江省海洋环境保护条例》第十六条规定："发生事故或者其他突发事件，造成或者可能造成海洋环境污染事故的，当事人必须立即采取处理措施，及时向可能受到损害的受害者通报，并立即就近向行使海洋环境监督管理权的部门报告，接受调查处理。"

"政府部门如果接报不处理，要受处罚"。

《浙江省海洋环境保护条例》第四十八条第二项规定："行使海洋环境监督管理权的部门和其他行政主管部门有下列情形之一的，对直接责任人员和直接负责的主

[1]《浙江省海洋环境保护条例》第二十六条第一款。
[2]《浙江省海洋环境保护条例》第二十七条。
[3]《浙江省海洋环境保护条例》第四十五条第四项。
[4]《浙江省海洋环境保护条例》第四十条第二款。
[5]《浙江省海洋环境保护条例》第四十五条第五项。
[6]《浙江省海洋环境保护条例》第二十六条。

管人员，由其所在单位或者行政监察部门给予行政或者纪律处分；给当事人造成损害的，依法予以赔偿；构成犯罪的，依法追究刑事责任：……（二）接到海洋污染事故报告后，没有采取有效措施，造成严重后果的；……”

造成污染损害的单位和个人，先采取措施，及时向可能受到危害者通报，向海洋环境监督管理者报告，接受调查和处理。

《中华人民共和国海洋环境保护法》和《浙江省海洋环境保护条例》关于污染事故处理的规定是有差异的。

两者用词上的差异如下。一是《中华人民共和国海洋环境保护法》使用的是“因发生事故或者其他突发性事件”；《浙江省海洋环境保护条例》使用的是“发生事故或者其他突发事件”。二是《中华人民共和国海洋环境保护法》使用的是“造成或者可能造成海洋环境污染事故的单位和个人”；《浙江省海洋环境保护条例》使用的是“造成或者可能造成海洋环境污染事故的”，前者多了“单位和个人”。三是《中华人民共和国海洋环境保护法》使用的是“必须立即采取有效措施”；《浙江省海洋环境保护条例》使用的是“当事人必须立即采取处理措施”，后者多了“当事人”。四是《中华人民共和国海洋环境保护法》使用的是“及时向可能受到危害者通报”，《浙江省海洋环境保护条例》使用的是“及时向可能受到损害的受害者通报”，前者使用的是“受到危害者”，后者使用的是“受到损害的受害者”。前者用词容易让人误读。五是《中华人民共和国海洋环境保护法》使用的是“并向依照本法规定行使海洋环境监督管理权的部门报告”，《浙江省海洋环境保护条例》使用的是“并立即就近向行使海洋环境监督管理权的部门报告”。前者有“依照本法规定”，后者没有这样的字样；后者有“立即就近”，前者没有这样的字样。

（二）可能发生重大污染事故的单位要制订应急计划

《中华人民共和国海洋环境保护法》第十八条第四款规定：“沿海可能发生重大海洋环境污染事故的单位，应当依照国家的规定，制定污染事故应急计划，并向当地环境保护行政主管部门、海洋行政主管部门备案。”

《浙江省海洋环境保护条例》第十五条第三款规定：“可能发生海洋污染事故的石油、化工等单位，应当依照国家和省有关规定，制定重大污染事故应急计划，并报设区的市环境保护、海洋行政主管部门备案。”

《中华人民共和国海洋环境保护法》和《浙江省海洋环境保护条例》对此问题的规定是有差异的。主要内容一样，但措词上有差异。

差异一：《中华人民共和国海洋环境保护法》使用的是“沿海可能发生重大海洋环境污染事故的单位”，《浙江省海洋环境保护条例》使用的是“可能发生海洋污染事故的石油、化工等单位”，前者使用了“沿海”、“重大”、“海洋环境污染”、“事故的单位”；后者使用的是“石油、化工等单位”，没有使用“沿海”、“重大”、

“海洋环境”等。

差异二：《中华人民共和国海洋环境保护法》使用的是“制定污染事故应急计划”,《浙江省海洋环境保护条例》使用的是“制定重大污染事故应急计划”。后者多了“重大”二字。

（三）对不制订应急计划的行为进行处罚

《中华人民共和国海洋环境保护法》第八十九条规定：“违反本法规定，船舶、石油平台和装卸油类的港口、码头、装卸站不编制溢油应急计划的，由依照本法规定行使海洋环境监督管理权的部门予以警告，或者责令限期改正。”

《浙江省海洋环境保护条例》第四十五条第一项规定：“有下列行为之一的，由行使海洋环境监督管理权的部门根据各自职责处理：

违反本条例第十五条第三款规定，“可能发生海洋污染事故的石油、化工等单位未制定污染事故应急计划的，责令限期改正；逾期不改正的，处五千元以上三万元以下的罚款；……”

《中华人民共和国海洋环境保护法》和《浙江省海洋环境保护条例》的规定有差异。

差异一：应急计划名称不同。《中华人民共和国海洋环境保护法》使用的是“溢油应急计划”;《浙江省海洋环境保护条例》使用的是“污染事故应急计划”。

差异二：处罚不同。《中华人民共和国海洋环境保护法》使用的是“警告”、“责令限期改正”;《浙江省海洋环境保护条例》使用的是“责令限期改正”、“逾期不改正的，处五千元以上三万元以下罚款”。

（四）装卸油类及有毒有害货物应遵守防污操作规程

《中华人民共和国海洋环境保护法》第六十八条第二款规定：“装卸油类及有毒有害货物的作业，船岸双方必须遵守安全防污操作规程。”

《浙江省海洋环境保护条例》第二十九条第一款规定：“从事散装油类和有毒液体装卸、运输等作业，应当遵守操作规程，落实有效防污措施；可能造成油类严重污染的，应当在作业现场设置围油栏。”

《中华人民共和国海洋环境保护法》和《浙江省海洋环境保护条例》对此问题的规定是有差异的。

差异一：用词上的差异。《中华人民共和国海洋环境保护法》使用的是“装卸油类及有毒有害货物的作业”;《浙江省海洋环境保护条例》使用的是“从事散装油类和有毒液体装卸、运输等作业”。

差异二：内容上略有差异。《中华人民共和国海洋环境保护法》使用的是“船岸双方必须遵守安全防污操作规程”;《浙江省海洋环境保护条例》使用的是“应当遵守操作规程，落实有效防污措施；可能造成油类严重污染的，应当在作业现场设置围油栏。”

（五）船舶海上溢油污染的应急计划

《中华人民共和国海洋环境保护法》第十八条第三款规定：“国家海事行政主管部门负责制定全国船舶重大海上溢油污染事故应急计划，报国务院环境保护行政主管部门备案。”

《浙江省海洋环境保护条例》第十五条第二款规定：“浙江海事管理机构应当根据国家船舶重大海上溢油污染事故应急计划和本省实际，制定本省船舶海上溢油污染事故应急计划，报省环境保护、海洋行政主管部门备案。”

《中华人民共和国海洋环境保护法》和《浙江省海洋环境保护条例》就溢油污染应急计划的规定也有差异。

差异一：程度不一样。《中华人民共和国海洋环境保护法》使用的是“重大海上溢油污染事故应急计划”，《浙江省海洋环境保护条例》使用的是“海上溢油污染事故应急计划”。二者的程度不一样。

差异二：所报单位不一样。《中华人民共和国海洋环境保护法》规定“报国务院环境保护行政主管部门备案”；《浙江省海洋环境保护条例》规定“报省环境保护、海洋行政主管部门备案”。后者多了一个海洋行政主管部门。

（六）不得使用有毒有害固体废弃物填海、围海

《中华人民共和国海洋环境保护法》第四十九条规定：“海洋工程建设项目，不得使用含超标准放射性物质或者易溶出有毒有害物质的材料。”

《浙江省海洋环境保护条例》第二十条第二款规定：“从事填海工程的，应当采取先围后填的方式。任何单位和个人不得使用有毒有害的固体废弃物填海、围海。”

《浙江省海洋环境保护条例》第四十五条第二项规定：“有下列行为之一的，由行使海洋环境监督管理权的部门根据各自职责处理：……（二）违反本条例第二十条第二款规定，使用有毒有害的固体废弃物填海、围海的，责令限期改正；逾期不改正的，责令停止建设、运行，并处五万元以上二十万元以下的罚款。”

二者的规定是有差异的。

差异一：所指对象有差异。《中华人民共和国海洋环境保护法》使用的是“海洋工程建设项目”，《浙江省海洋环境保护条例》使用的是“从事填海工程的”。前者指海洋工程；后者指海岸工程。

差异二：内容和用词有差异。《中华人民共和国海洋环境保护法》使用的是“不得使用含超标准放射性物质或者易溶出有毒有害物质的材料”，《浙江省海洋环境保护条例》使用的是“应当采取先围后填的方式。任何单位和个人不得使用有毒有害的固体废弃物填海、围海。”

差异三：《浙江省海洋环境保护条例》规定了违法应受到处罚。处罚方式为

"责令限期改正；逾期不改正的，责令停止建设、运行，并处五万元以上二十万元以下的罚款。"而《中华人民共和国海洋环境保护法》没有对处罚进行规定。

五、《中华人民共和国海洋环境保护法》、《江苏省海洋环境保护条例》和《浙江省海洋环境保护条例》共有的规定

（一）污染事故的主管者：国家海事行政主管部门、国家渔业行政主管部门和军队环境保护部门及其他部门

《中华人民共和国海洋环境保护法》第五条第三款、第四款、第五款和第六款规定："国家海事行政主管部门负责所辖港区水域内非军事船舶和港区水域外非渔业、非军事船舶污染海洋环境的监督管理，并负责污染事故的调查处理；对在中华人民共和国管辖海域航行、停泊和作业的外国籍船舶造成的污染事故登轮检查处理。船舶污染事故给渔业造成损害的，应当吸收渔业行政主管部门参与调查处理。

"国家渔业行政主管部门负责渔港水域内非军事船舶和渔港水域外渔业船舶污染海洋环境的监督管理，负责保护渔业水域生态环境工作，并调查处理前款规定的污染事故以外的渔业污染事故。

"军队环境保护部门负责军事船舶污染海洋环境的监督管理及污染事故的调查处理。

"沿海县级以上地方人民政府行使海洋环境监督管理权的部门的职责，由省、自治区、直辖市人民政府根据本法及国务院有关规定确定。"

《浙江省海洋环境保护条例》第四条第三款、第四款规定："海事管理机构依法负责所管辖港区水域内非军事船舶和港区水域外非渔业、非军事船舶污染海洋环境的监督管理，并负责污染事故的调查处理；对在所管辖海域航行、停泊和作业的外国籍船舶造成的污染事故登轮检查处理。船舶污染事故给渔业、海洋生态造成损害的，应当吸收渔业、海洋行政主管部门参与调查处理。

"沿海县级以上人民政府渔业行政主管部门（简称渔业行政主管部门，下同）负责所管辖渔港水域内非军事船舶和渔港水域外渔业船舶污染海洋环境的监督管理，负责保护管辖海域的渔业水域生态环境工作，并调查处理前款规定污染事故以外的渔业污染事故。"

《江苏省海洋环境保护条例》第五条第三款、第四款规定："海事管理机构依法负责所辖港区水域内非军事船舶和港区水域外非渔业、非军事船舶污染海洋环境的监督管理，并负责污染事故的调查处理；对在所管辖海域航行、停泊和作业的外国籍船舶造成的污染事故登轮检查处理。船舶污染事故给渔业造成损害的，应当吸收渔业行政主管部门参与调查处理。

"沿海县级以上地方人民政府渔业行政主管部门（以下简称渔业行政主管部门）负责所管辖渔港水域内非军事船舶和渔港水域外渔业船舶污染海洋环境的监督管

理，负责本级政府管辖海域的渔业生态环境保护工作，并调查处理前款规定的污染事故以外的渔业污染事故。”

就主管者的规定，三部法律法规从内容到用词基本一样。

（二）各部门各地区负责各自辖区的污染事故应急处理

《中华人民共和国海洋环境保护法》第五条第三款、第四款和第五款规定：“国家海事行政主管部门负责所辖港区水域内非军事船舶和港区水域外非渔业、非军事船舶污染海洋环境的监督管理，并负责污染事故的调查处理；对在中华人民共和国管辖海域航行、停泊和作业的外国籍船舶造成的污染事故登轮检查处理。船舶污染事故给渔业造成损害的，应当吸收渔业行政主管部门参与调查处理。

“国家渔业行政主管部门负责渔港水域内非军事船舶和渔港水域外渔业船舶污染海洋环境的监督管理，负责保护渔业水域生态环境工作，并调查处理前款规定的污染事故以外的渔业污染事故。

“军队环境保护部门负责军事船舶污染海洋环境的监督管理及污染事故的调查处理。”

《浙江省海洋环境保护条例》第四条第三款、第四款规定：“海事管理机构依法负责所管辖港区水域内非军事船舶和港区水域外非渔业、非军事船舶污染海洋环境的监督管理，并负责污染事故的调查处理；对在所管辖海域航行、停泊和作业的外国籍船舶造成的污染事故登轮检查处理。船舶污染事故给渔业、海洋生态造成损害的，应当吸收渔业、海洋行政主管部门参与调查处理。

“沿海县级以上人民政府渔业行政主管部门（简称渔业行政主管部门，下同）负责所管辖渔港水域内非军事船舶和渔港水域外渔业船舶污染海洋环境的监督管理，负责保护管辖海域的渔业水域生态环境工作，并调查处理前款规定污染事故以外的渔业污染事故。”

没有《中华人民共和国海洋环境保护法》所规定的“军队环境保护部门负责军事船舶污染海洋环境的监督管理及污染事故的调查处理”条款。

根据《中华人民共和国海洋环境保护法》第五条第三款、第四款和第五款的规定以及《浙江省海洋环境保护条例》第四条第三款、第四款的规定，《浙江省海洋环境保护条例》第十条第一款、第二款和第三款规定：“行使海洋环境监督管理权的部门在巡航监视中发现污染事故或者有违反《海洋环境保护法》和本条例规定的行为时，应当予以制止并调查取证，有权采取有效措施，防止污染损害事态的扩大；属于职责范围的，应当依法及时处理；不属于职责范围的，应当及时移交有关监督管理部门处理。

“行使海洋环境监督管理权的部门有权按照法定要求对管辖范围内向海洋排放污染物的单位和个人进行现场检查，被检查者应当如实反映情况，提供相关资料，主动配合检查。

“行使海洋环境监督管理权的部门应当为被检查者保守商业秘密。”

这是对《中华人民共和国海洋环境保护法》第五条第三款、第四款和第五款的规定以及《浙江省海洋环境保护条例》第四条第三款、第四款的规定而制定的操作措施。

关于违者处罚的规定如下。

《浙江省海洋环境保护条例》第四十八条第三项规定：“行使海洋环境监督管理权的部门和其他行政主管部门有下列情形之一的，对直接责任人员和直接负责的主管人员，由其所在单位或者行政监察部门给予行政或者纪律处分；给当事人造成损害的，依法予以赔偿；构成犯罪的，依法追究刑事责任：……（三）泄漏被检查者商业秘密的；……”

《江苏省海洋环境保护条例》第五条规定：“沿海县级以上地方人民政府环境保护行政主管部门（以下简称环境保护行政主管部门）作为环境保护统一监督管理的部门，对本级政府管辖海域内的海洋环境保护工作实施指导、协调和监督，并负责防治本行政区域内陆源污染物和海岸工程建设项目对海洋污染损害的环境保护工作。

“沿海县级以上地方人民政府海洋行政主管部门（以下简称海洋行政主管部门）负责本级政府管辖海域的海洋环境监督管理，组织海洋环境调查、监测、监视、评价和科学研究以及海洋生态环境的保护和修复，负责海洋工程建设项目和海洋倾倒废弃物以及其他有关海洋开发活动对海洋污染损害的环境保护工作。

“海事管理机构依法负责所辖港区水域内非军事船舶和港区水域外非渔业、非军事船舶污染海洋环境的监督管理，并负责污染事故的调查处理；对在所管辖海域航行、停泊和作业的外国籍船舶造成的污染事故登轮检查处理。船舶污染事故给渔业造成损害的，应当吸收渔业行政主管部门参与调查处理。

“沿海县级以上地方人民政府渔业行政主管部门（以下简称渔业行政主管部门）负责所管辖渔港水域内非军事船舶和渔港水域外渔业船舶污染海洋环境的监督管理，负责本级政府管辖海域的渔业生态环境保护工作，并调查处理前款规定的污染事故以外的渔业污染事故。”

（三）可以通过联合执法来协同处理污染事故

《中华人民共和国海洋环境保护法》第十九条第一款规定：“依照本法规定行使海洋环境监督管理权的部门可以在海上实行联合执法，在巡航监视中发现海上污染事故或者违反本法规定的行为时，应当予以制止并调查取证，必要时有权采取有效措施，防止污染事态的扩大，并报告有关主管部门处理。”

《浙江省海洋环境保护条例》第九条规定：“沿海县级以上人民政府可以组织行使海洋环境监督管理权的部门实行海上联合执法。”

《江苏省海洋环境保护条例》第十七条规定：“沿海县级以上地方人民政府可以

组织环保、海洋、渔业部门和海事管理机构建立联合执法制度，实行联合执法。”

《中华人民共和国海洋环境保护法》、《江苏省海洋环境保护条例》和《浙江省海洋环境保护条例》的规定基本一样。

相对来说，《中华人民共和国海洋环境保护法》规定得比较详细；《浙江省海洋环境保护条例》和《江苏省海洋环境保护条例》规定得比较简单。《中华人民共和国海洋环境保护法》除提出“联合执法”外，还提出了当发现违法行为时，可以调查取证，并采取有效措施防止污染扩大。

（四）政府的职责

《中华人民共和国海洋环境保护法》第十七条第二款规定：“沿海县级以上地方人民政府在本行政区域近岸海域的环境受到严重污染时，必须采取有效措施，解除或者减轻危害。”

《中华人民共和国海洋环境保护法》第十八条第五款规定：“沿海县级以上地方人民政府及其有关部门在发生重大海上污染事故时，必须按照应急计划解除或者减轻危害。”

《浙江省海洋环境保护条例》第十七条规定：“行使海洋环境监督管理权的部门接到海洋环境污染事故报告后，应当根据情况启动污染事故处理应急计划。

“发生重大海洋环境污染事故的，有关行使海洋环境监督管理权的部门应当及时将事故的类型、时间、污染源及主要污染物、采取的应急措施等初步情况，报告当地人民政府和上级行政主管部门。当地人民政府应当指挥、协调有关部门和单位按照应急计划消除或者减轻污染危害。

“海洋污染事故可能威胁人体健康和海洋生物安全的，当地人民政府应当及时将有关情况向可能受到污染损害的单位和公众通报或者公告。”

关于违者处罚的规定如下。

《浙江省海洋环境保护条例》第四十八条第一项规定：“行使海洋环境监督管理权的部门和其他行政主管部门有下列情形之一的，对直接责任人员和直接负责的主管人员，由其所在单位或者行政监察部门给予行政或者纪律处分；给当事人造成损害的，依法予以赔偿；构成犯罪的，依法追究刑事责任：（一）发现海上污染事故或者违反本条例规定的行为时，没有依法予以制止或者采取有效防止措施的；……”

《浙江省海洋环境保护条例》第四十八条第七项、第八项规定：“行使海洋环境监督管理权的部门和其他行政主管部门有下列情形之一的，对直接责任人员和直接负责的主管人员，由其所在单位或者行政监察部门给予行政或者纪律处分；给当事人造成损害的，依法予以赔偿；构成犯罪的，依法追究刑事责任：……（七）未履行法定职责或者监督管理不力，造成海洋环境严重污染或者发生重大污染事故的；（八）有其他徇私舞弊、滥用职权、玩忽职守行为的。”

《江苏省海洋环境保护条例》第十七条第二款规定：“海洋、渔业部门和海事管理机构在巡航监视中发现海上污染事故或者违反本条例规定的行为时，应当予以制止并调查取证，必要时有权采取有效措施，防止污染事态的扩大，并依法处理或者报告有关主管部门依法处理。”

关于违者处罚的规定如下。

《江苏省海洋环境保护条例》第四十四条规定："依法行使海洋环境监督管理权的部门和其他相关部门有下列情形之一的，对直接负责的主管人员和其他直接责任人员，由其上级机关或者监察机关依法给予行政处分；构成犯罪的，依法追究刑事责任：（一）发现海上污染事故或者违反本条例规定的违法行为时，未依法予以制止或者未采取有效防止措施的；（二）违反规定或者越权批准、核准环境影响报告书或者海洋环境影响报告书的；（三）有其他徇私舞弊、滥用职权、玩忽职守、弄虚作假行为的。”

《中华人民共和国海洋环境保护法》并未有对有过错的政府部门进行处罚的规定。

但《浙江省海洋环境保护条例》和《江苏省海洋环境保护条例》却对相关政府部门的过错行为进行了处罚规定。

《浙江省海洋环境保护条例》规定的过错行为为“发现海上污染事故或者违反本条例规定的行为时，没有依法予以制止或者采取有效防止措施的；未履行法定职责或者监督管理不力，造成海洋环境严重污染或者发生重大污染事故的；有其他徇私舞弊、滥用职权、玩忽职守行为的”。

《江苏省海洋环境保护条例》规定的过错行为为“发现海上污染事故或者违反本条例规定的违法行为时，未依法予以制止或者未采取有效防止措施的；违反规定或者越权批准、核准环境影响报告书或者海洋环境影响报告书的；有其他徇私舞弊、滥用职权、玩忽职守、弄虚作假行为的。”

显然，《浙江省海洋环境保护条例》和《江苏省海洋环境保护条例》所规定的政府过错行为也不完全一致。

处罚的力度也有不同。《浙江省海洋环境保护条例》规定的处罚为“对直接责任人员和直接负责的主管人员，由其所在单位或者行政监察部门给予行政或者纪律处分；给当事人造成损害的，依法予以赔偿；构成犯罪的，依法追究刑事责任。”

《江苏省海洋环境保护条例》规定的处罚为“对直接负责的主管人员和其他直接责任人员，由其上级机关或者监察机关依法给予行政处分；构成犯罪的，依法追究刑事责任。”《江苏省海洋环境保护条例》并没有规定赔偿责任。

（五）重大海上污染事故应急计划的制订

《中华人民共和国海洋环境保护法》第十八条第一款规定："国家根据防止海洋环境污染的需要，制定国家重大海上污染事故应急计划。”

《浙江省海洋环境保护条例》第十五条第一款规定："省人民政府应当组织海洋、环境保护等有关部门根据国家重大海上污染事故应急计划和本省实际，制定本省重大海上污染事故应急计划。”

《江苏省海洋环境保护条例》第十五条规定：“沿海县级以上地方人民政府应当建立重大海洋环境污染事故、海洋灾害性突发事件的预警机制，完善应急体系，制订应急预案；发生重大海洋环境污染事故和海洋灾害性突发事件时，应当及时启动应急预案，组织有关部门做好防灾减灾工作，并依法向社会发布信息。

“沿海可能发生海洋污染事故的单位，应当按照国家和省有关规定，制定重大污染事故应急预案，并报当地环境保护、海洋行政主管部门和海事管理机构备案。”

《中华人民共和国海洋环境保护法》对制订重大海上污染事故应急计划的规定与《浙江省海洋环境保护条例》一样。

但《江苏省海洋环境保护条例》对制订重大海上污染事故应急计划的规定与《中华人民共和国海洋环境保护法》是不一样的。用词名称不一样。《中华人民共和国海洋环境保护法》使用的是“应急计划”；《江苏省海洋环境保护条例》使用的是“预警机制”、“应急体系”、“应急预案”等，并对启动应急预案有规定。

（六）对船舶污染的规定

1.海难事故造成的污染

《中华人民共和国海洋环境保护法》第七十一条规定：“船舶发生海难事故，造成或者可能造成海洋环境重大污染损害的，国家海事行政主管部门有权强制采取避免或者减少污染损害的措施。”

此条规定与《中华人民共和国海洋环境保护法》第六十五条有些重复，浙江省的相关规定与此条规定存在差异。

《浙江省海洋环境保护条例》第三十条规定：“船舶发生海难事故，造成或者可能造成海洋环境重大污染损害的，由海事管理机构依法采取强制清除、打捞或者拖航等应急处置措施，避免或者减少污染损害。属于渔港水域内非军事船舶和渔港水域外渔业船舶的，由渔业行政主管部门依法进行处理。

“因处理海难事故产生的费用，依法应当由船舶所有者或者经营者承担的，船舶所有者或者经营者应当及时缴清；未缴清或者未提供相应担保的，不得开航。”

《江苏省海洋环境保护条例》第三十五条规定：“船舶发生海难事故，造成或者可能造成海洋环境重大污染损害的，海事管理机构应当依法采取强制清理、打捞或者拖航等应急处置措施，避免或者减少污染损害。渔港水域内非军事船舶和渔港水域外渔业船舶发生上述情形的，由渔业行政主管部门依法进行处理。

“清除海洋环境污染损害所需的费用，依法应当由肇事船舶经营者或者所有者承担的，船舶经营者或者所有者必须在开航前办妥有关款项的财务担保或者缴纳手续。”

《浙江省海洋环境保护条例》与《江苏省海洋环境保护条例》就此问题的规定基本一样，只是用词上略有差异。但与《中华人民共和国海洋环境保护法》相比，《浙江省海洋环境保护条例》要详细得多。但上海市遵照《中华人民共和国海洋环境保护法》第七十一条执行。这样，在长三角地区二省一市对此问题的规定存在差异。

2.处理船舶污染的企业应具有废弃物接收处理能力

《中华人民共和国海洋环境保护法》第六十二条第二款规定："从事船舶污染物、废弃物、船舶垃圾接收、船舶清舱、洗舱作业活动的，必须具备相应的接收处理能力。"

《中华人民共和国海洋环境保护法》第六十九条规定："港口、码头、装卸站和船舶修造厂必须按照有关规定备有足够的用于处理船舶污染物、废弃物的接收设施，并使该设施处于良好状态。

"装卸油类的港口、码头、装卸站和船舶必须编制溢油污染应急计划，并配备相应的溢油污染应急设备和器材。"

关于违者处罚的规定如下。

《中华人民共和国海洋环境保护法》第八十八条规定："违反本法规定，有下列行为之一的，由依照本法规定行使海洋环境监督管理权的部门予以警告，或者处以罚款：

（一）港口、码头、装卸站及船舶未配备防污设施、器材的；

（二）船舶未持有防污证书、防污文书，或者不按照规定记载排污记录的；

（三）从事水上和港区水域拆船、旧船改装、打捞和其他水上、水下施工作业，造成海洋环境污染损害的；

（四）船舶载运的货物不具备防污适运条件的。

有前款第（一）、（四）项行为之一的，处二万元以上十万元以下的罚款；有前款第（二）项行为的，处二万元以下的罚款；有前款第（三）项行为的，处五万元以上二十万元以下的罚款。"

《浙江省海洋环境保护条例》第二十六条规定："港口、码头、船舶修造（拆）厂、海滨旅游点等使用海域或者海岸线的单位和个人不得违反规定向海域排放污染物、倾倒废弃物，并负责清除其使用的海域范围内的生活垃圾和固体废弃物。"

《浙江省海洋环境保护条例》第二十七条规定："从事船舶污染物、废弃物、船舶垃圾接收以及船舶清舱、洗舱作业活动的单位应当具备国家规定的接收处理能力。

"船舶经营者应当向污染物接收单位提供污染物的名称、性质和数量等相关资料，接收单位应当将污染物运至环境保护部门指定的陆域场所进行处理。"

关于违者处罚的规定如下。

《浙江省海洋环境保护条例》第四十五条第四项规定："有下列行为之一的，由行使海洋环境监督管理权的部门根据各自职责处理：……（四）违反本条例第二十七条第二款规定，接收单位未将污染物运至指定场所处理的，责令限期改正，消除危害；逾期不改正的，由有关部门代为处理，所需费用由接收单位承担，并处五千元以上五万元以下的罚款；……”

《江苏省海洋环境保护条例》第三十条规定：“在沿海从事港口、码头作业和旅游经营等活动的单位和个人，应当依法配备防治污染的设备、设施，及时处理其作业、经营产生的污染物、废弃物，防止进入海域污染海洋环境。”

关于违者处罚的规定如下。

《江苏省海洋环境保护条例》第四十一条规定：“违反本条例第三十条规定，不处理作业、经营产生的污染物、废弃物，污染海洋环境的，由依法行使海洋环境监督管理权的部门责令清除其使用的海域范围内的生活垃圾和其他固体废弃物，并可以处以二千元以上一万元以下的罚款。”

《中华人民共和国海洋环境保护法》、《浙江省海洋环境保护条例》和《江苏省海洋环境保护条例》所规定的内容是有差异的。

处罚对象不一样。

《中华人民共和国海洋环境保护法》规定的处罚有四项：港口、码头、装卸站及船舶未配备防污设施、器材的；船舶未持有防污证书、防污文书，或者不按照规定记载排污记录的；从事水上和港区水域拆船、旧船改装、打捞和其他水上、水下施工作业，造成海洋环境污染损害的；船舶载运的货物不具备防污适运条件的。

《浙江省海洋环境保护条例》规定的处罚有一项：接收单位未将污染物运至指定场所处理的，责令限期改正，消除危害；逾期不改正的，由有关部门代为处理，所需费用由接收单位承担，并处五千元以上五万元以下的罚款。

《江苏省海洋环境保护条例》规定的处罚有一项：不处理作业、经营产生的污染物、废弃物，污染海洋环境的，由依法行使海洋环境监督管理权的部门责令清除其使用的海域范围内的生活垃圾和其他固体废弃物，并可以处以二千元以上一万元以下的罚款。

《浙江省海洋环境保护条例》的处罚内容与《江苏省海洋环境保护条例》所规定的处罚内容比较接近，但处罚程度不一样。前者罚款“五千元以上五万元以下”；后者罚款“二千元以上一万元以下”。

3.船舶发生海难或造成重大污染，国家海事行政主管部门有权采取措施

《中华人民共和国海洋环境保护法》第七十一条第一款规定：“船舶发生海难事故，造成或者可能造成海洋环境重大污染损害的，国家海事行政主管部门有权强制采取避免或者减少污染损害的措施。”

发生在公海，如果对我国海域造成影响，国家海事行政主管部门也可以采取措施防止污染。

《中华人民共和国海洋环境保护法》第七十一条第二款规定：“对在公海上因发生海难事故，造成中华人民共和国管辖海域重大污染损害后果或者具有污染威胁的船舶、海上设施，国家海事行政主管部门有权采取与实际的或者可能发生的损害相称的必要措施。”

《浙江省海洋环境保护条例》第三十条规定：“船舶发生海难事故，造成或者可能造成海洋环境重大污染损害的，由海事管理机构依法采取强制清除、打捞或者拖航等应急处置措施，避免或者减少污染损害。属于渔港水域内非军事船舶和渔港水域外渔业船舶的，由渔业行政主管部门依法进行处理。

“因处理海难事故产生的费用，依法应当由船舶所有者或者经营者承担的，船舶所有者或者经营者应当及时缴清；未缴清或者未提供相应担保的，不得开航。”

《江苏省海洋环境保护条例》第三十五条规定：“船舶发生海难事故，造成或者可能造成海洋环境重大污染损害的，海事管理机构应当依法采取强制清理、打捞或者拖航等应急处置措施，避免或者减少污染损害。渔港水域内非军事船舶和渔港水域外渔业船舶发生上述情形的，由渔业行政主管部门依法进行处理。

“清除海洋环境污染损害所需的费用，依法应当由肇事船舶经营者或者所有者承担的，船舶经营者或者所有者必须在开航前办妥有关款项的财务担保或者缴纳手续。”

《浙江省海洋环境保护条例》与《江苏省海洋环境保护条例》规定的内容一样。与《中华人民共和国海洋环境保护法》相比，《浙江省海洋环境保护条例》要更详细，并且对清理费用进行了规定，《中华人民共和国海洋环境保护法》没有规定清理费用。

第九章 对水污染行政处罚规定的差异

水污染行政处罚是规制水污染的常用和有效的手段，也是水事法律法规顺利实施的重要保障，意义非凡。

美国等发达国家已建起了比较完善的环境行政处罚体系，如美国的《清洁水法》、《清洁空气法》、《有毒物质控制法》、墨西哥的《生态平衡与环境保护总则》等法律中都对环境行政处罚做了系统的规定，其环境行政处罚工作的重心已开始从立法向完善现有法律法规转变。

发展中国家也在积极立法完善本国水污染行政处罚制度，如朝鲜的《朝鲜民主主义人民共和国环境保护法》、印度的《环境保护法》、泰国的《国家环境质量保护和改善法》等都对水污染行政处罚做了一定的规定。

我国的水污染行政处罚的法律规定主要是《行政处罚法》和《环境行政处罚办法》,《环境行政处罚办法》的前身是1992年的《环境保护行政处罚办法》和1999年的《环境保护行政处罚办法》，修订完善后为《环境行政处罚办法》。

学术界对水污染行政处罚的研究也很多。如马骧聪[1]、蔡守秋[2]、乔世明[3]、韩德培[4]等学者，他们推动了我国水污染行政处罚制度的研究。但是，相对来说，水污染行政处罚的研究还较少，相关法律法规还有待进一步完善。

---

[1] 马骧聪.环境保护法基本问题[M].北京：中国社会科学出版社，1983.

[2] 蔡守秋.环境资源法学教程[M].北京：高等教育出版社，2004.

[3] 乔世明.环境损害与法律责任[M].北京：中国经济出版社，1999.

[4] 韩德培.环境保护法教程.北京：法律出版社，2007.

我国水污染行政处罚具有处罚主体的广泛性和处罚方式的强制性等特点。我国水污染行政处罚包括声誉罚、财产罚、行为罚和自由罚等。

目前，我国水污染行政处罚还存在着处罚体系还不完善、处罚程序不规范、处罚种类少、监督薄弱、执法都素质不高等问题。造成这些问题的原因很多，其中最重要的是相关法律法规还不完善。应完善相关的法律法规；加强水污染行政处罚执法建设；建立完备的水污染行政处罚监督制度；完善现有的水污染行政处罚种类等。其中最重要的是我国现存的水事法律法规对于水污染行政处罚规定存在冲突和不协调，从而降低了水污染行政处罚的效率，也导致了我国水污染形势越来越严峻。

第一节　水污染防治法的相关规定

一、对于“造成重大或者特大水污染事故的处罚”规定的差异

《中华人民共和国水污染防治法》、《浙江省水污染防治条例》和《江苏省长江水污染防治条例》规定的差异。

一是用词上的差异。

《中华人民共和国水污染防治法》使用的是重大或特大水污染事故。而《浙江省水污染防治条例》使用的是严重水环境污染。

实际上，无论是重大或特大，还是严重，均是一个无法量化的词，即使是一个无法量化的词，双方使用上也没有统一。

《江苏省长江水污染防治条例》第二十一条第二款使用的是“重点水污染物排放总量超过控制指标，造成下游水域地表水（环境）功能区水质达不到规定标准且造成严重后果”。这句话更难量化。用词上的不一致，其实为各地环境保护部门的自由裁量提供了空间，这种空间的存在对于跨界污染协调治理来说就显得非常困难。

二是处罚对象和处罚方式上的差异。

《中华人民共和国水污染防治法》第八十三条规定的处罚方式是“……对造成重大或者特大水污染事故的，可以报经有批准权的人民政府批准，责令关闭；对直接负责的主管人员和其他直接责任人员可以处上一年度从本单位取得的收入百分之五十以下的罚款。

“……对造成重大或者特大水污染事故的，按照水污染事故造成的直接损失的百分之三十计算罚款。”

实际上，《中华人民共和国水污染防治法》规定的处罚对象有两个：一是对直接负责的主管人和直接责任人；二是对造成污染的企业。

处罚方式：前者处罚其一年从污染企业中所取得的收入的百分之五十以下的罚

款；后者关闭并处罚其污染造成的直接损失的百分之三十的罚款。

《浙江省水污染防治条例》第五十条第二款规定的处罚方式是“排污单位造成严重水环境污染的，环境保护主管部门或者其他依法行使监督管理权的部门可以依法对有关设施、设备和物品采取查封、暂扣措施。”

浙江省的处罚对象只有一个：排污单位。

处罚方式：对有关设施、设备和物品采取查封、暂扣措施。

《江苏省长江水污染防治条例》第二十一条第二款规定：“因控制不力导致重点水污染物排放总量超过控制指标，造成下游水域地表水（环境）功能区水质达不到规定标准且造成严重后果的，由有关人民政府进行适当的地区间补偿，具体办法由省人民政府规定。”

《江苏省长江水污染防治条例》第二十一条第二款没有十分明确的处罚对象，只规定了“因控制不力”造成严重污染后果的要“地区间补偿”。既然是地区间补偿，似乎只关乎政府，而不关乎企业，也没有罚款，只是补偿，更说明是对政府的规范而不是对企业的规范。

三是处罚主体的差异。

《中华人民共和国水污染防治法》第八十三条对处罚主体的规定是“企业事业单位违反本法规定，造成水污染事故的，由县级以上人民政府环境保护主管部门依照本条第二款的规定处以罚款，责令限期采取治理措施，消除污染……。”

《中华人民共和国水污染防治法》规定的处罚主体是环境保护主管部门。

而《浙江省水污染防治条例》第五十条第二款规定处罚主体是环境保护部门或者其他依法行使监督管理的部门。显然，二者是有差异的。

《江苏省长江水污染防治条例》中并未对处罚主体进行规定，只规定了地区间补偿。

二、对于“一般污染事故的处罚”规定的差异

《中华人民共和国水污染防治法》、《浙江省水污染防治条例》和《江苏省长江水污染防治条例》规定的差异。

一是用词上的差异。

《中华人民共和国水污染防治法》第八十三条使用的是“水污染事故”、“一般或较大水污染事故”；《浙江省水污染防治条例》第四十七条使用的是“水污染事故”；《江苏省长江水污染防治条例》使用的也是“水污染事故”。

相对来说，《中华人民共和国水污染防治法》对于水污染事故是有分级的；而《浙江省水污染防治条例》和《江苏省长江水污染防治条例》未严格区分水污染事故的程度，这实际上为处罚带来了困难。虽然《中华人民共和国水污染防治法》的分级也难以量化，但至少意识到了水污染是有程度的，处罚应该不一样。

二是处罚方式上的差异。

《中华人民共和国水污染防治法》第八十三条对处罚的规定是“企业事业单位违反本法规定，造成水污染事故的，由县级以上人民政府环境保护主管部门依照本条第二款的规定处以罚款，责令限期采取治理措施，消除污染；不按要求采取治理措施或者不具备治理能力的，由环境保护主管部门指定有治理能力的单位代为治理，所需费用由违法者承担；……

“对造成一般或者较大水污染事故的，按照水污染事故造成的直接损失的百分之二十计算罚款；……”

《中华人民共和国水污染防治法》规定对造成污染的处罚方式一是采取措施，限期消除污染；二是按直接损失的百分之二十罚款。

《浙江省水污染防治条例》第四十七条对处罚的规定是“造成或者可能造成水污染事故的，当事人应当立即采取应急措施，控制或者避免污染事故，并向所在地人民政府或者环境保护主管部门报告；接到报告的环境保护主管部门应当及时向本级人民政府报告，并通报水行政、建设等有关主管部门。”

《浙江省水污染防治条例》规定的处罚是采取措施控制或避免污染，没有罚款规定。

《江苏省长江水污染防治条例》第二十一条第一款对处罚的规定是“因污染积累导致下游水域地表水（环境）功能退化的，或者因水污染事故造成损失的，应当依法赔偿。”

《江苏省长江水污染防治条例》第二十一条第一款规定的处罚是赔偿，但没有规定如何赔偿，赔偿多少。

三、《浙江省水污染防治条例》特殊规定

（一）对“拒不履行县级以上人民政府或环境保护主管部门关于停产整顿决定的规范”差异

《中华人民共和国水污染防治法》、《浙江省水污染防治条例》和《江苏省长江水污染防治条例》对此的规定存在差异。

《浙江省水污染防治条例》第五十一条规定：“排污单位拒不履行县级以上人民政府或者环境保护主管部门作出的责令停产、停业、关闭或者停产整顿决定，继续违法生产的，县级以上人民政府可以作出停止或者限制向排污单位供水、供电的决定。”

处罚主体：县级以上人民政府。

处罚原因：排污单位拒不履行县级以上人民政府或者环境保护主管部门作出的责令停产、停业、关闭或者停产整顿决定，继续违法生产的。

处罚方式：停止或者限制向排污单位供水、供电的决定。

《中华人民共和国水污染防治法》和《江苏省长江水污染防治条例》无此处罚条款。

（二）排污单位遵守水污染防治法律法规的情况纳入企业诚信评价体系

《浙江省水污染防治条例》第五十二条规定："县级以上人民政府或者有关主管部门应当将排污单位遵守水污染防治法律法规的情况纳入企业诚信评价体系，及时公布重大水污染违法情况。"

处罚主体：县级以上人民政府或者有关主管部门。

处罚原因：是否遵守水污染防治法律法规。

处罚方式：将排污单位遵守水污染防治法律法规的情况纳入企业诚信评价体系，及时公布重大水污染违法情况。

《中华人民共和国水污染防治法》和《江苏省长江水污染防治条例》无此处罚条款。

（三）定期公布未按要求完成排污削减任务的政府和企业名单

《浙江省水污染防治条例》第五十三条第一款和第二款规定："省环境保护主管部门应当对未按要求完成重点水污染物总量削减和控制任务的设区的市、县（市、区）定期向社会公布。

设区的市、县（市、区）环境保护主管部门应当对未按要求完成重点水污染物总量削减和控制任务的排污单位定期向社会公布。"

处罚主体：环境保护部门。

处罚原因：未按要求完成重点水污染物总量削减和控制任务。

处罚对象：政府或企业。

处罚方式：名单向社会公布。

如果未按要求削减，也要受到处罚。

《浙江省水污染防治条例》第六十二条规定："县级以上人民政府和有关部门有下列行为之一的，对直接负责的主管人员和其他直接责任人员，由任免机关或者监察机关按照管理权限依法给予行政处分：……（一）未按要求完成重点水污染物排放总量削减和控制任务的。……。"

《中华人民共和国水污染防治法》和《江苏省长江水污染防治条例》无此处罚条款。

四、对"行使监督管理权的规定"的差异

对行使监督管理权的规定，《中华人民共和国水污染防治法》、《浙江省水污染防治条例》和《江苏省长江水污染防治条例》是有差异的。

《中华人民共和国水污染防治法》第六十九条规定："环境保护主管部门或者其他依照本法规定行使监督管理权的部门，不依法作出行政许可或者办理批准文件的，发现违法行为或者接到对违法行为的举报后不予查处的，或者有其他未依照本法规定履行职责的行为的，对直接负责的主管人员和其他直接责任人员依法给予处分。"

《浙江省水污染防治条例》第五十四条第一款、第二款和第三款的规定："上级人民政府及其行使监督管理权的主管部门应当依法加强对下级人民政府及其行使监督管理权的主管部门水污染防治行政执法的监督。

"对违反本条例规定造成水体污染的排污单位，当地人民政府及其行使监督管理权的主管部门未依法作出处理的，上级人民政府及其行使监督管理权的主管部门应当责成其作出处理或者依法直接作出处理决定。

"环境保护主管部门发现依法行使监督管理权的同级其他部门，对造成水体污染的排污单位未依法作出处理的，可以提请本级人民政府责成其依法履行职责。"

浙江既规定了企业要接受监督检查，政府部门也要接受监督检查。从这里看出，《浙江省水污染防治条例》规定得比《中华人民共和国水污染防治法》要详细，重点突出了对政府部门的监督管理。

并且，浙江规定了对政府的处罚额度。

《浙江省水污染防治条例》第六十二条规定："县级以上人民政府和有关部门有下列行为之一的，对直接负责的主管人员和其他直接责任人员，由任免机关或者监察机关按照管理权限依法给予行政处分：（一）未按要求完成重点水污染物排放总量削减和控制任务的；（二）未按规定完成淘汰严重污染环境的落后生产技术、工艺、设备或者产品任务的；（三）违反国家和省有关产业政策审批、核准项目的；（四）违法审批环境影响评价文件或者违法审批排污许可证的；（五）未按规定实施行政处罚或者违法采取行政措施的；（六）未按规定制定水污染事故应急预案，或者未按应急预案的要求采取措施的；（七）接到对环境违法行为的举报后，不及时履行执法职责的；（八）因监管不力造成城镇污水集中处理设施运营单位长期或者严重超标排放的；（九）其他依法应当给予行政处分的行为。"

《江苏省长江水污染防治条例》第五十条规定："排污单位违反本条例规定依法应当限期治理的，由县级以上人民政府环境保护主管部门按照权限作出决定。限期治理期间，由环境保护主管部门责令限制生产、限制排放或者停产整治。限期治理的期限最长不超过一年；逾期未完成治理任务的，报经有批准权的人民政府，责令关闭。有关人民政府应当自收到意见之日起十五个工作日内作出决定。人民政府在十五个工作日内不作决定或者作出不予关闭决定，造成严重环境污染的，由上级人民政府责令其限期作出决定或者直接作出决定，并依法给予有关人民政府主要负责人行政处分。"

五、《中华人民共和国水污染防治法》特殊规定

《中华人民共和国水污染防治法》作了一些特殊的规定。

（一）拒绝有监督管理权的部门的监督检查也要受到处罚

《中华人民共和国水污染防治法》第七十条规定："拒绝环境保护主管部门或者

其他依照本法规定行使监督管理权的部门的监督检查，或者在接受监督检查时弄虚作假的，由县级以上人民政府环境保护主管部门或者其他依照本法规定行使监督管理权的部门责令改正，处一万元以上十万元以下的罚款。”

（二）未建成、未验收或验收不合格的水污染防治设施，主体工程投入使用的要处罚

《中华人民共和国水污染防治法》第七十一条规定："违反本法规定，建设项目的水污染防治设施未建成、未经验收或者验收不合格，主体工程即投入生产或者使用的，由县级以上人民政府环境保护主管部门责令停止生产或者使用，直至验收合格，处五万元以上五十万元以下的罚款。”

（三）对禁止进口严重污染设备的规定

《中华人民共和国水污染防治法》第四十一条和七十七条均对进口高污染设备进行了规定。

《中华人民共和国水污染防治法》第四十一条第二款和第三款规定："……国务院经济综合宏观调控部门会同国务院有关部门，公布限期禁止采用的严重污染水环境的工艺名录和限期禁止生产、销售、进口、使用的严重污染水环境的设备名录。

“生产者、销售者、进口者或者使用者应当在规定的期限内停止生产、销售、进口或者使用列入前款规定的设备名录中的设备。工艺的采用者应当在规定的期限内停止采用列入前款规定的工艺名录中的工艺。”

《中华人民共和国水污染防治法》第七十七条规定："违反本法规定，生产、销售、进口或者使用列入禁止生产、销售、进口、使用的严重污染水环境的设备名录中的设备，或者采用列入禁止采用的严重污染水环境的工艺名录中的工艺的，由县级以上人民政府经济综合宏观调控部门责令改正，处五万元以上二十万元以下的罚款；情节严重的，由县级以上人民政府经济综合宏观调控部门提出意见，报请本级人民政府责令停业、关闭。”

（四）对水污染受害人的规定

对受害人规定了有权要求赔偿[1]；如果水污染损害是由第三人造成的，排污方承担赔偿责任后，有权向第三人追偿，两种情况除外，一是不可抗力造成的，二是受害人故意造成的[2]；在赔偿纠纷处理上，规定了调解[3]、诉讼[4]、集体诉讼[5]等方式；环境监测机构有义务提供监测数据[6]。

---

❶《中华人民共和国水污染防治法》第八十五条。
❷《中华人民共和国水污染防治法》第八十五条。
❸《中华人民共和国水污染防治法》第八十六条。
❹《中华人民共和国水污染防治法》第八十七条。
❺《中华人民共和国水污染防治法》第八十八条。
❻《中华人民共和国水污染防治法》第八十九条。

对于调解的规定,《浙江省水污染防治条例》第四十九条只规定了跨行政区污染需要政府间协调或上一级人民政府调解处理;《江苏省长江水污染防治条例》同样规定了相邻行政断面水质不达标要求政府间协调或上一级人民政府调解处理。两部地方水法均未涉及污染施害者和受害者之间的调解处理问题。

对于诉讼,《浙江省水污染防治条例》和《江苏省长江水污染防治条例》两部地方法规从头至未就没有出现过“诉讼”二字。

显然,《中华人民共和国水污染防治法》考虑到了给水污染受害者充分主张权力的机会;而《浙江省水污染防治条例》和《江苏省长江水污染防治条例》就没有给受害者主张这种权力的机会。

正是由于《中华人民共和国水污染防治法》给了受害者主张权力的机会，为了更好地保障这种权力,《中华人民共和国水污染防治法》要求环境监测机构有义务提供环境监测数据，便于水污染受害者主张权力。对于这一点,《江苏省长江水污染防治条例》和《浙江省水污染防治条例》也均未提及。

六、《江苏省环境保护条例》特有的规定

如对累积污染造成下游水体污染也应赔偿作了特殊的规定[1]。这个规定，是《中华人民共和国水污染防治法》和《浙江省水污染防治条例》所没有的。

七、对“违反治安管理行为”的规定一样

《中华人民共和国水污染防治法》第九十条规定:“违反本法规定，构成违反治安管理行为的，依法给予治安管理处罚;构成犯罪的，依法追究刑事责任。”

《浙江省水污染防治条例》第六十四条规定:“违反本条例规定，构成犯罪的，依法追究刑事责任。”《浙江省水污染防治条例》与《中华人民共和国水污染防治法》对此问题的规定一样。

《浙江省水污染防治条例》并未对违反治安管理的行为进行规定。同样在《江苏省长江水污染防治条例》中也无此规定。但二省均可遵照《中华人民共和国水污染防治法》的相关条款执行。因此，在长三角地区二省一市对此问题的规定一样。

八、《浙江省环境保护条例》对试生产的特有规定

《浙江省水污染防治条例》第五十九条规定:“排污单位未经县级以上人民政府环境保护主管部门同意进行试生产，或者未按规定要求试生产的，由县级以上人民政府环境保护主管部门责令其停止试生产，并可处一万元以上十万元以下的罚款。”

《中华人民共和国水污染防治法》和《江苏省长江水污染防治条例》均未出现“试生产”的字眼。这样，在长三角地区对此问题的规定存在差异。

---

[1]《江苏省长江水污染防治条例》第二十一条。

九、对“环境影响评价的规定”的差异

《中华人民共和国水污染防治法》第十七条第一款和第二款规定：“新建、改建、扩建直接或者间接向水体排放污染物的建设项目和其他水上设施，应当依法进行环境影响评价。

“建设单位在江河、湖泊新建、改建、扩建排污口的，应当取得水行政主管部门或者流域管理机构同意；涉及通航、渔业水域的，环境保护主管部门在审批环境影响评价文件时，应当征求交通、渔业主管部门的意见。”

《浙江省水污染防治条例》第二十八条规定：“新建、扩建、改建有水污染物排放的项目，必须遵守国家有关建设项目环境保护管理的规定。

“环境影响评价批准文件中明确需要进行试生产的建设项目，试生产前应当报经县级以上环境保护主管部门同意，其配套建设的环境保护设施应当与主体工程同时投入试运行。”

违背此规定，将受到处罚。

《浙江省水污染防治条例》第六十条规定：“建设项目无环境影响评价批准文件，建设单位擅自开工建设并建成投入生产或者使用的，由县级以上人民政府环境保护主管部门责令停止生产或者使用，限期补办环境影响评价文件审批手续，处五万元以上五十万元以下的罚款；不符合环境影响评价文件审批条件的，由有审批权的环境保护主管部门依法提请有关人民政府予以关闭。”

《江苏省长江水污染防治条例》涉及土地和区域规划、沿江化工企业布局时，需要进行环境影响评价。

《江苏省长江水污染防治条例》在第十一条规定：“省人民政府和沿江地区县级以上人民政府及其有关部门组织编制土地利用的有关规划，区域、流域的建设、开发利用规划，应当在规划编制过程中组织进行环境影响评价，编写该规划有关环境影响的篇章或者说明。未编写有关环境影响的篇章或者说明的规划草案的，审批机关不予批准。

“省人民政府和沿江地区县级以上人民政府及其有关部门组织编制工业、农业、渔业、畜牧业、林业、能源、水利、交通、城市建设、旅游、自然资源开发的有关专项规划，应当在该专项规划草案上报审批前，组织进行环境影响评价，并向审批该专项规划的机关提出环境影响报告书。未附送环境影响报告书的，审批机关不予批准。”

《江苏省长江水污染防治条例》在第十三条第二款规定：“在沿江地区新建、改建或者扩建石油化工项目应当符合省沿江开发总体规划和城市总体规划的要求。在省沿江开发总体规划和城市总体规划确定的区域范围外限制新建、改建或者扩建石油化工等项目；确需建设的，其环境影响评价文件应当经省环境保护行政主管部门审批。”

浙江省对建设项目无环境影响评价批准文件而擅自开工的要处五万元以上五十万元以下的罚款，此条款是上海市和江苏省所没有的。

十、对“排污许可”规定的差异

《中华人民共和国水污染防治法》第二十条规定：“国家实现排污许可制度。直接或者间接向水体排放工业废水和医疗污水以及其他按照规定应当取得排污许可证方可排放的废水、污水的企业事业单位，应当取得排污许可证；城镇污水集中处理设施的运营单位，也应当取得排污许可证。排污许可的具体办法和实施步骤由国务院规定。

“禁止企业事业单位无排污许可证或者违反排污许可证的规定向水体排放前款规定的废水、污水。”

《浙江省水污染防治条例》对此作了比较详细的规定。

（一）排污企业应取得排污许可证方能排污

《浙江省水污染防治条例》第三十一条规定：“下列企业事业单位，应当按照国家和省有关规定申领排污许可证后，方可按照排污许可证的要求排放水污染物：

（一）排放工业废水、医疗污水的；

（二）运营污水集中处理设施的；

（三）排放规模化畜禽养殖污水的；

（四）向环境排放餐饮污水的；

（五）其他依法应当取得排污许可证的。”

同样，江苏省也对排污企业应取得排污许可证进行了规定：取得排污许可是排污的前提。

《江苏省长江水污染防治条例》第二十七条规定：“沿江地区实行水污染物排放许可证制度。禁止无排污许可证排放水污染物。

“沿江地区排污单位向水体排放水污染物应当达到国家污水综合排放标准的一级标准，不得超过排污许可证规定的重点水污染物排放总量控制指标。”

（二）符合条件的企业才能领取排污许可证

《浙江省水污染防治条例》第三十二条规定：“企业事业单位申领排污许可证，应当符合下列条件：

（一）建设项目环境保护设施已通过竣工验收；

（二）有保证设施正常运行的管理制度和技术、管理人员；

（三）有污染事故应急方案，并配备应急处理所需的设施和物资；

（四）重点排污单位已安装水污染物排放自动监测设备；

（五）法律、法规、规章规定的其他条件。

“企业事业单位申领排污许可证，应当向县级以上人民政府环境保护主管部门提交证明符合前款规定条件的相关材料。

“本条第一款规定的重点排污单位名录，由设区的市级以上环境保护主管部门根据本行政区域的环境容量、重点水污染物排放总量控制指标的要求以及排污单位排放水污染物的种类、数量和浓度等因素，商同级有关部门确定。”

（三）排污许可证应载名排污种类、数量、浓度、排污地点、方式、时间和去向

《浙江省水污染防治条例》第三十三条第一款规定：“排污许可证应当载明允许排放的水污染物种类、数量、浓度、排放地点、排放方式、排放时间和排放去向等内容。重点排污单位的排污许可证还应当载明重点水污染物排放总量控制指标、削减数量和时限等内容。”

（四）排污许可证的有效期

《浙江省水污染防治条例》第三十三条第二款规定：“排污许可证的有效期限应当根据排污单位所属行业和污染控制要求等因素合理确定，最长不超过五年。其中，位于环境敏感区的企业事业单位，其排污许可证的有效期限最长不超过两年。”

（五）处罚

1.企业的责任

《浙江省水污染防治条例》第六十一条将企业责任分成两种情况：一是应取得排污许可证的排污单位；二是不予核发排污许可证的排污单位。前者排污应有排污许可证，否则由环境保护部门责令改正，并处以二万元以上二十万元以下罚款。后者由县级以上人民政府责令停业或关闭[1]。

《江苏省长江水污染防治条例》第四十八条将企业责任分成两种情况：一是排污应取得排污许可证；二是超标排污问题。对于前者，如果没有排污许可证，由环境保护部门责令改正，并处五千元以上五万元以下罚款。对于后者，也有两种情况：一种是排污单位超过重点水污染物排放总量控制指标排污；另一种是排污单位排放污水超过规定标准。前者由环境保护主管部门责令改正，并处以五万元以上二十万元以下罚款。后者由环境保护主管部门责令限期改正，拒不改正，处一万元以上五万元以下罚款[2]。

显然，在处罚规定上，《江苏省长江水污染防治条例》与《浙江省水污染防治条例》存在差异。

2.监管部门的责任

《浙江省水污染防治条例》第六十二条第四项规定：“县级以上人民政府和有关

---

[1]《浙江省水污染防治条例》第六十一条。

[2]《江苏省长江水污染防治条例》第四十八条。

部门有下列行为之一的，对直接负责的主管人员和其他直接责任人员，由任免机关或者监察机关按照管理权限依法给予行政处分：……（四）违法审批环境影响评价文件或者违法审批排污许可证的。”

只有浙江省规定了监管部门的责任，在上海市和江苏省没有对此进行规定。

第二节 环境保护法的相关规定

《中华人民共和国环境保护法》、《上海市环境保护条例》和《江苏省环境保护条例》均对一些违反环境保护法律法规的行为进行了处罚规定，但三部法律法规所规定的内容并不完全一样，或是对违法事项规定不一样；或者违法事项一样，但处罚额度不一样。但有一点是共同的，处罚单位均是环境保护部门。

一、《上海市环境保护条例》和《江苏省环境保护条例》对同一违法事项的规定

（一）限期治理逾期未完成治理任务的

《上海市环境保护条例》第四十五条规定：“违反本条例第十七条第四款规定，排污单位在限期治理期间污染物排放不符合限期治理决定中规定的排放要求的，由市或者区、县环保部门责令其限产或者停产，可以并处一万元以上十万元以下的罚款。

“限期治理期限届满，排污单位经核查未完成限期治理任务的，按照有关法律、法规的规定处理。其中，被市或者区、县人民政府责令关闭的企业，环保部门应当注销其排污许可证，有关部门应当依法注销其相关证照。”

《江苏省环境保护条例》第四十三条规定：“对经限期治理逾期未完成治理任务的排污单位和个体经营者，除依照国家规定加收超标准排污费外，可以根据所造成的危害后果处以罚款，或者责令停业、关闭。

“前款规定的罚款由环境保护行政主管部门决定；责令停业、关闭，由作出限期治理决定的人民政府决定；责令中央直接管辖的企业事业单位停业、关闭，须报国务院批准。”

差异一：用词不一样。

差异二：内容不一样。《江苏省环境保护条例》多了一个“个体经营者”，这在《上海市环境保护条例》中无规定。

但《上海市环境保护条例》规定了在限期治理期排污不达标可由市或区、县环保局责令限产或停产，并处一万元以上十万元以下罚款；上海市规定了期限治理期满未完成限期治理任务按有关法律法规处理；上海市还规定了责令关闭的企业，环保部门应当注销其排污许可证，有关部门应当注销其相关证照。

（二）造成环境污染事故的

《中华人民共和国环境保护法》第六十八条第四款规定 ：“对超标排放污染物、采用逃避监管的方式排放污染物、造成环境事故以及不落实生态保护措施造成生态破坏等环境行为，发现或者接到举报未及时查处的，要对相关责任人进行行政处罚。”

《上海市环境保护条例》第四十八条规定 ：“违反本条例第二十六条第一款规定，造成环境污染事故的，由市或者区、县环保部门按照有关法律、行政法规的规定处以罚款 ；对直接经济损失难以认定的，处二万元以上二十万元以下的罚款。”

《江苏省环境保护条例》第四十二条规定 ：“对违反有关规定，造成环境污染事故的企业事业单位，由环境保护行政主管部门或者其他法律、法规规定行使环境监督管理权的部门根据所造成的危害后果处以罚款 ；情节严重的，对有关责任人员由所在单位或者政府主管机关给予行政处分。”

《中华人民共和国环境保护法》惩罚的是环境管理部门，《江苏省环境保护条例》和《上海市环境保护条例》惩罚的是排污者。

但《上海市环境保护条例》只规定了“市或者区、县环保部门”，没有其他部门的规定 ；规定了“对直接经济损失难以认定的，处二万元以上二十万元以下的罚款”，没有规定“对有关责任人员由其所在单位或者政府主管机关给予行政处分”。

（三）未经环境保护部门同意，擅自拆除或闲置治污设施，污染物排放超标的

《中华人民共和国环境保护法》第四十一条规定 ：“……不得擅自拆除或者闲置防治污染的设施。”

《上海市环境保护条例》第四十九条第二款规定 ：“违反本条例第二十八条第三款规定，擅自拆除或者闲置环境保护设施的，由市或者区、县环保部门责令限期改正，处一万元以上五万元以下的罚款。”

《江苏省环境保护条例》第四十一条规定 ：“未经环境保护行政主管部门同意，擅自拆除或者闲置防治污染的设施，污染物排放超过规定的排放标准的，由环境保护行政主管部门责令重新安装使用，并处以罚款。”

《江苏省环境保护条例》使用了“并处以罚款”，《中华人民共和国环境保护法》使用了“并处罚款”，其余一样。

《上海市环境保护条例》使用了“擅自拆除或者闲置环境保护设施的”，《中华人民共和国环境保护法》和《江苏省环境保护条例》使用的是“擅自拆除或者闲置防治污染的设施”；《江苏省环境保护条例》规定了“污染物排放超过规定的排放标准的”，《上海市环境保护条例》没有这样的规定 ；《上海市环境保护条例》使用了“由市或者区、县环保部门责令限期改正，处一万元以上五万元以下的罚款”，《江苏省环境保护条例》使用了“由环境保护行政主管部门责令重新安装使用，并处罚款。”差异是非常明显的。浙江省依照《中华人民共和国环境保护法》相关条款执行。因此，在长三角地区三省一市对此问题的规定存在差异。

二、《中华人民共和国环境保护法》与《江苏省环境保护条例》对同一违法事项的规定

有差异的处罚条款如下。

（1）不按规定缴纳排污费 《中华人民共和国环境保护法》没有规定不按规定缴纳“超标准排污费条款”，而《江苏省环境保护条例》规定了不按规定缴纳“排污费或者超标准排污费”，环境保护行政主管部门或者其他依照法律规定行使环境监督管理权的部门根据不同情节，给予警告或者处以罚款[1]。

（2）《中华人民共和国环境保护法》规定“禁止引进不符合我国环境保护规定的技术、设备、材料和产品”；《江苏省环境保护条例》规定“引进不符合环境保护规定要求的技术、设备和有毒、有害废物的”，环境保护行政主管部门或者其他依照法律规定行使环境监督管理权的部门根据不同情节，给予警告或者处以罚款[2]。

（3）《中华人民共和国环境保护法》规定“任何单位和个人不得生产、转移、使用严重污染环境的工艺、设备和产品”；《江苏省环境保护条例》规定了“转移和接受产生严重污染生产设备的”，环境保护行政主管部门或者其他依照法律规定行使环境监督管理权的部门根据不同情节，给予警告或者处以罚款[3]。

（4）《中华人民共和国环境保护法》规定了建设项目依法提交环评报告，否则罚款。《江苏省环境保护条例》规定了“建设项目的防治污染设施没有建成或者没有达到国家规定的要求，擅自投入生产或者使用的，由批准该建设项目的环境影响报告书的环境保护行政主管部门责令停止生产或者使用，可以并处罚款。”

在长三角地区，上海市、浙江省遵照《中华人民共和国环境保护法》相关条款执行。因此，在长三角地区二省一市对此问题的规定存在差异。

三、《中华人民共和国环境保护法》特有的对违法事项的规定

如对违反规定造成重大环境污染事故、公私财产重大损失或者人身伤亡的严重后果的，对直接责任人员依法追究刑事责任[4]；对环境保护监督管理人员滥用职权、玩忽职守、徇私舞弊的，给予行政处分；构成犯罪的，追究刑责[5]。

长三角地区二省一市可以遵照执行。

---

[1]《江苏省环境保护条例》第三十九条第五项。

[2]《中华人民共和国环境保护法》第四十六条第二款，《江苏省环境保护条例》第三十九条第六项。

[3]《中华人民共和国环境保护法》第四十六条第一项，《江苏省环境保护条例》第三十九条第八项。

[4]《中华人民共和国环境保护法》第六十八条。

[5]《中华人民共和国环境保护法》第六十九条。

四、《上海市环境保护条例》特有的对违法事项的规定

建设项目未经批准主体工程擅自带负荷运行的，要处罚，且规定罚款金额为一万元以上十万元以下[1]；环境监测专业机构未按环境监测技术规范进行监测，造成监测数据失实的，要处罚，罚款金额为五千元以上五万元以下；弄虚作假，伪造数据的，要处罚，罚款金额为五万元以上二十万元以下[2]；环境污染事故应急方案未向环保部门备案[3]，环境污染事故未立即报告的，要处罚[4]；未制定操作规程、环境污染设施未保持正常运行或未按规定及时报告，要处罚，罚款金额为五千元以上五万元以下[5]；将污染物委托给无环境污染治理设施运营资质的机构要处罚；或无环境污染治理设施运营资质的单位或个人接受委托处置污染物的，要处罚，罚款金额为一万元以上十万元以下[6]；不按有关环境保护技术规范和标准设置污染物排放口、安装排污计量装置或者设置标志牌的，由环境保护部门责令改正，不改正处罚，罚款金额为二千元以上一万元以下[7]；使用雨水排放口排放污水的要处罚，罚款金额为五千元以上五万元以下[8]；未按规定安装污染物排放在线监测设备、未保证在线监测设备正常运行或者拆除、损坏在线监测设备的，要处罚，罚款金额为一万元以上五万元以下[9]；未按规定建立环境管理台账或者未载明有关事项的，要处罚，罚款金额为一千元以上五千元以下[10]；未按规定报告监测情况或者提供不实监测情况报告的，要处罚，罚款金额为五千元以上二万元以下[11]；直接向环境排放水污染物或者向城市污水集中处理设施排放一类水污染物超过国家或者本市规定的排放标准，严重污染水环境的，要处罚，罚款金额为一万元以上十万元以下[12]；运输剧毒化学品的船舶进入黄浦江或者其他内河水域的，要处罚，处罚单位为海事行政主管部门，罚款金额为二万元以上十万元以下[13]；使用的燃料含硫量不符合本市燃料含硫量限值标准且未安装脱硫设施的，处罚，罚款金额为五千元以上五万元以下[14]；生产企业无组织排放粉尘或者生产性废气的，限期改正，如不改正，罚款五千元以上五万元以下[15]；未经批准或者未按照批准的要求在规定的时间内从事施工作业的，要处罚，罚款金额

---

[1]《上海市环境保护条例》第四十六条。
[2]《上海市环境保护条例》第四十七条。
[3]《上海市环境保护条例》第四十八条第二款。
[4]《上海市环境保护条例》第四十八条第三款。
[5]《上海市环境保护条例》第四十九第一款。
[6]《上海市环境保护条例》第四十九条第三款。
[7]《上海市环境保护条例》第五十条第一款。
[8]《上海市环境保护条例》第五十条第二款。
[9]《上海市环境保护条例》第五十一条。
[10]《上海市环境保护条例》第五十二条。
[11]《上海市环境保护条例》第五十二条。
[12]《上海市环境保护条例》第五十三条第一款。
[13]《上海市环境保护条例》第五十三条第二款。
[14]《上海市环境保护条例》第五十四条第一款。
[15]《上海市环境保护条例》第五十四条第一款。

为一万元以上十万元以下[1]；致使环境中的电场、磁场不符合国家的规定和防护要求的，限期改正，不改正，罚款一万元以上十万元以下[2]。

五、《江苏省环境保护条例》特有的对违法事项的规定

《江苏省环境保护条例》对违法行为作了特殊的规定。如违反环境影响评价制度的[3]；环境影响结论错误并造成损失的[4]；不执行三同时制度的[5]；转移或接受产生严重污染的设备[6]；兴办严重污染环境的生产项目[7]；不执行限制噪声作业时间规定的[8]；长期以试生产为由排放污染物的[9]；无证或者不按照排污许可证的规定排放污染物的[10]；擅自收集、运输、处理、排放有毒、有害废物或者放射性废物以及放射源的[11]；违反本条例的其他行为[12]；对各级环境保护部门罚款金额的规定，县级环境保护行政主管部门可以处一万元以下罚款，超过一万元由一级环境保护行政主管部门批准，设区的市环境保护行政主管部门可以处五万元以下罚款，超过五万元由省环境保护部门批准，省环境保护部门可以处二十万以下罚款，超过二十万由省政府批准[13]。

---

[1]《上海市环境保护条例》第五十五条。
[2]《上海市环境保护条例》第五十六条。
[3]《江苏省环境保护条例》第三十九条第一项。
[4]《江苏省环境保护条例》第三十九条第二项。
[5]《江苏省环境保护条例》第三十九条第七项。
[6]《江苏省环境保护条例》第三十九条第八项。
[7]《江苏省环境保护条例》第三十九条第九项。
[8]《江苏省环境保护条例》第三十九条第十项。
[9]《江苏省环境保护条例》第三十九条第十一项。
[10]《江苏省环境保护条例》第三十九条第十二项。
[11]《江苏省环境保护条例》第三十九条第十三项。
[12]《江苏省环境保护条例》第三十九条第十四项。
[13]《江苏省环境保护条例》第四十四条。

第十章 长三角地区跨界水事法律法规间冲突的原因及解决方案

第一节 长三角地区跨界水事法律法规间冲突的原因分析

经过我们前面条分缕析，我们得出了结论：长三角地区跨界水事法律法规间存在较大的矛盾和冲突，正是这些矛盾和冲突在一定程度上弱化了长三角地区跨界水污染治理能力。那么，是什么原因导致了长三角地区跨界水事法律法规间存在如此多的矛盾和冲突呢?

一、宏观层面：水事管理体制的碎片化

我国水事管理的碎片化带来了跨界水污染治理的困难。事实上，我国宏观水事管理的碎片化正是长三角地区跨界水事法律法规间出现矛盾和冲突的重要原因。跨界水污染治理体制障碍、制度缺陷或机制缺乏，尤其是国家层面的跨界水污染治理相关法律间存在的矛盾和冲突直接影响到了长三角地区跨界水污染治理法规间的矛盾和冲突。如上位法《中华人民共和国水法》、《中华人民共和国环境保护法》、《中华人民共和国水污染防治法》和《中华人民共和国海洋环境保护法》存在矛盾和冲突，直接造成了下位法长三角地区跨界水事法规间的矛盾和冲突；上位法水事法律的严重滞后也影响到了下位法长三角地区水事法规的滞后；上位法国家层面的水事法律的制订和修改缺乏协调，也直接影响到了下位法长三角地区水事法规的制订和修改的协调。

二、微观层面：地方利益至上

我国改革进程的推进，使得各种利益主体多元化，利益冲突也在加剧，一些地方过分关注地方利益，画地为牢，在制定地方行政法规时搞起了地方保护主义。特别是一些行政部门，主要考虑行政管理的方便可行，制定法规直接体现官本位思想，对行政相对人的利益却有所漠视。有时更多地着眼本行政部门的利益，在制定法律法规时增加本部门的职能设定，使立法的利益含量越来越高，也就造成立法的背后是经济利益之争。

这种地方利益至上在长三角水事法律法规制定中也充分地体现出来。长三角地区二省一市都有独立的立法权。传统的行政考核方式，强化了公共管理的碎片化，理性的地方政府在制定本地水事法规时都是从维护本地区利益出发，实现本地区水资源开发利用利益最大化。如果水资源没有流动性，水权界定清晰，外部成本能够内部化，区域水资源开发利用能够实现社会福利最大化。但是，水资源的整体性和负外部性，再加上水权界定困难，行政碎片化导致人为切割水资源的整体特征，水的流动性又使水资源开发利用的外部性充分体现出来，致使长三角地区各地方政府追求水资源开发利用利益最大化的结果必然导致长三角地区整体水资源质量下降，整体社会福利受到损害。

正是这种地方利益至上，碎片化的水资源开发利用现状导致了在立法层面上的水事法规间出现矛盾和冲突。

三、机制层面：地方立法缺乏协调

在长三角地区二省一市，立法协调倡议了许多年，但立法协调行为进行得很少，进展很慢。主要原因是制度的障碍，立法协调行为没有获得法律支持；机制缺乏，立法协调行为不可能规范，因此也不可能持续。长三角地区二省一市还无法为了立法协调而签署各类行政协议。没有行政协议，协调结果也就没有权威性和约束力。

具体表现为：一是立法主体趋向多元化，形成了主体立法职能的强化和地方立法权扩大局面。多种立法主体之间权限不清，交叉重叠，可以说过去是政出多门，现在是法出多门。而在立法分工上采取以部门为主导的立法体制，造成对部分规范合法性评价机制的模糊状态。各部门主导下制定的法律规范是否公正公道和科学合理，全面的审查机制还不够健全。二是一些法律规范效力等级地位不确定，国务院行使行政立法权的条件和职责范围需要设定得更清楚，中央立法和地方立法的具体权限划分不够明确。立法机关多头平行，各立其法，一些法律规范由部委制定出后，都是由国务院审批，当发生冲突时，无法按照效力等级进行排除。三是立法程序不完善，公众参与对法律法规修改和建议的机制比较少，法律备案审查制度不严格，使一部分法规一制定出来就与其他的法规存在冲突。

正是由于立法协调的缺乏，致使长三角地区水事法规间无论是立法内容，还是立法技术都存在较大的矛盾和冲突，这些矛盾和冲突都是明摆着的，但是也未能进行有效修订，依然故我。它不仅影响到了水事管理效率，也影响到了立法技术的进步。当然，长三角地区各地方立法部门人员素质参差不齐也影响到了各地立法技术的差异和进步。

四、行动层面：先试点再立法的影响

我国立法行为多年来采用的是先试点后立法的立法步骤。反映到地方立法上，造成了长三角地区水事管理法规上的差异。一些地方在水事管理中先试点一些符合地方特色的水事管理制度，之后出台相关的水事管理法规。长三角二省一市的水事管理试点内容不同，必然造成水事管理法规间的差异。如江苏省排污权交易试点良好，因此，排污权交易法规制定得较为完善；浙江省水权交易试点良好，因此，浙江省水权管理法规相对完善等。由于缺乏针对长三角地区水事管理的综合性全区域的试点行为，就难以在长三角产生覆盖全区域的水事管理法规。地方间法规制定学习动力不足，长三角地区各地方相对完善的水事法规也未能为其他地方所学习借鉴。在水事管理制度供给不足、水事立法协调机制缺乏的背景下，先试点后立法的立法步骤必然造成长三角地区水事法规间的差异，而这种差异都影响到了区域水事管理的整体效率。

不同的立法机关对同一事物的认识存在差别，对法律法规的理解以及价值观等主观理解有差异，于是产生了对法律规范认识的冲突，这种冲突也会反映到长三角地区水事法律法规的制定过程中来。

五、技术层面：新旧衔接不畅

由于我国社会正处于转型时期，社会变化加剧，水事法律规范为适应我国环境管理体制和社会的变革，也在不停的调整之中，各种水事法律规范需要立、改、废，但往往不及时，不配套，在中央层面的水事法律法规作出调整修改后，依据中央层面制定的地方性水事法规跟不上步伐，适用法律的行政机关掌握不清一些规范的废止情况，从而作出模糊的判断，一方面无所适从，另一方面各行其是，造成冲突。

第二节 长三角地区水事法律法规冲突造成的危害

长三角地区水事法律法规冲突的普遍化，严重地阻碍和制约了长三角地区的水事管理行为，威胁到了长三角地区水资源的可持续利用，威胁到了长三角地区经济和社会的可持续发展，损害了法律的威严，影响了公民、企业和社会组织的权利公正，并妨碍了水事行政执法机关正确职能的履行。

一、影响到我国水事法律法规的协调统一

大量的水事法律法规出现矛盾和冲突，加剧了我国水事行政执法领域的混乱，执法权限的混乱，执法主体的不规范，多重执法和处罚的存在，有利可图的争执法权，没利可图的推执法权，执法标准和尺度不统一，这些都降低了法律的尊严和效力，威胁到了我国水事法律体系的统一，也威胁到了我国法律体系的统一。

二、影响了水事行政执法的顺利进行

水事行政执法已经涉及社会管理的多个领域，执法权利也日益扩大，水事行政法律法规的冲突，增加了水事行政执法和审判工作的难度，导致了水事行政执法和行政审判活动的无所适从，严重影响了水事行政执法和审判活动的畅通，严重阻碍了水事行政执法的顺利进行。

三、侵犯了行政相对人的权益

水事行政法律法规的冲突，直接导致了水事行政执法的混乱，最终受到损害的是水事行政相对人。因为不同的法律对同一水事纠纷处理的结果不尽相同，导致人们不知道依据哪一部水事法律法规才能得到公正的结果，影响人们对建立法制社会的信心和对法律的信赖，最终使得水事行政相对人的权益受到了侵害。

四、加剧了环境“公地悲剧”

水事行政法律法规冲突的普遍化，为水事行政机关自设职能职权以及地方保护主义提供了方便。由于水资源的整体性，使得水资源的共享各方，都希望多从水资源的索取中获益，减少水污染治理的成本支出。如果没有一个非常良性的监督管理机制和水资源共享机制，水资源的“公共悲剧”就会大量上演。这对于环境而言就是一个灾难，对于民众的环境权而言就是损害。

第三节　长三角地区跨界水事法律法规间冲突解决方案

如何解决长三角地区水事法律法规的冲突问题呢？应从维护国家法制统一出发，坚持法规不得同宪法和法律相抵触，下位法不得同上位法相抵触，规章之间不得相互矛盾的原则，为依法行政奠定良好的法律基础。过去，我们是为了补课而忙于立法，今天，我们应当为建立更加完善的法律法规而努力。法治不等于法典、法规的汇编。法治意味着一整套原则和法制的精神，包括：法律必须合乎普遍的正当与理性；法律必须一致和统一。只有这样，才能为长三角水污染防治提供良好的法制环境。

一、从立法技术上避免水事法律法规冲突

首先要建立长三角地区立法机关自我审查制度。注意从立法技术方面避免上位法和下位法的冲突。一方面，中央层面的水事法律制定不宜原则性过于宽泛，弹性不宜过大，立法用语要避免暧昧模糊。另一方面，长三角地区法规的制定要以服从中央层面的水事法律为前提，同时要凸显一定的地方特色和立法创新色彩，不能完全照抄照搬上位法。具体地说，就是要求：第一，长三角地方立法能充分反映长三角本地经济、政治、法制、文化、风俗、民情等对立法调整的需求程度，适合长三角实际情况；第二，长三角地区立法要有较强的、具体的针对性，注意解决并能解决长三角地区突出的而中央层面水事法律没有或不宜解决的水污染问题，把制定长三角地方水事法规同解决长三角地区水污染实际问题结合起来。

二、要完善相关的备案审查制度，及时、权威、高效地审查备案法律法规

根据我国立法法的有关规定，长三角地区水事法规必须报全国人大常委会和国务院备案。在这里：“备案”制度不宜作过于狭隘的理解，不仅仅是一种登记、存档的形式上的备份，还应包括内容上的审查，要在法律法规备案时审查是否存在中央层面的水事上位法和长三角地区水事法规下位法的冲突问题。接受备案的机关如发现报送的水事法规与中央层面的水事法律有冲突的，应及时予以处理。如无权处理的，应及时报有权处理机关处理。因此，备案和审查应紧密联系，否则备案制度就容易流于形式而无任何实际意义。

三、长三角地区的法院有对长三角地区水事法规等下位法的司法审查，发挥司法审查在解决水事法律法规方面的积极作用

司法裁决的权威性、中立性和专业性，决定了法院是审查、判断、选择和解决法律规范冲突的理想机构。我国最高人民法院有权力解释法律，最高人民法院对法律的解释效力虽然低于全国人大常委会对法律的解释效力，但因以立法工作为主的全国人大常委会实际上很少行使法律解释权，因而事实上最高人民法院已经成为法律最经常、最权威的解释机关。当中央层面的水事法律与长三角地区的水事法规发生冲突时，最高人民法院有权进行合法性审查。除了最高人民法院以外，还应赋予长三角地区各级地方法院一定的下位法司法审查权，长三角地区各级法院有权审查并裁决长三角地区本级政府及其所属职能部门发布的决定、命令等水事法规是否与上位的水事法律相冲突。为维护法制统一，法院在审查政府部门具体行政行为的合法性时，应当首先对下位法是否符合上位法进行判断，若发现下位法与上位法相抵触，应当依据上位法认定被诉具体行政行为的合法性。

四、完善法律冲突解决机制

构建一个长三角地区跨界水污染防治法律协调机制，这个机制包括缔约机制、履行机制和纠纷解决机制三部分。

缔约机制又分为长三角地区水事法规协调缔约启动机制、缔约主体和缔约程序。

履行机制是确保长三角地区二省一市间所签订的水事管理法律法规及行政协议获得有效履行的保障。

纠纷解决机制，因长三角地区各行政单位利益的客观存在，使长三角地区二省一市在履行或实施水事管理的行政协议过程中一定会产生矛盾和冲突。如何妥善处理这种矛盾和冲突，需要建立起一套纠纷解决机制，包括设置违约责任条款、行政协调解决、仲裁解决等。

在长三角地区二省一市间签署的涉及水事管理的行政协议中，设置仲裁条款作为今后出现纠纷需要仲裁时的法律依据。在仲裁条款中可以约定仲裁机构是长三角地区水资源管理委员会，或者是国家水资源管理委员会。仲裁决定就是最终决定，对缔约方均具有约束力和强制执行力。

五、建立长三角地区水事法规协调平台

为构建长三角地区跨界水污染治理协调平台，我们拟从中央和地方两个角度进行思考和改革。从国家层面上来说，构建国家水资源管理委员会作为国家水资源管理协调平台；从地方层面上来说，构建长三角地区水资源管理委员会作为长三角地区水资源管理协调平台。两个平台间构建良性互动机制，协调处理好全国水事管理和长三角地区水事管理。

协调平台的建立主要考虑以下几个因素：是否有必要；成本大小；时机的成熟度；与现有相关机构是否产生矛盾和冲突。从目前的情况看，建立协调平台治理我国跨界水污染非常有必要，因为“九龙治水”造成了我国跨界水污染越演越烈，水污染形势日益严峻，已有的相关制度在跨界水污染治理上显得力不从心；建立这样一个协调平台，成本低，因为它们不属于常设机构，只是一个协调管理机构，它兼容现有的水事管理体制。正是在这样的考量下，我们建议建立长三角地区跨界水污染防治的协调管理平台。

参考文献

[1] 张雪．限期治理的性质．环境法治与建设和谐社会——2007年全国环境资源法学研讨会（年会）论文集（第二册）[C]，2007.

[2] 陈海嵩．论限期治理的法律属性[J]．环境资源法论丛，2010.

[3] 朱谦．限期治理决定权中的法律问题研究[J]．法律适用，2004.

[4] 陈程．论我国限期治理决定权立法的完善[J]．沧桑，2007.

[5] 李挚萍．关于完善限期治理制度的若干法律探讨[J]．环境保护，1999.

[6] 廖才林．试论如何健全和完善限期治理制度．甘肃农业[J]，2005.

[7] 左平凡．限期治理法律制度研究[J]．沈阳工业大学学报(社会科学版)，2009.

[8] 何燕．完善限期治理的新思路[J]．环境保护，2010.

[9] 刘超．存废之间——限期治理制度的绩效考察[J]．云南大学学报(法学版)，2008.

[10] 陈蓝图．李勋．从新《大气污染防治法》浅析限期治理的性质及其意义．中国环境管理干部学院学报，2000.

[11] 李挚萍．关于完善限期治理制度的若干法律探讨[J]．环境保护，1999.

[12] 汪劲．中国环境法原则[M]．北京：法律出版社，2004.

[13] 吕忠梅．环境法学．北京：法律出版社，2004.

[14] 马骧聪．环境保护法基本问题[M]．北京：中国社会科学出版社，1983.

[15] 蔡守秋．环境资源法学教程[M]．北京：高等教育出版社，2004.

[16] 乔世明．环境损害与法律责任[M]．北京：中国经济出版社，1999.

[17] 韩德培．环境保护法教程．北京：法律出版社，2007.